História do Português Brasileiro

VOLUME VII

TRADIÇÕES DISCURSIVAS DO PORTUGUÊS BRASILEIRO: CONSTITUIÇÃO E MUDANÇA DOS GÊNEROS DISCURSIVOS

A publicação teve apoio financeiro da Faculdade de Filosofia, Letras e Ciências Humanas da USP, da Fundação de Amparo à Ciência e Tecnologia do Estado de Pernambuco - FACEPE (Processo nº APQ 0042.8.01/15) e do Laboratório de Edição e Documentação Linguística de Pernambuco (Ledoc) - Universidade Federal Rural de Pernambuco (UFRPE).

História do Português Brasileiro

Ataliba T. de Castilho
(coordenador geral)

VOLUME VII

TRADIÇÕES DISCURSIVAS DO PORTUGUÊS BRASILEIRO: CONSTITUIÇÃO E MUDANÇA DOS GÊNEROS DISCURSIVOS

Maria Lúcia C. V. O. Andrade
Valéria Severina Gomes
(coordenadoras)

editoracontexto

FFLCH-USP/ FACEPE/
Ledoc-UFRPE

Montagem de capa e diagramação
Gustavo S. Vilas Boas

Preparação de textos
Lilian Aquino

Revisão
Daniela Marini Iwamoto

Dados Internacionais de Catalogação na Publicação (CIP)
Andreia de Almeida CRB-8/7889

História do português brasileiro : tradições discursivas do português brasileiro: constituição e mudança dos gêneros discursivos / Maria Lúcia C. V. O. Andrade ... [et al.] ; coordenador geral: Ataliba T. de Castilho ; coordenadores: Maria Lúcia C. V. O. Andrade e Valéria Severina Gomes. – São Paulo : Contexto, 2018.
416 p. (História do português brasileiro ; 7)

Bibliografia
ISBN 978-85-520-0047-1

1. Língua portuguesa – Brasil – História 2. Tradições discursivas
I. Castilho, Ataliba T. de II. Andrade, Maria Lúcia C. V. O.
III. Gomes, Valéria Severina

18-0223 CDD 469

Índice para catálogo sistemático:
1. Língua portuguesa

2018

EDITORA CONTEXTO
Diretor editorial: *Jaime Pinsky*

Rua Dr. José Elias, 520 – Alto da Lapa
05083-030 – São Paulo – SP
PABX: (11) 3832 5838
contexto@editoracontexto.com.br
www.editoracontexto.com.br

SUMÁRIO

LISTA DE SIGLAS DOS EXEMPLOS

Capítulo "O editorial de jornal"

(1) **[19,2 CE RJ]** – Exemplo 1 procede de uma Carta de Editor da segunda metade do século XIX, escrita no Rio de Janeiro
(2) **[20,2 CE CE]** – Exemplo 2 procede de uma Carta de Editor da segunda metade do século XX, escrita no Ceará
(3) **[19,1 CE BA]** – Exemplo 3 procede de uma Carta de Editor da primeira metade do século XIX, escrita na Bahia
(4) **[20,2 CE PE]** – Exemplo 4 procede de uma Carta de Editor da segunda metade do século XX, escrita em Pernambuco
(5) **[19, 1 CE CE]** – Exemplo 5 procede de uma Carta de Editor da primeira metade do século XIX, escrita no Ceará
(6) **[20, 2 CE RJ]** – Exemplo 6 procede de uma Carta de Editor da segunda metade do século XX, escrita no Rio de Janeiro
(7) **[19,1 CE PE]** – Exemplo 7 procede de uma Carta de Editor da primeira metade do século XIX, escrita Pernambuco
(8) **[19,2 CE BA]** – Exemplo 8 procede de uma Carta de Editor da segunda metade do século XIX, escrita na Bahia
(9) **[20,2 CE CE]** – Exemplo 9 procede de uma Carta de Editor da segunda metade do século XX, escrita no Ceará
(10) **[20,1 CE CE]** – Exemplo 10 procede de uma Carta de Editor da primeira metade do século XX, escrita no Ceará
(11) **[20,2 CE BA]** – Exemplo 11 procede de uma Carta de Editor da segunda metade do século XX, escrita na Bahia
(12) **[19, 2 CE CE]** – Exemplo 12 procede de uma Carta de Editor da segunda metade do século XIX, escrita no Ceará
(13) **[20,1 CE CE]** – Exemplo 13 procede de uma Carta de Editor da primeira metade do século XX, escrita no Ceará
(14) **[19,2 CE BA]** – Exemplo 14 procede de uma Carta de Editor da segunda metade do século XIX, escrita na Bahia
(15) **[20,2 CE RJ]** – Exemplo 15 procede de uma Carta de Editor da segunda metade do século XX, escrita no Rio de Janeiro
(16) **[19,1 CE RJ]** – Exemplo 16 procede de uma Carta de Editor da primeira metade do século XIX, escrita no Rio de Janeiro
(17) **[19,1 CE CE]** – Exemplo 17 procede de uma Carta de Editor da primeira metade do século XIX, escrita no Ceará
(18) **[19,2 CE PE]** – Exemplo 18 procede de uma Carta de Editor da segunda metade do século XIX, escrita em Pernambuco
(19) **[19,1 CE PE]** – Exemplo 19 procede de uma, Carta de Editor da primeira metade do século XIX, escrita em Pernambuco
(20) **[19,1 CE CE]** – Exemplo 20 procede de uma Carta de Editor da primeira metade do século XIX, escrita no Ceará
(21) **[19,1 CE BA]** – Exemplo 21 procede de uma Carta de Editor da primeira metade do século XIX, escrita na Bahia
(22) **[20,2 CE CE]** – Exemplo 22 procede de uma Carta de Editor da segunda metade do século XX, escrita no Ceará
(23) **[20,2 CE RJ]** – Exemplo 23 procede de uma Carta de Editor da segunda metade do século XX, escrita no Rio de Janeiro
(24) **[19,1 CE PE]** – Exemplo 24 procede de uma Carta de Editor da primeira metade do século XIX, escrita em Pernambuco
(25) **[19,1 CE CE]** – Exemplo 25 procede de uma Carta de Editor da primeira metade do século XIX, escrita no Ceará
(26) **[19,1 CE CE]** – Exemplo 26 procede de uma Carta de Editor da primeira metade do século XIX, escrita no Ceará
(27) **[19,1 CE RJ]** – Exemplo 27 procede de uma Carta de Editor da primeira metade do século XIX, escrita no Rio de Janeiro
(28) **[20,1 CE RJ]** – Exemplo 28 procede de uma Carta de Editor da primeira metade do século XX, escrita no Rio de Janeiro
(29) **[19,1 CE BA]** – Exemplo 29 procede de uma Carta de Editor da primeira metade do século XIX, escrita na Bahia
(30) **[19,1 CE RJ]** – Exemplo 30 procede de uma Carta de Editor da primeira metade do século XIX, escrita no Rio de Janeiro
(31) **[19,1 CE CE]** – Exemplo 31 procede de uma Carta de Editor da primeira metade do século XIX, escrita no Ceará
(32) **[19,1 CE BA]** – Exemplo 32 procede de uma Carta de Editor da primeira metade do século XIX, escrita na Bahia
(33) **[19,2 CE PE]** – Exemplo 33 procede de uma Carta de Editor da segunda metade do século XIX, escrita em Pernambuco
(34) **[20,1 CE PE]** – Exemplo 34 procede de uma Carta de Editor da primeira metade do século XX, escrita em Pernambuco
(35) **[19,2 CE RJ]** – Exemplo 35 procede de uma Carta de Editor da segunda metade do século XIX, escrita no Rio de Janeiro
(36) **[20,1 CE CE]** – Exemplo 36 procede de uma Carta de Editor da primeira metade do século XX, escrita no Ceará
(37) **[20,2 CE PE]** – Exemplo 37 procede de uma Carta de Editor da segunda metade do século XX, escrita em Pernambuco

Capítulo "A notícia de jornal entre conservação e inovação"

(1) [19,2 SP] – Exemplo 1 procede de uma Notícia da segunda metade do século XIX, escrita em São Paulo
(2) [19,1 N PE] – Exemplo 2 procede de uma Notícia da primeira metade do século XIX, escrita em Pernambuco
(3) [19,1 N PE] – Exemplo 3 procede de uma Notícia da primeira metade do século XIX, escrita em Pernambuco
(4) [19,1 N PE] – Exemplo 4 procede de uma Notícia da primeira metade do século XIX, escrita em Pernambuco
(5) [19,2 N SP] – Exemplo 5 procede de uma Notícia da segunda metade do século XIX, escrita em São Paulo
(6) [19,2 N PE] – Exemplo 6 procede de uma Notícia da segunda metade do século XIX, escrita em Pernambuco
(7) [19,2 N PE] – Exemplo 7 procede de uma Notícia da segunda metade do século XIX, escrita em Pernambuco
(8) [20,1 N PE] – Exemplo 8 procede de uma Notícia da primeira metade do século XX, escrita em Pernambuco
(9) [20,1 N PE] – Exemplo 9 procede de uma Notícia da primeira metade do século XX, escrita em Pernambuco
(10) [20,1 N PE] – Exemplo 10 procede de uma Notícia da primeira metade do século XX, escrita em Pernambuco
(11) [20,2 N RN] – Exemplo 11 procede de uma Notícia da segunda metade do século XX, escrita no Rio Grande do Norte
(12) [20,2 N PE] – Exemplo 12 procede de uma Notícia da segunda metade do século XX, escrita em Pernambuco
(13) [20,1 N PE] – Exemplo 13 procede de uma Notícia da primeira metade do século do XX, escrita em Pernambuco
(14) [19,1 N PE] – Exemplo 14 procede de uma Notícia da primeira metade do século XIX, escrita em Pernambuco
(15) [20,1 N PE] – Exemplo 15 procede de uma Notícia da primeira metade do século XX, escrita em Pernambuco
(16) [19,1 N PE] – Exemplo 16 procede de uma Notícia da primeira metade do século XIX, escrita em Pernambuco
(17) [19,1 N PE] – Exemplo 17 procede de uma Notícia da primeira metade do século XIX, escrita em Pernambuco
(18) [19,2 N PE] – Exemplo 18 procede de uma Notícia da segunda metade do século XIX, escrita em Pernambuco
(19) [19,2 N PE] – Exemplo 19 procede de uma Notícia da segunda metade do século XIX, escrita em Pernambuco
(20) [19,2 N PE] – Exemplo 20 procede de uma Notícia da segunda metade do século XIX, escrita em Pernambuco
(21) [19,1 N PE] – Exemplo 21 procede de uma Notícia da primeira metade do século XIX, escrita em Pernambuco
(22) [19,1 N PE] – Exemplo 22 procede de uma Notícia da primeira metade do século XIX, escrita em Pernambuco
(23) [19,1 N PE] – Exemplo 23 procede de uma Notícia da primeira metade do século XIX, escrita em Pernambuco
(24) [19,2 N PE] – Exemplo 24 procede de uma Notícia da segunda metade do século XIX, escrita em Pernambuco
(25) [20,1 N PE] – Exemplo 25 procede de uma Notícia da primeira metade do século XX, escrita em Pernambuco
(26) [20,1 N PE] – Exemplo 26 procede de uma Notícia da primeira metade do século XX, escrita em Pernambuco
(27) [19,2 N PE] – Exemplo 27 procede de uma Notícia da segunda metade do século XIX, escrita em Pernambuco
(28) [19,2 N PE] – Exemplo 28 procede de uma Notícia da segunda metade do século XIX, escrita em Pernambuco
(29) [19,2 N PE] – Exemplo 29 procede de uma Notícia da segunda metade do século XIX, escrita em Pernambuco
(30) [19,1 N PE] – Exemplo 30 procede de uma Notícia da primeira metade do século XIX, escrita em Pernambuco
(31) [19,1 N PE] – Exemplo 31 procede de uma Notícia da primeira metade do século XIX, escrita em Pernambuco
(32) [20,1 N PE] – Exemplo 32 procede de uma Notícia da primeira metade do século XX, escrita em Pernambuco
(33) [20,1 N PE] – Exemplo 33 procede de uma, Notícia da primeira metade do século XX, escrita em Pernambuco
(34) [20,1 N PE] – Exemplo 34 procede de uma Notícia da primeira metade do século XX, escrita em Pernambuco
(35) [20,2 N PE] – Exemplo 35 procede de uma Notícia da segunda metade do século XX, escrita em Pernambuco
(36) [20,2 N PE] – Exemplo 36 procede de uma Notícia da segunda metade do século XX, escrita em Pernambuco
(37) [20,2 N PE] – Exemplo 37 procede de uma Notícia da segunda metade do século XX, escrita em Pernambuco
(38) [20,1 N PE] – Exemplo 38 procede de uma Notícia da primeira metade do século XX, escrita em Pernambuco
(39) [19,2 N PE] – Exemplo 39 procede de uma Notícia da segunda metade do século XIX, escrita em Pernambuco
(40) [20,1 N PE] – Exemplo 40 procede de uma Notícia da primeira metade do século XX, escrita em Pernambuco
(41) [20,2 N PE] – Exemplo 41 procede de uma Notícia da segunda metade do século XX, escrita em Pernambuco
(42) [20,2 N PE] – Exemplo 42 procede de uma Notícia da segunda metade do século XX, escrita em Pernambuco
(43) [20,2 N PE] – Exemplo 43 procede de uma Notícia da segunda metade do século XX, escrita em Pernambuco

Capítulo "Tradição, persuasão, hegemonia"

(1) [19.2 N SP] – Exemplo 1procede de uma Notícia da segunda metade do século XIX, escrita em São Paulo
(2) [19,2 N SP] – Exemplo 2 procede de uma Notícia da segunda metade do século XIX, escrita em São Paulo
(3) [20,1 N SP] – Exemplo 3 procede de uma Notícia da primeira metade do século XX, escrita em São Paulo
(4) [20,2 N SP] – Exemplo 4 procede de uma Notícia da segunda metade do século XX, escrita em São Paulo
(5) [20,2 N SP] – Exemplo 5 procede de uma Notícia da segunda metade do século XX, escrita em São Paulo
(6) [20,2 N SP] – Exemplo 6 procede de uma Notícia da segunda metade do século XX, escrita em São Paulo

(7) **[20,2 N SP]** – Exemplo 7 procede de uma Notícia da segunda metade do século XX, escrita em São Paulo
(8) **[20,2 N SP]** – Exemplo 8 procede de uma Notícia da segunda metade do século XX, escrita em São Paulo
(9) **[20,2 N SP]** – Exemplo 9 procede de uma Notícia da segunda metade do século XX, escrita em São Paulo
(10) **[20,2 N SP]** – Exemplo 10 procede de uma Notícia da segunda metade do século XX, escrita em São Paulo
(11) **[20,2 N SP]** – Exemplo 11 procede de uma Notícia da segunda metade do século XX, escrita em São Paulo
(12) **[21,1 N SP]** – Exemplo 12 procede de uma Notícia da primeira metade do século XXI, escrita em São Paulo
(13) **[21,1 N SP]** – Exemplo 13 procede de uma Notícia da primeira metade do século XXI, escrita em São Paulo
(14) **[21,1 N SP]** – Exemplo 14 procede de uma Notícia da primeira metade do século XXI, escrita em São Paulo

Capítulo "Estrutura retórico-teleológica e negociação intersubjetiva em editoriais da imprensa de bairro"

(1) **[21,1 CE SP]** – Exemplo 1 procede de uma Carta de Editor da primeira metade do século XXI, escrita em São Paulo
(2) **[20,2 CE SP]** – Exemplo 2 procede de uma Carta de Editor da segunda metade do século XX, escrita em São Paulo
(3) **[20,2 CE SP]** – Exemplo 3 procede de uma Carta de Editor da segunda metade do século XX, escrita em São Paulo
(4) **[21,1 CE SP]** – Exemplo 4 procede de uma Carta de Editor da primeira metade do século XXI, escrita em São Paulo
(5) **[21,1 CE SP]** – Exemplo 5 procede de uma Carta de Editor da primeira metade do século XXI, escrita em São Paulo
(6) **[20,2 CE SP]** – Exemplo 6 procede de uma Carta de Editor da segunda metade do século XX, escrita em São Paulo
(7) **[21,1 CE SP]** – Exemplo 7 procede de uma Carta de Editor da primeira metade do século XXI, escrita em São Paulo
(8) **[21,1 CE SP]** – Exemplo 8 procede de Carta de Editor da primeira metade do século XXI, escrita em São Paulo
(9) **[21,1 CE SP]** – Exemplo 9 procede de uma Carta de Editor da primeira metade do século XXI, escrita em São Paulo
(10) **[21,1 CE SP]** – Exemplo 10 procede de uma Carta de Editor da primeira metade do século XXI, escrita em São Paulo
(11) **[20,2 CE SP]** – Exemplo 11 procede de uma Carta do Editor da segunda metade do século XX, escrita em São Paulo

Capítulo "História da carta de leitor"

(1) **[19, 1 CL PE]** – Exemplo 1 procede de uma Carta de Leitor da primeira metade do século XIX, escrita em Pernambuco
(2) **[19, 2 CL SP]** – Exemplo 2 procede de uma Carta de Leitor da segunda metade do século XIX, escrita em São Paulo
(3) **[19, 1 CL SP]** – Exemplo 3 procede de uma Carta de Leitor da primeira metade do século XIX, escrita em São Paulo
(4) **[19, 1 CL PE]** – Exemplo 4 procede de uma Carta de Leitor da primeira metade do século XIX, escrita em Pernambuco
(5) **[19, 2 CL PE]** – Exemplo 5 procede de uma Carta de Leitor da segunda metade do século XIX, escrita em Pernambuco
(6) **[19, 1 CL MG]** – Exemplo 6 procede de uma Carta de Leitor da primeira metade do século XIX, escrita em Minas Gerais
(7) **[19, 1 CL PE]** – Exemplo 7 procede de uma Carta de Leitor da primeira metade do século XIX, escrita em Pernambuco
(8) **[19, 1 CL MG]** – Exemplo 8 procede de uma Carta de Leitor da primeira metade do século XIX, escrita em Minas Gerais
(9) **[19, 1 CL PE]** – Exemplo 9 procede de uma Carta de Leitor da primeira metade do século XIX, escrita em Pernambuco
(10) **[19, 1 CL MG]** – Exemplo 10 procede de uma Carta de Leitor da primeira metade do século XIX, escrita em Minas Gerais
(11) **[19, 1 CL PE]** – Exemplo 11 procede de uma Carta de Leitor da primeira metade do século XIX, escrita em Pernambuco
(12) **[19, 1 CL SP]** – Exemplo 12 procede de uma Carta de Leitor da primeira metade do século XIX, escrita em São Paulo
(13) **[19, 1 CL PE]** – Exemplo 13 procede de uma Carta de Leitor da primeira metade do século XIX, escrita em Pernambuco
(14) **[19, 1 CL PE]** – Exemplo 14 procede de uma Carta de Leitor da primeira metade do século XIX, escrita em Pernambuco
(15) **[19, 1 CL MG]** – Exemplo 15 procede de uma Carta de Leitor da primeira metade do século XIX, escrita em Minas Gerais
(16) **[19, 1 CL SP]** – Exemplo 16 procede de uma Carta de Leitor da primeira metade do século XIX, escrita em São Paulo
(17) **[19, 2 CL PE]** – Exemplo 17 procede de uma Carta de Leitor da segunda metade do século XIX, escrita em Pernambuco
(18) **[19, 1 CL PE]** – Exemplo 18 procede de uma Carta de Leitor da primeira metade do século XIX, escrita em Pernambuco
(19) **[19, 1 CL PE]** – Exemplo 19 procede de uma Carta de Leitor da primeira metade do século XIX, escrita em Pernambuco
(20) **[19, 1 CL SP]** – Exemplo 20 procede de uma Carta de Leitor da primeira metade do século XIX, escrita em São Paulo
(21) **[19, 1 CL MG]** – Exemplo 21 procede de uma Carta de Leitor da primeira metade do século XIX, escrita em Minas Gerais
(22) **[19, 2 CL PE]** – Exemplo 22 procede de uma Carta de Leitor da segunda metade do século XIX, escrita em Pernambuco
(23) **[19, 2 CL PE]** – Exemplo 23 procede de uma Carta de Leitor da segunda metade do século XIX, escrita em Pernambuco
(24) **[19, 1 CL PE]** – Exemplo 24 procede de uma Carta de Leitor da primeira metade do século XIX, escrita em Pernambuco
(25) **[19, 1 CL SP]** – Exemplo 25 procede de uma Carta de Leitor da primeira metade do século XIX, escrita em São Paulo
(26) **[19, 1 CL MG]** – Exemplo 26 procede de uma Carta de Leitor da primeira metade do século XIX, escrita em Minas Gerais
(27) **[19, 1 CL SP]** – Exemplo 27 procede de uma Carta de Leitor da primeira metade do século XIX, escrita em São Paulo
(28) **[19, 2 CL PE]** – Exemplo 28 procede de uma Carta de Leitor da segunda metade do século XIX, escrita em Pernambuco

(29) **[19, 1 CL PE]** – Exemplo 29 procede de uma Carta de Leitor da primeira metade do século XIX, escrita em Pernambuco
(30) **[19, 1 CL MG]** – Exemplo 30 procede de uma Carta de Leitor da primeira metade do século XIX, escrita em Minas Gerais
(31) **[19, 1 CL MG]** – Exemplo 31 procede de uma Carta de Leitor da primeira metade do século XIX, escrita em Minais Gerais
(32) **[19, 2 CL PE]** – Exemplo 32 procede de uma Carta de Leitor da segunda metade do século XIX, escrita em Pernambuco
(33) **[19, 1 CL PE]** – Exemplo 33 procede de uma Carta de Leitor da primeira metade do século XIX, escrita em Pernambuco
(34) **[19, 1 CL SP]** – Exemplo 34 procede de uma Carta de Leitor da primeira metade do século XIX, escrita em São Paulo
(35) **[19, 1 CL SP]** – Exemplo 35 procede de uma Carta de Leitor da primeira metade do século XIX, escrita em São Paulo
(36) **[19, 1 CL SP]** – Exemplo 36 procede de uma Carta de Leitor da primeira metade do século XIX, escrita em São Paulo
(37) **[19,2 CL PE]** – Exemplo 37 procede de uma Carta de Leitor da segunda metade do século XIX, escrita em Pernambuco
(38) **[19, 1 CL MG]** – Exemplo 38 procede de uma Carta de Leitor da primeira metade do século XIX, escrita em Minas Gerais
(39) **[19, 1 CL MG]** – Exemplo 39 procede de uma Carta de Leitor da primeira metade do século XIX, escrita em Minas Gerais
(40) **[19, 2 CL PE]** – Exemplo 40 procede de uma Carta de Leitor da segnda metade do século XIX, escrita em Pernambuco
(41) **[19, 1 CL PE]** – Exemplo 41 procede de uma Carta de Leitor da primeira metade do século XIX, escrita em Pernambuco
(42) **[19, 1 CL SP]** – Exemplo 42 procede de uma Carta de Leitor da primeira metade do século XIX, escrita em São Paulo
(43) **[19, 2 CL MG]** – Exemplo 43 procede de uma Carta de Leitor da segunda metade do século XIX, escrita em Minas Gerais
(44) **[19, 2 CL PE]** – Exemplo 44 procede de uma Carta de Leitor da segunda metade do século XIX, escrita em Pernambuco
(45) **[19, 2 CL SP]** – Exemplo 45 procede de uma Carta de Leitor da segunda metade do século XIX, escrita em São Paulo
(46) **[19, 1 CL MG]** – Exemplo 46 procede de uma Carta de Leitor da primeira metade do século XIX, escrita em Minas Gerais
(47) **[19, 1 CL MG]** – Exemplo 47 procede de uma Carta de Leitor da primeira metade do século XIX, escrita em Minas Gerais
(48) **[19, 2 CL PE]** – Exemplo 48 procede de uma Carta de Leitor da segunda metade do século XIX, escrita em Pernambuco
(49) **[19, 2 CL PE]** – Exemplo 49 procede de uma Carta de Leitor da segunda metade do século XIX, escrita em Pernambuco
(50) **[19, 2 CL RN]** – Exemplo 50 procede de uma Carta de Leitor da segunda metade do século XIX, escrita no Rio Grande do Norte
(51) **[19, 2 CL RN]** – Exemplo 51 procede de uma Carta de Leitor da segunda metade do século XIX, escrita no Rio Grande do Norte
(52) **[19, 2 CL MG]** – Exemplo 52 procede de uma Carta de Leitor da segunda metade do século XIX, escrita em Minas Gerais
(53) **[19, 2 CL PE]** – Exemplo 53 procede de uma Carta de Leitor da segunda metade do século XIX, escrita em Pernambuco
(54) **[19, 2 CL PE]** – Exemplo 54 procede de uma Carta de Leitor da segunda metade do século XIX, escrita em Pernambuco
(55) **[20, 1 CL PE]** – Exemplo 55 procede de uma Carta de Leitor da primeira metade do século XX, escrita em Pernambuco
(56) **[20, 1 CL PE]** – Exemplo 56 procede de uma Carta de Leitor da primeira metade do século XX, escrita em Pernambuco
(57) **[19, 2 CL MG]** – Exemplo 57 procede de uma Carta de Leitor da segunda metade do século XIX, escrita em Minas Gerais
(58) **[19, 2 CL MG]** – Exemplo 58 procede de uma Carta de Leitor da segunda metade do século XIX, escrita em Minas Gerais
(59) **[19, 2 CL MG]** – Exemplo 59 procede de uma Carta de Leitor da segunda metade do século XIX, escrita em Minais Gerais
(60) **[19, 2 CL MG]** – Exemplo 60 procede de uma Carta de Leitor da segunda metade do século XIX, escrita em Minas Gerais
(61) **[19, 2 CL PE]** – Exemplo 61 procede de uma Carta de Leitor da segunda metade do século XIX, escrita em Pernambuco
(62) **[20, 1 CL PE]** – Exemplo 62 procede de uma Carta de Leitor da primeira metade do século XX, escrita em Pernambuco
(63) **[20, 1 CL PE]** – Exemplo 63 procede de uma Carta de Leitor da primeira metade do século XX, escrita em Pernambuco
(64) **[20, 1 CL PE]** – Exemplo 64 procede de uma Carta de Leitor da primeira metade do século XX, escrita em Pernambuco
(65) **[20, 1 CL PE]** – Exemplo 65 procede de uma Carta de Leitor da primeira metade do século XX, escrita Pernambuco
(66) **[20, 1 CL PE]** – Exemplo 66 procede de uma Carta de Leitor da primeira metade do século XX, escrita em Pernambuco
(67) **[20, 1 CL PE]** – Exemplo 67 procede de uma Carta de Leitor da primeria metade do século XX, escrita em Pernambuco
(68) **[20, 1 CL PE]** – Exemplo 68 procede de uma Carta de Leitor da primeira metade do século XX, escrita em Pernambuco
(69) **[20, 1 CL PE]** – Exemplo 69 procede de uma Carta de Leitor da primeira metade do século XX, escrita em Pernambuco
(70) **[20, 1 CL PE]** – Exemplo 70 procede de uma Carta de Leitor da primeira metade do século XX, escrita Pernambuco
(71) **[19, 2 CL SP]** – Exemplo 71 procede de uma Carta de Leitor da segunda metade do século XIX, escrita em São Paulo
(72) **[19, 2 CL SP]** – Exemplo 72 procede de uma Carta de Leitor da segunda metade do século XIX, escrita em São Paulo
(73) **[19, 2 CL SP]** – Exemplo 73 procede de uma Carta de Leitor da segunda metade do século XIX, escrita em São Paulo
(74) **[19, 2 CL SP]** – Exemplo 74 procede de uma Carta de Leitor da segunda metade do século XIX, escrita em São Paulo
(75) **[19, 2 CL SP]** – Exemplo 75 procede de uma Carta de Leitor da segunda metade do século XIX, escrita em São Paulo
(76) **[19, 2 CL SP]** – Exemplo 76 procede de uma Carta de Leitor da segunda metade do século XIX, escrita em São Paulo
(77) **[19, 2 CL SP]** – Exemplo 77 procede de uma Carta de Leitor da segunda metade do século XIX, escrita em São Paulo
(78) **[19, 2 CL SP]** – Exemplo 78 procede de uma Carta de Leitor da segunda metade do século XIX, escrita em São Paulo
(79) **[19, 2 CL SP]** – Exemplo 79 procede de uma Carta de Leitor da segunda metade do século XIX, escrita em São Paulo
(80) **[19, 2 CL SP]** – Exemplo 80 procede de uma Carta de Leitor da segunda metade do século XIX, escrita em São Paulo
(81) **[19, 2 CL SP]** – Exemplo 81 procede de uma Carta de Leitor da segunda metade do século XIX, escrita em São Paulo

(82) **[19, 2 CL SP]** – Exemplo 82 procede de uma Carta de Leitor da segunda metade do século XIX, escrita em São Paulo
(83) **[19, 2 CL SP]** – Exemplo 83 procede de uma Carta de Leitor da segunda metade do século XIX, escrita em São Paulo
(84) **[19, 2 CL SP]** – Exemplo 84 procede de uma Carta de Leitor da segunda metade do século XIX, escrita em São Paulo
(85) **[19, 2 CL PE]** – Exemplo 85 procede de uma Carta de Leitor da segunda metade do século XIX, escrita em Pernambuco
(86) **[19, 2 CL PE]** – Exemplo 86 procede de uma Carta de Leitor da segunda metade do século XIX, escrita em Pernambuco
(87) **[19, 2 CL PE]** – Exemplo 87 procede de uma Carta de Leitor da segunda metade do século XIX, escrita em Pernambuco
(88) **[19, 2 CL PE]** – Exemplo 88 procede de uma Carta de Leitor da segunda metade do século XIX, escrita em Pernambuco
(89) **[19, 2 CL SP]** – Exemplo 89 procede de uma Carta de Leitor da segunda metade do século XIX, escrita em São Paulo
(90) **[19, 2 CL RN]** – Exemplo 90 procede de uma Carta de Leitor da segunda metade do século XIX, escrita no Rio Grande do Norte
(91) **[19, 2 CL RN]** – Exemplo 91 procede de uma Carta de Leitor da segunda metade do século XIX, escrita no Rio Grande do Norte
(92) **[19, 2 CL SP]** – Exemplo 92 procede de uma Carta de Leitor da segunda metade do século XIX, escrita em São Paulo
(93) **[19, 2 CL SP]** – Exemplo 93 procede de uma Carta de Leitor da segunda metade do século XIX, escrita em São Paulo
(94) **[20, 1 CL PE]** – Exemplo 94 procede de uma Carta de Leitor da primeira metade do século XX, escrita em Pernambuco
(95) **[20, 1 CL PE]** – Exemplo 95 procede de uma Carta de Leitor da primeira metade do século XX, escrita em Pernambuco
(96) **[20, 1 CL PE]** – Exemplo 96 procede de uma Carta de Leitor da primeira metade do século XX, escrita em Pernambuco
(97) **[20, 1 CL PE]** – Exemplo 97 procede de uma Carta de Leitor da primeira metade do século XX, escrita em Pernambuco
(98) **[19, 2 CL RN]** – Exemplo 98 procede de uma Carta de Leitor da segunda metade do século XIX, escrita no Rio Grande do Norte
(99) **[19, 2 CL RN]** – Exemplo 99 procede de uma Carta de Leitor da segunda metade do século XIX, escrita no Rio Grande do Norte
(100) **[19, 2 CL MG]** – Exemplo 100 procede de uma Carta de Leitor da segunda metade do século XIX, escrita em Minas Gerais
(101) **[19, 2 CL MG]** – Exemplo 101 procede de uma Carta de Leitor da segunda metade do século XIX, escrita em Minais Gerais
(102) **[20, 2 CL PE]** – Exemplo 102 procede de uma Carta de Leitor da segunda metade do século XX, escrita em Peranmbuco
(103) **[20, 2 CL MG]** – Exemplo 103 procede de uma Carta de Leitor da segunda metade do século XX, escrita em Minais Gerais
(104) **[20, 2 CL MG]** – Exemplo 104 procede de uma Carta de Leitor da segunda metade do século XX, escrita em Minas Gerais
(105) **[20, 2 CL MG]** – Exemplo 105 procede de uma Carta de Leitor da segunda metade do século XX, escrita em Minais Gerais
(106) **[20, 2 CL PE]** – Exemplo 106 procede de uma Carta de Leitor da segunda metade do século XX, escrita em Pernambuco
(107) **[20, 2 CL PE]** – Exemplo 107 procede de uma Carta de Leitor da segunda metade do século XX, escrita em Pernamcubo
(108) **[20, 2 CL RN]** – Exemplo 108 procede de uma Carta de Leitor da segunda metade do século XX, escrita no Rio Grande do Norte
(109) **[20, 2 CL RN]** Exemplo 109 procede de uma Carta de Leitor da segunda metade do século XX, escrita no Rio Grande do Norte
(110) **[20, 2 CL RN]** Exemplo 110 procede de uma Carta de Leitor da segunda metade do século XX, escrita no Rio Grande do Norte
(111) **[20, 2 CL RN]** Exemplo 111 procede de uma Carta de Leitor da segunda metade do século XX, escrita no Rio Grande do Norte
(112) **[20, 2 CL RN]** Exemplo 112 procede de uma Carta de Leitor da segunda metade do século XX, escrita no Rio Grande do Norte
(113) **[20, 2 CL PE]** Exemplo 113 procede de uma Carta de Leitor da segunda metade do século XX, escrita em Pernambuco
(114) **[20, 2 CL PE]** Exemplo 114 procede de uma Carta de Leitor da segunda metade do século XX, escrita em Pernambuco
(115) **[21,1 CL PE]** Exemplo 115 procede de uma Carta de Leitor da primeira metade do século XXI, escrita em Pernambuco

Capítulo "Práticas histórico-discursivas na seção 'annuncios' de jornais no Brasil do século XIX"

(1) **[19,2 A BA]** – Exemplo 1 procede de um Anúncio da segunda metade do século XIX, escrito na Bahia
(2) **[19,2 A PB]** – Exemplo 2 procede de um Anúncio da segunda metade do século XIX, escrito na Paraíba
(3) **[19, 2 E PB]** – Exemplo 3 procede de um Anúncio da segunda metade do século XIX, escrito na Paraíba
(4) **[19,2 A PR]** – Exemplo 4 procede de um Anúncio da segunda metade do século XIX, escrito no Paraná
(5) **[19,1 A PR]** – Exemplo 5 procede de um Anúncio da primeira metade do século XIX, escrito no Paraná
(6) **[19,2 A PB]** – Exemplo 6 procede de um Anúncio da segunda metade do século XIX, escrito na Paraíba
(7) **[19,2 A PB]** – Exemplo 7 procede de um Anúncio da segunda metade do século XIX, escrito na Paraíba
(8) **[19,2 A SP]** – Exemplo 8 procede de um Anúncio da segunda metade do século XIX, escrito em São Paulo

(9) [19,2 A PB] – Exemplo 9 procede de um Anúncio da segunda metade do século XIX, escrito na Paraíba
(10) [19,2 A SP] – Exemplo 10 procede de um Anúncio da segunda metade do século XIX, escrito em São Paulo
(11) [19,1 A PE] – Exemplo 11 procede de um Anúncio da primeira metade do século XIX, escrito em Pernambuco
(12) [19,1 A RJ] – Exemplo 12 procede de um Anúncio da primeira metade do século XIX, escrito no Rio de Janeiro
(13) [19, 2 A PB] – Exemplo 13 procede de um Anúncio da segunda metade do século XIX, escrito na Paraíba
(14) [19,2 A PB] – Exemplo 14 procede de um Anúncio da segunda metade do século XIX, escrito na Paraíba
(15) [19,2 A PR] – Exemplo 15 procede de um Anúncio da segunda metade do século XIX, escrito no Paraná
(16) [19,2 A PR] – Exemplo 16 procede de um Anúncio da segunda metade do século XIX, escrito no Paraná
(17) [19,2 A PB] – Exemplo 17 procede de um Anúncio da segunda metade do século XIX, escrito na Paraíba
(18) [19,2 A BA] – Exemplo 18 procede de um Anúncio da segunda metade do século XIX, escrito na Bahia
(19) [19, 2 A RJ] – Exemplo 19 procede de um Anúncio da segunda metade do século XIX, escrito no Rio de Janeiro
(20) [19,2 A RJ] – Exemplo 20 procede de um Anúncio da segunda metade do século XIX, escrito no Rio de Janeiro
(21) [19,1 A RJ] – Exemplo 21 procede de um Anúncio da primeira metade do século XIX, escrito no Rio de janeiro
(22) [19,2 A PB] – Exemplo 22 procede de um Anúncio da segunda metade do século XIX, escrito na Paraíba
(23) [19, 2 A PB] – Exemplo 23 procede de um Anúncio da segunda metade do século XIX, escrito na Paraíba
(24) [19,2 A PB] – Exemplo 24 procede de um Anúncio da segunda metade do século XIX, escrito na Paraíba
(25) [19,4 A PB] – Exemplo 25 procede de um Anúncio da segunda metade do século XIX, escrito na Paraíba
(26) [19, 2 A PR] – Exemplo 26 procede de um Anúncio da segunda metade do século XIX, escrito no Paraná
(27) [19,2 A PR] – Exemplo 27 procede de um Anúncio da segunda metade do século XIX, escrito no Paraná
(28) [19,2 A PR] – Exemplo 28 procede de um Anúncio da segunda metade do século XIX, escrito no Paraná
(29) [19,2 A PR] – Exemplo 29 procede de um Anúncio da segunda metade do século XIX, escrito no Paraná
(30) [19,2 A RJ] – Exemplo 30 procede de um Anúncio da segunda metade do século XIX, escrito no Rio de Janeiro
(31) [19, 2 A PB] – Exemplo 31 procede de um Anúncio da segunda metade do século XIX, escrito na Paraíba
(32) [19, 2 A PB] – Exemplo 32 procede de um Anúncio da segunda metade do século XIX, escrito na Paraíba
(33) [19,2 A BA] – Exemplo 33 procede de um Anúncio da segunda metade do século XIX, escrito na Bahia
(34) [19,1 A PE] – Exemplo 34 procede de um Anúncio da primeira metade do século XIX, escrito em Pernambuco
(35) [19,2 A PB] – Exemplo 35 procede de um Anúncio da segunda metade do século XIX, escrito na Paraíba
(36) [19,1 A RJ] – Exemplo 36 procede de um Anúncio da primeira metade do século XIX, escrito no Rio de Janeiro
(37) [19,1 A RJ] – Exemplo 37 procede de um Anúncio da primeira metade do século XIX, escrito no Rio de Janeiro
(38) [19,1 A SP] – Exemplo 38 procede de um Anúncio da primeira metade do século XIX, escrito em São Paulo
(39) [19,1 A SP] – Exemplo 39 procede de um Anúncio da primeira metade do século XIX, escrito em São Paulo
(40) [19, 2 A RJ] – Exemplo 40 procede de um Anúncio da segunda metade do século XIX, escrito no Rio de Janeiro
(41) [19,1 A SC] – Exemplo 41 procede de um Anúncio da primeira metade do século XIX, escrito em Santa Catarina
(42) [19,1 A SC] – Exemplo 42 procede de um Anúncio da primeira metade do século XIX, escrito em Santa Catarina
(43) [19,2 A PB] – Exemplo 43 procede de um Anúncio da segunda metade do século XIX, escrito na Paraíba

Capítulo "Tradições discursivas"

(1) [19,2 A SP] – Exemplo 1 procede de um Anúncio da segunda metade do século XIX, escrito em São Paulo
(2) [19,1 A SC] – Exemplo 2 procede de um Anúncio da primeira metade do século XIX, escrito em Santa Catarina
(3) [19,2 A CE] – Exemplo 3 procede de um Anúncio da segunda metade do século XIX, escrito no Ceará
(4) [19,2 A SP] – Exemplo 4 procede de um Anúncio da segunda metade do século XIX, escrito em São Paulo
(5) [19,2 A BA] – Exemplo 5 procede de um Anúncio da segunda metade do século XIX, escrito na Bahia
(6) [19,2 A SP] – Exemplo 6 procede de um Anúncio da segunda metade do século XIX, escrito em São Paulo
(7) [19,2 A SP] – Exemplo 7 procede de um Anúncio da segunda metade do século XIX, escrito em São Paulo
(8) [19,2 A SP] – Exemplo 8 procede de um Anúncio da segunda metade do século XIX, escrito em São Paulo
(9) [19,2 A SP] – Exemplo 9 procede de um Anúncio da segunda metade do século XIX, escrito em São Paulo
(10) [19,2 A SP] – Exemplo 10 procede de um Anúncio da segunda metade do século XIX, escrito em São Paulo
(11) [19,2 A SP] – Exemplo 11 procede de um Anúncio da segunda metade do século XIX, escrito em São Paulo
(12) [19,1 A CE] – Exemplo 12 procede de um Anúncio da primeira metade do século XIX, escrito no Ceará
(13) [19,2 A PR] – Exemplo 13 procede de um Anúncio da segunda metade do século XIX, escrito no Paraná
(14) [19,2 A SP] – Exemplo 14 procede de um Anúncio da segunda metade do século XIX, escrito em São Paulo
(15) [19,2 A CE] – Exemplo 15 procede de um Anúncio da segunda metade do século XIX, escrito no Ceará
(16) [19,2 A SP] – Exemplo 16 procede de um Anúncio da segunda metade do século XIX, escrito em São Paulo

(17) [19,2 A SP] – Exemplo 17 procede de um Anúncio da segunda metade do século XIX, escrito em São Paulo
(18) [19,2 A SP] – Exemplo 18 procede de um Anúncio da segunda metade do século XIX, escrito em São Paulo
(19) [19,2 A SP] – Exemplo 19 procede de um Anúncio da segunda metade do século XIX, escrito em São Paulo
(20) [19,2 A SP] – Exemplo 20 procede de um Anúncio da segunda metade do século XIX, escrito em São Paulo
(21) [19,2 A SP] – Exemplo 21 procede de um Anúncio da segunda metade do século XIX, escrito em São Paulo
(22) [19,2 A SP] – Exemplo 22 procede de um Anúncio da segunda metade do século XIX, escrito em São Paulo
(23) [19,2 A SP] – Exemplo 23 procede de um Anúncio da segunda metade do século XIX, escrito em São Paulo
(24) [19,2 A SP] – Exemplo 24 procede de um Anúncio da segunda metade do século XIX, escrito em São Paulo
(25) [19,2 A SP] – Exemplo 25 procede de um Anúncio da segunda metade do século XIX, escrito em São Paulo
(26) [19,2 A SP] – Exemplo 26 procede de um Anúncio da segunda metade do século XIX, escrito em São Paulo
(27) [19,2 A SP] – Exemplo 27 procede de um Anúncio da segunda metade do século XIX, escrito em São Paulo
(28) [19,2 A SP] – Exemplo 28 procede de um Anúncio da segunda metade do século XIX, escrito em São Paulo
(29) [19,2 A SP] – Exemplo 29 procede de um Anúncio da segunda metade do século XIX, escrito em São Paulo
(30) [19,2 A SP] – Exemplo 30 procede de um Anúncio da segunda metade do século XIX, escrito em São Paulo
(31) [19,2 A SP] – Exemplo 31 procede de um Anúncio da segunda metade do século XIX, escrito em São Paulo
(32) [19,2 A SP] – Exemplo 32 procede de um Anúncio da segunda metade do século XIX, escrito em São Paulo
(33) [20,1 A SP] – Exemplo 33 procede de um Anúncio da primeira metade do século XX, escrito em São Paulo
(34) [20,1 A SP] – Exemplo 34 procede de um Anúncio da primeira metade do século XX, escrito em São Paulo
(35) [20,2 A SP] – Exemplo 35 procede de um Anúncio da segunda metade do século XX, escrito em São Paulo
(36) [19,2 A SP] – Exemplo 36 procede de um Anúncio da segunda metade do século XIX, escrito em São Paulo
(37) [19,2 A SP] – Exemplo 37 procede de um Anúncio da segunda metade do século XIX, escrito em São Paulo
(38) [19,2 A SP] – Exemplo 38 procede de um Anúncio da segunda metade do século XIX, escrito em São Paulo
(39) [19,2 A CE] – Exemplo 39 procede de um Anúncio da segunda metade do século XIX, escrito no Ceará
(40) [19,2 A RJ] – Exemplo 40 procede de um Anúncio da segunda metade do século XIX, no Rio de Janeiro
(41) [19,2 A SP] – Exemplo 41 procede de um Anúncio da segunda metade do século XIX, escrito em São Paulo
(42) [19,2 A MG] – Exemplo 42 procede de um Anúncio da segunda metade do século XIX, escrito em Minas Gerais
(43) [19,2 A SP] – Exemplo 43 procede de um Anúncio da segunda metade do século XIX, escrito em São Paulo
(44) [19,2 A SP] – Exemplo 44 procede de um Anúncio da segunda metade do século XIX, escrito em São Paulo
(45) [19,2 A SP] – Exemplo 45 procede de um Anúncio da segunda metade do século XIX, escrito em São Paulo
(46) [19,2 A SP] – Exemplo 46 procede de um Anúncio da segunda metade do século XIX, escrito em São Paulo

Capítulo "A escrita burocrática colonial"

(1) [18,2 CO PB] – Exemplo 1 procede de uma Carta Oficial da segunda metade do século XVIII, escrita na Paraíba
(2) [18,2 CO RJ] – Exemplo 2 procede de uma Carta Oficial da segunda metade do século XVIII, escrita no Rio de Janeiro
(3) [18,2 CO PR] – Exemplo 3 procede de uma Carta Oficial da segunda metade do século XVIII, escrita na Paraná
(4) [18,2 CO BA] – Exemplo 4 procede de uma Carta Oficial da segunda metade do século XVIII, escrita na Bahia
(5) [19,2 CO RJ] – Exemplo 5 procede de uma Carta Oficial da segunda metade do século XIX, escrita no Rio de Janeiro
(6) [19,1 CO RJ] – Exemplo 6 procede de uma Carta Oficial da segunda metade do século XIX, escrita no Rio de Janeiro
(7) [19,1 CO PB] – Exemplo 7 procede de uma Carta Oficial da segunda metade do século XIX, escrita na Paraíba
(8) [19,2 CO RJ] – Exemplo 8 procede de uma Carta Oficial da segunda metade do século XIX, escrita no Rio de Janeiro
(9) [18,1 CO PB] – Exemplo 9 procede de uma Carta Oficial da primeira metade do século XVIII, escrita na Paraíba
(10) [18,2 CO BA] – Exemplo 10 procede de uma Carta Oficial da segunda metade do século XVIII, escrita na Bahia
(11) [19,1 CO RJ] – Exemplo 11 procede de uma Carta Oficial da primeira metade do século XIX, escrita no Rio de Janeiro
(12) [18,2 CO PB] – Exemplo 12 procede de uma Carta Oficial da segunda metade do século XVIII, escrita na Paraíba
(13) [18,2 CO BA] – Exemplo 13 procede de uma Carta Oficial da segunda metade do século XVIII, escrita na Bahia
(14) [18,2 CO BA] – Exemplo 14 procede de uma Carta Oficial da segunda metade do século XVIII, escrita na Bahia
(15) [18,2 CO PB] – Exemplo 15 procede de uma Carta Oficial da segunda metade do século XVIII, escrita na Paraíba
(16) [19,1 CO RJ] – Exemplo 16 procede de uma Carta Oficial da primeira metade do século XIX, escrita no Rio de Janeiro
(17) [18,2 CO RJ] – Exemplo 17 procede de uma Carta Oficial da segunda metade do século XVIII, escrita no Rio de Janeiro
(18) [19,2 CO RJ] – Exemplo 18 procede de uma Carta Oficial da segunda metade do século XIX, escrita no Rio de Janeiro
(19) [19,2 CO RJ] – Exemplo 19 procede de uma Carta Oficial da segunda metade do século XIX, escrita no Rio de Janeiro
(20) [19,2 CO RJ] – Exemplo 20 procede de uma Carta Oficial da segunda metade do século XIX, escrita no Rio de Janeiro

(21) **[19,2 CO RJ/PB]** – Exemplo 21 procede de uma Carta Oficial da segunda metade do século XIX, escrita no Rio de janeiro/Paraíba
(22) **[19,1 CO RJ]** – Exemplo 22 procede de uma Carta Oficial da primeira metade do século XIX, escrita no Rio de Janeiro
(23) **[19,2 CO PB]** – Exemplo 23 procede de uma Carta Oficial da segunda metade do século XIX, escrita na Paraíba
(24) **[19,2 CO PB]** – Exemplo 24 procede de uma Carta Oficial da segunda metade do século XIX, escrita na Paraíba
(25) **[18,2 CO PB]** – Exemplo 25 procede de uma Carta Oficial da segunda metade do século XVIII, escrita na Paraíba
(26) **[18,2 CO BA]** – Exemplo 26 procede de uma Carta Oficial da segunda metade do século XVIII, escrita na Bahia
(27) **[19,1 CO RJ]** – Exemplo 27 procede de uma Carta Oficial da primeira metade do século XIX, escrita no Rio de Janeiro
(28) **[18,2 CO PB]** – Exemplo 28 procede de uma Carta Oficial da segunda metade do século XVIII, escrita na Paraíba
(29) **[18,2 CO PB]** – Exemplo 29 procede de uma Carta Oficial da segunda metade do século XVIII, escrita na Paraíba
(30) **[19,1 CO RJ]** – Exemplo 30 procede de uma Carta Oficial da primeira metade do século XIX, escrita no Rio de Janeiro
(31) **[18.2 CO BA]** – Exemplo 31 procede de uma Carta Oficial da segunda metade do século XVIII, escrita na Bahia
(32) **[18.2 CO PR]** – Exemplo 32 procede de uma Carta Oficial da segunda metade do século XVIII, escrita no Paraná
(33) **[19.1 CO RJ]** – Exemplo 33 procede de uma Carta Oficial da primeira metade do século XIX, escrita no Rio de Janeiro
(34) **[19.2 CO PB]** – Exemplo 34 procede de uma Carta Oficial da segunda metade do século XIX, escrita na Paraíba
(35) **[19.2 CO PB]** – Exemplo 35 procede de uma Carta Oficial da segunda metade do século XIX, escrita na Paraíba
(36) **[18,2 CO RJ]** – Exemplo 36 procede de uma Carta Oficial da segunda metade do século XVIII, escrita no Rio de Janeiro
(37) **[19,1 CO PB]** – Exemplo 37 procede de uma Carta Oficial da primeira metade do século XIX, escrita na Paraíba
(38) **[19,1 CO PB]** – Exemplo 38 procede de uma Carta Oficial da primeira metade do século XIX, escrita na Paraíba
(39) **[18,2 CO PB]** – Exemplo 39 procede de uma Carta Oficial da segunda metade do século XVIII, escrita na Paraíba
(40) **[18,2 CO BA]** – Exemplo 40 procede de uma Carta Oficial da segunda metade do século XVIII, escrita na Bahia
(41) **[19,1 CO RJ]** – Exemplo 41 procede de uma Carta Oficial da primeira metade do século XIX, escrita no Rio de Janeiro
(42) **[19,1 CO PB]** – Exemplo 42 procede de uma Carta Oficial da primeira metade do século XIX, escrita na Paraíba
(43) **[19,1 CO PB]** – Exemplo 43 procede de uma Carta Oficial da primeira metade do século XIX, escrita na Paraíba
(44) **[19,2 CO RJ]** – Exemplo 44 procede de uma Carta Oficial da segunda metade do século XIX, escrita no Rio de Janeiro
(45) **[19,1 CO PB)** – Exemplo 45 procede de uma Carta Oficial da primeira metade do século XIX, escrita na Paraíba
(46) **[19,2 CO PB]** – Exemplo 46 procede de uma Carta Oficial da segunda metade do século XIX, escrita na Paraíba

Capítulo "Os livros de família pernambucanos do século XIX"

(1) **[18,1/19,2 LF PE]** – Exemplo 1 procede de um Livro de Família da primeira metade do século XVIII e da segunda metade do século XIX, escrito em Pernambuco
(2) **[19,2 LF PE]** – Exemplo 2 procede de um Livro de Família da segunda metade do século XIX, escrito em Pernambuco
(3) **[18,1-19,2 LF]** – Exemplo 3 procede de um Livro de Família da primeira metade do século XVIII e da segunda metade do século XIX
(4) **[19,2 LF PE]** – Exemplo 4 procede de um Livro de Família da segunda metade do século XIX, escrito em Pernambuco
(5) **[18,1-19,2 LF]** – Exemplo 5 procede de um Livro de Família da primeira metade do século XVIII e da segunda metade do século XIX

Capítulo "O bendito em manuscritos religiosos populares da primeira metade do século XX ao início do século XXI"

(1) **[20,1 B PB]** – Exemplo 1 procede de um Bendito da primeira metade do século XX, escrito na Paraíba
(2) **[20,2 B MG]** – Exemplo 2 procede de um Bendito da segunda metade do século XX, escrito em Minas Gerais
(3) **[20,2 B MG]** – Exemplo 3 procede de um Bendito da segunda metade do século XX, escrito em Minas Gerais
(4) **[20,2 B MG]** – Exemplo 4 procede de um Bendito da segunda metade do século XX, escrito em Minas Gerais
(5) **[20,1 B PB]** – Exemplo 5 procede de um Bendito da primeira metade do século XX, escrito na Paraíba
(6) **[20,1 B PB]** – Exemplo 6 procede de um Bendito da primeira metade do século XX, escrito na Paraíba
(7) **[21,1 B RN]** – Exemplo 7 procede de um Bendito da primeira metade do século XXI, escrito no Rio Grande do Norte
(8) **[21,1 B RN]** – Exemplo 8 procede de um Bendito da primeira metade do século XXI, escrito no Rio Grande do Norte
(9) **[20,1 B PB]** – Exemplo 9 procede de um Bendito da primeira metade do século XX, escrito na Paraíba
(10) **[20,1 B PB]** – Exemplo 10 procede de um Bendito da primeira metade do século XX, escrito na Paraíba
(11) **[21,1 B PB]** – Exemplo 11 procede de um Bendito da primeira metade do século XXI, escrito na Paraíba

(12) [21,1 B RN] – Exemplo 12 procede de um Bendito da primeira metade do século XXI, escrito no Rio Grande do Norte
(13) [21,1 B PB] – Exemplo 13 procede de um Bendito da primeira metade do século XXI, escrito na Paraíba
(14) [21,1 B PB] – Exemplo 14 procede de um Bendito da primeira metade do século XXI, escrito na Paraíba
(15) [21,1 B PB] – Exemplo 15 procede de um Bendito da primeira metade do século XXI, escrito na Paraíba
(16) [21,1 B RN] – Exemplo 16 procede de um Bendito da primeira metade do século XXI, escrito no Rio Grande do Norte
(17) [21,1 B RN] – Exemplo 17 procede de um Bendito da primeira metade do século XXI, escrito no Rio Grande do Norte
(18) [21,1 B RN] – Exemplo 18 procede de um Bendito da primeira metade do século XXI, escrito no Rio Grande do Norte
(19) [21,1 B RN] – Exemplo 19 procede de um Bendito da primeira metade do século XXI, escrito no Rio Grande do Norte
(20) [21,1 B RN] – Exemplo 20 procede de um Bendito da primeira metade do século XXI, escrito no Rio Grande do Norte
(21) [21,1 B RN] – Exemplo 21 procede de um Bendito da primeira metade do século XXI, escrito no Rio Grande do Norte
(22) [20,2 B PB] – Exemplo 22 procede de um Bendito da segunda metade do século XX, escrito na Paraíba
(23) [20,2 B RN] – Exemplo 23 procede de um Bendito da segunda metade do século XX, escrito no Rio Grande do Norte
(24) [20,2 B RN] – Exemplo 24 procede de um Bendito da segunda metade do século XX, escrito no Rio Grande do Norte
(25) [20,2 B RN] – Exemplo 25 procede de um Bendito da segunda metade do século XX, escrito no Rio Grande do Norte
(26) [20,2 B RN] – Exemplo 26 procede de um Bendito da segunda metade do século XX, escrito no Rio Grande do Norte
(27) [20,2 B PB] – Exemplo 27 procede de um Bendito da segunda metade do século XX, escrito na Paraíba
(28) [20,2 B PB] – Exemplo 28 procede de um Bendito da segunda metade do século XX, escrito na Paraíba
(29) [20,2 B PB] – Exemplo 29 procede de um Bendito da segunda metade do século XX, escrito na Paraíba
(30) [20,2 B MG] – Exemplo 30 procede de um Bendito da segunda metade do século XX, escrito em Minas Gerais
(31) [20,2 B PB] – Exemplo 31 procede de um Bendito da segunda metade do século XX, escrito na Paraíba
(32) [20,2 B RN] – Exemplo 32 procede de um Bendito da segunda metade do século XX, escrito no Rio Grande do Norte
(33) [20,2 B CE] – Exemplo 33 procede de um Bendito da segunda metade do século XX, escrito no Ceará
(34) [20,2 B PI] – Exemplo 34 procede de um Bendito da segunda metade do século XX, escrito no Piauí
(35) [20,2 B PB] – Exemplo 35 procede de um Bendito da segunda metade do século XX, escrito na Paraíba
(36) [20,2 B PB] – Exemplo 36 procede de um Bendito da segunda metade do século XX, escrito na Paraíba
(37) [20,2 B PB] – Exemplo 37 procede de um Bendito da segunda metade do século XX, escrito na Paraíba
(38) [20,2 B PB] – Exemplo 38 procede de um Bendito da segunda metade do século XX, escrito na Paraíba
(39) [20,2 B PB] – Exemplo 39 procede de um Bendito da segunda metade do século XX, escrito na Paraíba
(40) [20,2 B RN] – Exemplo 40 procede de um Bendito da segunda metade do século XX, escrito no Rio Grande do Norte
(41) [20,2 B PB] – Exemplo 41 procede de um Bendito da segunda metade do século XX, escrito na Paraíba
(42) [20,2 B PB] – Exemplo 42 procede de um Bendito da segunda metade do século XX, escrito na Paraíba
(43) [20,2 B PB] – Exemplo 43 procede de um Bendito da segunda metade do século XX, escrito na Paraíba
(44) [20,2 B PB] – Exemplo 44 procede de um Bendito da segunda metade do século XX, escrito na Paraíba
(45) [20,2 B PB] – Exemplo 45 procede de um Bendito da segunda metade do século XX, escrito na Paraíba
(46) [20,2 B PB] – Exemplo 46 procede de um Bendito da segunda metade do século XX, escrito na Paraíba
(47) [20,2 B PB] – Exemplo 47 procede de um Bendito da segunda metade do século XX, escrito na Paraíba
(48) [20,2 B PB] – Exemplo 48 procede de um Bendito da segunda metade do século XX, escrito na Paraíba
(49) [20,2 B PB] – Exemplo 49 procede de um Bendito da segunda metade do século XX, escrito na Paraíba
(50) [20,2 B PB] – Exemplo 50 procede de um Bendito da segunda metade do século XX, escrito na Paraíba

APRESENTAÇÃO

Maria Lúcia C. V. O. Andrade
Valéria Severina Gomes

Este volume 7 da série História do Português Brasileiro trata das Tradições Discursivas, focalizando a historicidade dos textos e da língua. Os trabalhos aqui reunidos estão agrupados em cinco grupos de escrituras:[1] jornalísticas; publicitárias; administrativas, pessoais e de cunho religioso.

O primeiro capítulo, intitulado "O editorial de jornal: revisitando a trajetória de um gênero", produzido por Valéria Severina Gomes e Aurea Zavam tem como propósito investigar o percurso sócio-histórico do editorial como prática discursiva do jornalismo impresso, a fim de examinar a manutenção e/ou inovação de aspectos ligados tanto à localização no corpo jornal quanto à dimensão linguístico-discursiva, em exemplares dos séculos XIX e XX coletados dos *corpora* do PHPB. Foram analisados 80 (oitenta) editoriais, 20 de cada estado (Bahia, Ceará, Pernambuco e Rio de Janeiro), compreendendo os dois séculos. Com base em aspectos contextuais e linguístico-discursivos (Jucker, 2000), o estudo parte de uma matriz de traços constitutivos do editorial que serviu de base à análise empreendida. O trabalho apoia-se fundamentalmente no conceito de Tradição Discursiva (TD), da romanística alemã, que acentua a historicidade dos textos, reconhecendo-lhes, segundo Kabatek (2006b), dois fatores definidores: evocação e repetição. Ao evocar, recordar o passado, uma TD, que se realiza no presente, inevitavelmente se repete, senão em sua totalidade, pelo menos em partes. A TD prevê a repetição desde uma forma textual até uma maneira particular de escrever e falar. São, pois, os traços de repetição que permitiram reconhecer a permanência de determinados aspectos, assim como identificar a mudança de outros em diferentes dimensões, incluindo a linguística na trajetória do gênero editorial.

O capítulo "A notícia de jornal entre conservação e inovação: Tradições Discursivas e história da língua" trata do gênero noticioso. Os autores Cléber

Ataíde e Tarcísia Travassos mostram que a notícia é considerada um gênero informativo porque tende a expor fatos e acontecimentos da sociedade em geral. Para elaboração desse gênero, os manuais de redação jornalística ditam que o texto precisa apresentar, por exemplo, uma estrutura textual do tipo narrativa, com verbos no passado, em terceira pessoa e que respondem às questões determinadas: *o quê? quem? quando? onde? e por que?* Sabe-se, porém, que essas características formais não se aplicam a todos os textos noticiosos pertencentes à mídia impressa e também não são modelos fixos da composição da notícia. No período do surgimento da impressa no Brasil, no início do século XIX, por exemplo, as notícias eram praticamente notas e, muitas vezes, se assemelhavam à função típica dos anúncios e avisos do cotidiano. A partir do conceito de Tradição Discursiva que postula o princípio de que os gêneros podem apresentar determinadas regularidades que nos remetem a formas textuais anteriormente produzidas, este capítulo objetiva investigar que mudanças podem ser apontadas na estrutura da notícia jornalística da mídia impressa. Para a investigação, os autores partem da análise de 70 textos noticiosos do jornal pernambucano *Diário de Pernambuco*. Também utilizam algumas amostras dos jornais *Brado Conservador*, do Rio Grande do Norte, e dos jornais *A Província de São Paulo* e *Correio Paulista*, de São Paulo, coletados e editados segundo as normas filológicas de textos impressos pela equipe do projeto Para a História do Português do Brasil (PHPB). A pesquisa centra-se em dois aspectos do gênero em destaque, a saber: a construção do título e as estratégias composicionais na textualização da notícia.

No capítulo "Tradição, persuasão, hegemonia: o noticiário sobre as eleições em perspectiva diacrônica", Fábio Fernando Lima apresenta os resultados de um estudo que se propõe a investigar, analisar e descrever as estruturas responsáveis pelo estabelecimento das relações interpessoais e as intersecções destas com a persuasão no noticiário dos jornais paulistas desde o final do século XIX até o início do século XXI, estabelecendo, como recorte, as publicações relacionadas à temática das eleições e observando, nesse contexto, a manifestação de ideologias e a busca pelo estabelecimento de determinados consensos. Paralelamente, levando em consideração a diacronia do gênero textual sob análise, busca descrever sua evolução, regularidades e transformações, apresentando, assim, as tradições discursivas do noticiário nos jornais paulistas.

O capítulo "Estrutura retórico-teleológica e negociação intersubjetiva em editoriais da imprensa de bairro", escrito por Paulo Roberto Gonçalves-Segundo, objetiva depreender padrões negociativos e retórico-teleológicos de estruturação de editoriais da imprensa de bairro, a partir do exame detalhado de textos publicados em periódicos paulistas, cariocas e curitibanos em um período de tempo que vai da década de 1970 até o ano de 2013, o que recobre, portanto, dois períodos sócio-históricos distintos, cujas características se mostram relevantes na configuração do gênero: o período totalitário e o período democrático. Tomando como base a perspectiva sistêmico-funcional, com destaque aos subsistemas de atitude e de envolvimento, ligados à metafunção interpessoal, e o conceito de Tradições Discursivas, foi possível depreender, por um lado, um conjunto de cinco posturas – de condenação, de repúdio, de análise, de reconhecimento e de louvor –, marcadas por distinções na distribuição de valores atitudinais e, por outro, um total de cinco vínculos – exclusivista, intimista, de identificação, de proximidade e de distanciamento –, caracterizados pela predominância de recursos de envolvimento ligados à captação ou à vinculação e por determinados tipos de coletivização. Tais padrões encontraram-se instanciados de forma não biunívoca em relação aos quatro modelos retórico-teleológicos dominantes no gênero – o exortativo, o crítico, o informativo e o exaltativo – e apresentaram sensibilidade a fatores sócio-históricos e sociocomunicativos, além de relações de metarredundância entre si.

O capítulo "História da carta de leitor: sobre aspectos composicionais, conservação e dinamismo", produzido por Thiago Trindade Matias, tem por iniciativa reconstruir a história do gênero carta de leitor, por meio de uma análise discursivo-textual do gênero a fim levantar características internas e identificar o que mudou ou permaneceu no uso/circulação e constituição do gênero, desde o seu surgimento até o século XX. Analisam-se nas cartas de leitor, à luz do paradigma da Tradição Discursiva, componentes caracterizadores da composição do gênero e a função sociodiscursiva por ela desempenhada. Verificou-se que a carta de leitor no nível das tradições discursivas oscilou entre convenção e a inovação, entre conservadorismo e dinamismo (Simões e Kewitz, 2009). Esse trabalho contribui para a reconstrução da sócio-história do português brasileiro (PB), ao resgatar usos e características linguísticas de tempos passados para comprovar as variações ou mudanças pelas quais passaram os textos da língua portuguesa.

O capítulo "Práticas histórico-discursivas na seção 'annuncios' de jornais no Brasil do século XIX", escrito por Ana Cristina de Sousa Aldrigue e Roseane Batista Feitosa Nicolau, tem o objetivo de analisar as práticas discursivas presentes na seção "Annuncios" do século XIX de várias localidades do Brasil, observando seus aspectos linguísticos e histórico-discursivos. O estudo adota a concepção de texto na perspectiva da Tradição Discursiva (Oesterreicher, 1998; Kabatek, 2006a; Koch, 2008) por considerar, na compreensão do funcionamento do texto, os fatores sócio-históricos que o envolvem. Os anúncios selecionados apresentam as seguintes temáticas: venda e aluguel, cobrança e notícias gerais, e foram coletados da seção "Annuncios" dos jornais de Pernambuco, Rio de Janeiro, São Paulo, Santa Catarina e Paraná, século XIX – organizados e publicados pelas professoras Guedes e Berlinck (2000) –, e dos jornais da Paraíba – organizados e publicados pelas professoras Nicolau e Aldrigue (2009). Por meio das ideias de Bakhtin e de seu Círculo, observam-se as práticas histórico-discursivas presentes nos textos da seção "Annuncios", o tratamento dado ao tema, o intuito do locutor em função do seu papel social e a forma composicional dos gêneros presentes. Esses fatores, interligados, vão particularizando os textos presentes na seção "Annuncios" como modelos textuais, como tradições que, conjuntamente com as formas linguísticas, dão condição ao exercício da função enunciativa de práticas discursivas.

O capítulo "Tradições Discursivas: uma análise dos anúncios de emprego publicados em jornais brasileiros", elaborado por Kelly Cristina de Oliveira, objetiva analisar a constituição do gênero discursivo anúncio de emprego, da segunda metade do século XIX, numa perspectiva diacrônico-textual. Para isso, considera as condições histórico-sociais em que foram produzidos. Outrossim, serão observados os critérios subjetivos utilizados para moralizar a mão de obra trabalhadora, bem como o uso de exigências fenotípicas em detrimento de exigências apenas profissionais, naturalizando e perpetuando o racismo. Utiliza o arcabouço teórico da Análise Crítica do Discurso de Fairclough (2003), que entende o discurso, dentre outros aspectos, como modo de ação, representação e identificação dos sujeitos sociais, funcionando nas práticas sociais, capaz de reproduzi-las e modificá-las.

No capítulo "A escrita burocrática colonial: cartas oficiais dos séculos XVIII e XIX", Maria Cristina de Assis mostra que a leitura de cartas oficiais dos séculos XVIII e XIX revela um grau variado de habilidade na redação de textos administrativos. Esse capítulo tem o objetivo de caracterizar a linguagem de cartas oficiais produzidas em diferentes regiões brasileiras, entre o período de 1700 a 1800, observando os fenômenos linguísticos sob uma perspectiva histórico-textual, com base nos níveis de análise linguística propostos por Oesterreicher (1994) e Stoll (1996), a partir de Coseriu (1979). Os manuscritos integram o *corpus* diacrônico do PHPB, organizado por diversos pesquisadores. Alguns documentos são redigidos de acordo com os modelos produzidos na metrópole, outros trazem passagens que denotam pouca experiência no manejo da escrita por parte de seus autores.

No capítulo "Os livros de família pernambucanos do século XIX: o aporte das escrituras pessoais dos autores semicultos nordestinos para a pesquisa da história do português brasileiro", Konstanze Jungbluth analisa manuscritos escritos por pernambucanos semicultos do século XIX, a fim de buscar traços da oralidade do português brasileiro de tempos passados presentes na escrita. Para isso, selecionou como objeto de estudo quatro *livros de famílias* pernambucanos arquivados na Fundação Gilberto Freyre (Recife). Com apoio no conceito de Tradições Discursivas, aplicada no âmbito dos estudos históricos do português brasileiro, apresenta uma descrição do gênero textual *livros de família,* a partir da comparação desse gênero em quatro línguas românicas diferentes (italiano, catalão, espanhol e português brasileiro). Nesse sentido, considerou a prática de escrita e de leitura no seu contexto histórico-social e as temáticas tratadas nos manuscritos analisados para, então, desdobrar os traços dos *livros de família* pernambucanos do século XIX. Na análise dos *livros de família* pernambucanos, a autora explorou a estrutura macro e micro desses textos, a saber, os aspectos lexicais e gramaticais, a variação lexical, a variação morfossintática, os sintagmas preposicionais e a ordem de palavras.

O último capítulo, "O bendito em manuscritos religiosos populares da primeira metade do século XX ao início do século XXI", de autoria de Lucrécio Araújo de Sá Júnior, tem como objetivo analisar o gênero *bendito*, por ser um tipo de canto que compõe os ritos religiosos populares tais como novenas, procissões e folias. A partir da perspectiva das Tradições Discursivas, o autor busca observar as permanências e mudanças ocorridas nas sequências discursivas da estrutura formal dos textos. Para isso, a perspectiva teórica fundamenta-se nas ideias de Coseriu (1979), Oesterreicher (2002), Zumthor (1997, 2000) e Kabatek (2006). Para esses teóricos, os traços de mudança e de permanência observados na trajetória de um texto apontam para os traços de mudança e de permanência no funcionamento da língua. Em consonância com essa ideia, é preciso salientar que nos benditos há uma variação nas sequências discursivas do texto e que essa variação é dada pela fusão de outros gêneros da tradição religiosa. Tais transformações ultrapassam os elementos puramente linguísticos e são condicionadas pelo contexto externo. Considerando que o canto popular religioso está ativamente constituindo ou alimentando a memória e o imaginário da sociedade, as relações entre práticas discursivas, entre textos/discursos, são o que denominamos de interdiscurso, o qual é apontado para a produtividade dos textos. A variação na sequência discursiva dos benditos revela que os autores desses enunciados se apropriaram de diversas vozes sociais, transformaram textos anteriores reestruturando-os para gerar novos textos.

NOTA

1 As pesquisas desenvolvidas nos terceiro, quarto e sétimo capítulos estão vinculadas ao Projeto História do Português Paulista II, financiado pela Fundação de Amparo à Pesquisa do Estado de São Paulo (Fapesp), conforme o Processo n. 11/51787-5. Para esta publicação contamos também com o auxílio da Faculdade de Filosofia, Letras e Ciências Humanas da Universidade de São Paulo.

INTRODUÇÃO

TRADIÇÕES DISCURSIVAS: REFLEXÕES CONCEITUAIS

Maria Lúcia C. V. O. Andrade
Valéria Severina Gomes

A linguagem verbal é um elemento básico da vida social. Sendo assim, devemos tomar o discurso como uma prática inserida na estrutura social, que permite a emergência de textos com efeitos capazes de proporcionar mudanças tanto cognitivas, em termos de conhecimentos, crenças, posicionamentos e valores, quanto materiais, na medida em que podem/devem levar os indivíduos à ação.

As estruturas sociais são entidades abstratas que definem um potencial ou conjunto de possibilidades. Por sua vez, eventos não são um resultado simples e direto das estruturas sociais: são intermediados por práticas sociais que podem ser entendidas como modos de se controlar a seleção de possibilidades estruturais, por meio de sua exclusão ou retenção através do tempo, em campos específicos da vida social (Fairclough, 2003: 23-4).

Por definirem potenciais e possibilidades, as línguas são tomadas dentre as estruturas sociais e constituem-se em elementos que podem ser incorporados às práticas e eventos sociais, em que são realizadas atividades de aprimoramento das possibilidades e potenciais de significado das estruturas sociais, culturais e linguísticas, visando aos objetivos comunicativos dos indivíduos e às ordens do discurso pertinentes em cada caso e em cada momento histórico.

Nessa perspectiva, textos se configuram em eventos intermediados por ordens de discurso, que atualizam e selecionam os elementos que vão mudando ou permanecendo ao longo do tempo e que farão, com objetivos determinados, parte da materialidade linguística. Desse modo, ordens do discurso não podem ser constituídas exclusivamente de elementos linguísticos propriamente ditos (morfema, lexema, frases etc.), mas sim também por tradições discursivas, gêneros, discursos e estilos, a fim de exercer um controle social sobre as variações e as mudanças linguísticas, aqui entendidas como possibilidades de seleção de recursos ideacionais, interpessoais e textuais (Halliday, 1978) no âmbito de uma atividade discursiva. Assim, cada domínio de atuação social e discursiva dos sujeitos evidencia, na atualização de gêneros orais e escritos, com finalidades pragmáticas específicas, marcas convencionais do contexto sócio-histórico e cultural.

Toda prática social é constituída por quatro momentos: discurso ou semiose; atividade material; relações sócio-históricas (relações de poder e luta hegemônica pelo estabelecimento, manutenção e transformação das relações entre os sujeitos históricos e sociais); aspecto mental (crenças, valores, e desejos, isto é, ideologia). Da articulação desses momentos, resulta a construção discursiva. Fairclough (2003) afirma que a estrutura social deve ser concebida de modo dialético em relação às práticas sociais, já que consiste tanto no meio pelo qual elas se estruturam, como no resultado dos diversos gêneros, discursos e estilos atualizados nessas mesmas práticas.

É no embate proveniente da disputa hegemônica que práticas sociais e linguístico-discursivas são modificadas, de forma que mudanças sociais e linguísticas devem ser compreendidas em total conexão com fatores culturais, históricos e ideológicos no interior das ordens de discurso, sustentados pelo poder causal de agentes que contestam ou validam os modos de representar, agir e ser dominantes ou tidos como preferenciais em um determinado sistema social e em uma determinada época (Van Dijk, 2008).

Considerando as conexões culturais, sociais e históricas que contextualizam os modos de dizer, o conceito de Tradição Discursiva, nascido no âmbito da Linguística Românica alemã, dá suporte para investigar os diferentes modos de dizer na constituição dos textos orais e escritos que circulam através dos tempos, em diferentes esferas sociais, revelando as práticas sócio-históricas de uso da linguagem, as mudanças linguísticas e os elementos constitutivos recorrentes na natureza dos textos. Recentemente, esse conceito vem sendo utilizado como suporte teórico-metodológico pelos pesquisadores do Projeto para a História do Português Brasileiro (PHPB) e, de modo particular, pelos integrantes do subgrupo "Tradições Discursivas: constituição e mudança dos gêneros discursivos".

Na seara da Linguística Românica alemã, seguindo a visão tripartida de Coseriu (1987), na qual a linguagem é uma atividade humana universal que se realiza individualmente, mas sempre segundo técnicas historicamente determinadas, Oesterreicher (2001a) situa a sua definição de tradição discursiva. No nível histórico, o autor distingue dois domínios: as tradições discursivas e as línguas históricas. Nestas estão incluídas todas as variedades orais e escritas com as suas regras fonéticas, fonológicas, morfossintáticas e lexicais resultantes da história particular de cada língua. Já as tradições discursivas englobam os tipos de texto, os gêneros (literários e não literários), os estilos etc. Para Oesterreicher (2002: 359):

> [...] as tradições discursivas funcionam em virtude de situações comunicativas determinadas historicamente. Todo discurso individual guiado por determinados modelos discursivos – os gêneros ou as tradições – se constitui no marco de uma série de constelações comunicativas que controlam os traços específicos de cada discurso e as possíveis modalidades de sua produção e recepção.

Nessa perspectiva, as Tradições Discursivas (TD), conceito basilar para todos os trabalhos deste volume, devem ser tratadas no imbricamento entre os princípios estruturais dos sistemas sociais e a língua. Nesse ponto encontramos duas historicidades distintas e complementares: a historicidade do texto e a historicidade da língua.

No que diz respeito à historicidade do texto, há um acervo textual culturalmente armazenado, reconhecido, utilizado e modificado pela comunidade, que funciona como modelos linguísticos tradicionais. Esses modelos são evocados em diferentes situações comunicativas e repetem, total ou parcialmente, uma finalidade de dizer, uma forma e/ou conteúdo. Nesse processo, cada nova enunciação requer a atualização da tradição, ou seja, cada novo enunciado é construído a partir de textos historicamente armazenados na memória da comunidade (Longhin, 2014).

A historicidade da língua compreende o *sistema* e a *norma*, ou seja, respectivamente, a tradição das possibilidades do léxico e da gramática e a tradição da realização dessas possibilidades, considerando as variedades geográficas, sociais e estilísticas, que manifestam a identidade dos sujeitos. Nas muitas empreitadas de pesquisas sobre as variações e mudanças do português brasileiro, o conceito de TD pode contribuir na medida em que possibilita a verificação de que algumas formas linguísticas utilizadas em um determinado gênero, em um dado período, dizem respeito à natureza do texto, e não à norma de uso vigente. É o caso, por exemplo, do emprego de *Vossa Mercê* na despedida de cartas pessoais do século XX: "*Deus guarde Vossa Mercê*". Essa forma nominal de tratamento, nesse século, já estava em desuso, o que justifica que sua ocorrência é a retomada de uma forma tradicional de despedida em cartas, que remetem ao período colonial.

Nesse sentido, Matos e Silva (2008: 146) comenta que "*sem dúvida, a mais recente orientação nos estudos histórico-diacrônicos é a das Tradições Discursivas (TD)*". As pesquisas a respeito de TD têm se revelado essenciais para os trabalhos de elaboração de *corpora* diacrônicos de análise linguística e para a organização de tipologias textuais. Como observa Gomes (2005: 87), tais estudos possibilitam o estabelecimento de diversas relações entre os domínios textual (relativo ao uso) e linguístico (relativo ao sistema), bem como estão intimamente ligados ao movimento histórico de mudança linguística e social.

A partir da perspectiva das Tradições Discursivas, os trabalhos presentes neste volume buscam observar os traços de mudança e de permanência observados na trajetória dos textos que apontam para os traços de mudança e de permanência no funcionamento da língua. Assim, cada trabalho enfoca uma ou mais dimensões de tradicionalidade: dos gêneros; dos discursos; dos tipos textuais; dos estilos; da língua. Para saber que documentos foram produzidos no Brasil, as equipes do Projeto para a História do Português Brasileiro buscaram montar um *corpus* mínimo para subsidiar as pesquisas, compreendendo os séculos XVIII, XIX e XX. Neste volume, foram contemplados gêneros do *corpus* mínimo (carta de editor (editorial), anúncio, carta de leitor e carta oficial) e gêneros do *corpus* diferencial (notícia, livro de família e benditos). A escolha e a análise do *corpus* levam em consideração as reflexões iniciadas pela equipe da Linguística de *Corpus* do PHPB, quando coloca as seguintes questões para a escolha e edição de documentos para as diversas análises (Simões e Kewitz, 2010: 23-4):

i. Que documentos foram produzidos no Brasil nas diversas fases de sua história?
ii. De que tratam esses documentos?
iii. Para quem foram produzidos? Que relações entre os interlocutores podem ser depreendidas nesses documentos?
iv. Como compartilhar um *corpus* nacional mínimo, uma vez que as diversas localidades brasileiras tiveram origem em diferentes épocas e não compartilham a mesma história social?
v. De que maneira e até que ponto esses documentos podem ser considerados representativos da linguagem da época e da localidade?
vi. Que relações intertextuais podem ser levantadas?

Objetivamos neste texto de Introdução propor algumas reflexões conceituais acerca das TD, a fim de expor pontos de convergência teórica entre os capítulos deste volume, de buscar generalizações para as tradições aqui abordadas e de servir como referência inicial para as análises que compõem esses capítulos. Em virtude das diferentes possibilidades de abordagem diacrônica dos textos, da diversidade dos *corpora* e das correlações entre a historicidade da língua e do texto nas interfaces com a Linguística de Texto, o Estudos dos Gêneros Discursivos, a Pragmática, a Variação e Mudança Linguística, a Análise Crítica do Discurso, cada capítulo desta coletânea trará complementações teórico-metodológicas apropriadas para o ponto de vista analítico adotado. Para atingir o nosso propósito, organizamos esta discussão em dois tópicos: o primeiro com reflexões sobre o conceito basilar de TD para todos os trabalhos; o segundo sobre as aplicações e interfaces entre TD e outras perspectivas teóricas, desdobramentos, releituras e ampliações desse conceito presentes nos capítulos deste volume.

O CONCEITO BASILAR DE TRADIÇÃO DISCURSIVA

Neste tópico abordaremos a base teórica comum a todos os trabalhos, pautada nas ideias de Coseriu (1979), Schlieben-Lange (1993), Peter Koch (1997), Oesterreicher (2002) e Kabatek (2006a).

Esses linguistas alemães, influenciados pela tradição da escola de Eugênio Coseriu, fundamentam-se na distinção de três níveis do falar, ou seja, três aspectos da atividade linguística cuja diferença é considerada imprescindível para qualquer questão do estudo da linguagem. Trata-se da distinção entre

- o primeiro nível – o universal – de *falar em geral*, comum a todos os seres humanos;
- o segundo nível – o histórico, relativo às línguas como sistemas de significação historicamente dados, atualizados, e
- o terceiro nível, dos textos ou discursos concretos.

Com esse desdobramento podemos visualizar a passagem dos princípios gerais e básicos da comunicação para a atualização do discurso, ou seja, para o uso, passando pelo fio da história. Pelas palavras de Schlieben-Lange (1993: 19), acessamos uma das concepções embrionárias do que hoje denominamos e discutimos acerca das TD:

> A universalidade é preservada também no nível da língua e do texto. Sabe-se como uma língua deve ser para poder funcionar como tal. Sabe-se como os textos são constituídos. Também no nível do texto, a historicidade se faz presente na forma de tradições textuais historicamente transmitidas [...].

A partir dessas discussões iniciais, o conceito de TD foi proposto por Peter Koch (1997), foi também abordado por Oesterreicher (1997a, 1997b, 2001a, 2001b, 2002) e, mais recentemente, foi tratado por Kabatek (2003a, 2003b, 2004 e 2006b). Os autores consideram que os textos são frutos das tradições culturais e são portadores dessas tradições, isto é, apresentam regularidades discursivas ou formas textuais já produzidas pela sociedade, em momentos anteriores, que permaneceram ou se modificaram ao longo de sua existência. Essas regularidades configuram, em linhas gerais, a concepção do que se denomina TD.

Buscando situar as TD na teoria linguística, com base na proposta de Coseriu (1988a), Oesterreicher (2001a) relaciona os diferentes níveis da linguagem com os conceitos de fala e escrita. Ao *nível universal*, corresponde o falar entendido em seu sentido geral, como *atividade universal genericamente humana*. Nessa atividade, as práticas orais e escritas seguem as exigências da imediatez ou da distância comunicativas entre os falantes e permitem identificar diferentes TD típicas da oralidade e da escrita. Os gêneros discursivos, por exemplo, estão situados num contínuo comunicativo com textos produzidos no meio fônico ou gráfico (meio de produção) que variam no contínuo concepcional da oralidade em proximidade comunicativa, como uma conversação espontânea, à escrita em distância comunicativa, como os textos do domínio jurídico (Oesterreicher, 2001b). Esse contínuo vai, segundo Oesterreicher (1997a: 319),

> [...] da "conversação familiar", que seria um exemplo do extremo da concepção falada ou imediatez comunicativa, passando por formas como "conversação telefônica", "carta privada", "consulta médica", "mesa redonda", "apresentação pessoal", "entrevista com um político", "entrevista pública", "sermão", "conferência universitária", "artigo de fundo", "manuscritos de uma conferência", "artigo científico", até o "código jurídico", que seria o extremo da distância comunicativa ou da concepção escrita.

Corresponde, por sua vez, no *nível histórico*, à língua instituída social e sistematicamente. Para Oesterreicher, nesse nível, encontram-se (i) a atividade do falar de acordo com uma dada tradição histórica, e (ii) as línguas históricas particulares com suas variedades faladas e escritas. Trata-se, portanto, da duplicação do nível histórico coseriano para o acréscimo das TD nesse plano (Kabatek, 2003a, 2004). Situadas nesse domínio, na visão de Oesterreicher, as TD abarcam os modelos tradicionais de realização dos gêneros literários e não literários, bem como dos tipos textuais, na medida em que o autor as concebe como quaisquer produções comunicativas estabelecidas dentro de grandes domínios discursivos (técnico, filosófico, teológico, militar, científico etc.), determinadas por coordenadas históricas e sociais.

Finalmente, no *nível individual*, corresponde a concretização da fala ou da escrita em uma determinada situação de produção, isto é, a atividade do falar propriamente dita ou, ainda, a atualização do discurso individual.

Considerando a relação entre esses níveis da linguagem e as manifestações linguísticas, faz-se necessário estabelecer uma diferenciação entre a historicidade da língua e a historicidade da TD, pois, segundo Kabatek (2004: 160), não há consenso entre os romanistas alemães "*sobre onde verdadeiramente as TD devam ser alocadas na teoria da linguagem*". Há uma corrente que postula a duplicação dos três níveis; contudo, a mais difundida inclui as TD no nível histórico, enquanto a outra as enquadra no nível individual.

Por outro lado, a historicidade das TD diz respeito às manifestações culturais e linguísticas/os textos concretos que estabelecem uma relação de tradição com modelos textuais anteriormente realizados; a historicidade da língua, por sua vez, refere-se à historicidade do próprio homem, na medida em que é um sujeito histórico pertencente a uma comunidade na qual são difundidos valores, saberes e crenças.

Dada essa historicidade, Kabatek (2006: 512) entende por TD "*a repetição de um texto ou de uma forma textual ou de um modo particular de escrever ou falar que adquire valor de signo próprio*". O autor afirma que o falante seleciona, num primeiro momento, no acervo linguístico, formas de falar ou de escrever presentes na memória cultural de uma sociedade. Em seguida, filtra sua produção linguística por meio das TD que lhe fornecerão o gênero discursivo adequado ao seu propósito comunicativo. Kabatek esclarece que esse processo refere-se a qualquer finalidade comunicativa encapsulada em formas de expressão, tais como: saudação, agradecimento, reclamação, instauradas em quaisquer meios de comunicação.

Para o referido autor, as TD podem adaptar-se, em princípio, a qualquer variedade, bem como dar origem a uma nova tradição e ser aceita e adaptada pela comunidade. Nesse sentido,

> [...] uma primeira abordagem poderia entender as TD como modos tradicionais de dizer as coisas, modos que podem ir desde uma fórmula simples até um gênero ou uma forma literária complexa. Agora, precisamente por essa relação entre as TD e os gêneros, tem-se entendido em alguns trabalhos como sinônima a noção de TD com a de gênero. Mas se fosse assim, o próprio termo TD não seria mais do que um substituto para algo já estudado à exaustão pela Linguística de Texto. (Kabatek, 2006b: 509)

Em outras palavras, podemos dizer que toda produção textual requer o conhecimento, por parte dos usuários da língua, de modelos de realizações discursivas (orais ou escritas) anteriormente produzidos pela sociedade, denominados *Tradições Discursivas*. Tais modelos revelam a recorrência a certas fórmulas, atos de fala, estilos, que estabelecem, na construção de um texto ou discurso, uma relação entre o momento atual e a tradição.

No que diz respeito à discussão sobre a relação entre o conceito de TD e de gênero, Oesterreicher (1997b) considera que o conceito de TD "*é mais proveitoso que o de gênero, pois este se baseia nas semelhanças compartilhadas por determinados textos*". Desse modo, o conceito de gênero, adotado, por exemplo, pela Nova Retórica (Miller, 1984), pode explicitar as diferentes variantes de gêneros discursivos que lhes conferem um estatuto dinâmico, sua capacidade de ser tradição e inovação. No entanto, segundo Oesterreicher (1997b)

> [...] as TD são gêneros textuais/discursivos, mas não se limitam a eles. Todas as regularidades que podemos identificar em um determinado gênero podem ser consideradas aspectos discursivo-tradicionais, isto é, são características de um gênero textual/discursivo/de uma tradição discursiva, mas não constituem isoladamente tradições discursivas.

É preciso destacar que as TD, pertencentes ao âmbito da linguagem, apresentam as mesmas características que outra tradição cultural qualquer, configurando-se a partir da relação entre os sujeitos históricos e o mundo no qual eles se inserem e ajudam a construir. Essa perspectiva indica como aspectos socioculturais e linguísticos estão entrelaçados, pois se observa na sociedade, por um lado, que existem épocas da história que são mais conservadoras quanto à reelaboração e introdução de novas TD em decorrência de fatores sociohistóricos. Por outro lado, há épocas que se mostram mais inovadoras e revolucionárias com relação à adoção de um novo modelo textual (Kabatek, 2003a).

Podemos tomar como exemplo a multimodalidade, pois é inegável que os avanços tecnológicos enriqueceram os recursos multimodais na constituição dos textos, a exemplo da comparação entre a produção da imprensa do século XIX e da atual, que vem incorporando fotos, gráficos, cor, formato de letras etc. aos gêneros escritos. Conforme pontua Dionísio (2005: 159), "*imagem e palavra mantêm uma relação cada vez mais próxima, cada vez mais integrada*".

Ao partir do pressuposto de que os textos se organizam e são regidos por modelos tradicionais de realização discursiva, é preciso observar as características fixas presentes na estruturação formal dos textos. Torna-se necessário considerar, portanto, a existência de um conjunto de traços estilísticos e esquemas textuais convencionais que constituem os gêneros discursivos.

Todo texto efetiva-se a partir da materialização de um gênero discursivo e adapta-se às coerções determinadas por esse gênero/situação comunicativa, para que a interação possa ser estabelecida adequadamente. Esse processo demanda o reconhecimento, o emprego e a transmissão de modelos discursivos ao longo do tempo que permitem, portanto, a manutenção de características básicas, sem que se descartem as eventuais necessidades de adequação aos contextos de cada momento histórico.

Esse conjunto de traços que são transmitidos pelas sucessivas gerações de usuários que falam e escrevem (as *Tradições Discursivas*), definem a unidade e a especificidade dos gêneros discursivos, mediante a utilização de conteúdos temáticos e de esquemas textuais na esfera das superestruturas de organização linguístico-discursivas que são pertinentes à configuração contextual dos gêneros.

Jacob (2011) apresenta, em dois grupos, alguns níveis que estabelecem tradições: o primeiro consiste nos fatores condicionantes como o contexto histórico, o marco institucional, a finalidade pragmática, o meio e a forma de transmissão; o segundo corresponde aos traços composicionais, tais como: tamanho do texto, língua escolhida, conteúdo, estilo, forma poética, registros, sintaxe, emprego de fórmulas e fragmentos textuais fixos, organização e segmentação formal do texto, denominação e título.

Motivadas pelos fatores sociohistóricos, que estão presentes na base de toda e qualquer atividade interacional, as TD podem mudar ao longo do tempo. Entretanto, Gomes (2005) lembra que elas são constituídas em função da permanência de traços que garantem a continuidade de um gênero discursivo ao longo da sua trajetória ou de uma forma textual, de tal maneira que possibilitem o reconhecimento e a identificação das formas veiculadas em diferentes épocas.

O estudo do gênero discursivo torna-se mais rico mediante o conhecimento dos processos de sua formação histórica, da qual fazem parte certas tradições que o constituem ao longo do tempo e que possibilitam a comunicação eficiente entre os indivíduos de uma determinada comunidade ou grupo social.

Nesse sentido, conforme evidenciam as pesquisas desenvolvidas sobre o tema, principalmente no âmbito dos estudos da Romanística alemã, o estudo comparativo de documentos pertencentes a épocas distintas pode revelar a ocorrência de mudanças não só gramaticais, lexicais, como também mudanças discursivas, relacionadas à própria composicionalidade do gênero discursivo, ampliando, com isso, as relações entre a história interna e externa da língua. O conceito de Tradições Discursivas tem recebido revisão de alguns pesquisados. É importante ressaltar que não se trata de vários conceitos para um mesmo termo, mas de ênfases em determinados aspectos e de desdobramentos, realizados por pesquisadores brasileiros, de um conceito introduzido e desenvolvido pelos romanistas alemães mencionados neste tópico, entre outros autores que atuam nessa área.

APLICAÇÕES E INTERFACES DE TD COM OUTRAS PERSPECTIVAS TEÓRICAS

O objetivo de todos os trabalhos que compõem este volume é apresentar aos pesquisadores do PHPB e aos leitores de um modo geral uma discussão linguístico-textual-discursiva de textos manuscritos e impressos do século XVIII ao XX que constituem o *corpus* mínimo e diferencial do PHPB, a fim subsidiar as pesquisas sobre o português brasileiro, com a contribuição dos estudos no âmbito das Tradições Discursivas. Com o intuito de discutir a ampliação da definição de TD, sem deixar de ser coerente com suas origens, e visando a sua aplicabilidade aos fenômenos linguísticos, discursivos e textuais, buscamos refletir sobre o conceito, observando seus aspectos linguístico-discursivos e histórico-sociais a partir dos trabalhos publicados neste volume, que estabelecem correlação entre o conceito inicial e outras abordagens teóricas, ou mesmo que fizeram releituras do conceito.

A relação essencial entre o estudo pragmático e a diacronia linguística é enfatizada por Brigitte Schlieben-Lange, em obra de 1983, na qual apresenta a proposta de uma *Pragmática Histórica*, para ressaltar que o percurso histórico das línguas não é independente do percurso histórico dos textos e de seu contexto social. Do mesmo modo, Schmidt-Riese (2002) procura delimitar os procedimentos metodológicos de uma Análise do Discurso realizada segundo a perspectiva histórica, observando os textos a partir de uma abordagem diacrônica.

Para Schmidt-Riese (2002: 15-7), no estudo dos textos históricos, é preciso que sejam levadas em consideração as realidades linguísticas e não linguísticas. Na proposta do autor o discurso equivale às condições e circunstâncias que subjazem às práticas sociais, consideradas segundo os diversos setores da atividade social.

Para além dos estudos filológicos, é preciso levar em conta também a perspectiva sociológica, segundo a qual o falar é uma atividade social relacionada à representação/construção da realidade. Nessa perspectiva, ao considerar a documentação escrita preservada como discurso histórico, Schmidt-Riese observa a importância das condições de produção relativas ao contexto de época de cada documento.

Os textos conservados pela escrita auxiliam na reconstrução do momento histórico e permitem recuperar as formas de pensar de um período a partir de sua produção textual (Brandão, Andrade e Aquino, 2009). Tais aspectos apontam para significativas contribuições que a Análise do Discurso pode trazer às demais áreas das Ciências Humanas, a partir da observação e análise atenta dos escritos de época. O estudo desses modelos discursivos gerais, que guiam o discurso individual, parte da convergência entre os estudos da Pragmática e da Linguística Histórica, bem como de uma proposta de Análise do Discurso realizada sob um viés diacrônico, uma das perspectivas adotadas por alguns autores deste volume.

Seguindo o conceito de Fairclough (2003: 124), podemos verificar as crenças, os saberes de determinados grupos sociais que agiam na sociedade em épocas anteriores, o discurso que norteia os modos de ação por meio da linguagem, as práticas sociais, sendo capaz de reproduzi-las e modificá-las. Tal exemplo de estudo consiste na análise de alguns textos, por exemplo a notícia, o editorial ou o anúncio, a fim de verificar de que maneira se constituíram e se modificaram no decorrer do tempo, segundo a perspectiva diacrônico-textual. Nessa constituição, são observadas a construção composicional, as formas verbais empregadas, as escolhas lexicais que estabelecem o processo de referenciação.

No que se refere à transformação diacrônica do noticiário sobre determinado tema, podemos verificar que, na passagem dos textos do final do século XIX para a primeira metade do século XX, a mudança da primazia da TD do narrar para a TD do relatar vem determinada, sobretudo, por matizes ideológicos que provocam a transformação do noticiário vinculado a determinados projetos político-partidários para o jornalismo escrito sob o parâmetro da "imparcialidade". Desse modo, o pesquisador pode interseccionar o conceito de TD, no que diz respeito aos atos de narrar e relatar, com a discussão sobre o processamento de informações acerca do fato a ser noticiado, que é moldado a partir das cognições sociais e das ideologias do jornalista (Van Dijk, 2008).

Dado que os estudos em Análise Crítica do Discurso concebem o discurso como parte de práticas sociais e o concebem como modo de ação historicamente situado, tratam de relações dialéticas entre momento discursivo e outros elementos de práticas sociais, as análises propostas são orientadas linguística e socialmente. Essa concepção implica considerar que estruturas organizam a produção discursiva nas sociedades e que cada enunciado novo é uma ação sobre tais estruturas, que pode tanto contribuir para a continuidade quanto para a mudança de formas recorrentes de ação.

Outro tipo de pesquisa que pode ser desenvolvida numa perspectiva interdisciplinar é, por exemplo, uma investigação dos padrões da metafunção interpessoal, ligados à configuração da negociação intersubjetiva orientado à estrutura retórico-teleológica dos editoriais da imprensa paulistana de bairro, contrastando-os e aproximando-os, sincronicamente, a editoriais da imprensa local curitibana e carioca. O objetivo é analisar a tradicionalização de padrões linguístico-discursivos interpessoais, com destaque aos sistemas de **atitude** e de **envolvimento** nos jornais de bairro, num determinado período sócio-histórico.

As Tradições Discursivas, além de estarem relacionadas à possibilidade de transferência de elementos discursivos entre as línguas, estão ligadas às questões de *economia linguística* e de *intertextualidade*, pelo fato de ser "mais econômico repetir um esquema textual guardado na memória que criar um texto totalmente novo" e porque, em todo modelo textual que se repete, é estabelecida "uma relação entre o texto e outros textos já ditos ou escritos" (Kakatek, 2003a: 4-5).

Os pesquisadores que se dedicaram ao estudo das TD, Koch (1997), Oesterreicher (1997a, 1997b, 2001a, 2002) e Kabatek (2003a, 2004, 2006b), concebem a repetição como elemento fundamental e determinante para a definição de uma TD, vista como reatualização de um texto, de uma forma textual ou conteúdo textual em determinado momento histórico. Kabatek (2004) afirma que a repetição não precisa ser idêntica, podendo ser parcial ou constituir-se apenas na estrutura textual. Dito de outro modo: um poema em forma de soneto, embora apresente conteúdo totalmente distinto de outro, insere-se numa mesma TD.

Na visão de Gonçalves Segundo (2011: 57), a rotinização e a regularização do discurso constituem-se em elementos fundamentais para as TD, pois "*apresentam uma necessária correlação aos sistemas sociais e seus princípios estruturais, especialmente no que se refere à significação e, nesse sentido, são reproduzidas pelas atividades localizadas dos atores sociais*". Para o referido autor, na sociedade contemporânea, o conceito de repetição parece não se adequar completamente, pois remete a uma rotinização ou ritualização da atividade discursiva, o que não é necessariamente uma regra nos dias atuais, mas uma possibilidade. Assim, para o autor, o termo *regularidade dinâmica* torna-se mais produtivo.

Em outras palavras, o autor quer dizer que não é a repetição propriamente dita de uma forma textual ou conjunto de uso de adjetivos, por exemplo, que configura o caráter tradicional do padrão discursivo, mas sua coesão funcional e sua motivação social comum. Cabe destacar que os padrões tradicionais, ainda segundo o autor:

> [...] podem surgir em diferentes momentos da prática discursiva e constituírem-se em lexemas distintos e estruturas sintáticas diferenciadas, o que lhes garante caráter dinâmico e possibilita, no eixo temporal, margem para mudança. (2011: 61)

Outra consideração importante acerca do conceito de TD que Gonçalves Segundo (2011) discute é a noção de evocação e a relação que este fenômeno estabelece entre o texto e a constelação discursivo-situacional a que ele está vinculado. Kabatek (2004) cita como exemplo de relação entre atualização textual e contexto a TD *saudação*, em que temos uma inserção pragmática concreta, cujo acontecimento da vida cotidiana faz emergir uma situação que evoca nitidamente a realização de uma forma textual. Assim, poderíamos aceitar que o conceito de evocação relaciona-se estreitamente ao que o autor denomina conteúdo, embora haja um esquema textual mais ou menos fixo de como agir diante de tal situação. É consenso que em tal contexto há uma relação texto-situação que funciona como gatilho para a produção de determinada forma discursivo-textual, processo efetivado pela interdiscursividade, na acepção de Koch (1997), ou seja, pelo pertencimento de um discurso individual a uma ou mais TD.

Entretanto, Kabatek (2006b: 512) ressalva que a possibilidade apresentada para a formação de uma TD não é a única e afirma que, na evolução das culturas, ocorre a produção de textos autônomos:

> Na evolução das culturas podemos observar frequentemente como as línguas vão criando textos autônomos, textos que eles mesmos criam os seus contornos extralinguísticos como meios textuais, internalizando assim a evocação acima descrita, fazendo-a inseparável de um segundo elemento: no interior do texto, superfície textual e criação da realidade extralinguística são fundidas.

Cabe destacar que, para Gonçalves Segundo (2011: 67), não é apenas a situação o elemento que exerce a função de gatilho para acionar uma TD, mas:

> [...] a vinculação necessária de determinados objetivos comunicacionais e práticos a determinados modos de ser, agir e representar discursivamente, motivados social e interdiscursivamente, regulados a partir de padrões de recursos linguístico-discursivos funcionalmente coesos, originários das diversas ordens do discurso, que fornecem esquemas interpretativos e produtivos relativos a estilos, gêneros e discursos, associando-os a princípios de localidade e negociatividade.

Para o autor, na modernidade há uma expansão das possibilidades de identificação, tornando a memória coletiva (termo usado por ser mais adequado numa sociedade, já que evocação estaria associada ao âmbito individual) mais flexível e plural, de modo que não pode ser mais concebida como um elemento fechado e estabilizado como ocorria nas sociedades tradicionais. Consequentemente, podemos dizer que há, conforme Gonçalves Segundo (2011: 70):

> [...] maior flexibilização nas redes de expectativas que envolvem a produção e consumo textual, que podem, inclusive, modificar-se, tornando o processo evocativo mais ou menos visível, e a dinamicidade, mais comum e menos passível de sanção avaliativa negativa.

Nesse sentido, a inserção pragmática concreta, evidenciada pelos romanistas alemães, apenas funciona como gatilho ativador, já que associa localidade e negociatividade (Gonçalves Segundo, 2011: 73) a padrões linguístico-discursivos identitários, acionais e representacionais, de modo a atualizar as TD adequadas. Entretanto, as TD sempre permitem a inovação, possibilitando – inclusive – a mudança discursiva.

O autor admite que nem todo texto possui uma inserção pragmática concreta como gatilho, especialmente aqueles de âmbito institucional relativos à escrituralidade concepcional. Entretanto, cabe apontar que ela não se configura como algo exclusivo das práticas cotidianas, embora esteja preferencialmente associada a tais práticas, especialmente às próprias da oralidade concepcional.

No que diz respeito aos eixos da oralidade e da escrita, os textos historicamente transmitidos estão situados em um contínuo comunicativo com textos produzidos no meio fônico ou gráfico (meio de produção) que variam no contínuo concepcional da oralidade em proximidade comunicativa, como uma conversação espontânea, à escrita em distância comunicativa, como os textos do domínio jurídico (Koch e Oesterreicher, 1985-1990 apud Oesterreicher, 2001b). Esse quadro contínuo que abrange desde a imediatez comunicativa até a distância comunicativa é consensual entre os pesquisadores que, entre outras questões, buscam os fatores comunicativos que condicionam o discurso na imediatez comunicativa (+privado, +íntimo, +emotivo, +implantado na situação, +proximidade do objeto, +face a face, +cooperativo, +dialógico, +espontâneo, +fixação do tema) ou na distância comunicativa (-privado, -íntimo, -emotivo, -implantado na situação, -proximidade do objeto, -face a face, -cooperativo, -dialógico, -espontâneo, -fixação do tema).

Com base nesse contínuo, Selig (1993) discute os três aspectos da relação entre o oral e o escrito na passagem à escrita das línguas românicas: o aspecto medial, o concepcional e o sociocultural. O primeiro remete ao canal de produção (fônico ou gráfico); o segundo consiste no modo de concepção comunicativa (oral ou escrito); o terceiro implica o fato de a escrita postular uma situação de oralidade primeira como ponto de partida para a evolução românica, o que se verifica nos muitos resíduos de oralidade encontrados nas primeiras demonstrações de uso escrito da língua e também no *corpus* analisado neste volume.

Na análise de cartas oficiais produzidas em diferentes estados brasileiros durante os séculos XVIII e XIX, por exemplo, buscou-se caracterizar a linguagem dessas cartas, observando os fenômenos linguísticos sob uma perspectiva histórico-textual, com base nos níveis de análise linguística propostos por Oesterreicher (1994) e Stoll (1996), a partir de Coseriu (1979). Nessas produções há certos aspectos do falado concepcional que podem ser compatíveis com os textos dos soldados cronistas do século XVI estudados por Oesterreicher (1994), revelando a *competência escrita de cunho oral*.

Essa competência está presente na investigação de manuscritos escritos por semicultos (Oesterreicher, 1994; Schmidt-Riese, 2003; Jungbluth, 2011), que oferecem a possibilidade de buscar traços da oralidade do português brasileiro (PB) de tempos passados presentes na escrita. Pesquisas dessa ordem partem da ideia de que a forma da TD chamada livros de família, reconhecida na Europa a partir do século XV, funciona como um padrão para os escritores do século XIX no Brasil e compara os traços encontrados na Romània Nova com os conhecidos livros de família da Romània Velha (Itália, Espanha, Portugal, França).

Outro ponto importante a ser discutido em relação à definição de TD refere-se à relação entre TD e variedades linguísticas (diatópicas, diastráticas e diafásicas). Para Kabatek (2004), o saber relacionado às variedades encontra-se condicionado pelas TD, embora as duas não devam ser tomadas como sinônimos nem apresentem uma relação necessariamente direta. Convém destacar que as variedades, a não ser que empregadas intencionalmente, não podem constituir-se em TD, pois não apresentam aspecto motivacional ou funcional e perpassam qualquer atividade linguística individual.

Kabatek (2004) ainda trata da composicionalidade como elemento básico na interação entre as TD. Distingue-a em dois tipos: a paradigmática (diferentes TD em uma mesma porção textual: um poema pode pertencer às TD "soneto" e "poema de amor", concomitantemente) e a sintagmática (sucessão de TD dentro de um mesmo texto: um programa de auditório no Brasil, comportando entrevistas, narrativas, debates etc.). Kabatek ressalta que é a partir da composicionalidade paradigmática que se pode verificar a transformação de uma TD, concebendo tal variabilidade como decorrente de sanção social. Os editoriais que circularam do século XIX ao XX, na imprensa brasileira, exemplificam essa variabilidade de textos dentro de uma porção textual passando de carta de editor, artigo de fundo, prospecto, artigo comunicado, artigo editorial, até chegar à feição de editorial que circula atualmente.

No contínuo das mudanças e permanência, um gênero discursivo sempre surge de outros e um dos mecanismos mais comuns que levam à inovação dos gêneros é a transmutação. Esse termo foi cunhado por Bakhtin (2000) e foi discutido em correlação com o conceito de TD e ampliado por Zavam (2009: 55), ao distinguir a transmutação criadora da transmutação inovadora. A primeira refere-se ao fato de um gênero surgir de outro(s) (como exemplo, a mala direta); a segunda ao fato de qualquer gênero, mesmo os mais estandardizados, passar por transformações, sem que se tornem um novo gênero (por exemplo, o artigo de opinião). Outra distinção proposta pela autora é a transmutação externa (transmutação intergenérica, por exemplo: as adaptações de um anúncio às contingências do seu percurso histórico) e a transmutação interna (transmutação intragenérica, por exemplo: um artigo de opinião em forma de poema). Em trabalhos mais recentes, a autora tem optado pela substituição do termo transmutação por reelaboração, para ser fiel à mais recente tradução da citada obra de Bakhtin e à ideia que o termo atual pressupõe a transformação como resultado da ação humana.

Também com base nas ideias de Bakhtin e seu Círculo, na teoria dos gêneros (Bakhtin, 1992), que considera a articulação entre formas e usos na constituição de sentidos no discurso; e nas ideias advindas da Tradição Discursiva (Koch, 1997; Oesterreicher, 1997a, 1997b, 2001a, 2002; e Kabatek, 2006b), podemos analisar as práticas histórico-discursivas de textos de épocas históricas distintas e de várias localidades de um país, recuperando a historicidade de gêneros textuais de épocas passadas, por meio do estudo da enunciação como evento, no qual o locutor se institui na interação, assumindo vozes sociais. Verificou-se que é isso o que ocorre nos primeiros jornais do século XIX; se comparados aos jornais dos séculos XX e XXI, esses textos passaram por mudanças significativas tanto no aspecto temático quanto no aspecto de sua forma composicional.

Além da contribuição de Bakhtin, quer dizer, a concepção processual e o caráter relativamente estável dos gêneros discursivos, com possibilidades de correlação com o conceito de TD, no que tange à historicidade dos textos, a Nova Retórica também apresenta uma concepção sócio-histórica dos gêneros que possibilita um franco diálogo com a abordagem diacrônica dos textos com base nas TD. Para Miller (1984: 25), por exemplo, os gêneros vão se firmando em convenções sociais recorrentes constantemente reproduzidas e ritualizadas, que obtêm os mesmos efeitos em situações similares. Na mesma trilha de Miller, Charles Bazerman (2003), ao examinar historicamente o artigo experimental, expressa a concepção de que gêneros são recorrentes mediante produções textuais históricas. Para o autor,

> [...] os gêneros são o que as pessoas reconhecem como gêneros em qualquer momento do tempo. Podem reconhecer os gêneros por nomeação, institucionalização e regularização explícita, através de várias formas de sanção social e de recompensa. (2005: 49)

Essa aproximação entre as abordagens da Nova Retórica e as TD não quer dizer que gêneros e TD sejam sinônimos, como já foi explicitado antes, mas que tais conceitos caminham juntos e que há diálogos possíveis entre as duas perspectivas analíticas. A ênfase apresentada acerca da proximidade entre o conceito de TD e de gêneros discursivos não exclui outras ênfases que podem ocorrer quando se pensa TD como porções estruturais menores do texto. O objetivo dessa aproximação é aprofundar a reflexão sobre as convergências e divergências entre os dois conceitos e explicar as práticas sócio-históricas de uso da linguagem, integrando a história interna e a história externa da língua.

De acordo com Patriota (2011), Kabatek (2003b) consegue sintetizar muito bem a contribuição que as TD trazem para a Linguística Histórica, pelo fato de possibilitarem não só a análise da composição dos textos através das alterações e permanências ao longo do tempo, mas também a análise dos processos de mudança linguística. Segundo o autor,

> As tradições discursivas passam de uma língua para outra, são alicerce para a criação linguística e lugar de contato entre as línguas; formam comunidades discursivas às vezes dentro das comunidades linguísticas; são laços de união entre a história externa e interna e lugar de encontro entre a história cultural e a história individual das línguas. (Kabatek, 2003b: 38)

Com outras palavras, mas assumindo o mesmo ponto de vista, Frank e Hartmann (1993: 32) asseveram que, com o estabelecimento de tradições de textos fixados nos contextos espaço-temporal e comunicativo estáveis, é possível tomar conhecimento de escritos anteriores e ter lugar, no interior dos diferentes gêneros, uma evolução da língua vulgar escrita. Esse é um dos pressupostos básicos para quem pretende estudar a historicidade da língua e dos textos da tradição oral e escrita. Há muitas outras pesquisas em desenvolvimento no Brasil, dentro da perspectiva das TD; neste volume trazemos um panorama dos estudos de TD em diferentes estados do Brasil: Ceará, Paraíba, Pernambuco e São Paulo, que convergem para a História do Português Brasileiro.

CONSIDERAÇÕES FINAIS

Nesta Introdução, não tivemos a pretensão de esgotar as inúmeras e necessárias discussões acerca do conceito de TD, mas refletir sobre alguns pontos que têm se mostrado recorrentes e convergentes entre as pesquisas que estão reunidas no presente volume.

Sem dúvida, os estudos na perspectiva das TD têm revelado questões muitas vezes complexas, mas têm ampliado um profícuo campo de investigação na Linguística Histórica e reorientado os estudos diacrônicos. O entusiasmo e a efervescência com que estão sendo desenvolvidas pesquisas nessa perspectiva sócio-histórica mostram o crescente interesse e aprimoramento dos debates acerca da historicidade da língua e do texto, que passa a se configurar como um novo e importante viés de estudo que aproxima a história interna e externa da língua.

A discussão proposta nesta Introdução foi, em suma, dividida em dois tópicos. No primeiro fizemos uma retomada das ideias introdutórias acerca das TD. Partindo da Linguística Românica alemã, Eugênio Coseriu apresentou a tricotomia pautada nos níveis universal, histórico e individual, que foi reformulada por Schlieben-Lange (1993), de onde emergiu a concepção embrionária das "tradições textuais historicamente transmitidas". Dessa concepção partiram as contribuições de Peter Koch (1997), Oesterreicher (1997a, 1997b, 2001a, 2001b, 2002) e Kabatek (2003a, 2003b, 2004 e 2006b). Esses estudos e outros chegaram ao Brasil e, hoje, muitos pesquisadores retomam ou ampliam o conceito de TD e o aplicam em inúmeras investigações.

No segundo tópico, partimos de algumas pesquisas que têm ampliado a discussão acerca das TD, seja estabelecendo correlações com perspectivas teóricas afins, como é o caso da Análise Crítica do Discurso e da Nova

Retórica na abordagem dos gêneros discursivos, seja fazendo releituras dos conceitos que integram as TD, como: a evocação, a transmutação, a repetição etc. Entre as investigações atuais que se espalham pelo Brasil, estão reunidas neste volume algumas delas, evidentemente com suas especificidades. Em virtude do tom específico de cada capítulo, os autores ficaram responsáveis pela complementação teórico-metodológica dos seus trabalhos, já que não tivemos a pretensão aqui de dar conta de todos os fundamentos necessários para o desenvolvimento de cada pesquisa.

Esse pequeno trajeto que fizemos da origem do conceito de TD à sua ampliação e aplicação em diversas pesquisas revelou aspectos que merecem ser pontuados: a concepção sócio-histórica da língua e dos textos; a compreensão de que os textos carregam as marcas linguístico-discursivas e sócio-históricas de seu tempo; a economia de esforço comunicativo com a repetição de esquemas textuais e, ao mesmo tempo, a criatividade da inovação, o que confere o movimento da permanência e da mudança; a análise dos processos de mudança e variação da língua em correlação com a natureza dos textos; e outros fatores que, ao nosso ver, justificam as investigações sob este ponto de vista.

Assim, Antos (1997: 4) tem razão ao afirmar que "*a pressuposição de tal conceito processual e dinâmico do texto, pelo ponto de vista sincrônico, exige, com relação à área diacrônica, uma aproximação correspondente, nomeadamente, uma abordagem que parte da gênese dos textos*". Os estudos de sincronias passadas em correlação com sincronias presentes têm contribuído para uma compreensão mais ampla dos textos e da língua.

O EDITORIAL DE JORNAL: REVISITANDO A TRAJETÓRIA DE UM GÊNERO

Valéria Severina Gomes
Aurea Zavam

SUMÁRIO

APRESENTAÇÃO

É fácil perceber que uma língua está em constante mudança quando são observados contrastivamente textos de épocas distintas. Sem dúvida, o percurso sócio-histórico de um texto tem muito a nos revelar, desde as mudanças observáveis na materialidade impressa, como as linguísticas, por exemplo, até aquelas recuperáveis pelas informações implícitas, como a história dos sujeitos que interagiam por meio de tais textos. Com relação à carta do editor (CE), ou editorial como costuma ser identificada, a história de sua constituição e consequente fixação nos ajuda a compreender melhor a história das práticas jornalísticas em nosso país. Se hoje o editorial, seja de jornais ou revistas, desfruta, por exemplo, de um lócus próprio e assegurado, reconhecido pelos leitores, isso não quer dizer que sempre tenha sido assim. Sua localização bastante regular – lugar determinado para a sua ancoragem – foi uma construção histórica, assim como foram tantos outros elementos que lhe sustentam a identidade genérica.

Aliados à localização, outros elementos contribuíram para a composição do discurso gráfico do editorial, isto é, para a sua diagramação na página impressa. Em jornais do século XIX, como lembra Nobre (1974), esse discurso atendia aos propósitos da imprensa panfletária e partidária e às limitadas condições de impressão de uma época em que o jornal existia basicamente para que integrantes de grupos oligárquicos tivessem um espaço de divulgação e defesa de seus interesses. A característica do jornalismo partidário de ter como interesse maior a utilização da imprensa como espaço de disputa política marcou a definição da localização do editorial durante o século XIX e início do século XX, levando-o a ser divulgado logo na primeira página. No entanto, com a industrialização da imprensa, que passou a ser controlada por grupos econômicos, o editorial migrou para as páginas interiores.

No percurso histórico dessa tradição discursiva, assim como no de outras, percebemos que o gênero não tinha uma nomeação definida, que, por sua vez, foi-se consolidando com o tempo e com as especificações da função social que ia cumprindo ao longo do período em que o gênero se estabilizava como prática jornalística. A nomeação do editorial, o seu rótulo, também passou, assim, por mudanças e permanências próprias do processo de autonomização dos gêneros. Para além das questões de localização, de estrutura e de nomeação, a relação entre o editorial, o suporte e o contexto sócio-histórico revela marcas do tempo por meio das quais podem ser (re)interpretadas construções linguístico-discursivas capturadas na materialidade do gênero.

Com o propósito, então, de investigar o percurso sócio-histórico do editorial como prática discursiva do jornalismo impresso,[1] pretendemos examinar a manutenção e/ou inovação de aspectos ligados tanto à localização no corpo jornal quanto à dimensão linguístico-discursiva, em exemplares dos séculos XIX e XX coletados dos *corpora* do PHPB, referentes aos estados da Bahia, Ceará, Pernambuco e Rio de Janeiro. Fazem parte do *corpus* 20 exemplares de cada estado, totalizando 80 editoriais. Com base em aspectos contextuais e linguístico-discursivos (Jucker, 2000), o estudo apresenta as múltiplas denominações a partir de estudos prévios, para a identificação das variantes desse gênero, como também parte de uma matriz de traços constitutivos do editorial que serviu de base à análise empreendida.

Para alcançar nosso objetivo, apoiamo-nos fundamentalmente no conceito de Tradição Discursiva (TD), da Romanística alemã, que acentua a historicidade dos textos, reconhecendo-lhes, segundo Kabatek (2006a), dois fatores definidores: evocação e repetição. Como já salientado na Introdução deste volume, ao evocar, recordar o passado, uma TD, que se realiza no presente, inevitavelmente se repete, senão em sua totalidade, pelo menos em partes. A TD prevê a repetição desde uma forma textual até uma maneira particular de escrever e falar, tal como foi explicitado na Introdução deste volume. São, pois, esses traços de repetição que nos permitem reconhecer a permanência de determinados aspectos, assim como identificar a mudança de outros.

Para proceder ao relato do estudo, dividimos este capítulo em mais duas seções. Na primeira, apresentamos a perspectiva e os procedimentos teórico-metodológicos que nortearam nosso olhar investigativo, e ainda a matriz de traços constitutivos a que chegamos para a identificação das variantes do editorial. Na segunda, voltamo-nos para a análise, focalizando a constituição do editorial a partir do contexto sócio-histórico subjacente às mudanças e permanências observadas. Por fim, retomamos alguns pontos-chave e tecemos nossas considerações finais.

PERSPECTIVAS METODOLÓGICAS

Para a investigação proposta, valemo-nos de um *corpus* composto de 80 editoriais de jornais, sendo 20 exemplares de cada um dos seguintes estados: Bahia, Ceará, Pernambuco e Rio de Janeiro. A escolha dos estados baseou-se no critério de completude do *corpus*, isto é, foram selecionados os estados que apresentavam registro de exemplares do gênero nas duas fases dos dois séculos. Dos arquivos disponíveis na página do PHPB (disponível em <https//sites.google.com/site/corporaphpb/>, acesso em 3 out. 2017), foram, então, selecionadas as 80 cartas de redator.

Trabalhamos com os séculos XIX e XX, os quais foram, cada um, segundo as normas do PHPB, segmentados em duas fases: a primeira correspondendo aos 50 primeiros anos, isto é, a primeira metade do século; e a segunda, aos 50 anos finais, ou seja, a segunda metade do século. Para cada fase, selecionamos 5 textos e assim totalizamos 20 por estado, sendo 10 por século. O Quadro 1 registra a constituição do *corpus*, indicando a data do exemplar selecionado por período e estado.

Quadro 1 – *Corpus* da pesquisa

Estado/ Período	Fonte
Bahia Séc. 19,1	• *Gazeta da Bahia*, nº 1, v. 3, 2 de janeiro de 1830 • *Gazeta da Bahia*, nº 2, v. 3, 9 de janeiro de 1830 • *Gazeta da Bahia*, nº 54, v. 5, 14 de julho de 1832 • *Jornal da Soc. de Agricultura, Commercio e Industria da Provincia da Bahia* nº 6, 15 de maio de 1833 • *Diario da Bahia*, nº 14, 19 de janeiro de 1836
Bahia Séc. 19,2	• *Jornal da Bahia*, ano IV, nº 1.092, 22 de janeiro de 1857 • *Jornal da Bahia*, ano VIII nº 1.962, 19 de janeiro de 1860 • *Correio da Bahia*, 8 de janeiro de 1876 • *Pequeno Jornal*, 3 de julho de 1890 • *Echo Sant'Amarense*, 16 de junho de 1881
Bahia Séc. 20,1	• *Folha do Norte*, 25 de dezembro de 1909 • *Folha do Norte*, 25 de setembro de 1909 • *Folha do Norte*, 13 de novembro de 1910 • *Folha do Norte*, 20 de janeiro de 1912 • *Folha do Norte*, 05 de julho de 1912

Bahia Séc. 20,2	• *Folha do Norte*, 12 de março de 1960 • *Folha do Norte*, 10 de janeiro de 1970 • *Folha do Norte*, 9 de junho de 1973 • *Folha do Norte*, 26 de janeiro de 1974 • *Folha do Norte*, 8 de janeiro de 1994
Ceará Séc. 19,1	• *Semanário Constitucional*, nº 19, 28 de dezembro de 1832 • *Vinte e Três de Julho*, nº 18, 31 de dezembro de 1840 • *O Cearense*, nº 01, 4 de outubro de 1846 • *O Cearense*, nº 91, 11 de outubro de 1847 • *O Cearense*, nº 183, 8 de setembro de 1848
Ceará Séc. 19,2	• *O Cearense*, nº 973, 11 de novembro de 1856 • *O Sol*, nº 50, 4 de agosto de 1857 • *A Estrela*, nº 14, 30 de abril de 1860 • *A Constituição*, nº 04, 06 de janeiro de 1866 • *A Verdade-Orgão Catholico*, nº 33, 15 de março de 1891
Ceará Séc. 20,1	• *Oitenta e Nove*, nº 17, 20 de junho de 1903 • *O Clarim*, nº 04, 4 de dezembro de 1921 • *O Estado*, nº 81, 31 de dezembro de 1936 • *Correio do Ceará*, nº 8.328, 6 de agosto de 1942 • *O Nordeste*, nº 8.450, 2 de outubro de 1950
Ceará Séc. 20,2	• *O Povo*, nº 8.145, 19 de junho de 1954 • *Tribuna do Ceará*, nº 3.911, 8 de outubro de 1966 • *O Povo*, nº 13.056, 04 de março de 1970 • *Diário do Nordeste*, nº 8, 27 de dezembro de 1981 • *Diário do Nordeste*, nº 5.933, 09 de setembro de 1998
Pernambuco Séc. 19,1	• *Diario de Pernambuco*, nº 01, 07 de novembro de 1825 • *Diario de Pernambuco*, nº 127, 15 de junho de 1829 • *Diario de Pernambuco*, nº 01, 02 de janeiro de 1838 • *Diario de Pernambuco*, nº 64, 22 de março de 1842 • *Diario de Pernambuco*, nº 230, 15 de outubro de 1845
Pernambuco Séc. 19,2	• *O Liberal Pernambucano*, nº 04, 11 de setembro de 1852 • *O Liberal Pernambucano*, nº 02, 9 de agosto de 1854 • *O Paiz*, nº 2, 4 de fevereiro de 1856 • *Diario de Pernambuco*, nº 19, 24 de janeiro de 1857 • *Diario de Pernambuco*, nº 263, 19 de novembro de 1889
Pernambuco Séc. 20,1	• *Diario de Pernambuco*, nº 78, 4 de janeiro de 1902 • *Diario de Pernambuco*, nº 05, 21 de janeiro de 1912 • *Diario de Pernambuco*, nº 84, 10 de abril de 1924 • *Jornal do Commercio*, ano XVII, nº 153, de julho de 1935 • *Diario de Pernambuco*, nº 01, 01 de janeiro de 1947
Pernambuco Séc. 20,2	• *Diario de Pernambuco*, nº 08, 10 de janeiro de 1953 • *Diario de Pernambuco*, nº 08, 16 de janeiro de 1967 • *Diario de Pernambuco*, nº 09, 10 de janeiro de 1989 • *Diario de Pernambuco*, nº 31, 1º de fevereiro de 1998 • *Diario de Pernambuco*, nº 366, 1º de janeiro de 1999

Rio de Janeiro Séc. 19,1	• *Compilador Constitucional Político e Literário*, 12 de março de 1822 • *Luz Brasileira*, nº 13, 23 de outubro de 1829 • *O Brasileiro Imparcial*, 27 de abril de 1830 • *O Carijó – Jornal Político e Literário*, nº 61, 31 de julho de 1833 • *O Catholico*, nº 2, 24 de fevereiro de 1838
Rio de Janeiro Séc. 19,2	• *O Guerreiro*, nº 05, 19 de janeiro de 1853 • *O Guerreiro*, 27 de agosto de 1853 • *O Espelho*, 25 de outubro de 1870 • *Correio Comercial*, 18 de junho de 1879 • *Gazeta Suburbana*, anno II, nº 4, 20 de janeiro de 1884
Rio de Janeiro Séc. 20,1	• *Jornal do Brasil*, 25 de outubro de 1923 • *Jornal do Brasil*, 30 de novembro de 1927 • *Jornal do Brasil*, 14 de janeiro de 1930 • *Jornal do Brasil*, 14 de janeiro de 1934 • *Jornal do Brasil*, 7 de janeiro de 1945
Rio de Janeiro Séc. 20,2	• *Jornal do Brasil*, 4 de abril de 1980 • *Jornal do Brasil*, 16 de dezembro de 1988 • *Jornal do Brasil*, 22 de junho de 1992 • *Jornal do Brasil*, 11 de janeiro de 1994 • *Jornal do Brasil*, 06 de agosto de 1996
TOTAL	**80**

Definido o *corpus*, voltamo-nos para os procedimentos de análise. Do ponto de vista metodológico, o contraste entre gêneros de épocas muito distantes registra as mudanças ao longo do tempo, e não as possíveis variações dentro de um recorte temporal. Nesse sentido, partimos da perspectivização metodológica proposta por Aschenberg (2002: 8-10), conforme mostra o Quadro 2.

Quadro 2 – Perspectivização da metodologia de análise

	Análise	
	Sincrônica	**Diacrônica**
Relacionada com uma língua/cultura individual = não contrastiva, não comparativista	**A**	**B**
Relacionada com várias línguas/culturas = contrastiva, comparativista	**C**	**D**

Fonte: Aschenberg, 2002: 8-10.

Para Aschenberg, antes de tudo, é necessário fazer duas escolhas: (i) optar pela análise sincrônica ou pela análise diacrônica; (ii) decidir pela análise de uma língua ou pela análise contrastiva entre línguas. O Quadro 2 apresenta as possibilidades opcionais, indicando de **A** a **D** a direção crescente da complexidade temática e metodológica. Vejamos:

1. **Campo A** (pesquisa sincrônica de gêneros textuais dentro de uma língua individual) – por exemplo, o trabalho de Eva Stoll (1996) sobre "Os conquistadores como historiógrafos", em que analisa, sob aspectos conceituais, três relatos e uma crônica dos meados do século XVI que surgiram no contexto da conquista do Peru.
2. **Campo B** (pesquisa diacrônica de gêneros textuais dentro de uma língua individual) – por exemplo, baseando-se em três livros de família dos séculos XVIII e XIX, Konstanze Jungbluth (1996a) analisa o catalão no que diz respeito à ortografia, à fonologia, à morfologia e ao léxico.
3. **Campo C** (análise sincrônica comparativa ou contrastiva de gêneros textuais de diferentes línguas e culturas) – por exemplo, o estudo de Peter Koch (1993) sobre diversos gêneros textuais (como juramentos, teatro religioso, inscrições, protocolos etc.) no momento da escrituralização das línguas românicas populares.
4. **Campo D** (análise diacrônica, comparativa ou contrastiva de gêneros textuais de diferentes línguas e culturas) – por exemplo, a pesquisa de Eva Eckkrammer (2009) sobre a história da bula médica.

A presente discussão sobre a identificação das variações do editorial está situada no campo **B**, na medida em que verificamos diacronicamente as recorrências e as mudanças numa linha do tempo mais extensa. As mudanças nos jornais foram muito fortes, considerando, por exemplo, a segunda metade do século XIX em relação ao mesmo período do século XX.

Quando falamos em variações do editorial, estamos chamando atenção para o fato de que a apreensão de exemplares de gêneros em sincronias passadas nem sempre se revela tarefa fácil. Os critérios de que nos valemos hoje para reconhecer determinado gênero podem não ser suficientes para reconhecê-lo em contextos remotos, dada a já atestada instabilidade dos gêneros, que se revela não só na nomeação como também na configuração.

Além disso, em uma mesma sincronia, um gênero pode apresentar variações que respondem pelo inexorável processo de reelaboração pelos quais os gêneros passam (Zavam, 2009).

A noção de TD do ponto de vista macro, ou seja, relacionada à forma textual, ou ao gênero editorial neste caso, encontra-se entre o conservadorismo e o dinamismo. As marcas típicas das cartas escritas pelos redatores nas primeiras versões vão ficando no passado e novas feições vão constituindo o editorial. Essas novas marcas são criadas a partir de um dado comum em relação com a "semelhança familiar" entre os textos (Wittgenstein, 1953: 66-71, apud Koch, 1997). Por meio dessa semelhança, a identidade diacrônica de um gênero pode ser representada no seguinte esquema (Koch, 1997: 60):

```
A B C D
  B C D E
    C D E F
      D E F G
        E F G H
        ..............
_____________________ t
```

De acordo com esse esquema, ao longo do tempo (t), as características de um gênero, representadas pelas letras maiúsculas, variam e mudam conforme a sequência de letras. Cada linha tem o apagamento de uma letra anterior, conserva outras e acrescenta nova letra no final. Isso significa que a nova tradição que se sucede apresenta marcas típicas de conservação e de inovação.

Tendo por base esse contínuo de filiação da TD e ancoradas em Aschenberg (2002), seguimos os passos dados por Jucker (2000: 102-3) ao analisar receitas culinárias de língua inglesa do século XVII ao século XX. Para isso, o autor sugere a seguinte descrição diacrônica de gêneros:

- 1º passo: descrição individual dos gêneros em diferentes épocas na história de uma língua;
- 2º passo: comparação de um gênero específico em dois diferentes pontos na história da língua;
- 3º passo: análise da evolução de uma espécie de gênero específica ao longo do tempo.

Consideramos que os passos da sequência proposta por Jucker (2000) encontram-se no campo **B**, o que converge para o que apontamos anteriormente sobre o(s) campo(s) em que nossa pesquisa se situa.

Após a definição das orientações que nortearão o percurso metodológico a ser adotado, chegamos a seguinte pergunta: quais critérios observar? Buscamos, então, modelar os critérios de identificação do editorial, fazendo a conjunção entre a proposta de Marcuschi (1997) e a de Jucker (2000). Para Marcuschi (1997: 26):

> O que se pode dizer é que a melhor forma de montar uma tipologia seria estabelecer alguns poucos critérios, por exemplo, de natureza linguística (traços linguísticos), critérios funcionais (objetivos do texto, intenções pretendidas, atos de fala, etc.) e critérios contextuais (produtores e suas relações, situações de produção, condições de produção) e com base nisso formar uma matriz de traços que determinem critérios de enquadramento nas diversas formas de um conjunto mais amplo em que várias ordens tipológicas se encadeiam no contínuo da produção textual.

As dimensões de análise postuladas por Jucker (2000: 103) são:

i. traços externos do gênero (quando e onde as receitas foram publicadas);
ii. traços sociais (tipo de linguagem usada; quem escreveu);
iii. traços linguísticos (formas linguísticas usadas, verbos imperativos, sentenças abreviadas);
iv. macroestrutura do gênero (organização das partes individuais da receita).

Observamos que as duas propostas são convergentes na medida em que podemos estabelecer as seguintes correlações entre elas: os critérios de natureza linguística coincidem com os traços linguísticos; os critérios funcionais aproximam-se dos traços sociais, com a diferença de que o produtor do texto (quem escreveu) está em tópicos distintos, mas interligados; os critérios contextuais correspondem aos traços externos do gênero; o que realmente difere é o acréscimo da macroestrutura do gênero na segunda proposta.

Por considerarmos atender ao nosso objetivo neste momento, retomamos aqui a matriz de traços de enquadramento tipológico dos editoriais proposta por Gomes (2013),[2] que a concebeu com base na conjunção entre a proposta de Marcuschi (1997) e a de Jucker (2000), anteriormente referidas.

Quadro 3 – Matriz de traços de enquadramento tipológico do gênero editorial

Variante do editorial na segunda metade do séc. XIX	Características da variante
Nº da variante – 1856 PE –	**Gênero:** (especificar o gênero em questão) – editorial. **Classificação:** (identificar a prática jornalística do editorial, relacionando a dimensão social e a dimensão linguística) – editorial exortativo. **Local e data de publicação:** (apresentar o local e a data de publicação) – Recife (PE), 04/02/1856. **Objetivo do texto:** (identificar o objetivo do texto) – justificar o afastamento do jornal dos embates políticos que envolviam os partidos e os periódicos. **Tipo(s) de texto:** (especificar o(s) tipo(s) textual(is) utilizado(s) na composição do editorial) – descritivo, informativo e argumentativo. **Suporte:** (completar com o suporte no qual o gênero é veiculado) – jornal *O Paiz* nº 2. **Ponto de vista discursivo:** (a quem atribuir as palavras do texto) – ponto de vista discursivo assumido pelo jornal. **Produtor do texto e seu papel social:** (identificar o produtor do texto e o papel social que ele exerce) – redator do jornal. **Título:** (preencher com os termos ausente ou presente. Se presente, incluir o título) – título presente "*Os partidos políticos*". **Tema:** (sintetizar o assunto tratado) – esclarecimento aos leitores sobre o silêncio do jornal em virtude das circunstâncias conflitantes da província. **Organização retórica:** (apresentar a organização retórica do texto) – texto contém quatorze parágrafos e está organizado com a unidade retórica 1 – contextualização do tema – contendo as subunidades 1.1 e 1.2; com a unidade retórica 2 – argumentação sobre a tese – contento a subunidade 2.1; e com a unidade retórica 3 – indicação da posição do jornal. O texto segue a organização canônica dos editoriais. **Microestrutura:** (explicitar o tipo de linguagem e as formas linguísticas utilizadas) – predomina a subordinação, com muitos e longos períodos; uso predominante de adjetivos, marcando o tom inflamado do discurso; sujeito marcado pela primeira pessoa do plural, evidenciando o ponto de vista discursivo; linguagem composta de detalhes, figuras de linguagem e poeticidade próprios da tendência literário-independente. **Denominações (rotulações – designações) da variante:** editorial/carta do redator/carta do editor. **Características adicionais:** (acrescentar características complementares).

A partir das características apontadas, foi possível chegar a esse quadro, suscetível a reformulações e contribuições, que pode auxiliar na análise dos editoriais, das variações, das mudanças e das permanências no seu percurso histórico. No quadro, procuramos elencar as características e acrescentar uma breve orientação sobre o preenchimento de cada um (informação em parênteses). A título de exemplo, completamos o quadro com a análise feita do editorial do jornal *O Paiz* nº 2, de 04 de fevereiro de 1856, intitulado "Os partidos políticos".

As informações levantadas a partir do quadro nos ajudaram a estruturar a análise pretendida, não perdendo de vista a conjunção entre as propostas de Koch (1997), Marcuschi (1997) e Jucker (2000), como proposto anteriormente. O quadro, como pode ser observado, contempla informações de várias ordens, que podem ser levadas todas em consideração em uma análise, ou não. Na que empreendemos para este capítulo, e apresentamos na próxima seção, deixamos de incluir a organização retórica dos editoriais. Essa decisão, que não comprometeu os resultados a que chegamos, deveu-se exclusivamente ao espaço concedido para este texto.

Considerando o objetivo traçado, a análise buscou, então, cobrir três dimensões, dando conta de aspectos de natureza distinta, pinçados da matriz de traços, como mostra o Quadro 4.

Quadro 4 – Categorias por dimensão de análise

Página 8: Dimensões	Categorias de análise
1	Aspectos contextuais: contexto sócio-histórico/condições de produção/nomeação
2	Aspectos linguístico-discursivos: argumentação, proximidade/distância comunicativa, titulação
3	Aspectos formais: localização e extensão

A fim de alcançar maior didatismo na discussão dos resultados, apresentamos a análise de acordo com a distribuição das informações previstas no Quadro 4 (categorias de análise).

DIMENSÕES CONSTITUTIVAS DO EDITORIAL

São muitos os aspectos – sociais, históricos, linguísticos, discursivos, entre outros – que engendram a produção e a circulação dos gêneros. Analisá-los e descrevê-los de forma adequada somente é possível se a rede de relações de que fazem parte também for considerada. É nesse sentido que partimos, inicialmente, da análise das condições extralinguísticas que envolvem o editorial para melhor compreender suas características linguísticas e discursivas. Passemos, pois, às considerações sobre as condições de produção do editorial, para, em seguida, voltarmo-nos para sua materialidade propriamente dita.

Aspectos contextuais

A história dos gêneros está indissociavelmente atrelada à história em toda a sua dimensão social, política, econômica, cultural. O reconhecimento dessa história subjacente à história dos gêneros do discurso é que nos leva a considerar o extralinguístico como constitutivo do linguístico e assim dar conta das dimensões não estritamente linguísticas de que fala Jucker (2000).

A digressão histórica, como afirmou Bakhtin (2005: 106), ao "*folhear algumas páginas antigas da história dos gêneros*" para melhor compreender o romance de Dostoievski sob sua análise, "*nos ajudará a entender de modo mais profundo e mais correto as peculiaridades do gênero*", no nosso caso, o editorial. Como linguistas, neste tipo de estudo, inevitavelmente, estabelecemos diálogos com historiadores e jornalistas com a intenção de recorrer a alguns fatos, tanto da história do Brasil quanto da história do jornalismo, que possam subsidiar a interpretação de acontecimentos que estão por trás, como pano de fundo, da circulação dos textos que tomamos como objeto de análise.

Voltando nosso olhar para o surgimento do jornal, observamos que, antes de ser informativo ou interpretativo, o jornalismo nasceu opinativo e fortemente tendencioso. Nesse contexto, o jornal se instituiu como veículo usado para destacar e manipular fatos de acordo com os interesses de seus proprietários ou de grupos a cuja causa aderisse. Assim várias de suas poucas folhas (quando não, todas) constituíam espaço para a manifestação desses interesses. Esse surgimento, indubitavelmente, fortaleceu a formação da opinião pública. É o que retrata Morel e Barros (2003: 24-5):

> É nesse momento crucial que começa a se fazer de maneira mais consistente, no Brasil, a passagem de um espaço público marcado pelas formas de comunicação típicas dos Antigos Regimes (como gazeta, pregões, bandos, exibição de cartazes impressos ou manuscritos nas ruas, leituras coletivas e proclamações em voz alta, entre outras formas) para um espaço público onde se consolidavam debates por meio da imprensa (que nem sempre era vinculada ao poder oficial do Estado) e onde ganhavam importância as leituras privadas e individuais, permitindo a formação de uma opinião de caráter mais abstrato, fundada sobre o julgamento crítico de cada cidadão leitor e representando uma espécie de somatório das opiniões.

Na primeira metade do século XIX, fase em que muitos jornais existiam eminentemente em função de partidos políticos, praticamente não se desenvolveram o caráter noticioso nem o comercial da imprensa. Os redatores desses jornais eram geralmente chefes partidários e/ou representantes das oligarquias que dialogavam com seus pares.

Por outro lado, a partir da segunda metade do século XIX, uma nova feição do jornalismo começou a ser desenhada. Disputavam espaço com as folhas partidárias e panfletárias outros jornais cujos interesses não se limitavam à esfera política. Contudo, esse novo desenho cenográfico não chegou a ameaçar a soberania dos jornais políticos, mas retrata um espaço variacional de produção jornalística, com tendências mais, ou menos, panfletárias. A crise e a consequente decadência dessa tradição do jornalismo vieram com a mudança de regime, ocorrida em 1889, resultado da instauração da República.

A entrada no novo século marcou uma nova fase no jornalismo: a imprensa, antes sustentada por partidos políticos ou pelo envolvimento de alguns empreendedores particulares, passou à empresa. Com essa mudança de paradigma, o noticiário, impulsionado pelos acontecimentos mundiais em torno da Primeira Guerra Mundial (1914-1918) e a publicidade, indispensável à necessidade de cobrir despesas com a produção e circulação do jornal, conquistaram o espaço jornalístico. O editorial, por exemplo, nesse novo quadro, deixa as primeiras páginas, ocupadas por notícias, e se fixa definitivamente nas páginas internas, de lá só saindo em situação muito excepcional.

A recente industrialização da imprensa associada ao grande avanço mundial da tecnologia na época impôs um novo padrão ao jornalismo. Copiando o modelo de imprensa dos Estados Unidos e da Europa, as novas empresas jornalísticas começaram a importar modernos equipamentos para os seus parques gráficos, e os jornais passaram a serem impressos em folhas de tamanho grande, abandonando o formato tabloide. Os redatores, por sua vez, que, até o início do século XX, escreviam à mão, começaram a dispor de máquinas de escrever. Toda essa revolução implicou inevitavelmente algumas mudanças, das mais diversas naturezas (linguística, funcional, contextual).

A consequência direta desse avanço empresarial foi a "despolitização" dos jornais, o que provocou a diminuição de jornais interioranos. Sem os chefes políticos que assinavam e assim mantinham os órgãos dos respectivos partidos, a imprensa viu-se reduzida. Os jornais religiosos e literários praticamente desapareceram e sobreviveram apenas os noticiosos; por sua vez, as notícias sobre as atividades do governo passaram a ser divulgadas por órgãos específicos vinculados ao poder estadual ou municipal, conforme o caso. Esse percurso vai ao encontro da tese de Sodré (1999: x), quando afirma que "*a imprensa* [...] *nasceu com o capitalismo e acompanhou o seu desenvolvimento*".

Dentre as mudanças ocorridas do século XIX aos nossos dias, Mouillaud (2002) ressalta a passagem de uma única voz, ou de uma voz dominante, a uma sala de ecos, o jornal, onde se cruzam vozes. Embora hoje, mais que ontem, o jornal revele vozes que contribuem implícita ou explicitamente para as diferentes somas de opiniões, não podemos deixar de reconhecer que existem diferentes linhas editoriais, e alguns editoriais revelam clara filiação político-partidária.

Como já antecipamos, o editorial passou por distintas e sucessivas nomeações. Essa variação na nomeação constitui, na verdade, um traço de mudança no gênero. A abordagem diacrônica dos textos tem revelado fronteiras muito tênues que distinguem um gênero de outro e variações dentro de uma mesma família de gêneros. Pesquisadores que vêm atuando sob essa perspectiva estão deparando, em algum momento, com a seguinte questão: quais critérios permitem identificar um texto dentro de uma identidade diacrônica (é subgênero, gênero, classe de gênero, tipo de texto, por exemplo)? Como identificar os textos de sincronias passadas nos arquivos ou nos suportes jornalísticos? Como identificar as variantes desses textos? Há casos que ilustram bem a dificuldade de estabelecer critérios de identificação, considerando desde a nomeação até os elementos constitutivos do texto, e que, consequentemente, constatam o processo de variação e de mudança dos gêneros ao longo do tempo, de acordo com a dinâmica social. Neste momento, vamos tratar apenas do editorial, pois tem sido nosso objeto de estudo durante algum tempo e vem sempre revelando um dado a mais sobre a história do texto e da língua que o materializa.

O fato de falar em nome do jornal é uma das características principais do editorial. Esse é um dos traços de identificação que fazem com que os editoriais sejam reconhecidos independentemente de uma denominação única estabelecida; é também um traço distintivo dos editoriais com relação às notícias e aos demais gêneros do jornal. No entanto, na medida em que os gêneros vão adquirindo autonomia, a tendência é a definição do rótulo. Segundo Koch (1997: 60), "*temos, então, de um lado, uma tendência de manter constantes as denominações para as tradições discursivas e, do outro, uma mistura de elementos constantes e variáveis na realidade das tradições discursivas (sob o aspecto diacrônico, mas também sob o aspecto sincrônico)*". No caso do editorial, os exemplos seguintes, retirados de Gomes (2007), evidenciam alguns casos de variáveis na denominação desse gênero:

Quadro 5 – Denominações do editorial no espaço variacional dos séculos XIX e XX

Denominações do editorial	
Século XIX	**Século XX**
Artigo de fundo: designação correspondente a editorial, essência opinativa; autoria do proprietário do jornal; suporte é o jornal.	**Carta do editor**: teor de *merchandising*; autoria do editor da revista; suporte é revista.
Carta do redator: essência opinativa; autoria do redator do jornal; suporte é o jornal.	**Carta do redator**: da essência opinativa passou a texto de apresentação dos conteúdos e propósitos de um jornal, utilizado para introduzir o periódico no mercado. A revista é o suporte predominante atualmente, sob a autoria do diretor de redação.
Artigo editorial: artigo de opinião sob a responsabilidade do periódico; suporte jornal. Com a queda do primeiro termo, o segundo foi substantivado e passou a ser usado com predominância para designar o texto.	**Editorial jornalístico**: designação correspondente a editorial, essência opinativa; autoria do editor chefe do jornal; suporte é o jornal.
Introdução; Prospecto; Artigo de apresentação; Editorial de apresentação; editorial: (latim *edere* = dar à luz) indicam o início de circulação de um periódico; misto de crítica, tomada de posição e exposição de propósitos.	**Editorial de apresentação**: continuidade da tradição do século XIX de apresentar o início de circulação do jornal. No século XX ocorre em diversos suportes.
Artigo comunicado: designação correspondente a editorial, essência opinativa; suporte é o jornal.	**Editorial de relançamento**: continuidade da tradição dos editoriais de apresentação, divulgando para o leitor o retorno dos jornais que saíam de linha.

Observamos nesses exemplos que alguns rótulos correspondem a textos com funções semelhantes e outros com funções mais específicas em diferentes suportes. Pela via da nomeação desse gênero, percebemos que o editorial apresenta uma matriz que se ramifica em diferentes rótulos e com algumas funções específicas dentro de um mesmo agrupamento. Todas essas denominações fazem parte da árvore genealógica do editorial, mas algumas dão sinais nítidos de desmembramento do cânone do editorial. Percebemos também que algumas denominações ficaram no passado e outras permanecem. Além de diferentes tradições designadas por um mesmo rótulo textual, há, em outros casos, mais de um rótulo para uma mesma tradição como revelam os exemplos apresentados anteriormente. Passemos, em seguida, à observação da dimensão linguístico-discursiva.

Aspectos linguístico-discursivos

O editorial é considerado um texto argumentativo porque exige uma estrutura argumentativa, mas outros tipos discursivos também podem fazer parte da sua constituição. Para que constitua o ato de argumentar, um texto deve revelar em sua totalidade marcas desse ato. Essa totalidade é formada de partes menores do discurso (microestruturas) que também contribuem para revelar esse ato. Pelo critério da presença em evidência nos textos em análise, abordaremos, na primeira parte deste tópico, os seguintes elementos constitutivos da argumentação: o ponto de vista discursivo, a modalização, a adjetivação e a citação.

Na segunda parte deste tópico, apresentaremos alguns traços de proximidade comunicativa identificados nos *corpora* dos quatro estados, apesar da predominância dos traços de distância comunicativa que caracterizam o editorial. Dentre os muitos aspectos que caracterizam a linguagem evidenciada nos editoriais que circularam do acalorado século XIX ao século XX, selecionamos alguns fenômenos típicos da proximidade comunicativa entre a oralidade e a escrita que, ao longo do tempo, desapareceram, foram substituídos ou permaneceram. São eles: a dialogicidade (simulação de diálogo e referência direta aos interlocutores); a emocionalidade (pontuação/recursos gráficos e interjeição); a coloquialidade (expressões de uso coloquial e ditos populares). Esses traços apareciam mais nas primeiras versões justamente porque na origem eram cartas de redatores.

Para complementar as duas partes anteriores, incluímos a discussão da titulação, cujo propósito é antecipar a tese defendida, sumarizando a avaliação. Nos três momentos, procuramos evidenciar traços de variação, de continuidade ou de ruptura na dimensão linguístico-discursiva dos editoriais analisados.

A CONSTRUÇÃO DA ARGUMENTAÇÃO

Um dos critérios para a identificação dos editoriais no domínio jornalístico do século XIX ao XX, nos quatro estados selecionados, foi o ponto de vista autoral, ou seja, a quem atribuir as palavras do texto. O editorial é a expressão de um ponto de vista assumido pelo jornal acerca dos mais diversos assuntos. Esse é um traço distintivo desse gênero com relação às notícias e a outros textos opinativos, como as cartas de leitor. Mesmo na época em que informação e opinião não estavam totalmente demarcadas nos textos jornalísticos, é possível encontrar alguns textos exclusivamente informativos, como os avisos de entrada e saída dos navios e os anúncios de fuga de escravos, e encontrar textos com uma tomada de posição, com sustentação de tese e apresentação de argumentos para justificá-la, características prototípicas do editorial.

Na elaboração dos editoriais são encontradas diversas formas textuais, narração, descrição, injunção, no entanto, a forma tradicionalmente predominante é a argumentação, que é construída com base, por exemplo, na modalização, na adjetivação e na citação, traços que aqui serão comentados. Além desses elementos que configuram o discurso argumentativo, o uso da primeira pessoa do plural evidencia a tomada de posição da instituição jornalística, em meio a uma ocorrência mais rarefeita da terceira pessoa. Os exemplos a seguir ilustram bem a ocorrência da primeira pessoa do plural nos *corpora* dos quatro estados.

(1) [19,2 CE RJ] *[...] é justamente na colisão en que hoje que* ***vimos*** *nos forçados a encher | as columnas do nosso jornal, para por meio del- | las* ***rogarmos*** *ao nosso amigo e antigo camarada, | o Senhor commendador João Caetano dos Santos, | para que nos dê o prazer de o vermos pizar a sce- | na, despindo-se desses prejuizos vulgares que bas- | tante caracteriza a muitos homens, [...]* (*O Guerreiro*, nº 5, 19 de janeiro de 1853)

(2) [20,2 CE CE] *Estabelecendo um cotejo entre o transporte ferro- | viário e o rodoviário,* ***diziamos****, em escrito recente, que, | para a nossa economia interna, o primeiro se sobre- | punha ao segundo [...]* (*O Povo*, nº 8.145, 19 de junho de 1954)

Nos dois exemplos anteriores, o emprego da primeira pessoa do plural refere-se à instituição jornalística, emprego que passou do século XIX ao XX. Outro uso bastante frequente da primeira pessoa do plural é o que inclui a pessoa que fala e os possíveis leitores como membros de um mesmo grupo. No caso do editorial, a referência é feita à nação, ao povo, aos cidadãos, à coletividade etc. Nesse contexto, a primeira pessoa do plural representa um elevado grau de envolvimento, colocando em um só patamar o que fala e os que leem/ouvem. Esse tipo de recurso linguístico permaneceu com evidência nos editoriais do século XX. Seguem os exemplos:

(3) [19,1 CE BA] *O | Ceo já por duas vezes nos tem mostrado | que os nossos destinos estão fexados em | sua Dextra Omnipotente: conjurem-se em- | bora todos os flagellos,* ***nós teremos*** *as- | sento no meio das Nações, não* ***hiremos*** *| pedir aos povos da Europa, ou d'Asia | que nos dem huma Patria: Salvou-se o | Imperador: salvou-se o Brasil. Avante, | avante Brasileiros, nós não teremos ain- | da por momentos de ver o nosso Defen- | sor Perpetuo já de pé;* (*Gazeta da Bahia*, nº 2, v 3, 9 de janeiro de 1830)

(4) [20,2 CE PE] ***Sabemos*** *todos que Pernambuco se | acha mergulhado numa de suas piores | crises econômicas.* ***Somos*** *um dos pólos | nacionais do desemprego.* ***Necessita-|mos****, com urgência, atrair novos capi-|tais e receber o sangue generoso de in-|vestimentos múltiplos, sem os quais a | nossa recuperação se transformará em | mito.* (*Diario de Pernambuco*, nº 9, 10 de janeiro de 1989)

Observamos ainda o emprego do *se* como indeterminação do sujeito. Esse recurso linguístico-discursivo pode ser encontrado em exemplares do século XX, mas também no século XIX, como vemos a seguir:

(5) [19,1 CE CE] *quasi (sic) | que até agora* ***só se ha escrito*** *para o nos- | so descredito* (*O Cearense*, nº 1, 4 de outubro de 1846)

(6) [20,2 CE RJ] ***Chegou-se*** *ao ponto em que a violência, dissociada | de qualquer princípio espiritual, degenerou em for- | ça gratuita, em ludismo satânico* (*Jornal do Brasil*, 11 de janeiro de 1994)

No quadro a seguir, apresentamos a quantificação do emprego de *nós* nas duas formas de referência mencionadas anteriormente, considerando apenas a posição sintática de sujeito pleno e nulo e ainda o emprego do *se* com função de indeterminação do sujeito, na passagem do século XIX ao XX, a fim de verificar a incidência, a mudança ou a permanência desses recursos linguísticos na constituição do editorial.

Quadro 6 – Quantificação da primeira pessoa do plural e do *se* indeterminado

Estado/Período	NÓS (empresa jornalística)	NÓS (coletividade)	SE (indeterminação do sujeito)
Bahia Séc. 19,1	6	41	3
Bahia Séc. 19,2	28	8	5
Ceará Séc. 19,1	43	36	1
Ceará Séc. 19,2	21	4	1
Pernambuco Séc. 19,1	22	24	3
Pernambuco Séc. 19,2	18	56	0
Rio de Janeiro Séc. 19,1	25	0	0
Rio de Janeiro Séc. 19,2	27	2	0
SUBTOTAL Séc. 19	**190**	**171**	**13**
Bahia Séc. 20,1	23	1	4
Bahia Séc. 20,2	2	1	1
Ceará Séc. 20,1	8	18	3
Ceará Séc. 20,2	3	12	7

Pernambuco Séc. 20,1	2	1	1
Pernambuco Séc. 20,2	7	10	1
Rio de Janeiro Séc. 20,1	5	4	2
Rio de Janeiro Séc. 20,2	1	6	2
SUBTOTAL Séc. 20	**51**	**53**	**21**
TOTAL	241	224	34

Para a verificação da passagem da primeira pessoa para a indeterminação que caracteriza o tom mais impessoal dos editoriais atuais, fizemos uma quantificação mínima. O quadro revela que o emprego do *nós*, tanto referente à empresa jornalística quanto referente à coletividade, foi uma estratégia muito mais produtiva no século XIX que no século XX. Neste século, observamos no *corpus* analisado que houve uma redução significativa no uso da primeira pessoa do plural. Esse dado confirma que esse traço de envolvimento e de proximidade próprio das cartas de editor foi se diluindo ao longo do tempo, embora ainda hoje permaneça como recurso argumentativo. A ocorrência do *se* com função de indeterminação do sujeito é um recurso linguístico que ocorria já no século XIX. Com a diminuição do emprego do *nós*, o pronome *se* indeterminador, entre outros recursos de terceira pessoa, como o *se* apassivador, tornou-se mais evidente nas versões mais atuais do editorial. Essa alteração notadamente reduziu a contundência do texto, tornando-o mais impessoal e objetivo, mas ainda assim mantendo a autoria do discurso.

Além dos pronomes, por meio da modalização, entre outros recursos, encontramos no editorial os argumentos que fomentam as opiniões. Ela representa um elemento de permanência na constituição dessa tradição discursiva tanto pelo aspecto argumentativo, com modalizadores pontuais, quanto pelo aspecto mais geral, como modalidade discursiva, na qual podem ser percebidos o ponto de vista discursivo e o grau de envolvimento com as opiniões contidas no texto. É o caso do exemplo a seguir, cuja presença dos modalizadores *dizemos*, *nós* e *parece-nos* explicita o posicionamento assumido pelo jornal.

(7) [19,1 CE PE] *Naõ pode haver | huma revoluçaõ moral, que coordene a | sociedade (escrevem elleos na Bahia) quan-|do existe hum poder corruptor. – Naõ | pode haver huma conversaõ politica, que | fraternise todos os homens (dizemos nós, | e* ***parece-nos*** *que com alguma exacçaõ) | quando existem constitucionalmente tan-|tas ensanchas ao crime!* (*Diario de Pernambuco*, nº 1, 2 de janeiro de 1838)

Na primeira ocorrência há a evidência de um ponto de vista assumido por meio da oração *dizemos nós*, ao passo que a segunda ocorrência, com a utilização do verbo *parecer*, se encarrega de evitar o tom de certeza absoluta que poderia ter sido impresso ao texto. Essa é a função da modalização na constituição dos editoriais: indicar a modalidade (negação, confirmação, dúvida, intensificação etc.) sob a qual o conteúdo proposicional deve ser interpretado. Exerce, portanto, um importante papel no processo argumentativo. Retiramos de Koch (1995) algumas formas de expressão de modalidade que identificamos nos editoriais analisados.

i. Expressões cristalizadas do tipo [*é* + adjetivo] (*é necessário, é possível*):

(8) [19,2 CE BA] *Sabemos que* ***é preciso*** *tempo para a | vinda de colonos, para a construcção de | estradas; mas que tempo* ***será preciso*** *| para que esse mal dirigido Banco do | Brazil dê dinheiro a 6 0/0 ao anno, como | se nos prometteo, e a prazos maiores, de | que possa utilisar-se a lavoura?* (*Jornal da Bahia*, ano IV, nº 1.092, 22 de janeiro de 1857)

(9) [20,2 CE CE] *[...] pois* ***é preciso*** *operar | na base, dar nova dimensão ao primeiro ciclo, a fim de | que seja possível obter algum resultado e alterar as ten- | dências atuais, normais, sem dúvidas, porém, pouco rea- | listas.* (*O Povo*, nº 13.056, 4 de março de 1970)

ii. Certos advérbios ou locuções adverbiais (*talvez, provavelmente, certamente, possivelmente* etc.):

(10) [20,1 CE CE] *[...] sò com o ap- | parecimento do grupinho se ex- | hibiu no scenario, [f]irmando o | celebre contra protesto, primei- | ro papel politico,* ***talvez****, que te- | ve a desventura de assignar.* (*Oitenta e Nove*, nº 17, 20 de junho de 1903)

(11) [20,2 CE BA] *Ora, se a vontade de trabalhar dos dirigentes – que | são de verdade torcedores – for a meta principal de Dilson | Carneiro e seus pares,* ***certamente*** *que vão contar com | o nosso apoio.* (*Folha do Norte*, 8 de janeiro de 1994)

iii. Construções de auxiliar + infinitivo [*ter de* + infinitivo, *precisar* ("necessitar") + infinitivo; *dever* + infinitivo etc.];

(12) [19, 2 CE CE] *Roubarão so- | mente a urna, por que tinhão perdido a | eleição; mas não matarão como em Sobral, | Imperatriz, Santa Anna e Crato. Já é isso um | grande beneficio que* ***devemos agradecer***. (*O Cearense*, nº 973, 11 de novembro de 1856)

(13) [20,1 CE CE] *A formação da banda || Vai ser amanhã a gran- | de parada das urnas. To- | dos* ***devemos ir votar*** *cons- | cientemente, com os olhos | fitos na grandeza, na hon- | ra e na segurança da Pa- | tria.* (*O Nordeste*, nº 8.450, 2 de outubro de 1950)

iv. orações modalizadoras (*tenho certeza de que...*, *não há dúvida de que...* etc.)

(14) [19,2 CE BA] ***E a certeza de*** *se ter a ad- | ministração constituido partidista deste | ou daquelle grupo, de ter servido de | instrumento desta ou daquela indivi- | dualidade – fazendo assim pender a con- | cha da balança eleitoral – é um crime | perante a Constituição do Imperio.* (*Jornal da Bahia*, 19 de janeiro de 1860)

(15) [20,2 CE RJ] ***Ninguém nega que*** *certas reivindicações são | justas, como baixa remuneração e péssimas con- | dições de trabalho. Mas a maneira de expressá-las | foge totalmente ao bom senso.* (*Jornal do Brasil*, 16 de dezembro de 1988)

Nesses casos, as formas de expressão da modalidade explicitam a finalidade comunicativa: expor uma opinião. Esse traço característico do editorial, por se manifestar tanto no século XIX quanto no século XX, é um fator de permanência que denota uma entre várias estratégias argumentativas. Dentre essas estratégias, a adjetivação também evidencia o teor opinativo dos textos; associada a outros recursos, é utilizada nos editoriais como um dos fatores de emissão de opinião mais expressivos. É comum a presença de substantivos acompanhados de adjetivo, muitas vezes antepostos como mostra o trecho a seguir:

(16) [19,1 CE RJ] *O author,* ***insensato*** *atheu; | muito se esforça por nivelar-se com | os brutos; seja embora* ***bruto****, nós lhe | concedemos hum lugar entre os mais |* ***estupidos****; em quanto nos gloriamos | na posse d'huma alma doada de qua- | lidades e manadas da divindade mesma | e porisso immortal. o* ***infeliz*** *author, | quis porvar tanto, que não provou | nada: [...].* (*O Catholico*, nº 2, 24 de fevereiro de 1838)

(17) [19,1 CE CE] *"PROCLAMAÇÃO. || Cearenses! O* ***infame****, e* ***anarchista*** *Re- | dactor do Clarim* ***infernal*** *do Aracati, naõ | contente de pregar tantas vezes a Confede- | raçaõ pelas armas, acaba de proferir em | sua* ***imunda*** *folha Nº 51 que hoje he a | Confederaçaõ e amanhã sera a Republica;"* (*Semanário Constitucional*, nº 19, 28 de dezembro de 1832)

Nos dois exemplos anteriores, fica notório o caráter incisivo da linguagem. O que chama a atenção é a incidência desse recurso nos textos do século XIX em relação aos editoriais mais recentes. Um bom exemplo do elevado emprego dos adjetivos está na sequência de insultos divulgada diariamente pelo jornal *Liberal Pernambucano*, que foi comentada pelo *Diário de Pernambuco*.

(18) [19,2 CE PE] *Dia 11 de dezembro – Foram insultadas 3 pessoas pelos seus próprios nomes e uma por allusaõ, os epithetos injuriosos mais usados foram de covarde indigno, cão hydrophobico, charlatão, miserável, mão leprosa, baixo instrumento, vil escravo, energumeno, bebado, intrigante, insolente, o lugar do negro he na cosinha, ou no topo da escada, vendido, roubador do estado, carrasco. Foram igualmente injuriados os membros do partido conservador com os epithetos de aventureiros desordeiros, fraudulentos, sicarios, bandidos, espoletas, escravos.* (*Diario de Pernambuco*, nº 19, 24 de janeiro de 1857)

A incidência de adjetivação é responsável, em grande parte, pela extensão e contundência dos textos. Essa prática, contudo, é avaliada negativamente, pelo menos atualmente, como podemos atestar pelo posicionamento de Amaral (1997: 79), quando afirma que "*injúrias, ofensas e agressões pertencem ao panfleto. O pior defeito do editorial é o ataque pessoal e se conhece logo o mau editorialista quando procura esse caminho fácil. O editorialista deve ser um bom argumentador*".

Não podemos deixar de ressaltar que faziam parte da constituição extensa dos primeiros editoriais longos e detalhados trechos informativos e descritivos que funcionavam como suporte para os comentários e opiniões acerca do assunto principal. O fragmento a seguir é um bom exemplo dessa peculiaridade.

(19) [19,1 CE PE] *A barca dos banhos salgados que hoje possue o Recife sobre o rio, acha-se effectivamente aberta desde 24 de junho do anno passado, depois de muitas difficuldades que teve de vencer o seu proprietário, o Sr. José da Maya, para a pôr no estado de segurança e asseio em que ella se acha. Por muitas vezes a temos visitado, e havendo sido testemunha da ordem e decência que ahi se conserva no serviço. Oito banheiros, com capacidade para famílias de seis a oito pessoas, metade dos quaes destinados exclusivamente para as senhoras e por tal arte construidos todos que não he possivel vêr-se de um quem n'outro se banha, guarnecem commodamente toada a barca. A agoa sobe á altura de 5 palmos em todos os banheiros, e achãose elles circulados de varinhas de ferro, por cujos intervallos passa livremente a agoa com a corrente de maré e com a imensa rapidez que todos conhecem em semelhante lugar, o que torna a agoa sempre batida e limpida nos banheiros.* (*Diario de Pernambuco*, nº 230, 15 de outubro de 1845)

Nesse texto, o jornal posiciona-se favoravelmente ao empreendimento denominado "A barca dos banhos salgados". Para fortalecer a argumentação, são inseridas narrações e descrições detalhadas do espaço destinado ao lazer, que fundamentam a posição tomada, mas, por outro lado, estendem o texto. O que esse exemplo revela é a ampla utilização dos adjetivos no estilo jornalístico inicial; já nas versões do século XX, há uma redução desse recurso, repercutindo em traços de mudança na forma de dizer dessa tradição discursiva. Em relação a isso, Koch (1997) afirma que certas mudanças estão relacionadas a pressões do mercado.

A inserção de citações também é outro vetor de argumentação dos editoriais do século XIX. Não era difícil encontrar nos textos alusões a célebres personalidades ou a documentos importantes para dar mais requinte e confiabilidade ao texto e, por que não dizer, demonstrar a erudição acadêmica, literária e jurídica do produtor, como retratam os exemplos seguintes:

(20) [19,1 CE CE] *procurar todos os modos de puder (sic) | responder com factos com a realisaçaõ das | vantagens materiaes á democracia, quan- | do perguntar ao principe,* ***como outr'- | ora a Hugo Capeto perguntou o conde de | Perigord – Quem vos fez rei?*** (*O Cearense*, nº 91, 11 de outubro de 1848)

(21) [19,1 CE BA] *A Constituição declara, no §. 10 do artigo 179, | que –* ***quanto fica disposto ácerca da prisão an- | tes da culpa formada, naõ comprehende as Orde- | nanças Militares, estabelecidas como necessarias á | disciplina e recrutamento do Exercito*** *-: mas co- | mo ninguem se attreverá à dizer, que o metho- | do de agarrar pelas ruas para soldado, estejem || alguma parte lesgislado, ou seja Ordenança Mili- | tar, claro está, que se infringe a Constituição;* (*Diario da Bahia*, nº 14, 19 de janeiro de 1836 – grifos originais)

A citação representa a intertextualidade. O recurso ao discurso do outro é utilizado pelo jornalista para dar credibilidade, uma vez que as fontes citadas estão investidas de autoridade. Esse recurso de legitimação do texto também faz parte do modo de dizer das versões editorialísticas do século XX.

(22) [20,2 CE CE] *Em cada li- | tro de gasolina gasta, mandamos para fora das nossas | fronteiras oitenta centavos. E o corvo de Edgar Poe, re- | pete do alto da nossa inépcia: "****Nunca mais!****"...* (*O Povo*, nº 8.145, 19 de junho de 1954)

(23) [20,2 CE RJ] *O boletim oficial | do Instituto Brasileiro de Economia, da Fundação | Getúlio Vargas, que acompanha a divulgação dos | índices, observa, por exemplo, quando trata do Índice de Preços por Atacado e do impacto sobre ele | dos aumentos dos produtos da indústria eletrônica e | siderúrgica: "****Tratando-se de produtos sujeitos ao | controle governamental de preços, parece claro que os aumentos repassam pressões de custo de matérias-|primas e mão-de-obra****".* (*Jornal do Brasil*, 4 de abril de 1980)

Como o editorial é um exemplar com traços predominantes da distância comunicativa, os editorialistas não poupavam demonstrações de erudição que servissem para enriquecer a argumentação, por meio dos argumentos de autoridade, como também para preservar a imagem do jornal. Essa prática de se reportar aos discursos de autoridade foi mantida na tradição editorial dos dois séculos. Se essas citações ocorriam para também intensificar a interação entre o produtor e o leitor, outros recursos com esse propósito também foram identificados, conferindo ao editorial, por outro lado, alguns traços de proximidade comunicativa.

MARCAS DE PROXIMIDADE COMUNICATIVA

Apesar de o editorial apresentar uma concepção escrita, ser veiculado por meio escrito e localizar-se entre os textos situados na distância comunicativa (escrita) (Koch e Oesterreicher, 2007b), alguns exemplares não deixam de trazer, principalmente nas suas versões iniciais, motivadas por diversos fatores, marcas de proximidade comunicativa. Mesmo com todas as características de formalidade que constituem os editoriais, são encontradas estratégias que visam envolver e estreitar o contato com os leitores, que buscam diluir o tom hermético do texto e que, consequentemente, mesclam a formalidade com as ocorrências de dialogicidade, emocionalidade e coloquialidadade.

A dialogicidade presente nos editoriais fica bem marcada nas passagens do texto em que percebemos a referência direta aos leitores, tentativa de incitar a população a uma reação, e a simulação de situações de debate político que ocorriam nas ruas, nas praças e nos pontos de encontro. Além de funcionarem como uma excelente estratégia argumentativa, as simulações de diálogo provocavam quebras na sequência hermética da erudição editorialística e funcionavam como vias de aproximação e, consequentemente, de envolvimento interativo com o público leitor.

(24) [19,1 CE PE] *Ora nestas Sociedades assim effeitua-|das, aonde, ou em que residia a Soberani-|a?... Não era nas mesmas Sociedades?... Que cousa era, ou poderia ser esta Soberani-|a?... Respondo: Nenhuma outra coisa poderia ser se não – A Vontade de Todos.* (*Diario de Pernambuco*, nº 127, 15 de junho de 1829)

Nesse exemplo encontra-se a sequência de três perguntas, interrompida por uma voz (a voz do jornal, representada pela primeira pessoa do redator, posteriormente substituída, no texto, pela primeira pessoa do plural) que emite um "Respondo". Tal recurso ultrapassa o propósito primeiro de servir à argumentação e, a nosso ver, procura retratar um contexto de debates orais intensos dentro dos limites do texto. Em outros casos, as simulações extrapolam os limites do texto, fazendo referência externa aos possíveis interlocutores, resultando numa espécie de provocação, o que não deixa de ser uma forma de envolvê-los nas discussões e incitá-los à luta.

(25) [19,1 CE CE] *[...] Ah! Tal meio he innique, | atroz, e barbaro; elle trarà' reacções tremendas, | e interminaveis. || **Cearenses!** perdao' aos illudidos, e guerra de | fogo aos malvados assassinos, e ladrões!* (*Vinte e Três de Julho*, nº 18, 31 de dezembro de 1840).

A análise revela que uma maior incidência deste recurso interativo ocorreu na primeira metade do século XIX e a segunda metade deste século testemunhou o seu arrefecimento. No século seguinte, o caráter de simulação dialógica desapareceu. Entre os elementos linguístico-discursivos que compõem as simulações e as referências aos leitores, alguns podem ser percebidos por meio dos vocativos, dos verbos no imperativo e da utilização da segunda pessoa do plural.

O que a análise dos editoriais do século XIX tem mostrado é que o discurso midiático no intermédio do padrão da língua escrita e da coloquialidade não é de hoje, e sim diz respeito à continuidade de uma prática muito mais intensa no princípio do jornalismo impresso, quando, então, escrever era, em grande parte, registrar as interações como se davam na oralidade. Essas interações eram marcadas por um alto grau de emocionalidade, evidenciada pelos elementos suprassegmentais. Nesse sentido, a pontuação, embora empregada de forma irregular e não convencional em algumas passagens dos primeiros editoriais do século XIX, e, com isso, interferindo na articulação textual, exerce um papel fundamental, especialmente nos textos que expressam o discurso panfletário e dialético da época. O uso das exclamações, das vírgulas e das interrogações, entre outros, estabelece um ritmo e uma entoação no texto que envolvem o leitor/ouvinte, de acordo com o propósito pretendido: ao que parece, apresentar uma mensagem que provocasse impacto.

Na tradição editorialística, merece atenção especial o emprego dos pontos de interrogação e de exclamação, pela representação suprassegmental. O primeiro é usado no fim de qualquer interrogação direta, mesmo que não exija resposta; e o segundo expressa espanto, surpresa, alegria, entusiasmo, cólera, dor, súplica etc. (Cunha, 1994), ingredientes indispensáveis na composição de qualquer editorial, especialmente das primeiras versões. Nelas eram retratados os debates acirrados, com simulação de diálogo e uma argumentação de cunho fortemente emotivo, consequentemente o emprego dos dois sinais era exacerbado.

(26) [19,1 CE CE] *Será uma calumnia, que avança- | mos contra a nossa imprensa; uma inju- | ria que lhe irrogamos? Antes o fôra! nós | nos correriamos de vergonha por assim | querermos desacredital-a (sic), em vez de nos | cobrirmos della, vendo-a neste triste esta- | do. Inda mais; quaes são os bens, que em | nossa provincia, tem produsido a impren- | sa?* (*O Cearense*, nº 1, 4 de outubro de 1846)

(27) [19,1 CE RJ] *Quem sabe se a | raiva que nos tem procede da vil inveja, | ao verem que o nosso periodico de dia em dia augmenta progressivamente o numero | dos assignantes, quando os cujos e imun- | dos papeluxos já não há quem os compre, | senão quem for tao desmoralisados como | elles, porque os homens honestos se en - | vergonhão de ler tantas sandices, que de- | sacreditão o Brasil !!!* (*O Brasileiro Imparcial*, 27 de abril de 1830)

Apesar da constância desses dois sinais durante todo o percurso do editorial, em contextos de reflexões retóricas ou de ênfase argumentativa que marcaram a essência dessa tradição, no século XIX, houve uma queda de frequência em virtude, evidentemente, das contínuas mudanças de estilo do texto, que se tornou menos panfletário e mais objetivo. Mas foi mantido o importante papel de realce prosódico, com conotação pragmática.

Outros sinais de pontuação, como as aspas, os parênteses e os colchetes, e as representações gráficas, como itálico, negrito, caixa alta ou versal, não são meros ornamentos textuais. O produtor do texto, ao utilizar essas marcas, quer comunicar algo ao seu interlocutor. Para isso, sugere uma ênfase, sinaliza um acento mais forte, destaca informações relevantes, que, no ato da leitura, são assinalados por uma entonação especial. Com os parcos recursos tecnológicos do início da imprensa, esses eram os elementos de realce de que dispunham os redatores e que foram amplamente utilizados com diferentes funções.

(28) [20,1 CE RJ] *Completando-lhes | os trinta e quatro anos de laboriosa existência, poderá o pro-|ximo 15 de Novembro, confiante | no porvir, **bradar** quantas vezes | quiser "**viva a Republica!**" [...]* (*Jornal do Brasil*, 25 de outubro de 1923)

(29) [19,1 CE BA] *Se **gritando** sem cessar **Liberdade, | Patria**, ainda não sabemos gozar os be- | neficios da primeira, e parece, que não | existirá para nós a ultima;* (*Gazeta da Bahia*, nº 54, v. 5, 14 de julho de 1832)

Nesses exemplos, as aspas e o itálico foram utilizados nos enunciados com a finalidade comunicativa de ressaltar a ideia central do texto e sinalizar uma entonação elevada, antecedida pelas pistas fornecidas pelos verbos *bradar* e *gritar*, respectivamente. Para isso foram utilizadas frase e expressões de efeito. Provavelmente o autor, ao optar por essa construção, esperava que, no momento da leitura, o leitor imprimisse uma entoação diferenciada, enfática e que auxiliasse a (re)construção da ideia defendida.

Outro traço da emocionalidade presente nos editoriais do século XIX é a interjeição. O forte teor de expressão oral das interjeições não as impediu de estar presentes nos editoriais, o que revela, mais uma vez, a relação imbricada entre fala e escrita nesta tradição discursiva, como comprovam os casos encontrados em todas as décadas do século XIX.

(30) [19,1 CE RJ] *Quanta gloria vos não cabe, <u>ó</u> Po- | vos, <u>ó</u> Tropa de São Paulo; quanta glo- | ria não mereceis, quando além de que | difficuldades, que vencestes, ainda acre- | CE vosso dezinteresse, e até mesmo vos- | as constancia em sofreres ingratidões, | apezar das quaes sempre sois promptos | em as occasiões!* (*Compilador Constitucional Político e Literário*, 12 de março de 1822)

(31) [19,1 CE CE] *Nós os saudamos **oh** bellas margens | do Ipyranga! E que brasileiro hoje vos | naõ saudara, levando cheio d'enthuzias- mo sua ideia a visitar esses ditozos lu- | gares, que primeiro alumiou o sol de | nossa Independencia [...] Mas **ah! quem déra** | que apóz esses dias de gloria para nós, | naõ nos amanhecessem outros carrega- | dos e cheios de lucto; **quem déra** que | depois dessa paz serena, que diries, sym- | bolizava o descançar de hum povo he- | roico [...] **Ah!** o despotismo que de todo ainda | naõ havia morrido ergueo ainda huma vez sua cabeça de sangue!* (*O Cearense*, nº 183, 8 de setembro de 1848)

Notamos nesses exemplos a ênfase apelativa que é dada ao texto, cuja presença da interjeição contribui para o envolvimento do leitor/ouvinte pelo viés emotivo. No final do século XIX, as expressões emotivas ficaram mais escassas e no século seguinte passam por um total apagamento. O que surpreende, nos editoriais do século XIX, é a forma como eles transitam de um polo a outro, na interface entre fala e escrita, ou seja, da proximidade à distância comunicativa. Esse é um traço forte de mudança no percurso do editorial, pois o mesmo não ocorre no século XX, fase em que a distância comunicativa vai ficando mais notória, com mais características da cultura escrita que da cultura oral.

Além de contarem com a cooperação dos leitores na (re)construção de sentido do texto, os produtores dos textos também procuravam estabelecer um contato mais próximo com os leitores, a fim de quebrar um pouco a peculiar formalidade dos editoriais. O espaço de proximidade que se estabelecia entre o autor e o leitor, de um número a outro dos jornais, ficava bem notória nas primeiras versões dos editoriais. Nos textos analisados, os produtores dão a entender que se dirigem a destinatários próximos pela forma como são compartilhados conhecimentos referentes a lugares, tempo, pessoas e são empregas expressões de uso coloquial.

(32) [19,1 CE BA] *Ja là vão, pois, os 15 | dias, que se facultaram aos voluntarios, ja esta- | mos no pega e agarra, e a feroz anarchia conti- | nua na sua ferocidade:* ***Deos sabe até quando!!*** *|| Desde que o Brasil se tornou independente e | Constitucional, temos visto uma immensidade de | reformas na legislação; mas, desgraçadamente, o | uso portuguez de agarrar pelas ruas e praças para | soldado, ainda subsiste, não obstante uma Cons- | tituição que o prohibe, e o odioso de um tal syste- | ma.* (*Diario da Bahia*, nº 14, 19 de janeiro de 1836)

A expressão *Deos sabe até quando* usada no trecho assinala bem a função do jornal de se estender no intermédio entre a formalidade e a coloquialidade. Trata-se de uma forma de envolver o leitor buscando aproximar-se do seu modo de falar, sem chocar as tradições escritas. Além disso, é uma expressão de uso coloquial, como tantas outras que compuseram o editorial do passado e compõem o do presente visando a uma aproximação maior com o leitor.

Com o mesmo propósito, os ditos populares também fazem parte da constituição textual-discursiva dos editoriais. Se emitidos oralmente, são marcados por uma mudança entoacional para sinalizar que aquelas palavras não são do falante, são anônimas, tradicionais, pertencem ao senso comum. No exemplo que segue, o fragmento grifado remete ao conhecido provérbio *pôr lenha na fogueira*, escrito, evidentemente, nos moldes do século XIX, cuja interpretação consiste em tornar uma situação mais agitada, mais inflamada.

(33) [19,2 CE PE] *Suppõe a Revolução de Novembro, | que com a sua tática de espertesas po- | dera pôr-nos em apuros, e obrigar-nos | á* ***carregar lenha para o seu premeditado incêndio*** *da monarchia.* (O *Liberal Pernambucano*, nº 4, 11 de setembro de 1852)

Próprios da linguagem mais informal, coloquial, pelo seu desprestígio, no conceito das camadas instruídas da sociedade, e com um forte teor conotativo, os ditos populares, ao serem empregados nos editoriais, atenuavam a formalidade quase de ensaio científico que revestia alguns textos do século XIX com a informalidade da linguagem coloquial, provocando, inclusive, um certo tom de ironia e humor. A sua continuidade nos editoriais do século XX ocorreu com menor frequência, é claro, mas manteve a mesma finalidade comunicativa.

(34) [20,1 CE PE] [...] *Mas, quanto ao parecer do senhor Luiz Cedro, o me- |lhor é* ***meter a viola no saco****, se | não querem destacar mais um | elemento que os poderia levar à | barra dos tribunais.* (*Diario de Pernambuco*, nº 1, 1º de janeiro de 1947)

O que constatamos foi muito interessante porque revelou que o editorial é uma tradição heterogênea em sua constituição e que em seu percurso também foi passando a se constituir como verdadeiramente escrito. Houve, sem dúvida, mudanças no emprego dos sinais de pontuação, dos recursos gráficos, das interjeições, das expressões coloquiais e dos ditos populares; alguns usos aqui mostrados permaneceram, mas é inegável que o tom vibrante que se aproximava da oralidade, lá no início da imprensa, ficou realmente no passado.

TITULAÇÃO

Em nossa análise, destacamos intencionalmente o título para fazer algumas considerações a respeito desse constituinte textual. Orientando a centralização das diversas informações espargidas no texto, o título pode já antecipar a tese a ser defendida, sumarizando a avaliação que será desenvolvida. Isso ocorre com relativa frequência em textos opinativos, como editoriais e artigos de opinião (Cavalcante, 2006). O título constitui, assim, uma estratégia a serviço das intenções do autor, pois funciona, por meio de uma relação catafórica, como uma espécie de anúncio da avaliação que vai ser desenvolvida. Ao nomear o texto, o autor pretende orientar a interpretação, ativando os esquemas cognitivos do leitor, a fim de alcançar êxito em sua intenção.

Essa estratégia se revelou uma tradição discursiva nos editoriais do século XX aos dias atuais; assim, nos exemplares desse período, o título figurou como elemento constitutivo desse gênero textual, ainda que em um ou outro editorial possamos constatar a ausência dessa estratégia, como, por exemplo, no editorial do *Diario de Pernambuco*, de 10 de abril de 1924. Olhando para exemplares do século XIX, encontramos maior recorrência de editorial sem título. Mesmo jornais que, em determinada edição, exibiam um editorial com título, em outra edição o texto aparecia encabeçado somente pela data, como é o caso, por exemplo, de editoriais do jornal *A Constituição*, de 1866, entre outros.[3]

O fato é que, elemento antes facultativo, o título tornou-se imprescindível a partir da última década do século XIX. Quase sempre destacado do texto por recurso tipográfico (em negrito, com fonte[4] maior que a do texto), aparecia recorrentemente centralizado, cumprindo a função de sinalizar para o conteúdo (tópico discursivo), além de despertar o interesse e induzir à leitura, características que perduram até hoje, como comprovam os exemplos a seguir.

(35) [19,2 CE RJ] *TRENS DE SUBURBIOS* || *Fieis ao nosso program- | ma encetamos hoje, a serie | de reclamações, que temos | de dirigir aos altos poderes | do estado, em beneficio dos | suburbios.* (*Gazeta Suburbana*, nº 4, 20 de janeiro de 1884)

(36) [20,1 CE CE] ***Atitude impatriotica*** || *As crises politicas e economicas que a | civilização contemporanea tem atravessado | nestes ultimos anos*

deram lugar á formação | de grupos e partidos novos, porta-vozes de | ideologias profundamente paradoxais. (*O Estado*, nº 81, 31 de dezembro de 1936)

(37) [20,2 CE PE] *O futuro chegou || Fernando Henrique Cardoso, 34º presidente, toma possa hoje | cercado por circunstâncias especiais. É o primeiro a ser ree-|leito na história deste pais.* (*Diario de Pernambuco*, nº 366, 1º de janeiro de 1999)

Aspectos editoriais

Como já afirmamos, o editorial de jornal, atualmente, é um gênero de localização bastante regular, uma vez que tem lugar determinado para a sua ancoragem – uma coluna à esquerda ou ao centro em uma das páginas iniciais do 1º caderno.

A característica do jornalismo partidário de ter como interesse maior a utilização da imprensa como espaço de disputa política marcou a definição da topografia do editorial durante quase um século (de 1850 a 1940), levando-o a ser divulgado, não mais no interior do jornal, mas preferencialmente na primeira página. Esse fato nos permite afirmar que a localização do editorial está associada às circunstâncias históricas que envolvem a produção e a circulação dessa tradição discursiva na esfera jornalística.

A localização também registra marcas das transformações que se operaram no editorial ao longo desses dois séculos. Da fase inicial, quando as folhas circulavam mais para dar notícia dos atos do governo, o editorial ocupava, como já dissemos, as páginas internas, sem grande destaque; quando passou a atender interesses dos proprietários e a servir de espaço para contendas político-partidárias, o editorial foi alçado às suas primeiras páginas e continuou a ocupar essa posição mesmo quando a imprensa passou a empresa jornalística. Não obstante ter seu *locus* assegurado nas primeiras páginas, ainda assim, alguns jornais apresentam o editorial nas páginas internas. O jornal *O Povo* (CE), por exemplo, já no final do século XX, com um número bem maior de páginas (em torno de sessenta), passou a estampá-lo na sexta página, embora nas quatro primeiras décadas do mesmo século, tenha, como outros jornais do *corpus*, publicado seu editorial logo na primeira página.

No século XIX, o editorial era incluído ou em uma seção sem denominação específica ou em uma que, geralmente, recebia o mesmo nome do jornal. Na primeira metade do século XX, podemos localizá-lo em seções intituladas "Problemas da cidade", "Comentários do Dia", por exemplo.

A partir do último quartel do século XX, o editorial passou, então, a ser publicado em uma seção própria ("Opinião"), dividindo espaço em uma mesma página com outros gêneros também de natureza argumentativa, como o artigo de opinião e a charge.

Outra variação digna de nota é a que diz respeito à extensão do texto. Até o final do século XIX, não era raro encontrar um editorial que se estendesse por mais de uma página, distribuído em várias colunas, conforme a padronização gráfica do jornal. O jornal *A Constituição*, de 13 de março de 1866, por exemplo, estampou um longo editorial, já na primeira folha, dividindo o nobre espaço com a publicação de mais um capítulo de um folhetim, como de costume naquela época. No caso, tratava-se do folhetim *Iracema*, escrito por José de Alencar, reconhecido escritor cearense.

A longa extensão, que muitas vezes levava o editorial a se estender de uma página para outra, deixou de ser observada com a passagem da pequena à grande imprensa, que se firmou no início do século XX, marcando uma nova era no jornalismo. Com essa mudança, segundo Sodré (1999: 275), "*o jornal como empreendimento individual, como aventura isolada, desaparece, nas grandes cidades. Será relegado ao interior, onde sobreviverá, como tal, até os nossos dias*".

As novas empresas jornalísticas, dotadas de equipamentos gráficos adquiridos para o exercício de sua função, iriam imprimir ao plano da produção, e também ao da circulação, uma nova feição ao jornalismo (e consequentemente à atividade de diagramação), a qual afetaria as relações do jornal com o anunciante, com a política e com os leitores. Convém lembrar que essa mudança estava ligada às transformações pelas quais o país passava com o avanço das relações capitalistas e com a consequente ascensão da burguesia.

Outro aspecto que merece destaque em relação à extensão do editorial no século XIX diz respeito a sua completude em uma única edição. Alguns editoriais continuavam de uma edição para outra, ainda que o próximo número só saísse uma semana depois. Essa prática também foi observada, já no início do século XX, em outro jornal de uma cidade do interior do estado (Crato), *A Liça*, cujo editorial teve a primeira parte publicada na edição de 12 de agosto de 1903, a segunda na de 19 de agosto e a conclusão somente duas semanas depois na edição de 26 de agosto de 1903. Os editoriais de jornais da primeira metade do século XX, por sua vez, caracterizavam-se tanto pela finitude em uma única edição quanto pela extensão mais reduzida, em relação ao século XIX.

CONSIDERAÇÕES FINAIS

Analisar um gênero olhando para exemplares de sincronias passadas não se revela tarefa fácil, pois exige que o pesquisador esteja atento, entre outras variáveis, à diversidade da forma, da organização retórica, do rótulo, da função comunicativa, além de nem sempre poder contar com uma localização definida do gênero no(s) suporte(s) em que costuma(va) circular. Para além desses aspectos, precisa considerar o contexto sócio-histórico em que se engendrou a produção daquele gênero.

Neste capítulo, partimos, pois, do contexto sócio-histórico para analisar alguns aspectos que caracterizam o editorial, gênero focalizado, de modo a flagrar-lhe a versatilidade, e assim identificar tanto traços que apontam para a permanência quanto aqueles que denunciam a variação e a mudança.

De um modo geral, a análise nos permitiu reconhecer que a tradição editorialística, apesar de ter passado por alterações em seus aspectos contextuais e linguístico-discursivos, como apontado anteriormente, manteve uma linha de continuidade assegurada por sua função socialmente reconhecida. O que procuramos ressaltar em nossa análise foi o fato de que a plasticidade do editorial não alterou a prototipicidade opinativa. Em outras palavras, são percebidos traços de mudança na denominação, na estrutura, na linguagem; e de permanência do ponto de vista discursivo, do teor opinativo, do *status* como gênero jornalístico nobre e, sobretudo, da finalidade comunicativa. Do nosso ponto de vista, isso significa dizer que, assim como as línguas, as tradições discursivas dispõem de espaços para variação e para a mudança nos eixos sincrônico e diacrônico, sem perder o tronco comum que determina o seu pertencimento a uma dada linhagem de textos.

Com o propósito de melhor atingir nosso objetivo, inicialmente estabelecemos alguns critérios e traços característicos das variantes do gênero para nortear nossa busca. Esboçamos, assim, com base nas abordagens de Koch (1997), Marcuschi (1997) e Jucker (2000), os critérios para a análise dos gêneros no contínuo de filiação da TD, que compõem o quadro que contribuiu com a identificação dos editoriais.

Salientamos que a matriz de traços para a análise das variantes do editorial, que apresentamos na seção "Dimensões constitutivas do editorial", poderá subsidiar outros estudos, tanto do gênero em questão, o editorial, quanto outros que se queira investigar, tanto diacrônica quanto sincronicamente. Esperamos que essa sugestão possa contribuir de alguma forma com os estudos históricos da língua e dos textos. Fica, pois, disponível para reformulações, acréscimos e sugestões dos leitores.

NOTAS

1 Esta pesquisa está vinculada ao Laboratório de Edição e Documentação Linguística de Pernambuco (Ledoc), financiado com o auxílio da Fundação de Amparo à Ciência e Tecnologia de Pernambuco (Facepe), conforme o Processo nº APQ 0042.8.01/15.

2 O quadro para a identificação dos editoriais apresentado é uma adaptação do que foi proposto pela professora Alessandra Castilho (UFRN) para a identificação das notícias.

3 A respeito do título e da ruptura de sua canonicidade em notícias jornalísticas, cf. Van Dijk (1992).

4 O termo fonte é empregado para fazer referência a um alfabeto completo com letras maiúsculas e minúsculas, números e sinais de pontuação, todos com um mesmo tipo de desenho (Silva, 1985: 72).

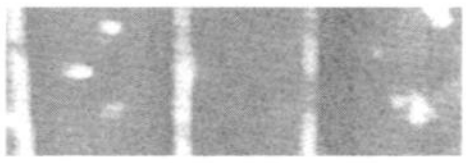

A NOTÍCIA DE JORNAL ENTRE CONSERVAÇÃO E INOVAÇÃO: TRADIÇÕES DISCURSIVAS E HISTÓRIA DA LÍNGUA

Cleber Ataíde
Tarcísia Travassos

SUMÁRIO

APRESENTAÇÃO

No domínio jornalístico, existem duas grandes classificações para caracterizar os gêneros que aí circulam. Há gêneros de comentário que visam a fazer um julgamento, apresentar um ponto de vista sobre determinado tema, como fazem o artigo de opinião e o editorial, e os gêneros informativos, os quais assumem um caráter narrativo-explicativo porque tendem a expor acontecimentos do cotidiano das pessoas, das entidades públicas e dos fatos da sociedade em geral, como a notícia e a reportagem. Estes últimos gêneros, segundo alguns manuais de redação jornalística, precisam apresentar uma estrutura textual do tipo narrativa, com verbos no passado, em terceira pessoa e que respondem às questões determinadas: o quê? quem? quando? onde? e por quê?, para atender a uma suposta objetividade que o texto impõe.

Sabemos, entretanto, que essas características formais não se aplicam a todos os textos informativos pertencentes à mídia impressa em sincronias passadas (Costa, 2009a; Hrbek, 1995). Num recorte diacrônico do início do século XIX, período do surgimento da imprensa no Brasil, as notícias eram praticamente notas e, muitas vezes, se assemelhavam à função típica dos anúncios e avisos. Sob uma perspectiva diacrônica, à luz do conceito da Tradição Discursiva (TD) que postula o princípio de que os gêneros podem apresentar determinadas regularidades que nos remetem a formas textuais anteriormente produzidas, esta pesquisa objetiva investigar o processo de constituição da *notícia* ao longo dos séculos XIX e XX[1] para verificar se esse gênero apresenta mudanças formais e funcionais e saber, se confirmado, quais aspectos linguístico-discursivos determinaram ou estão determinando o processo de organização e composição do gênero.

A SELEÇÃO DE UM *CORPUS* DIACRÔNICO

A utilização de um *corpus* diacrônico constitui uma tentativa de conferir fundamentação empírica às conclusões a que toda pesquisa em Linguística Histórica se propõe apresentar. Assim, na perseguição dos objetivos da investigação, previamente definidos no início do trabalho, constituiu-se um *corpus*, o qual compreende principalmente um conjunto de 70 **notícias jornalísticas** publicadas entre os séculos XIX e XX em jornais de Pernambuco. Outras amostras também foram selecionadas dos jornais *Brado Conservador*, do Rio Grande do Norte, e dos jornais *A Província* e *Correio Paulista*, de São Paulo.

Para a organização do *corpus*, os seguintes passos foram tomados:

1. Seleção de dez textos noticiosos a cada três décadas, considerando o período inicial de 1825, data da primeira publicação do *Diário de Pernambuco*. Em decorrência desse critério, as notícias do *corpus* correspondem aos anos de 1825, 1855, 1885, 1915, 1945, 1975 e 1993.[2]
2. Organização dos textos coletados em acervo fotográfico.
3. Transcrição manual de cem notícias que correspondem ao período.
4. Digitação e revisão da transcrição.

A GEOGRAFIA DAS PÁGINAS E A LOCALIZAÇÃO DOS TEXTOS NOTICIOSOS

No início do século XIX, os jornais eram produzidos em papel de formato 24,5 x19 cm. A partir da terceira década do século, passaram para o formato de 30x20 cm. Em Pernambuco, a partir de 1835, devido à publicação de textos administrativos da província, os periódicos passaram a ser publicados em três colunas, em formato 41x28 cm. A seguir, temos duas figuras que ilustram a geografia das páginas dos jornais no periódico pernambucano.

Ainda neste período, a folha principal do *Diário* estampava o brasão de armas do Império brasileiro. Abaixo deste, uma linha de faixas com os dias da semana, o expediente e os seguintes dizeres: *Proclamação da Assembleia Geral do Brasil.* De 1845 a 1854, o periódico passou por mais duas mudanças na linha de impressão. O formato do papel passou de 54x33 cm para 72x55 cm, respectivamente, e dividido em sete colunas.

AS NOTÍCIAS E SUA CONTRIBUIÇÃO À CONSTRUÇÃO DA HISTÓRIA SOCIAL DA LINGUAGEM

No início, o objetivo principal dos jornais era publicar anúncios e serviços trazidos pela população. As informações eram de passageiros de embarcações que aportavam na cidade, assim como as entradas e saídas do porto, e números referentes à importação e à exportação de produtos. Existiam as seções de "compras", "vendas", "leilões", "arrendamentos", "aluguéis", "aforamentos", "roubos", "perdas e achados", "fugas e apreensões de escravos", "viagens".

O aumento no formato do papel possibilitou sensivelmente o tamanho dos textos e a inserção de outros gêneros, abordando temáticas variadas e amplo noticiário do sul do país e do exterior. Em 1835, as informações de importação e exportação portuárias e marítimas passaram a ocupar as duas primeiras páginas centrais. Iniciou-se, em 1843, a divulgação de folhetins, em nota de rodapé, e depois a publicação de outras pequenas novelas. Nessa época, surgiram primeiros convites para enterros, missas, concessões de títulos honoríficos àquelas pessoas de maior destaque na vida política e social. O aparecimento dessas novas práticas de linguagem, segundo Leduar (apud Nascimento, 1968), fez surgirem os primeiros gêneros de coluna social do jornal.

Embora técnicas de reprodução de imagens como xilografia, talho-doce e litografia já fossem utilizadas em jornais, no período de 1825 a 1890 há um predomínio de textos verbais. Essa fase caracteriza-se pela presença marcante de textos escritos e coincide com a época do jornalismo político-literário, cujo interesse principal era formar opinião. A partir de 1890 até meados do século XX, inicia-se, segundo Travassos (2010), uma transformação gráfica, porque é um momento caracterizado por "aventura industrial" que traz aos jornais a dimensão de empresa. Nesse período de transição, ocorre um grande desenvolvimento da imprensa periódica e foi nesta época que o jornal tornou-se um produto de consumo corrente. Somente na década de 1920, o fotojornalismo se tornou corrente em toda a grande imprensa diária. O uso de ilustrações e fotografias, grande atrativo do jornal diário, era sinônimo de atualidade e modernidade.

> Nas capas de 26 de fevereiro de 1922 e de 01 de janeiro de 1925, podemos ver como as ilustrações emolduradas com grandes títulos destacados em negrito quebravam a monotonia das longas colunas de texto que tomavam as capas simetricamente diagramadas, tornando-as mais bonitas. (Travassos, 2010: 96)

A partir da década de 1930, as *chamadas* começam a ter espaço nas primeiras páginas do jornal. Numa pesquisa sobre capas de jornais, Travassos (2010) constatou em seu *corpus* que as notícias dessa época já não apareciam integralmente nas capas dos jornais; "*os textos, apesar de longos, aproximam-se do estilo chamada de capa, pois já se pode ver no final das colunas a indicação ao leitor para as páginas internas do jornal*".

A *chamada de capa*, na definição de Siqueira (apud Travassos, 2010: 52), é "*o elemento que traz a indicação do caderno e o número da página interna onde está impressa a matéria completa*". Encontra-se, neste momento, um deslocamento do gênero notícia para o espaço interno do jornal, diferente em sincronias passadas. A seguir, discutimos a construção dos títulos de notícias publicadas em jornais dos séculos XIX e XX.

SOBRE OS TÍTULOS DE NOTÍCIAS NOS SÉCULOS XIX E XX

Os títulos são componentes privilegiados dos textos, pois devido à sua posição de destaque, são os primeiros a serem lidos. Entre as categorias textuais, eles são classificados como contextualizadores perspectivos, pois projetam expectativas a respeito do conteúdo (Marcuschi, 2009). Eles também são considerados delimitadores e organizadores do texto, portanto não devem ser prescindidos em análises textuais.

A principal função de um título é o enquadre semântico e cognitivo, pois além de nomear o texto, resume o que o autor considera como a informação mais importante. Atualmente, no caso das notícias, o título identifica o fato noticiado e são, geralmente, elaborados em letras grandes e em negrito para atrair a atenção dos leitores e fazê-los ler mais em busca de detalhes (Bazerman, 2005).

No início do século XIX, no entanto, as notícias que circulavam nos jornais não traziam títulos e eram organizadas por seções temáticas. Os títulos eram atribuídos às seções. É o caso das seguintes notícias publicadas nas seções "Escravos fugidos" (1) no jornal *A Província de São Paulo* em 28 de janeiro de 1875 e "Fugidas de escravos" (2), no *Diário de Pernambuco* do dia

26 de fevereiro de 1825. É o título da seção que apresenta o fato noticiado e aguça a curiosidade do leitor.

(1) [19,2 N SP] ***Escravos fugidos***|
Na noite de 19 para 20 deste mez, fugi-|ram a Luiz Antonio de Assumpção Leite, os| escravos seguintes?|
Julião *- 18 annos, creoulo, preto.|*
Nicoláu *- 18 annos, creoulo, fúla.|*
Luiz *- 16 annos, creoulo, fúla.|*
Francisco *- 16 annos, creoulo, pardo.|*
Raymundo *- 14 annos, creoulo, preto.|*
Mathias *- 16 annos, creoulo, preto.|*
Guilherme *- 15 annos, creoulo, preto.|*
Quem os aprehender ou d'elles dêr noti-|cias certas, será bem gratificado,|
A entender-se com o proprietario em Cam-|pinas.|
(*A Província de São Paulo*, 28 de janeiro de 1875)

(2) [19,1 N PE] *FUGIDAS DE ESCRAVOS.* || *4. Em hum dia da Semana passada fu- | gio hum escravo por nome Antonio | de Naçaõ Quiçamá bem feito de corpo e | bem barbado fulo com calça de brim e | jaqueta de xita chapéo de palha pintado | de tinta branca e de boa altura com o of[f] i- | cio de Padeiro qualquer pessoa o poderá | pegar e leva-lo em caza de seu Senhor na Sin- | CO Pontas do Sobrado que tem por baixo | huma padaria numero.º 20 que se lhe pagará | bem o seu trabalho.* (*Diário de Pernambuco*, 26 de fevereiro de 1825)

Mesmo que o leitor não tenha conhecimento da data de publicação, a leitura do título das seções já revela o período histórico no qual a notícia foi produzida, ou seja, trata-se de uma notícia da época da escravatura no Brasil. Os textos, como outros que compõem as seções, caracterizam-se pela descrição de escravos fugitivos, os endereços dos donos e uma promessa de recompensa.

Até 1874, ano em que, segundo Sodré (1983), a agência telegráfica Reuter-Havas instalou uma sucursal no Rio de Janeiro, que serviu à imprensa brasileira por 71 anos, boa parte das notícias eram difundidas por cartas, as quais, muitas vezes, eram trazidas por navio. Também se noticiavam em jornais a movimentação de entradas e saídas de navios nos portos.

(3) [19,1 N PE] *NOTICIAS MARITIMAS* || *ENTRADAS.* || *DIA 30 do corrente. = Acaracú; 30 | dias; S. Carolina, M. e doiro Joaõ An- | tonio da Silva, carga couros, e jaque- | ta, passageiro Antonio Marques Di- | as. — Porto; 32 dias; G. Geliz Ventu- | ra, M. Joaõ de Souza Cirne, carga ge- | neros do Paiz, a Joaõ Evagelista PE- | reira, passageiros Antonio Leal de Bor- | ges Junior, Joaõ Henriquies da Silva, | e 9 pessoas da sua familia. — Porto; | 32 dias; G. Oceana, M. Antonio Joze | Nogueira, carga generos do Paiz a | Manoel Pereira Guimaraens & Compa- | nhia, passareiro Joze Antonio Lopes | Junior — Londes, 34 dias;* B. *Inglaterra | Ann, M.* B. *Edken, carga Fazendas, a | Smith Mitchell Lambert & Compa- | hia. — Londres, 41 dias;* B. *Inglaterra Eli- | zabeth, M. Alexander Punton, carga | azeite doce, a Robert Pelly & Compa- | nhia. — Monte Video, 30 dias, G., Frae. Au- | gusta. M. Cutard, em lastro, a | Lassene.* || *SAHIDAS.* | *Dia dito — Maceio; S. Espadarte | Venturizo, M. Francisco Carneiro, e- | quipamento lã, carga varios generos, passa- | geiro Manoel Roberto Sabreira, Joze | Gliz Vasco. — Barra Grande, Saõ Francisco de Paula. M. Joze Mathias | de Miranda, equipamento 9, em lastro — | Rio Formozo, Canoa Saõ Amerinho. M. | Manoel Joaquim, equipamento 7 em lastro.* (*Diário de Pernambuco*, 1º de fevereiro de 1826)

No *Diário de Pernambuco*, tais notícias eram organizadas em seções com títulos como "Notícias marítimas" (3) e "Notícias de Portugal" (4). Como podemos ver, a seção "Notícias marítimas" (3) trazia informações de nomes de passageiros, de cargas e do número de dias e lugares por onde uma determinada embarcação havia passado. Já na seção "Notícias de Portugal" (4), as informações são sobre os acontecimentos de Portugal transcritos de cartas. Títulos como "Fugidas de escravos", "Notícias marítimas" e "Notícias de Portugal" são classificados como títulos genéricos, por isso, bastante adequados às tais seções de notícias do jornal.

(4) [19,1 N PE] **NOTICIAS DE PORTUGAL.** || *MARÇO 29.* || *BADAJOZ. — As noticias desta praça | da nossa fronteira saõ em data de 17 | do corrente: e saõ de pessoa de | cretido. || As cartas de Madrio do dia 9 davaõ | como certa a invasaõ de Portugal, e | tanto assim, que haviaõ sahido da Ca- | pital para reforçar a divisaõ do Tejo e | 3. Brigada composta de 3.561 homens,*

| *inclusive Artilheria, chegando com ef- | [f]eito esta força a Zebol[l]a junto a Ta- | lavera; o que alegrou muito os após- | tolicos desta praça, que sem pejo fize- | raõ saudes a invasaõ de Portugal, e | marcaraõ já o dia 3 de Abril em que | se devia começar. Porèm as cartas | posteriores, do dia 13, dizem que se | passaraõ ordens para suspender a mar- | cha, depois que soube com certeza em | Madrid da fuga dos rebeldes para Hes- | panha; de maneira que o General Ro- | dil naõ sahio de Caceres como projec- | tava. Longa, foi lhe destinado o seu | Quartel General em Valença. - Ac[c]res- | centaõ mais as cartas de Madrid, des- | ta ultima data, que se mandaraõ dar | passaportes ao Marquez de Chaves, e | a todos os mais chefes dos nossos re- | beldes para França. [2ª coluna] || Porto: — As cartas de Chaves saõ | em data de 20, e dizem haverem al[l]i | entrado 150 Soldados tranfugas de- | sarmados na Hespanha, pertencentes | a diversos corpos: os quaes, dizem, o | Excellentissimo Con- de de Vil[l]a Flor | mandarà para esta Cidade do Porto es- | coltados pelos 200 Soldados de Infan- | teria 6, que tinha na sua divisaõ; e | el[l]e mesmo, espera-se qualquer dia | nesta cidade. Os transfugas contaõ | que nesta prefiriaõ ser fuzila- | dos em Portugal, do que sof[f]rerem os Gal[l]egos: esta linguagem he bem contraria | á que el[l]es ainda ha pouco diziaõ, e | escreviaõ aos seus amigos quando os | convidavaõ a deserçaõ. || Argozello 13 — Além dos muitos | Soldados que das Divisões dos Re- bel- | des se tem vindo apresentar de todos | os Corpos, vieraõ só hoje do nosso Re- | gimento da Infanteria Numero 6 do Por- | to, 54 Soldados com[m]andados por | hum Sargento, e outros de diversos | Corpos, huns armados, e outros de- | sarmados. Aquel[l]es que foraõ prisio- | neiros, pode-se contar com el[l]es to- | dos. || Ruivães 17 — Foi aqui preso, e | està à disposição do Tenente Coronel | Paiva hum homem que com capa de | pobre andava espalhando noticias as | mais aterradoras entre os Povos: pa- | [página seguinte que não constava na edição microfilmada]* (*Diário de Pernambuco*, 29 de março de 1827)

O título da seção "Noticiário Geral" (5), do *Correio Paulistano*, assemelha-se aos das seções do *Diário de Pernambuco* anteriormente descritas. Nela eram publicadas notícias locais, nacionais e transcrições de notícias de outros jornais, cada uma com um título em negrito. Chama a atenção o fato que o nome do gênero "notícia" esteja presente em títulos como esses publicados no *Diário de Pernambuco* em 1º fevereiro de 1826 e em 29 de março de 1827, e no *Correio Paulistano* de 2 de abril de 1875, respectivamente, em uma época na qual os jornais ainda não eram veículos de comunicação de massa e a notícia não era vista como um produto à venda.

(5) [19,2 N SP]

NOTICIARIO GERAL

Artistas lyricos *- Hontem chegaram da còrte| o sr. Jorge M[ ][ ]andola, e a srª Augusta Cortezzi que| vem fazer parte da companhia lyrica italiana que actual-|mente se acha na cidade de Santos.|*

"Saudades d'uns olhos" *- É este o titulo| de um duetto que acaba de ser dado á estampa, com-|posição do sr. A.G de Escobar, digno redactor da| Estrella do Oeste, interessante jornal que se publica| na cidade do Rio-Claro.|*

Recommendando aos amadores esta nova producção| musical, agradecemos o exemplar com que mimoseou-|nos o seu autor.|

Campinas *- Da Gazeta de hontem tiramos o se-|guinte:|*

THEATRO DE S. CARLOS *- Reuniu-se a 28 do mez fin-|do a assembléa geral de accionistas proprietario do| theatro de S. Carlos, desta cidade.*

A commissão encarregada de apresentar o projecto| de estatutos e reorganisação da sociedade cumpriu o| seu mandato, e logo procedeu-se a discussão e appro-|vação dos differentes artigos do mesmo projecto, sendo| a sessão presidida pelo exm sr barão de Tres-Rios,| servindo de secretario o sr. Francisco Glycerio e de| thesoureiro o sr. coronel Joaquim Qu[ ]rino dos Santos.| (*Correio Paulistano*, 2 de abril de 1875)

Geralmente, os textos têm uma estrutura temática representada pelas "macroestruturas semânticas" (Van Dijk, 1996: 57) e os títulos expressam, justamente, o topo da macroestrutura semântica, ou seja, a informação de nível mais alto: o tema principal. Cognitivamente, a função do título é ativar e focalizar, na memória do leitor, o conhecimento necessário para a compreensão do texto. A informação que ele veicula é usada pelo leitor como princípio de organização geral para a representação do evento na memória, isto é, como modelo de situação.

Vejamos a notícia, cujo título é "Facada" (6), publicada na seção "Revista diária" na edição do *Diário de Pernambuco* de 4 de janeiro de 1885.

(6) [19,2 N PE] *REVISTA DIARIA.* || *Facada. – Ante-hotem ás 10 e meia horas || da noite e no cáes do Ramos, Albino Victoriano | dos Santos, conhecido por Trevelou, tentou apo- | derar-se de uns abacaxis, que com outros al[l] i es- | tavam arrumados e á venda e pertenciam a An- | tonio Francisco dos Santos. || Vio este, pois estava de guarda á sua fazenda, | a passo do homem; e como ap[p]uzesse embargos á | ligueireza, travaram d'ahi a pouco um conflicto, do | qual resutou sahir ferido gravemente Albino com | uma facada. || Quando chegou a policia, o que foi quase em | segunda, teve de enviar o ferido para o hospital | Pedro II, e de tomar conta dos abacaxis, que ti- | nham sido abon- | donados pelos donos, o qual, vendo o que tinha feito, poz-se [(incontinenti) itálico] ao fresco.* (*Diário de Pernambuco*, 4 de janeiro de 1885)

O texto noticia um roubo de abacaxis que resultou em conflito entre o proprietário e o ladrão, sendo este último agredido a facada. O título "Facada" aponta para a macroestrutura textual, ou seja, para o tema principal do texto, é, portanto, um *título temático*. Podemos observar, entretanto, que não houve uma preocupação em destacá-lo com letras grandes, por exemplo; inclusive o negrito é usado apenas no título da seção: Revista Diária.

Até o início do século XX, era muito comum encontrar em jornais notícias publicadas em seções como as mencionadas anteriormente, mas também já se notavam notícias fora de seções temáticas. Em nosso *corpus* de pesquisa, podemos citar as notícias "Queimados no mar" (7) e "Tentativa de suicídio" (8), publicadas no *Diário de Pernambuco* de 6 de janeiro de 1885 e de 11 de janeiro de 1915. A primeira trata do desaparecimento e incêndio do vapor Sirius e a segunda da tentativa de suicídio de um jovem de 21 anos. Nesses casos, os títulos receberam maior destaque: negrito e caixa alta.

(7) [19,2 N PE] ***Queimados no mar*** *– No principio de no- | verabro ultimo, o vapor Sirius deixou o porto de | Lubeck para ir para Revel, levando carregamento | de algodão e diversos passageiros; e não mais | appareceu. || Agora tem-se certeza de que desappareceu no | mar. O navio sueco Anna, com effeito percebeu | perto das costas de Gotland um grande vapor em | chammas, que só podia ser o Sirius. || Os restos da madeira do navio foram lançados | pelo mar na costa sueca perto de Oestergarn. Em | fim, ultimamente, foi ensontrada (sic) na costa da ilha*

| de Rugen uma garrafa hermeticamente fechada, | contendo um escripto assim concebido: || "Não há mais esperança de sermos salvos; te- | mos a morte ante os olhos. Os commerciantes de | Lubeck cuidem de nossas viúvas e orphãos. Adeus | á minha mulher e á meus filhos Da parte de H. Mull, commandante do vapor Sirius. || Que drama nestas poucas palavras!" (*Diário de Pernambuco*, 6 de janeiro de 1885)

(8) [20,1 N PE] *TENTATIVA DE | SUICIDO || O auxiliar do com[m]ercio Ame- | rico Mendonça, de 21 an[N]os de | edade, residente á rua Padre Mu- | niz numero 31. 1º andar tentou hon- | tem pòr termo à existencia. || Desgosots intimos, forçaram-no a isto. || O facto oc[c]orreu ás 20 horas na | residencia do trasloucado rapaz. || Preparou uma solução de um | pó esverdeado remedio para uso | externo e resolutamente ingeriu a droga em tragos rapidos. || Momentos depois aos ef- | eitos dos toxico. || A assistencia publica compare- | ceu ao local, tendo o doutor Alfredo | Costa, conseguido pol-o fora do | perigo.* (*Diário de Pernambuco*, 11 de janeiro de 1915)

Também podemos observar títulos de notícias como "Sofreu o jornaleiro um acidente na via publica" (9) e "Era uma ladra, a domestica" (10) e "Participa o Brasil das homenagens a Santos Dumont em Paris" (11) publicadas, respectivamente no *Diário de Pernambuco* de 17 e 19 de janeiro de 1945 e no *Brado Conservador* de 3 de junho de 1952. Trata-se de títulos que apresentam uma estrutura frasal indireta e cuja leitura e compreensão exigem certo esforço.

(9) [20,1 N PE] ***Sofreu o jornaleiro um | acidente na via | publica*** || *Para o Posto da Assistencia foi | removido, da Estada do Arraial, | em Casa Amarela, ás 9 horas de ontem, o jornaleiro de nome Luiz | Correia da Silva, solteiro, 20 a- | nos, domiciliado no Largo D. Luiz | sem numero, naquele suburbio. | Apresentava contusões da bacia, | além de escoriações dos membros | inferiores, sofirdas em um aci- | dente na via publica. || Acha-se em observações, no | Pronto Socorro, uma vez que | existe suspeita de haver fraturado | os ossos da bacia.* (*Diário de Pernambuco*, 17 de janeiro de 1945)

(10) [20,1 N PE] ***Era uma ladra, | a domestica*** || *Para queixar-se por motivo de | furto, esteve, ontem, á tarde, na | permanencia da dele-*

gacia de Investigações, o doutor Vanildo Batista, | morador á rua Estevam de Oli- | veira numero 75, em João de Barros, | apresentando como acusada a do- | mestica de nome Hilda de tal. || Delcarou que, ante-ontem, pela | manhã, contratara os serviços de | Hilda, que á noite, depois do tra- | balho, pretextou qualquer coisa, | solicitando ir em casa. || Hilda não regressou ao serviço, | e quando o queixoso – segundo | suas declarações – procurou sair, | é que deu pela falta, em sua car- | teira, dentro do bolso do palitó | da quantia de Cr$ 250,00, atribu- | indo o furto á domestica. (*Diário de Pernambuco*, 19 de janeiro de 1945)

(11) [20,2 N RN] ***PARTICIPA O BRASIL DAS | HOMENAGENS A ' SANTOS | DUMONT EM PARIS*** || *RIO, 3 – Em virtude das | festividades organizadas PE- | lo governo francês para con- | tinuar a memória de Santos- | Dumont, o nosso governo | vem de enviar mensagem ao | Congresso solicitando a aber- | tura de um credito especial | de [ilegível] $ 700.000,00 para aten- | der às despesas decorrentes | da participação do Brasil nos | citados festejos, que consta- | rão de uma exposição retros- | pectiva concernente á vida | do Pai da Aviação.* || (*Brado Conservador*, 3 de junho de 1952)

Em meados do século XX, ocorreu no mundo um grande desenvolvimento da imprensa periódica. Iniciou-se uma transformação gráfica caracterizada como "aventura industrial" que trouxe aos jornais a dimensão de empresa. Foi uma época de valorização da informação e de desenvolvimento tecnológico. Segundo Erbolato (2006), com o surgimento de outros meios de comunicação, os jornais impressos, detentores do monopólio da divulgação de notícias, passaram a ter sérios concorrentes: a radiodifusão e a televisão. Surgiu, então, a necessidade de atrair a atenção dos leitores e de fazer o jornal vender-se a si mesmo. *O jornal tornou-se um produto de consumo corrente* (Travassos, 2010: 148) e a notícia, um produto à venda.

Novas tendências foram incorporadas pela imprensa: a diagramação dos jornais até então verticalizada e linear, com textos que percorriam sucessivamente as colunas, começa a trazer novos elementos, como ilustrações e fotografias; as informações passaram a ser hierarquizadas e o tamanho da fonte dos títulos agora varia de acordo com a importância da notícia; as capas assumiram a função de vitrine do jornal; as notícias passaram a ocupar apenas o espaço interno dos jornais; surgiram as manchetes e as chamadas de capas que objetivam apresentar o conteúdo veiculado pelo jornal e persuadir o leitor para a compra e leitura.

Nessa época, também passou a ser dada maior atenção à construção dos títulos das notícias. Eles se tornaram mais atraentes, um apelo à leitura dos textos. É o que podemos constatar com os seguintes títulos de notícias publicadas no *Diário de Pernambuco* de 17 de janeiro de 1975 e de 19 de abril de 1993, respectivamente: "Choque de táxis fere passageira" (12) e "Servente morre em atropelamento" (13):

(12) [20,2 N PE] ***Choque de táxis** | **fere passageira*** || *Antoontem, às 23h35min, | quando viajava em taxi não | identificado, com destino à | residência, Rejane Soares da | Silva (18 anos, solteira, Cór- | rego do Botijão, 42, Vasco da | Gama), sofreu contusão cra- | niana quando o carro, na A- | venida Rosa e Silva, chocou- | se com outro. A moça foi re- | movida para o Hospital da | Restauração e o agente Elias | Xavier, que estava de pernoi- | te na Delegacia de Plantão, | provendenciou o reboque dos | veiculos para o pátio da | Delegacia de Acidentes e ofi- | ciou o caso ao titular da es- | pecializada, João Francisco, | para a instauração do inqué- | rito.* (*Diário de Pernambuco*, 17 de janeiro de 1975)

(13) [20,1 N PE] ***Servente morre** | **em atropelamento*** || *O servente Sebastião José de Carvalho, de mais ou me- | nos 60 anos, que morava no | Algo do Cruzeiro, sem número, Cabo, | foi atropelado, na BR-101-Sul, no Cabo, por um ônibus da | Empresa São Judas Tadeu, | placa não anotada, e morreu | ao dar entrada em um hospital | daquele município. O motoris- | ta fugiu do local, aumentando | ainda mais a velocidade do | veículo. O corpo foi encami- | nahdo para o Serviço de Veri- | ficação de Óbitos, devido à greve na Secretaria de Segurança Pública.* (*Diário de Pernambuco*, 19 de abril de 1993)

A notícia "Choque de táxis fere passageira" tem como assunto um acidente envolvendo dois taxis na Avenida Rosa e Silva, no qual uma passageira sofreu contusão craniana; já a notícia "Servente morre em atropelamento" trata da morte de um servente por atropelamento de ônibus.

Como observado, os títulos acionam conhecimentos do leitor que o levam a criar hipóteses sobre o conteúdo e que serão confirmadas com a leitura do texto. Inclusive, a leitura de um título pode fazer o leitor decidir-se por ler ou não a notícia. Nas edições analisadas dos jornais, publicadas na segunda metade do século XX, observamos que os títulos das notícias receberam um tratamento especial. Editores e jornalistas, cientes da importância e da função dos títulos de promover a notícia, passaram a dispensar-lhe mais atenção, tornando-os mais diretos, claros, precisos; na maioria das vezes, constituídos por apenas uma frase. Também observamos que maior importância passou a ter a escolha das palavras, dos verbos, que agora tendem a ser fortes, afirmativos, impactantes, de ação e, preferencialmente, no presente do indicativo.

A NOTÍCIA JORNALÍSTICA E OS TRAÇOS DE CONSTITUIÇÃO DO GÊNERO

São comuns afirmações (Costa, 2009a) de que a *notícia de jornal* tem sua origem incerta. A mesma autora, em dados de sua pesquisa elaborada a partir de gêneros do jornal *A Província de São Paulo* (1854), considerou as notícias como pequenas notas, dada a quantidade informacional. A pesquisadora encontrou ainda dados que revelam a proximidade deste gênero com outros gêneros discursivos como a "carta de notícia", "copia di uma lettera" e "avviso".

Como esta pesquisa considera o estudo das Tradições Discursivas no que diz respeito à constituição dos gêneros notícia, utilizamos como critérios para identificação deste gênero os elementos típicos da estrutura composicional (por exemplo, *narratio*, *argumentatio*, assinatura, data, vocativo etc.), as funções sociais (informar, divertir, prestar serviço, ensinar) e textuais (referencial, emotiva, apelativa, metalinguística, poética, fática e declaratória[3]) de cada texto: Costa (2009a). Selecionamos para seleção e análise, os textos noticiosos que se constituíam por uma *narratio*, ou seja, textos que apresentavam um relato de evento ou fato.

A seguir, apresentamos a organização e os elementos típicos do gênero *notícia* em cortes diacrônicos.

As primeiras notícias de 1825 a 1855

Os textos publicados em 1825 geralmente eram textos curtos, parecidos com notas informativas que relatavam um evento, uma *narratio*: a fuga de escravos (mais frequentes), a chegada de navio da Europa e pequenos acontecimentos da vida cotidiana, como roubos e assassinatos. Estes últimos relatos ganharam destaque a partir de 1835. As *notícias*, na maioria das vezes, ocupavam a segunda ou terceira página do jornal e eram catalogadas nas seções tematizadas: "fugidas de escravos", "avisos diversos" ou "notícias marítimas".

No período que compreende os anos de 1825 a 1915, encontram-se diferentes variantes de notícias: notas informativas, anúncios (*narratio*) de fugas de escravos e *correntes de notícias* (Costa, 2009a). Essas *correntes de notícias* eram encadeadas e se constituíam por uma série de notas, separadas por datas de acontecimentos ou apenas por parágrafos e numeradas no jornal, sob um único título. Essa variante permanece até 1915, devido ao grande uso do telegrama para publicar notas de acontecimentos do Brasil e principalmente do exterior.

(14) [19,1 N PE] *FUGIDAS DE ESCRAVOS.* || *8. No dia 22 do corrente Janeiro, fu- | gio huma Negra, por nome Maria ven- | dedeira, com os signaes seguintes; ves - | tido de chita azul e branco, Baêta ver- | de qualquer Capitaõ de Campo, ou | outra pessoa que a pegar, a fará com- | duzir ao Botequim da rua do Rozario de huma porta, que serà pago do seu | trabalho.| 9. No dia 25 do corrente Janeiro au- | zentouse hum moleque que por nome Joaõ, | do Gentio de Angol[l]a, de boa altura, seco do corpo, pez compridos, beiços | finos, nariz afilado, parecendo criolo, | quem o achar pode pegal-o e trazel[l]o | na caza da polvora de Joaquim Fer- | reira Bialis e o mesmo tem tres ferros | ein sima do peito esquerdo e hum del- | [l]es he huma cruz.* (*Diário de Pernambuco*, 1º de fevereiro de 1826)

(15) [20,1 N PE] *TELEGRAMMAS* || ***Serviço especial do "Diario de Pernambuco"*** || ***Pelas linhas nacionaes e cabo submarino*** || ** RIO, 4 _ O embaixador e a em- | baixatriz de Portugal dão hjoje a | prime[i]ra recepção official na sede da embaixada.* || ** RIO, 4 _ O doutor Levino Lopes, | vice-presidente do Estado de Mi- | nas Geraes retribuiu a visita que | lhe fez o doutor Wenceslau Braz, pre- | sidente da Republica.* ||*RIO, 5 (S.) _ O "Correio da | Manhã" commenta a entrevista | que o dou-*

tor Castro Pinto, governador | da Parahyba, concedeu ao "Diario | de Pernambuco", e diz que a de- | claração de que "para cohibir os | abusos do "hábeas-corpus" só a | reforma da Constiuição e o fa- | cto de s. ex. considerar irregular | a resposta á circular de P.R.C. | aos governadores amigos para se | manifestarem sobre o caso do Rio, | demonstraram que o general Pinhei- | ro Machado e o seu partido estão | em agonias. (*Diário de Pernambuco*, 5 de janeiro de 1915)

Encontram-se também notícias de diferentes extensões. A extensão do gênero, a princípio, está relacionada à importância do evento narrado. Eram comuns, nessa época, pequenas notas de roubos ou fugas de escravos.

(16) [19,1 N PE] *ROUBOS.* || *3. No dia 29 do proximo passado fur-taraõ huma Cabra com os signaes se- | guintes; branca pintada de preto, com dois caroços na barriga, e esta prenha, | quem souber del[l]a ou quem a achar | dirija se a rua do Fogo defronte do be- |* CO *da Bomba em caza de Joaquim | Maria de Saõ Joze que terà o seu achado.* (*Diário de Pernambuco*, 1º de fevereiro de 1826)

Assim como Costa (2009a) destaca em relação ao jornal paulista *A Província de São Paulo* (1854), ficou evidenciada no *corpus* uma mistura de opinião e informação na *notícia*. O exemplo (17) relata, a partir de outro gênero que serve de base informativa, uma sequência de evento (a entrada de soldados de fugas na Espanha durante a guerra), comentado por meio de uma fórmula expressiva que avalia, emite opiniões, pontos de vista, julgamentos da sequência do evento narrado pelo sujeito-enunciador: "*esta linguagem he bem contraria | á que el[l]es ainda ha pouco diziaõ*". Como em Costa (2009a), as *notícias* identificadas em nosso *corpus* pertencem tanto ao *relato* quanto ao *comentário*.

(17) [19,1 N PE] *Porto: — As cartas de Chaves saõ | em data de 20, e dizem haverem al[l]i | entrado 150 Soldados tranfugas de- | sarmados na Hespanha, pertencentes | a diversos corpos: os quaes, dizem, o | Excellentissimo Conde de Vil[l]a Flor | mandarà para esta Cidade do Porto es- | coltados pelos 200 Soldados de Infan- | teria 6, que tinha na sua divisaõ; e | el[l]e mesmo, espera-se qualquer dia | nesta cidade. Os transfugas contaõ | que*

nesta prefiriaõ ser fuzila- | dos em Portugal, do que sof[f]rerem os Gal[l] egos: ***esta linguagem he bem contraria | á que el[l]es ainda ha pouco diziaõ,*** (*Diário de Pernambuco*, 1º de fevereiro de 1826)

Em (18) e (19) também são apresentados alguns fatos (o incêndio no estaleiro e o desaparecimento de um navio e mortes de pessoas no mar). No final do relato, há trechos comentados do ponto de vista do enunciador por meio de expressões de constatação, como temos em (*A marinha de guerra nacional e | franceza prestaram grandes serviços*) e de condolências e pêsames, como em: ("*Que drama nestas poucas palavras!*").

(18) [19,2 N PE] *Diário de Pernambuco, 02/01/ 1855*

GRANDE INCENDIO. || No sab[B]ado ás 6 da noite rebentou em Lisboa um | incendio, no estaleiro do Senhor Abreu, que estava | cheio de materiaes combustiveis; com[m]unicou-se á | grande fabrica de fundição dos Senhores Collares, que | foi dovorada pelas cham[m]as! Era um dos melhores | estabelecimentos da capital; he no largo do Con-| de- Barão, Acudiram ao incendio SS. MM. EL-REI, | e seu Augusto pai, os ministros do reino e marinha, | governador civil, com[m]andante da divisão e mais autoridades. ***A marinha de guerra nacional e | franceza prestaram grandes serviços.*** *Não morreu | pessoa alguma; o prejuizo he de muitos contos de reis. | A meia noite ainda o incendio era espantoso.*

(19) [19,2 N PE] ***Queimados no mar*** *– No principio de no- | vembro ultimo, o vapor Sirius deixou o porto de | Lubeck para ir para Revel, levando carregamento | de algodão e diversos passageiros; e não mais | appareceu. || Agora tem-se certeza de que desappareceu no | mar. O navio sueco Anna, com effeito percebeu | perto das costas de Gotland um grande vapor em | chammas, que só podia ser o Sirius. || Os restos da madeira do navio foram lançados | pelo mar na costa sueca perto de Oestergarn. Em | fim, ultimamente, foi ensontrada (sic) na costa da ilha | de Rugen uma garrafa hermeticamente fechada, | contendo um escripto assim concebido: || "Não há mais esperança de sermos salvos; te- | mos a morte ante os olhos. Os commerciantes de | Lubeck cuidem de nossas viúvas e orphãos. Adeus | á minha mulher e á meus filhos Da parte de H. Mull, commandante do vapor Sirius. ||* ***Que drama nestas poucas palavras!*** *"* (*Diário de Pernambuco*, 4 de janeiro de 1885)

Segundo Bessa Mendes (2006: 34), "*no início do jornalismo brasileiro, tudo que se publicava era opinião*". Dessa forma, encontravam-se fórmulas verbais modalizadoras que identificam posição do sujeito enunciador no fato, como o exemplo (19), e para mostrar incerteza do fato relatado, como no exemplo (20).

(20) [19,2 N PE] *ASSASSINATOS* || *Progride na Belgica a mania dos assassina-tos; ul- | timamente Pedro Jose Janssens assassinou sua ir- | mã Carolina Janssens no carcere, onde a chamara | para despedir della! Ao abraça-la enterrou-lhe | uma faca no ventre. Ele Janssens he uma il[l]lus- | tração dos tribunaes belgas; tem sido conden[N]ado | sete vezes á prizão, duas vezes a trabalhos forçados, e duas vezes á pena ultima!* | ***Parece que esta em guerra aberta com a sociedade.*** (*Diário de Pernambuco*, 2 de janeiro de 1855)

Ainda de acordo com Bessa Mendes (2006), a imprensa brasileira era predominantemente persuasiva, doutrinária e polêmica. Também naquele tempo, como afirma Jambo (1975), para se fazer um jornal bem lido e popular, era necessário refletir entrechoques, lutar, atritar.

As Tradições Discursivas de 1825 a 1915

As Tradições Discursivas são formas textuais que são evocadas, que se repetem. Em nosso *corpus* encontram-se expressões textualmente recorrentes, formando assim regularidade textual na composição da *notícia*. A ênfase inicial era dada sempre no aspecto temporal do fato relatado. Os exemplos a seguir mostram tal tradição.

(21) [19,1 N PE] ***No dia 22 do corrente Janeiro***, *fu- | gio huma Negra, por nome Maria ven- | dedeira, com os signaes seguintes; ves - | tido de chita azul e branco, Baêta ver- | de qualquer Capitaõ de Campo...* (*Diário de Pernambuco*, 1º de fevereiro de 1826)

(22) [19,1 N PE] ***Em hum dia da Semana passada*** *fu- | gio hum escravo por nome Antonio | de Naçaõ Quiçamá.* (*Diário de Pernambuco*, 26 de fevereiro de 1825)

(23) [19,1 N PE] ***Hoje, pelas cinco e meia horas da ma- | nhãa*** *(sic), um preto que dizem ser escravo, intro- | duziu-se no quintal da casa da rua da Con- | ceição do bairro da Bôa-Vista.* (*Diário de Pernambuco*, 7 de julho de 1849)

(24) [19,2 N PE] ***No principio de no- | vembro ultimo****, o vapor Sirius deixou o porto de | Lubeck para ir para Revel, levando carregamento | de algodão e diversos passageiros.* (*Diário de Pernambuco*, 6 de janeiro de 1885)

(25) [20,1 N PE] *RIO,* ***8 – Realizou-se hoje o*** *| "meeting" promovido pelo Club | Civil Brazileiro, tendo concor- | rencia numerosa.* (*Diário de Pernambuco*, 9 de janeiro de 1915)

(26) [20,1 N PE] ***A 's 5 horas de hoje*** *um gatuno | penetrou na residencia de Miguel | Domingos da Silva, praticante de | conductor chapa 2.* (*Diário de Pernambuco*, 24 de fevereiro de 1915)

Essa marca de ênfase no tempo do fato relatado é muito frequente no *corpus* até a primeira metade do século XX. Em geral, a notícia discorre sobre um fato recente, inédito, verdadeiro e de interesse público, que passa por variação de tempo, ou seja, o que ontem foi importante, hoje poderá não ser. Esse aspecto começa a se alterar quando a mídia impressa passa a dar importância aos fatos (o quê?) do *narratio*.

Pelas análises realizadas, demonstramos nos quadros seguintes as estratégias de textualização empregadas pelos jornais na veiculação do gênero notícia no início da imprensa brasileira até 1915:

Quadro 1 – Estratégia composicional recorrente na textualização do gênero notícia (1825)

1825	
1 - Identificar o fato	**FURTOS**
2 - Situar o fato *- Quando?*	No dia Segunda feira
2 A - Citar o fato *- O quê? - Quem?*	desapareceu | numa Cabra de leite, com duas Cabri- | tas já grandes
3 - Citar ou descrever elementos desencadeadores do fato	e tem os signaes se- | guintes, cor amarelosa com o fio do | lombo, e pernas pretas, orelhas am- | bas aparadas na ponta huma redonda, | e outra com forma de forquilha, as fi- | lhas huma he da cor da mesma cabra, | e outra preta com as orelhas pintadas | de branco;
4 - Orientar o leitor em relação ao fato	julga-se estarem agazalha- | das em alguma caza para tirarem leite | quem del[l]as souber, fassa o favor a- | vizar na rua de Agoas Verdes na caza | Numero 388, a onde receberà alvissaras | se for pessoa que precize, e seu dono | lhe ficarà obrigado.

Quadro 2 – Estratégia composicional recorrente na textualização do gênero notícia (1855)

1855	
1 - Identificar o fato	**GRANDE INCENDIO**
2 - Situar o fato *- Quando? - Onde?*	No sab[b]ado ás 6 da noite. || rebentou em Lisboa
2 A - Citar o fato *- O quê? - Quem?*	um | incendio, no estaleiro do Senhor Abreu, que estava | cheio de materiaes combustiveis grandes;
3 - Citar elementos desencadeadores do fato *- Como?*	com[m]unicou-se á | grande fabrica de fundição dos Senhores Collares, que | foi devorada pelas cham[m]as!.
4 - Agregar informações complementares	Era um dos melhores | estabelecimentos da capital; he no largo do Con-| de- Barão, Acudiram ao incendio SS. MM. EL-REI, | e seu Augusto pai, os ministros do reino e marinha, | governador civil, [...]

Quadro 3 – Estratégia composicional recorrente na textualização do gênero notícia (1885)

1885	
1 - Identificar o fato	**AUTOPSIAS**
2 - Situar o fato - *Quando? - Onde?*	Hontem, em Olinda
2 A - Citar o fato - *O quê? - Quem?*	precedeu- | se a exhumação do cadáver de um individuo se- | pultado, há dias, no cemiterio daquella cidade, o | qual fora encontrado n'uns mangues do engenho | Sapucaia, de Beberibe.
3 - Citar elementos desencadeadores do fato - *Como?*	|| Feita a exhumação, procederam a autopsia no | corpo os Senhores Doutores J. J. de Souza e Gama Lobo, | assistindo o promotor publico de Olinda e o escri- | vão do Doutor delegado do 2° districto do Recife, que | lavrou o compet[e]nte auto.
4 - Agregar informações complementares	|| Verificou-se ser o corpo de [u]m homem de c[o]r | preta, e ter algumas costellas fracturadas, e ter um | defeito no indicador da mã[o] esquerda.

Quadro 4 – Estratégia composicional recorrente na textualização do gênero notícia (1915)

1915	
1 - Identificar o fato	**TENTATIVA DE | SUICIDO**
2 - Citar o fato - *Quem? - O quê?*	O auxiliar do com[m]ercio Ame- | rico Mendonça, de 21 an[n] os de | edade, residente á rua Padre Mu- | niz numero 31. 1° andar tentou hon- | tem pòr termo à existencia. || Desgosots intimos, forçaram-no a isto. ||
2 A - Situar o fato - *Quando? - Onde?*	O facto oc[c]orreu ás 20 horas na | residencia do trasloucado rapaz. ||
3 - Citar elementos desencadeadores do fato - *Como?*	Preparou uma solução de um | pó esverdeado remedio para uso | externo e resolutamente ingeriu a droga em tragos rapidos. || Momentos depois aos ef- | eitos dos toxico.
4 - Agregar informações complementares	|| A assistencia publica compare- | ceu ao local, tendo o doutor Alfredo | Costa, conseguido pol-o fora do | perigo.

De modo geral, os passos da estrutura discursiva da notícia encontrados no *corpus* podem ser descritos a partir da proposta de Figueiredo e Bonini (2007), da seguinte forma:

1. Identificar o tópico central da notícia. Pode ser entendido como um momento em que o escritor procura dar pistas que possibilitem a identificação rápida do tópico central do fato noticiado.
2. Citar e situar o fato. Procura-se nesta parte sumarizar o conteúdo, apresentando o aspecto mais essencial do gênero.
3. Citar ou descrever elementos desencadeadores do fato. Nesta parte do texto, encontram-se descrições mais detalhadas do fato ocorrido e relatado.
4. Orientar o leitor e agregar informação. Procura-se incluir dados complementares do conteúdo narrado, procedendo a especificações relacionadas ao fato.

Acontecimentos de outros países são relatados nos jornais pesquisados como notícias de "Determinação exterior". Ao analisar os textos do período de 1825 a 1885, encontra-se reprodução de notícias advindas de outros jornais. Algumas fórmulas de introdução de notícia confirmam esse aspecto:

(27) [19,2 N PE] **"Le Journal" pu-|blica** um telegram[m]a de Nisch. (*Diário de Pernambuco*)

(28) [19,2 N PE] ***as gazetas fran-|cezas que trouxe*** *são de data anterior as que já ti- | nhamos.* (*Jornal do Comércio*).

(29) [19,2 N PE] ***O "Correio da |Manhã" commenta*** *a entrevista | que o doutor Castro Pinto governador.* (*Diário de Pernambuco*)

Podemos notar que algumas notícias são reproduzidas *ipsis litteris*, enquanto outras são parafraseadas. Era comum também a "determinação" acontecer por relato de outro gênero, nesse caso a carta. Quanto a esse aspecto, pode-se falar de uma "imbricação" de gêneros.

(30) [19,1 N PE] *As noticias desta praça | da nossa fronteira saõ em data de 17 | do corrente: e saõ de pessoa de | cretido. ||* ***As cartas de Madrid do dia 9 davaõ*** *| como certa a invasaõ de Portugal,* (*Diário de Pernambuco*, 29 de maio de 1827)

(31) [19,1 N PE] ***As cartas de Chaves saõ | em data de 20, e dizem*** *haverem al[l]i | entrado 150 Soldados tranfugas* (*Diário de Pernambuco*, 29 de maio de 1827)

As notícias de 1945 a 1993

Como constatamos na seção anterior, as notícias eram transmitidas também por cartas. Isso acontecia devido a vários fatores sociais e geográficos. A partir da popularização do telégrafo e de sua chegada ao Brasil no final do século XIX, as notícias à distância passam a ser veiculadas por telegramas e os textos aparecem mais curtos e objetivos. Os textos mais longos e complexos vão perdendo espaço no jornal.

(32) [20,1 N PE] ***TELEGRAMMAS*** *|| Serviço especial do "Diario de Pernambuco' || Pelas linhas nacionaes e cabo submarino || Rio, 9. Não deixará mais a pas- | ta da fazenda do doutor Sabino Barro- | so. || Arranjaram que o doutor Ennes de | Souza entrasse em goso de férias, | tendo já por isso passado a dire- | cção da Casa da Moeda ao segun- | do escripturario, senhor Gurgel de Oliveira.* (*Diário de Pernambuco*, 11 de janeiro de 1945)

A partir da segunda metade do século XX, os telegramas dão lugar aos fatos relatados por correspondentes. As agências de notícias enviam jornalistas para cobrir fatos e acontecimentos do Brasil e do exterior. A imprensa em Pernambuco e no Brasil começa a ter mais credibilidade.

(33) [20,1 N PE] *Ataque coordenado com a investida das | forças do gal. Patton pelo sul || PARIS, 4 (quinta-feira) – (De James Mc Plincy, enviado es- | pecial da UNITED PRESS).*(*Diário de Pernambuco*, 4 de janeiro de 1945)

(34) [20,1 N PE] ***SETE MILHÕES | EM RETIRADA*** *|| ZURICH, 2 (U.P.) – Sete | milhoes de alemães já aban- | donaram as provincias orien- | tais da Alemanha desde o ini- | cio da grande ofensiva das forças de Stalin.* (*Diário de Pernambuco*, 3 de fevereiro de 1945)

Assim como em períodos anteriores, mas com maior recorrência, é possível identificar inúmeras fórmulas de introdução de discurso "do outro" nas notícias. Tais fórmulas correspondem à introdução de verbos de "comunicação" como *dizer*, *relatar*, *informar*, *explicar* entre outros (Ataíde, 2008) que possuem a função de preservação de face do correspondente do jornal, a fim de desresponsabilizar os sujeitos enunciadores. Sobre este aspecto presente nas notícias em diversas sincronias, Costa (2009a), diz que essa função acontece porque se faz referência ao que uma determinada fonte diz, seja um fato, uma opinião ou uma suposição. Esse distanciamento do correspondente em relação à notícia reflete-se na utilização de tais fórmulas de introdução e no uso do subjuntivo. No nosso *corpus*, podem ser encontradas diversas fórmulas de introdução. Seguindo a orientação de Costa (2009a), essas fórmulas podem ser agrupadas em:

- Fórmulas que sinalizam que o correspondente reproduz, boatos e informações recebidas apenas oralmente:

(35) [20,2 N PE] *Preso, dias depois, por | agentes da Delegacia do 4º. | Distrito Policial, foi encami- | nhado A Delegacia de Meno- | res e,* ***segundo comentam em | Água Fria****, já se encontra em | liberdade e fazendo novos ata- | ques.* (*Diário de Pernambuco*, 21 de janeiro de 1975)

(36) [20,2 N PE] *RIO, 8 – Correu hoje* <u>*o boato*</u> *de | que ò (sic) doutor Sabino Barroso deixa- | rá a pasta da fazenda. || RIO, 8 –* ***Dizem que o gene- | ral Caetano de Faria, ministro*** *| da guerra, foi chamado ao pa- | lacio presidencial, em virtude da | exclusão projectada por diver- | sos officiaes do general Pinhei- | ro Machado do Club Militar.* (*Diário de Pernambuco*, 9 de janeiro de 1975)

(37) [20,2 N PE] *O delegado Regional de Carua- | ru, Ademar Cândido, explicou que | José Alírio mantinha relacionamen- | to amoroso com a mulher do assas- | sino,* ***segundo informações de mo- | radores de Poção****, onde morava a | vítima.* (*Diário de Pernambuco*, 29 de abril de 1993)

- Fórmulas que sinalizam a determinação exterior da notícia (advinda de outros jornais e/ou instituições):

(38) [20,1 N PE] ***Dizem de Aracaju****: || Reunir-se-á amanhã o directorio | do P.R.C deste Estado para | tratar da escolha dos conadidatos ás | proximas eleições federaes.* (*Diário de Pernambuco*, 11 de janeiro de 1945)

(39) [19,2 N PE] ***O Amazonas* [itálico] *diz*** *que no rio Purús, | Benedicto Antonio de Oliveira, em defeza | de sua propria vida, por ter recebido tres | tiros de rifle, de Joaquim Ferreira de Me- | lo, atirou sobre este com uma arma de | dois canos, tendo o primeiro tiro espalhado | o chumbo sobre o baixo ventre e peito, | e o segundo, quebrado uma terra, do que | veio a fal[l]ecer vinte e quatro horas depois.* (*Diário de Pernambuco*, 4 de janeiro de 1885)

- Fórmulas que introduzem discursos, seguidos de fórmulas de credenciamento do autor para confirmar as informações noticiadas ou neutralizar o jornal da possível inverdade dos fatos:

(40) [20,1 N PE] ***Declarou*** *que, ante-ontem, | á noite, se encontrava fazendo | reparos em uma roda do cami- | nhão onde trabalha, em frente á | igreja do Arraial, quando deu* PE- | *lo desaparecimento do bolso de | seu palitó: Cr$ 200,00 em dinheiro,* (*Diário de Pernambuco*, 17 de janeiro de 1945)

(41) [20,2 N PE] ***O delegado Regional de Carua- | ru, Ademar Cândido, explicou*** *que | José Alírio mantinha relacionamen- | to amoroso com a mulher do assas- | sino,* ***segundo informações de mo- | radores de Poção****, onde morava a | vítima. "Ele já teve problemas por | conta disso e por isso foi embosca- | cado",* ***disse o delegado***. (*Diário de Pernambuco*, 29 de abril de 1993)

Outro recurso para anunciar o dizer do outro nas notícias são as aspas. Esse recurso tem a mesma função discursiva dos verbos de comunicação apontados anteriormente:

(42) [20,2 N PE] *Ele | foi participar das comemorações do | aniversário da cidade e retornou | com a missão de articular o encon- | tro.* ***"Farei contato com todos e va- | mos definir em conjunto uma pauta | de debates", afirmou****, ontem, o | presidente da Fundação de Cultura da Cidade do Recife.* (*Diário de Pernambuco*, 17 de abril de 1993)

(43) [20,2 N PE] ***A mania do suicidio*** || *RIO, 22. – A mulher Jovelina | Maria do Amparo de 22 an[N]os, desgostosa com os maus tratos de | seu marido, tentou aqui trez | vez suicidar-se, atirando-se uma vez ao mar,*

> *outra sob as rodas de um | bonde e outra sob as rodas de um trem. || De todas as tres vezes foi el[l]a salva. || Levada por ultimo á presença | da policia declarou. – "**Quero morrer. Hoje ou amanhã realiza- | rei o meu ideal**".* (*Diário de Pernambuco*, 12 de janeiro de 1975)

Quanto às estratégias de textualização do gênero notícia de 1945 até 1993, verificamos as estruturas discursivas apresentadas nos seguintes quadros:

Quadro 5 – Estratégia composicional recorrente na textualização do gênero notícia (1945)

1945	
1 - Nomear e identificar o fato	**"Fala Mansa" envolvido | no desvio de dinheiro e documentos**
2 - Sumarizar e situar o fato *- Quem? - O quê?* *- Quando? - Onde?*	O motorista José Rosendo de | Oliveida, domiciliado á avenida | Chagas Ferreira numero 552, em Beber- | ribe, || ontem, á tarde, na [sic] perma- | nencia da delegacia de Investiga- | ções, apresentou queixa contra o | individuo conhecido pelo alcunha | de **Fala Mansa**, por motivo de | furto.
3 - Relatar posicionamento	Declarou que, ante-ontem, | á noite, se encontrava fazendo | reparos em uma roda do cami- | nhão onde trabalha, em frente á | igreja do Arraial,
4 - Citar elementos desencadeadores do fato *- Como?*	quando deu pe- | lo desaparecimento do bolso de | seu palitó: Cr$ 200,00 em dinheiro, | carteiras profissionais, de identi- | dade policial e de Caixa de Pen- | são, lançando a autoria do furto | áquele individuo. ||

Quadro 6: Estratégia composicional recorrente na textualização do gênero notícia (1975)

1975	
1 - Nomear e identificar o fato	**EBCT inaugura | novo posto em | Buenos Aires**
2 - Sumarizar e situar o fato *- Quem? - O quê? - Quando? - Onde?*	|| O diretor regional | regional da Empresa de | Correios e Telégrafos, advogado Hamilton | Alves dos Santos, informou ontem que, no | próximo dia dois de fevereiro, será inaugu- | rado o posto dos correios do município | pernambucano de Buenos Aires.
3 - Relatar posicionamento	|| A inauguração deste posto, reveste-se | da maior importância, pois com esta ins- | talação, todos os municípios do Estado | têm pelo menos uma unidade postal, na | opinião do diretor regional.
4 - Agregar informações complementares	|| Ele acrescentou ainda que, já estão | sendo atendidos alguns distritos de cada | município e dentro de pouco tempo, mes- | mo as pequenas localidades pernambuca- | nas poderão dispor dos serviços ECT.

Quadro 7 – Estratégia composicional recorrente na textualização do gênero notícia (1993)

1993	
1 - Nomear e identificar o fato	**Chacina | teve motivo | passional**
2 - Sumarizar e situar o fato *- Quem? - O quê?* *- Quando? - Onde?*	|| A chacina de cinco pessoas, na | última segunda-feira, no município | de Tacaimbó (a 176 km do Recife), | pode ter ocorrido por motivos pas- | sionais.
3 - Relatar posicionamento	Segundo apurações do de- | legado Raimundo Pedro da Silva, o | assassino alvejou José Alirio Bezer- | ra Alves por ciúme e as outras víti- | mas teriam morrido como "queima | arquivo", || [...]
4 - Agregar informações complementares	No carro de | José Alírio foram encontrados pól- | vora de canos plásticos para a fabri- | cação de cartuchos de balas. || Ademar Cândido manteve em | sigilo o nome do suspeito.

No geral, os passos da estrutura discursiva da notícia encontrados no *corpus* podem ser descritos, a partir da proposta de Figueiredo e Bonini (2007), da seguinte forma:

1. Identificar o tópico central da notícia. Pode ser entendido como um momento em que o escritor procura dar pistas que possibilitem a identificação rápida do tópico central do fato noticiado.
2. Sumarizar o fato. Procura-se nesta parte resumir o conteúdo, apresentando o aspecto mais essencial do gênero, de maior ênfase que pode corresponder ao lide: o quê?, quem? onde? quando? como? por quê?
3. Citar ou descrever elementos desencadeadores do fato. Nesta parte do texto, encontram-se descrições mais detalhadas do fato ocorrido e relatado.
4. Relatar outros discursos. Introduzem-se outras vozes nos textos às vezes para ratificar os fatos, outras para desresponsabilizar os sujeitos enunciadores.
5. Agregar informação. Procura-se incluir dados complementares do conteúdo narrado, procedendo a especificações relacionadas ao fato.

CONSIDERAÇÕES FINAIS

O jornal, no início do século XIX, tornou-se um forte meio de comunicação entre uma pequena parcela monopolizadora dos direitos de informação e a população leitora dos textos jornalísticos. Os fatos marcantes, assim como os acontecimentos recorrentes que faziam parte do cotidiano da sociedade brasileira foram tratados nas diversas propostas que a esfera jornalística dispunha naquele momento através de publicações encomendadas, notícias do exterior e do interior do país, anúncios diversos, correspondências, leilões, prestações, ocorrências policiais, entre outros.

A função de muitos jornais como, por exemplo, o *Diário de Pernambuco* no início do século XIX até 1911, foi publicar, por ausência de veículo de informação compatível, informações oficiais do Império e da província na primeira página. Nesse período, as notícias eram praticamente notas e, muitas vezes, assemelhavam-se à função típica dos anúncios e avisos. Mais tarde, os textos ficam mais extensos e apresentam mais informações dos fatos relatados.

Com o objetivo de investigar o processo de constituição da *notícia* ao longo dos séculos XIX e XX para verificar se esse gênero apresenta mudanças dos traços formais e funcionais, conseguimos constatar nos conjuntos de dados que analisamos que a *notícia* caracteriza-se a partir de estrutura textual relativamente estável independente da época em que foi escrita. Também verificamos diacronicamente que alguns traços discursivos da textualização do gênero não sofreram mudanças funcionais significativas. Na análise do espectro da notícia jornalística a partir de 1825, constatamos que:

a. Entre 1825 a 1915, as notícias apresentam a seguinte estrutura discursiva: identificação genérica do fato; introdução da ênfase temporal; apresentação do fato; detalhamento de informações associadas ao fato narrado;
b. A partir de 1945, as fórmulas de introduzir discursos reportados começaram a fazer parte da estrutura discursiva do gênero notícia. O uso desse recurso está ligado a várias funções discursivas: (i) sinalizar que o correspondente reproduz boatos e informações recebidas apenas oralmente; (ii) sinalizar a determinação exterior

da notícia (advinda de outros jornais e/ou instituições); (iii) introduzir discursos, seguidos de fórmulas de credenciamento do autor para confirmar as informações noticiadas ou neutralizar o jornal da possível inverdade os fatos;

c. A presença no discurso reportado dos *processos verbais* do tipo comunicativo como *dizer*, *falar*, *comentar*, *explicar*, *expor* introduz no gênero um caráter opinativo e exerce a função de desresponsabilizar entidades e indivíduos envolvidos nos fatos noticiosos, desfazendo, portanto, a ideia de que a notícia jornalística é puramente objetiva;
d. O uso das aspas para anunciar o dizer do outro nas notícias. Esse recurso tem a mesma função discursiva dos verbos de comunicação apontados anteriormente.

Em uma perspectiva diacrônica, podemos considerar três características fundamentais como traços prototípicos da estrutura composicional básica do gênero notícia: 1) a apresentação de informações mais relevantes dos fatos apresentadas no título ou início do texto; 2) o desenvolvimento do texto correspondente, com certa variabilidade na projeção das informações, à resposta de uma ou mais das seguintes perguntas que constitui a *narratio*: quem?, o quê?, como?, quando?, onde?, por quê?; e 3) a contextualização da produção linguística com a especificação de tempo e de espaço. Esses dois últimos aspectos composicionais das notícias ainda revelam, de acordo com Costa (2009a) e Pessoa (2010), traços de proximidade com o gênero carta, considerado no universo do discurso do jornalismo como o gênero "suporte" para o surgimento de outros gêneros como as cartas de leitor e as cartas do redator. No nosso *corpus*, a partir da *narratio* e da contextualização do tempo e do espaço, foi possível identificar principalmente as notícias sobre o exterior e notícias marítimas advindas de outros jornais e de outras localidades.

NOTAS

1 Esta pesquisa está vinculada ao Laboratório de Edição e Documentação Linguística de Pernambuco (Ledoc), financiado com o auxílio da Fundação de Amparo à Ciência e Tecnologia de Pernambuco (Facepe), conforme o Processo nº APQ 0042.8.01/15.

2 O ano de 1993 foi definido como período de coleta porque corresponde à última edição microfilmada do jornal selecionado disponível no acervo da Fundação.

3 A função declaratória caracteriza-se quando o enunciador dá a entender ao enunciatário que o texto cria uma nova realidade. Brinker (1992: 99-120) cita alguns gêneros textuais com função declaratória: testamento, procuração, declaração, entre outros.

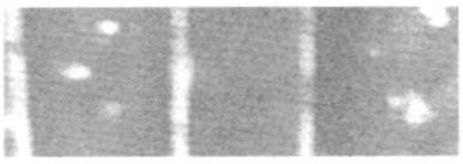

TRADIÇÃO, PERSUASÃO, HEGEMONIA: O NOTICIÁRIO SOBRE AS ELEIÇÕES EM PERSPECTIVA DIACRÔNICA

Fábio Fernando Lima

SUMÁRIO

APRESENTAÇÃO

Após o final da Ditadura Militar (1964-1985) e o processo de redemocratização brasileira, os jornais de maior circulação passaram a adotar um discurso consensual a propósito da necessidade de uma cobertura imparcial dos fatos relacionados ao período eleitoral. Isso porque, desde os seus primórdios, os jornais de maior circulação mantiveram-se sempre aliados a determinados partidos políticos.

No entanto, de acordo com a vertente teórica que embasa este capítulo, propriamente a Análise Crítica do Discurso (ACD), a adoção do prisma da imparcialidade esbarra nas próprias condições de produção do texto. Isso porque a ACD concebe que os sentidos não são dados *a priori*, mas construídos por indivíduos ou grupos que, enquanto sujeitos sociohistóricos, elaboram e interagem com textos produzidos a partir de contingências atreladas a estruturas e processos sociais, dos quais tomam parte.

Nessa perspectiva, o jornalista escreve enquanto representante profissional de determinada instituição de comunicação e, ao mesmo tempo, enquanto membro de um determinado grupo social, postura esta que, conforme assinala Van Dijk (2008), molda suas cognições sociais, suas ideologias e, por conseguinte, o processamento de informações acerca do fato a ser noticiado.

Concebendo o discurso enquanto forma de ação social, o autor destaca que, nos meios de comunicação jornalísticos, o controle não é exercido, especificamente, por discursos que possuem funções pragmáticas diretivas, mas, sobretudo, pela via persuasiva, mediante diversos mecanismos retóricos que tendem a influenciar as ações futuras dos receptores. Dessa maneira, ao invés de se prescrever o que devem fazer, os jornalistas "*argumentam, oferecendo justificativas econômicas, políticas, sociais e morais, e administrando o controle das informações relevantes*" (Van Dijk, 2008: 53).

Neste capítulo assumimos como objetivo central investigar, analisar e descrever as estruturas responsáveis pelo estabelecimento das relações interpessoais e as intersecções destas com a persuasão no noticiário dos jornais paulistas sobre as eleições compreendidos entre os séculos XIX a XXI, observando a manifestação de ideologias e a busca pelo estabelecimento de determinados consensos.

No que diz respeito propriamente à questão da posição teórica assumida em relação à argumentação, adotamos, para esta análise, o trabalho empreendido por Perelman e Olbrechts-Tyteca (1996), que garantiu um novo impulso aos estudos sobre a Retórica na contemporaneidade. Tentando aliar os principais elementos da Retórica de Aristóteles a uma visão atualizada do assunto, os autores elegeram a adesão do interlocutor como a mola-mestra do estudo da Teoria da Argumentação, de forma a definir a argumentação como "*o conjunto das técnicas discursivas que permitem provocar ou aumentar a adesão dos espíritos às teses que lhes são apresentadas ao seu assentimento*" (Perelman e Olbrechts-Tyteca, 1996: 4).

No "Tratado da Argumentação", Perelman e Olbrechts-Tyteca (1996) elencam um inventário exaustivo dessas "técnicas argumentativas", sob forma de esquemas de argumentos. Os autores enfatizam, no entanto, o caráter arbitrário desse estudo, haja vista que, segundo eles, a argumentação se caracteriza pela combinação e superposição constante de argumentos. Nessa proposta, as técnicas argumentativas são divididas em dois grandes grupos: os argumentos quase-lógicos e os argumentos baseados na estrutura do real. Os argumentos quase-lógicos são aqueles que se apresentam, de alguma maneira, como comparáveis a raciocínios formais, lógicos ou matemáticos. São subdivididos entre aqueles que apelam para estruturas lógicas – contradição, identidade total ou parcial, transitividade –; e aqueles que apelam para relações matemáticas – relação da parte com o todo, do menor com o maior e relação de frequência, além da comparação.

Os argumentos baseados na estrutura do real, por sua vez, valem-se da relação mais ou menos estreita existente entre eles e certas fórmulas lógicas ou matemáticas para estabelecer uma solidariedade entre juízos estabelecidos e outros que se procura promover. Apesar de se classificarem conforme as estruturas do real às quais se aplicam e de poderem ser encontrados no uso comum, não se trata, conforme esclarecem os autores, de descrições objetivas do real, mas "*da maneira pela qual se apresentam as opiniões a ele concernentes, podendo estas, aliás, ser tratadas, quer como fatos, quer como verdades, quer como presunções*" (Perelman e Olbrechts-Tyteca, 1996: 298). São subdivididos entre argumentos que se aplicam a ligações de sucessão, que unem um fenômeno a suas consequências ou a suas causas – argumento pragmático, da direção dentre outros – e argumentos que se aplicam a ligações de coexistência, que unem uma pessoa a seus atos, um grupo aos indivíduos que dele fazem parte e, em geral, uma essência a suas manifestações – por exemplo, o argumento de autoridade.

O real pode vir fundamentado, de acordo com Perelman e Olbrechts-Tyteca (1996), pelo recurso ao caso particular – quando se recorre à argumentação pelo exemplo, ilustração ou modelo – ou por meio do raciocínio por analogia. Pode ser ainda que o orador faça uso de figuras retóricas, colocadas não como ornamento, mas como argumento. Dentre as figuras, os autores citam as criadas com base no auditório: figuras da caracterização – nas quais se incluem a definição, a perífrase, a prolepse, a correção; figuras da presença – que intensificam a presença do objeto; e figuras da comunhão – que integram orador e ouvinte.

Ao mesmo tempo, levando em consideração a diacronia do gênero textual sob análise – e seu aspecto fundamental em face dos objetivos estabelecidos para este capítulo –, buscaremos descrever a evolução, as regularidades e as transformações, apresentando, assim, as tradições discursivas do noticiário sobre as eleições nos jornais paulistas. O material para análise foi extraído do noticiário sobre eleições publicado em edições dos jornais *Correio Paulistano*/*A Província de São Paulo*/*O Estado de S. Paulo* e *Folha da Noite*/*Folha de S.Paulo*, todos eles selecionados a partir de recortes históricos operados em sintonia com os objetivos gerais da pesquisa.

O NOTICIÁRIO SOBRE AS ELEIÇÕES DO FINAL DO IMPÉRIO E PRIMEIRA REPÚBLICA E O PREDOMÍNIO DO EIXO NARRATIVO

A emergência dos grandes jornais em São Paulo, precisamente na segunda metade do século XIX e primeiras décadas do século XX, remonta a uma relação profunda com os partidos políticos e a causa republicana. Na realidade, tais publicações ecoam os anseios da aristocracia de São Paulo da época, a qual passa a se expandir para o campo empresarial e político-administrativo. Como pano de fundo, a Revolução Industrial e a necessidade de se criar novos mercados consumidores. A dificuldade do governo imperial em satisfazer esta e outras demandas, mesmo após a abolição da escravatura, abre espaço para um consenso, na aristocracia, acerca da necessidade de substituição do governo monárquico por um governo republicano.

É assim que o *Correio Paulistano*, fundado em 1854, com a emergência do Partido Republicano Paulista (PRP), em 1872, abandona a linha liberal e se torna órgão do partido. Criado em janeiro de 1875, *A Província de S. Paulo*, *O Estado de S. Paulo* a partir da Proclamação da República, logo se consolida como veículo de informação dirigido por um grupo de fazendeiros, empresários e jornalistas do Partido Republicano.

Na realidade, conforme aponta Bahia (1990), é singular como, no estado de São Paulo, um capitalismo proveniente do interior se instala na cidade e passa a se interessar pela imprensa. Nesse contexto, *A Província de S. Paulo* se constitui, de acordo com o ponto de vista do autor, no caso mais evidente dessa mobilização, e o Partido Republicano, instrumento dessa adesão de fazendeiros, cafeicultores e capitalistas do interior que virão a ocupar os escalões de decisão após a queda da monarquia:

> Famílias de senhores rurais se congregam em torno de novos títulos de jornal, a exemplo dos comerciantes prósperos e de bom relacionamento político. Nas últimas décadas do século XIX a imprensa brasileira passa de uma frágil estrutura individual, improvisada, provisória com raízes políticas, mas ainda em busca de laços e compromissos sociais profundos, para as mãos de uma organização familiar, sólida, solidária, permanente, convergente em seus interesses de classe. (Bahia, 1990: 80-1)

Por fim, a criação da *Folha da Tarde*/*Folha da Noite*, antecessores da *Folha de S.Paulo*, embora tenha se concretizado em fevereiro de 1921, portanto, após a proclamação da República, não foge à regra dos grandes jornais no período em questão: da oposição ao governo Washington Luís, atitude que popularizou os jornais de Olival Costa, fundador das "Folhas", o jornal passa a hostilizar a Revolução de 1930, aliando-se ao Partido Republicano Paulista e, portanto, à oligarquia.

A análise do noticiário datado de 1889, o primeiro recorte estabelecido neste trabalho em particular, desvela a emergência do noticiário de uma maneira bastante difusa, constituindo-se em uma forma muito distinta do noticiário contemporâneo. Na realidade, no período em questão, o noticiário permeia, além da notícia propriamente dita, outros gêneros discursivos do jornalismo impresso.

Paralelamente, observa-se que, desde as eleições gerais de 1889 para a Câmara dos Deputados, a última realizada sob o Império, passando pela Primeira República (1889-1930) e pela República Nova (1946-1964), os jornais adotam uma determinada posição partidária na arena política, e a argumentação estabelecida nesses materiais visa claramente a obter a adesão do leitor a este mesmo ponto de vista.

Uma abordagem acurada do material escolhido como *corpus* da pesquisa demonstra que, de longe, nos períodos destacados no parágrafo anterior, há a primazia de textos em que são estabelecidas narrativas a propósito de visitas, comícios e atos públicos da campanha apoiada pelos jornais, imiscuídas a trechos de discurso reportados diretamente dos candidatos de determinado partido político e comentários que destacam o forte engajamento do enunciador com os fatos narrados. Observe o exemplo (1):

(1) [19.2 N SP] *ARARAQUARA*

No dia 17 do corrente, ás 6 horas da tarde, chegou a esta cidade, vindo de Piracicaba, o dr. Prudente de Moraes Barros, candidato Republicano pelo 8º Districto nas próximas eleições de 31 de agosto. À estação foi ele recebido com enthusiasmo por um grande número de amigos e admiradores.

Da estação seguiu a pé com grande acompanhamento de povo, musica e até a casa do cidadão Rodolpho Moura, onde se hospedou e onde foi servido um profuso copo d'agua. Durante todo o dia 18 foi elle muito visitado, notando-se entre os que foram cumprimental-o os drs. Canuto Saraiva e Rogerio Pinto Ferraz, o primeiro, juiz de direito da comarca, o segundo, juiz municipal de termo, e muitos conservadores e liberaes que deram um bello exemplo de tolerancia política e de fina educação social.

Ás 7 horas fez o illustre candidato a sua conferencia no salão do Club Araraquarense, que estava bellamente preparado para a solemnidade da occasião. [...]

Começou o distincto orador o seu discurso dizendo que costumava pleitear a sua eleição ás claras, á luz do dia, e por isso vinha perante o povo alli reunido exhibir o seu programma e fazer a exposição, embora singela, das ideias do partido Republicano.

Entrou em seguida na analyse da Constituição política do Imperio do Brazil e da chamada divisão dos poderes, mostrando que o poder legislativo é inteiramente annullado pelo poder executivo que dissolve a capricho o parlamento e escolhe os senadores a gosto; que o poder judiciario, que deveria ser a garantia dos direitos do cidadão e da liberdade individual, é também annullado em sua independencia pelo poder executivo que nomeia, promove e remove os magistrados a seu talante; que o poder executivo, a seu turno, é annullado em sua independencia pelo poder moderador que nomeia e demitte livremente os ministros, commuta e perdoa os crimes e proclama a amnistia, e que neste complicado systema político só resta soberano, absoluto, irresponsavel e sagrado o poder moderador, que é confiado privativamente ao imperador, como primeiro magistrado da nação.

Deixou, em summa, patente que a nossa Constituição política não é mais que uma roupagem brilhante que esconde o mais hypocrita, refinado e corruptor de todos os despotismos.

Historiou, em seguida, o orador a fundação do Imperio, a poltronice de d. João VI, *as violencias do primeiro reinado, a dissolução da Constituinte e a revolução de 7 de abril.*

Explicou os factos principais do periodo regencial que alargou a esphera das liberdades publicas, e depois mostrou como o segundo reinado iniciou-se por uma violação flagrante da nossa Constituição, quando d. Pedro II *foi declarado maior aos 15 annos de idade por uma revolução /.../ capitaneada pelos Andradas.*

[...] Criticou o procedimento hypocrita do conselheiro Candido de Oliveira, que na situação conservadora fazia-se no Senado o defensor extremo do direito de reunião e da liberdade do pensamento, e que no ministerio, hoje, prohibe ou quer prohibir reuniões populares e vivas á republica, e concluiu dizendo que os Affonsos Celsos e Candidos de Oliveira eram pequenos demais para suffocar a aspiração nacional, que qualquer que fosse o resultado das eleições de 31 de agosto, quaesquer que fossem os meios de compressão e de corrupção que lançasse mão o governo da monarchia, a republica ha de ser feita, porque o mundo não

> *é regido pelos homens que são transitorios, porém pelas ideias que são permanentes e avassalam tudo.*
> *O orador, sempre correcto e fluente, tornou-se no fim verdadeiramente eloquente e a sua voz foi por vezes coberta por estrondosos applausos.*
> *Terminou-se a conferencia as 8 horas e meia da noite, e o povo foi indestinctamente convidado para uma ceia que foi offerecida pelo partido republicano ao dr. Prudente e aos hospedes e convidados onde houve ainda muitos discursos e brindes.*
> *A policia brilhou pelo seu silencio e os monarchistas em geral portaram-se com um cavalheirismo que muito honra a civilisação do povo araraquarense. [...]*
> *Adheriram ao partido republicano os distinctos eleitores João Machado de Souza Campos e Frederico Schliter.* (*A Província de S. Paulo*, 18 de agosto de 1889)

Do ponto de vista da composicionalidade do texto em questão, observamos uma narração, em meio a uma descrição pormenorizada de aspectos relacionados à visita do líder do Partido Republicano Paulista, Prudente de Moraes, à cidade de Araraquara, às vésperas das eleições gerais de 31 de agosto de 1889. Nessa narrativa/descrição é possível constatar que, tendo em vista a construção de um texto amplamente favorável e enaltecedor à figura e campanha de Prudente de Moraes e à causa republicana, o enunciador se vale de diversas modalidades de argumentos para persuadir o interlocutor.

Por meio da "incorporação", nos termos de Fairclough (1997: 58), do discurso do candidato republicano, mediante o emprego ora do discurso indireto, ora do discurso indireto livre, a "voz" de Prudente de Moraes é fundida à "voz" do próprio jornal, tornando as opiniões do candidato republicano como aquelas concernentes à própria "Província".

No plano argumentativo, observamos majoritariamente argumentos calcados na estrutura do real, a partir da narração minuciosa de uma sequência de fatos. Delegados especialmente a Prudente de Moraes, observamos ligações de sucessão, do tipo causa e efeito (*Entrou em seguida na analyse da Constituição política do Imperio do Brazil e da chamada divisão dos poderes, mostrando que o poder legislativo é inteiramente annullado pelo poder execu-*

tivo [...] e que neste complicado systema político só resta soberano, absoluto, irresponsavel e sagrado o poder moderador, que é confiado privativamente ao imperador, como primeiro magistrado da nação. Deixou, em summa, patente que a nossa Constituição política não é mais que uma roupagem brilhante que esconde o mais hypocrita, refinado e corruptor de todos os despotismos – sendo a "onipresença do poder moderador" a causa e a hipocrisia da Constituição política brasileira, o efeito).

Nos momentos em que o discurso do candidato republicano toma como foco e matriz as figuras e a estrutura de governo do regime imperial, no entanto, observamos a busca por apresentar suas contradições, reforçando a série de argumentos em favor do sistema republicano. Aponta-se, assim, nos termos Perelman e Olbrechts-Tyteca (1996), as contradições dos monarquistas (pelos autores inseridas no grupo dos argumentos quase-lógicos, propriamente no subgrupo daqueles que "apelam para estruturas lógicas"), atacando a credibilidade do sistema imperial (*Criticou o procedimento hypocrita do conselheiro Candido de Oliveira, que na situação conservadora fazia-se no Senado o defensor extremo do direito de reunião e da liberdade do pensamento, e que no ministerio, hoje, prohibe ou quer prohibir reuniões populares e vivas á republica*).

Embora sejam mais raros, é possível observar, também no "Boletim", breves relatos mais característicos do próprio noticiário, os quais, muitas vezes, fazem uso do argumento de autoridade, como o que segue:

(2) [19,2 N SP] *AS ELEIÇÕES EM BOTUCATU*
Pessoa criterioza, chegada de Botucatu, informa-nos que ha naquella localidade uma força destacada com o fim de impedir que as eleições de 31 corram livremente.
Será bom o governo informar-se a respeito. (*A Província de S. Paulo*, 22 de agosto de 1889)

A análise do noticiário sobre as eleições ao longo da Primeira República ou República Velha (1889-1930) desvela a ausência de alterações significativas. Afora algumas alterações no campo da estruturação das notícias, especialmente no que concerne à subdivisão em seções predeterminadas, nenhuma diferença marcante pode ser assinalada. Mantêm-se, em linhas gerais, a preferência por textos que contemplam uma sequência narrativa, elaboradas por membros do Partido Republicano Paulista, desencadeando argumentações calcadas na estrutura do real, seguidas ou antecedidas por comentários dos editores do jornal que destacam forte engajamento do enunciador com a perspectiva assumida em relação aos fatos.

Em (3), os elementos de apreciação *grave*, *gravíssimas*, *urgentíssimo*, destacados logo no título da notícia em questão, mobilizam uma leitura focada no risco sofrido pelo candidato republicano ao governo de Minas, Mello Vianna, em função do atentado atribuído às lideranças da Aliança Liberal em Montes Claros, acionando uma posição condescendente para com a ótica republicana e incomplacente para com a campanha da Aliança:

(3) [20,1 N SP] *Grave atentado contra a vida do sr Mello Vianna*
As gravíssimas ocorrencias de Montes Claros narradas pelos nossoscorrespondentes
Rio 7 (A) – Urgentissimo o sr Presidente da Republica acaba de receber o seguinte telegramma
Montes Claros, 7 – Presidente Washington Luiz, Petropolis – Depois de chegarmos a esta cidade, onde tivemos grande recepção, falando o sr. Mello Vianna, em discurso, sereno e calmo, respondendo a saudação desapaixonada, encaminhamos, em meio de grande massa popular, á casa destinada á hospedagem do sr. Mello Vianna. Ao affrontar a residencia do chefe alliancista, dr. João Alves, irmão do dr. Honorato Alves [...] cargas de tiros de revólveres e carabinas, pelas costas, sendo ferido o Sr. Mello Vianna no pescoço, na parte superior, por tresprojectis, tendo sido o chapeu do sr. Carvalho Britto chamuscado por bala. O sr. Mello Vianna foi ferido no pescoço e parte do occipital posterior felizmente sem gravidade e já medicado. Dois de nossos da comitiva estão gravemente feridos, determinando nosso regresso immediato a Bello Horizonte para soccorrel-os devidamente.
Nossos companheiros reagiram á aggressão, tendo fugido as pessoas da dita casa que nos alvejaram.
Ha mortos e varios feridos, cujos nomes ainda não podemos remetter. Como não podemos demorar o regresso pelo motivo referido, mandaremos depois pormenores. Mello Vianna, Carvalho Britto.

Desnaturando por completo uma campanha politica que, não sahindo do terreno dos princípios sómente poderia ser tida por benéfica para uma democracia incipiente como a nossa e que, mercê do entrecho que orientado unicamente pelas baixas ambições dos politicos, mais atrasada se colloca no meio das democracias mundiaes, a actuallucta em torno do Catete foi, sem demora, conduzida para um terreno deploravel. Seja devido ao atrazo de nossa educação politica não passado ainda de um estado muito rudimentar, seja em resultado do grau excessivo de paixão, de que [...] possuíram os homens colocados a frente dos dois grupos em lucta a verdade é que, desde o começo, a violencia entrou a fazer parte dos recursos de propaganda e dos meios de convicção utillizados pelos competidores.

E justamente do lado onde se diz residir o reaccionarismo mais extremado é que nos tem vindo as mais eloquentes demonstrações de tolerancia e de superioridade na lucta. Do lado opposto, nos nucleos do "liberalismo", que tem como chefes Arthur Bernardes e EpitacioPessôa, os mais deploraveis exemplos de intolerancia se vão conhecendo. Os candidatos da "Alliança" estiveram em São Paulo, garantidos e cercados de todas as liberdades, aqui exerceram a actividade que bem entenderam e os seus partidarios realizam pacifista propaganda pelos comicios e pela imprensa, dos candidatos da Alliança.

Ao revez, propagandistas das candidaturas adversas – os exemplos são multiplos e [...] recentissimos, não conseguem agir nos Estados Liberaes e são alvo de toda a sorte de violencias. É o que o telegrapho nos acaba de contar, como tendo succedidoem Montes Claros, por occasião do desembarque do sr. Mello Vianna, vice-presidente da Republica e candidato á presidencia de Minas, transcende os limites das mais pessimistas previsões que se podessem fazer a proposito da incomprehensão que os "liberaes" possuem do verdadeiro liberalismo e da maneira porque estão elles sacrificando uma campanha politica que, norteada de outra forma, poderia ser grandemente meritoria. Confirma-se as noticias que se dizia acerca do regimen em Minas e pela fórma mais lamentavel que se poderia imaginar. O candidato á presidencia do Estado contrario ao candidato official, vice-presidente da Republica, e o chefe da Concentração Conservadora foram alvejados, de tocaia,

> *e, se não fora o destino, Minas liberal, a verdadeira Minas liberal, a de outros tempos, e não a dos contrafactores de hoje, estaria prostrada de vergonha em face da nação, deante das extensões que o facto poderia assumir. Contudo, o que se passou, já é muito de deplorar. Mas a nação sabe que o povo mineiro é o primeiro a reprovar a conducta dos actuaes senhores da politica estadoal, que, preocupados pela posse do Catete, todos os meios bons ou máus empregam para esse fim. Sobre elles é que recaem a reprovação dos factos de Montes Claros.* (*Folha da Noite*, 7 de fevereiro de 1930)

Delegando voz, na primeira parte do texto, à liderança republicana que sofreu o referido atentado, o jornal engaja-se novamente a uma perspectiva predeterminada acerca dos fatos a serem noticiados, constituindo, aliás, estes mesmos fatos como argumentos, calcados em uma representação do real, a favor da mencionada perspectiva.

Assumindo uma natureza híbrida, a segunda parte do texto muito se assemelha aos editoriais contemporâneos, com forte comprometimento do enunciador em relação às proposições assumidas. Mobiliza-se inicialmente, no primeiro parágrafo da segunda parte do excerto em questão, uma argumentação calcada na estrutura do real, a qual culmina em uma ligação de sucessão, unindo um fenômeno a suas consequências (*sendo a consequência o atrazo de nossa educação política* ou *o grau excessivo de paixão,* e a causa *o fato de a violência fazer parte dos recursos de propaganda e dos meios de convicção utillizados pelos competidores*).

No parágrafo posterior, observamos o relato de uma proposição atribuída aos oponentes do Partido Republicano ("*do lado onde se diz residir o reaccionarismo mais extremado*"). Na sequência, essa proposição é contrastada com outra, baseada na observância do real, por meio de um vínculo de coexistência caracterizado por unir uma essência a suas manifestações ("*é que nos tem vindo as mais eloquentes demonstrações de tolerancia e de superioridade na lucta*"). Assim procedendo, o enunciador apresenta, nos termos de Perelman e Olbrechts-Tyteca (1996), uma contradição (pelos autores inserida no grupo dos argumentos quase lógicos, propriamente no subgrupo daqueles que "apelam para estruturas lógicas") no discurso "aliancista" de forma geral, atacando a credibilidade da Aliança Liberal.

A perspectiva negativa acerca da campanha da Aliança Liberal é reforçada por outro argumento quase lógico, propriamente o da comparação. Nele, o enunciador busca a adesão ao ponto de vista de acordo com a qual é a liberal, e não a republicana, a campanha intolerante ("*Os candidatos da "Alliança" estiveram em São Paulo, garantidos e cercados de todas as liberdades* [...] *Ao revez, propagandistas das candidaturas adversas – os exemplos são multiplos e* [...] *recentissimos, não conseguem agir nos Estados Liberaes e são alvo de toda a sorte de violências*"). Essas informações vêm respaldadas por meio de recursos intertextuais, em que vozes articuladas reforçam tal perspectiva, emergindo como argumentos de autoridade ("*É o que o telegrapho nos acaba de contar* [...]; *Confirma-se as noticias que se dizia acerca do regimen* [...]").

Note que, ao tomá-lo como argumento de autoridade, a versão sobre as ocorrências de Montes Claros do candidato republicano ao governo de Minas, Mello Vianna, transcrito na matéria em questão, é tomado como matriz incontestável, sinalizando o máximo engajamento do produtor textual com a ótica republicana.

A primazia dessa modalidade de texto assinala uma linha de unidade, verificável no noticiário sobre as eleições publicado nas últimas décadas do século XIX e grande parte do século XX e se constitui no cerne para a definição dos padrões discursivos da "notícia eleitoral" no material analisado.

Ao analisar os gêneros textuais em jornais paulistas (propriamente no *Correio Paulistano* e em *A Província de São Paulo*) de 1854 a 1901, visando a mostrar o processo de formação e transformação dos gêneros notícia, anúncio publicitário e cartas do leitor, Costa (2010: 257-258) aponta, para o gênero notícia de maneira geral, os seguintes resultados acerca dos aspectos tradicionais no século XIX:

> [...] a determinação exterior, a mistura de informação e opinião, a ausência de diferenciação entre nota e notícia, as fórmulas de introdução de texto e a voz do leitor presente nos textos noticiados. Esses aspectos tradicionais estão ligados a aspectos sintático-semântico dessas notícias. A determinação exterior (notícias advindas de fontes secundárias), por exemplo, está ligada à expressão de uma responsabilidade enunciativa distanciada, com a utilização de estratégias de apagamento de sujeito (voz passiva, construções com "se", posposição do sujeito com verbos ergativos) e a utilização do pretérito imperfeito.

> A análise dessa forma tradicional de notícia mostrou que a ela estão ligadas duas tradições discursivas: a tradição discursiva do narrar, e a tradição discursiva do relatar. Essas tradições selecionam e colocam em funcionamento tipicamente diferentes tempos verbais e diferentes estruturas composicionais do texto: a tradição discursiva do narrar elege como tempo verbal preferencial o pretérito perfeito e como forma de organização a sequenciação de eventos, isto é, a estrutura narrativa. (Narr I, cf. Heinemann e Viehweger (1991: 239-44) apud Costa, 2010)

Em outro trabalho, voltado especificamente para a análise da evolução do gênero "anúncio publicitário", Costa (2009b) apresenta, para a análise das TD que "atravessam" o referido gênero, os critérios de análise propostos por Hrbek (1995, apud Costa, 2009b: 333). De acordo com a perspectiva aqui assumida, esses critérios serão adaptados para a análise do gênero "notícia". Nesse caso, são abordadas as regularidades segundo os seguintes critérios:

a. identificação de gêneros textuais pertencentes à classe de texto [...];
b. temas típicos;
c. desenvolvimento temático (descritivo, narrativo, argumentativo);
d. linguagem;
e. estratégias de argumentação Hrbek (1995 apud Costa, 2009b: 333).

Tomando em consideração os aspectos tradicionais de constituição da notícia do século XIX apontados por Costa (2010), podemos afirmar que para o material analisado até aqui identificamos, em sintonia com os resultados apresentados pela autora, a determinação exterior, a mistura de informação e opinião e a ausência de diferenciação entre nota e notícia como características intrínsecas do noticiário sobre as eleições.

No entanto, diferentemente dos resultados mais gerais apontados por Costa (2010), o noticiário sobre as eleições apresenta uma responsabilidade enunciativa fortemente marcada, em especial pela presença recorrente das seguintes marcas: comentários que destacam o forte engajamento do enunciador do texto com os fatos narrados; presença constante de julgamentos e a estratégia de se reportar, em discurso direto, trechos de discurso do(s) candidato(s) apoiado(s) pelos jornais. Em conjunto, esses recursos abrem espaço para argumentações calcadas nas mais variadas estratégias da retórica.

No que concerne às TD que "atravessam" o referido gênero, neste trabalho analisado sob a perspectiva de sua evolução, tomando em consideração os critérios de análise propostos por Hrbek (1995, apud Costa, 2009b) e sua adaptação aqui operada para a análise do gênero "notícia", observamos que os temas típicos constituem-se nas candidaturas apoiadas pelos jornais, imiscuídos a ataques às candidaturas adversárias; a linguagem é enfática; há o predomínio das mais variadas estratégias de argumentação; o desenvolvimento temático é assentado no eixo narrativo, com fortes nuances do eixo argumentativo.

A propósito desse último aspecto, aliás, cumpre destacarmos que, constatadas variadas vezes a primazia de textos em que são estabelecidas narrativas, há indubitavelmente, nos primeiros períodos da história da República brasileira, o predomínio da tradição discursiva do narrar no noticiário sobre as eleições, aqui caracterizado – caso busquemos apoio nos termos propostos por Charaudeau (2007) – pelos modos discursivos do contar (o "narrativo") aliado ao explicar e/ou persuadir (o "argumentativo").

O NOTICIÁRIO SOBRE AS ELEIÇÕES NO DECORRER DA REPÚBLICA NOVA E O INÍCIO DAS TRANSFORMAÇÕES NA SEGUNDA METADE DO SÉCULO XX

À década de 1920 é atribuído o estágio embrionário da transição do jornalismo literário para o empresarial, correspondendo, *stricto sensu*, essencialmente à transição da fase artesanal para a industrial.

Mas é efetivamente após a Revolução de 1930 que, de acordo com Bahia (1990: 231), a relação do jornalismo com o poder político e sua intersecção na própria estrutura de decisão econômica se acentuam, à medida que o país acelera a industrialização. A imprensa de massa começa a se delinear e a concepção de imprensa enquanto empresa tem em suas origens o crescimento das cidades, da população urbana, especialmente devido à chegada dos imigrantes. A partir daí, a massa urbana seria, tanto informativa como publicitariamente, o mercado específico para os grandes diários, as grandes tiragens.

Ainda de acordo com Bahia (1990: 232), o poder econômico, representado pelos mais diversos interesses, mas também identificado pelos mais sólidos anunciantes, nacionais ou multinacionais, desenvolve formas de pressão e influência, inspiração e controle dos meios de comunicação que se harmonizam com a própria forma industrial que o jornalismo vai tomando, enquanto atividade limitada aos grandes capitais. A matéria recomendada passa a ser uma das categorias de pressão econômica.

As recomendações restringem o direito de escolha dos editores e contribuem para enfraquecer o conceito de que a notícia é do leitor. Elas dão à empresa a faculdade de manipular o que vai ser impresso, no interesse dos grupos de poder (Bahia, 1990: 232).

De acordo com Habermas,

> [...] os jornais passaram de meras instituições publicadoras de notícias para, além disso, serem porta-vozes e condutores da opinião pública, meios de luta da política partidária. Isso teve, para a organização interna da empresa jornalística, a consequência de que, entre a coleta de informações e a publicação de notícias, se inseriu um novo membro: a redação. Mas, para o editor de jornal, teve o significado de que ele passou a vendedor de novas notícias a comerciante com opinião pública. (1984: 214)

Ainda de acordo com Bahia, a partir da década de 1950, os jornais sofrem importantes reformas que abrangem, dentre outros aspectos, formato e composição. No que concerne aos gêneros discursivos, a subdivisão hoje conhecida em seções claramente delineadas, com as marcas características de cada uma delas, vão tomando forma: os editoriais passam a ser destacados, o noticiário sobre as eleições passa a ocupar seções e páginas predefinidas e assim por diante. A opção marcada por determinadas posições na arena político-partidária, no entanto, ainda se mantém em dois dos principais periódicos.

A mídia brasileira, até a década de 1960, restrita à imprensa escrita e ao rádio (a TV só se tornaria relevante nos anos 1970), era extremamente frágil do ponto de vista comercial e dependente dos favores públicos. Com o país vivendo ainda um incipiente processo de industrialização e o mercado publicitário engatinhando, o faturamento dos veículos dependia basicamente dos classificados populares e dos anúncios de varejo do comércio, bem como dos financiamentos dos bancos públicos, de subsídios para a compra de papel, isenções fiscais e da propaganda oficial (Abreu, 2002: 9).

Paradoxalmente, apesar desta fragilidade econômica e financeira, como lembra Abreu (2002: 12), a grande imprensa brasileira nas décadas de 1950 e 1960 apresentou um alto nível de paralelismo político, seja na defesa de valores ideológicos (liberalismo *versus* nacionalismo e estatismo ou socialismo), seja no engajamento partidário (UDN *versus* PSD-PTB) e político (antivarguismo, antipopulismo, deposição de Goulart). Contudo, como se sabe, os autoproclamados princípios do liberalismo político não impediram que esses jornais participassem ativamente do movimento pela deposição do governo Goulart e apoiassem a instalação do governo militar em 1964.

Em São Paulo, *O Estado de S. Paulo*, da família Mesquita, cerrava fileiras contra Vargas desde os anos 1930, e o *Correio Paulistano* mantém-se atrelado ao Partido Republicano e, por conseguinte, ao PSD. Nesse sentido, esses órgãos podem ser definidos como órgãos conservadores, ideologicamente liberais tanto do ponto de vista do ideário econômico quanto das crenças políticas.

Trazendo, inclusive, em seu cabeçalho, a caracterização "Órgão do Partido Republicano", o *Correio Paulistano* mantém, em linhas gerais, no decurso dos períodos eleitorais concernentes à República Nova, a mesma defesa aguerrida do Partido Republicano verificada nos períodos anteriores. Observe:

(4) [20,2 N SP] *O SR. CHRISTIANO MACHADO CONCLUIU ONTEM SUA VITORIOSA CAMPANHA EM TERRAS DE SÃO PAULO*

As ultimas reuniões civicas em praça publica do eminente candidato das coligações democraticas e as populações do interior paulista – Grande comicio em Campinas, com a presença de grande multidão e elementos mais representativos da politica e cultura de S. Paulo – Visitas a Santos e a sindicatos de trabalhadores portuários – Inauguração do Restaurante do SAPS e saudação a S. Paulo pela Televisão – Regresso da comitiva ao Rio de Janeiro

A peregrinação civica empreendida pelo sr. Christiano Machado pelo interior paulista representou uma autentica consagração ao candidato

> *das maiores forças democraticas do pais. Poucas vezes têm-se registrado manifestações de tanto ardor cívico, de tanto entusiasmo por uma causa, como se verificou nos ultimos dias, quando as populações do interior de S. Paulo receberam com as maiores provas de simpatia e aplausos a comitiva que acompanhava a excursão politica do eminente candidato Christiano Machado, seja comparecendo em grandes números aos comicios programados como testemunhando por diversas outras formas a confiança que depositam na bandeira levantada pelo ilustre homem publico, legitimo representante das aspirações democraticas. [...]*
> *Relatemos, pela ordem, o que foram os três ultimos dias de permanência do sr. Christiano Machado no estado.*
> *VISITA A LONDRINA*
> *Graças à intervenção do "Correio Paulistano" foi possível estabelecer contato entre a comitiva do sr. Christiano Machado e representantes do Governador Moisés Lupion, de forma a concretizar o desejo do Governador do Paraná, de levar o candidato da democracia até Londrina, prestigiar com sua presença o ato inaugural do Forum local.*
> *Por isso, de Presidente Prudente os aviões da comitiva seguiram diretamente para Londrina, cerca das 10:30 horas de anteontem, descendo na progressista cidade do norte paranaense, pouco antes do meio dia. Grande multidão aguardava os ilustres visitantes na praça fronteira ao novo prédio do Fórum local, aclamando demoradamente o nome do sr. Christiano Machado. Depois do discurso do dr. Antônio Ferreira da Costa, juiz de direito, o governador Moisés Lupion procedeu à solenidade de inauguração do belissimopredio. [...]* (*Correio Paulistano*, 26 de setembro de 1950, p. 1)

Em alguns pontos do noticiário publicado no *Correio Paulistano*, no entanto, começamos a vislumbrar determinada preferência por textos curtos, atrelados aos "bastidores" das campanhas políticas ou destinados a noticiar acontecimentos de maneira breve. Em sintonia com o conjunto do noticiário sobre as eleições publicado no jornal, no entanto, esses textos mantêm a mesma ligação com a candidatura Christiano Machado e são destinados, no caso do *Correio*, tanto a proclamar acontecimentos positivos relacionados à candidatura da coligação PSD-PR quanto a atacar a candidatura adversária, de Getúlio Vargas, e os demais opositores:

(5) [20,2 N SP] *EM DOCUMENTO AUTENTICO*

DEFINIU-SE O P.T.N. EM FAVOR DO SR. CHRISTIANO MACHADO

Assinam o manifesto os dirigentes nacionais daquela agremiação – Certos de que o candidato da coligação P.S.D.-P.R. satisfará as aspirações dos trabalhadores brasileiros – Nova circular da Curia Metropolitana condena a candidatura Café Filho – Desmente o sr. Dante Coelho que Vargas pretenda desistir

RIO, 28 ("Correio") – Em documento assinado pelo Emilio Carlos, presidente, e por seus delegados em S. Paulo, Goiaz, Paraná, Minas Gerais e Distrito Federal, o Partido Trabalhista Nacional acaba de lançar um manifesto indicando como seu candidato à Presidencia da Republica o sr. Christiano Machado, da coligação P.S.D.-P.R. Assinalando que em carta dirigida ao Partido o candidato nacional se comprometeu a executar o programa de reivindicações básicas do mesmo, diz o manifesto: "Do conhecimento do administrador e do legislador seguro vemos a confiança de que o nosso apoio ao sr. Christiano Machado é dado que serão satisfeitas as aspirações dos trabalhadores brasileiros traduzidas na extensão da legislação social aos operários do campo; na garantia de uma politica agraria de fixação de preços para a produção, protegendo o lavrador do jogo e da ganancia dos intermediários inexcrupulosos e garantindo-lhes uma justa remuneração do esforço praticando-lhes um plano de incentivo à produção com um financiamento a juros baixos e a prazos cíclicos de colheitas, unica medida capaz de acolher as angustiosas necessidades de redução do custo da vida".

ORIENTAÇÃO AOS CATÓLICOS

RIO, 28 ("Correio") – A Curia Metropolitana distribuiu hoje a seguinte nota à imprensa: "De ordem do Exmo. Sr. Cardeal Arcebispo transmite essa Curia Metropolitana aos RR Sacerdotes, às religiosas e aos fieis a seguinte orientação relativamente às eleições de 3 de outubro 1° - havendo a Liga Eleitoral Católica reprovado a candidatura do sr. João Café Filho à vice-presidencia da Republica bem como o Partido Republicano Trabalhista, em que é a maior e reconhecida infiltração comunista, e sabendo o governo da arquidiocese o criterio e a objetividade com que a LEC estudou o assunto, tem claro essa que nenhum catolico deverá votar em qualquer desses candidatos reprovados, pois onera gravemente sua consciencia quem concorrer para eleição de qualquer candidato indigno. Mas já que a imprensa estampou fotografias de cedulas em que o nome do sr. Café Filho aparece junto a cada um dos candidatos a presidencia da Republica, esta Curia Arquididiocesana adverte que nenhuma cedula com o nome do sr. Café Filho poderá ser utilizada por quem tenha consciencia de catolico. Segundo – a grande importancia da acertada escolha de candidatos leva s. em. revma. a aconselhar os sacerdotes, religiosos e fieis a unirem suas preces os sacrificios no sentido de se dar a nação o governo que ela necessita, quer no Poder Executivo, quer no Legislativo. E como o espirito das trevas, inimigo da Igreja e da humanidade aproveita maus individuos que lhe servem de auxiliares nesse mundo não será demais que as almas tementes a Deus se abroquelem nas penitencias e orações. S. em. concede aos sacerdotes as necessárias faculdades para rezarem na festa de São Miguel Arcanjo desde as primeiras vesperas os "exorcismos in satananangelosapostaticos" jussuLeonis XIII PN *Editos RitualeRomanumBenediccionesNovissime – (a.) Conego Francisco Tapajós Chanceler do Arquibispado – Rio de Janeiro, 26 de setembro de 1950.*

EM UBÁ O SR. CHRISTIANO MACHADO

RIO, 26 ("Correio") – De volta de sua curta viagem ao Espirito Santo, o sr. Christiano Machado chegou ao Rio e seguiu imediatamente para a cidade mineira de Ubá. Ali serão prestadas grandes manifestações populares ao candidato nacional. [...]

PRESSÃO SOBRE OS COMUNISTAS

RIO, 28 ("Correio") – Inconformados com a vigilancia que vêm sofrendo por parte das autoridades encarregadas de manter a ordem na cidade durante a campanha eleitoral, em seus ultimos momentos, os comunistas bateram a porta da justiça. Assim é que o advogado Osmundo Bessa requereu ao Tribunal Regional Eleitoral mandato de segurança contra as prisões de extremistas efetuada pela policia do Distrito Federal, ao mesmo tempo em que impetrou habeas corpus aos juizes das 15 zonas eleitorais da capital. Com o mesmo objetivo de livrar os precursores vermelhos da ação corretiva dos seus excessos. (*Correio Paulistano*, 29 de setembro de 1950)

Ganha destaque, em (5), a transcrição de uma carta assinada pelos dirigentes do Partido Trabalhista Nacional e uma orientação, elaborada pela Cúria Metropolitana da Arquidiocese de São Sebastião do Rio de Janeiro, a ser divulgada para os sacerdotes e fiéis leigos. Ao transcrever integralmente a carta e a orientação, observamos, novamente, por parte dos editores de *O Correio*, o recurso ao argumento de autoridade.

Em ambos os excertos, são construídos discursos de justificação, por meio de argumentações cujas premissas baseiam-se em fatos. Essas trilhas argumentativas estabelecem, nos termos adotados por Perelman e Olbrechts-Tyteca (1996), argumentos pragmáticos, relacionados a ligações de sucessão, caracterizadas por unir um fenômeno a suas consequências ou a suas causas. No primeiro caso, "*o conhecimento do administrador e do legislador seguro*" constitui-se no fenômeno e "*a confiança de que o nosso apoio ao sr. Christiano Machado é dado que serão satisfeitas as aspirações dos trabalhadores brasileiros traduzidas na extensão da legislação social aos operários do campo; na garantia de uma politica agraria de fixação de preços para a produção* [...]", o efeito. A partir dessa apresentação, o Partido Trabalhista Nacional (PTN) e, por conseguinte, o próprio *Correio Paulistano* trazem à memória dos leitores a atuação de Christiano Machado enquanto homem público, evocando as funções que já exerceu e a experiência adquirida nesse percurso.

O excerto "orientação aos católicos", por sua vez, é permeado por várias ligações de sucessão. A primeira delas advém da reprovação, por parte da Liga Eleitoral Católica, da "*candidatura do sr. João Café Filho à vice-presidencia da Republica bem como o Partido Republicano Trabalhista, em que é a maior e reconhecida infiltração comunista*", colocada como o motivo pelo qual "*nenhum catolico deverá votar em qualquer desses candidatos*"; seguem-se as relações de causa e efeito existentes entre as asserções "*nenhum catolico deverá votar em qualquer desses candidatos reprovados*" e "*pois onera gravemente sua consciencia quem concorrer para eleição de qualquer candidato indigno*"; "*a grande importancia da acertada escolha de candidatos*" e "*leva s. em. revma. a aconselhar os sacerdotes, religiosos e fieis a unirem suas preces os sacrificios no sentido de se dar a nação o governo que ela necessita*". Por fim, a relação de causa e efeito existente entre as asserções "*e como o espirito das trevas, inimigo da Igreja e da humanidade aproveita maus individuos que lhe servem de auxiliares nesse mundo*" e "*não será demais que as almas tementes a Deus se abroquelem nas penitencias e orações*".

Esse conjunto de argumentos pragmáticos refere-se a comportamentos passíveis de condenação/recriminação, advindos de avaliações codificadas por meio de regulamentação própria a uma instituição que possui poder simbólico e coercivo fortemente marcado sobre a sociedade: a Igreja.

A série de funções pragmáticas diretivas (*nenhum catolico deverá votar*; *esta Curia Arquidiocesana adverte que nenhuma cedula com o nome do sr. Café Filho poderá ser utilizada por quem tenha consciencia de católico, dentre outras*), aliadas ao emprego da modalidade deôntica e categórica, institui contornos autoritários ao texto em questão e universaliza a perspectiva do discurso religioso, estabelecendo determinado consenso hegemônico a partir de uma perspectiva parcial (no caso, a do discurso religioso católico).

Notemos que, de forma complementar ao texto "Orientação aos católicos", o "Pressão sobre os comunistas" reforça o viés negativo sobre os adeptos dessa corrente política, mediante uma apreciação positiva de valor social acerca das autoridades institucionalizadas, materializada por meio de uma estratégia de referenciação da descrição definida (*autoridades encarregadas de manter a ordem na cidade durante a campanha eleitoral*), e julgamentos negativos de sansão social acerca da propriedade da atuação política dos mesmos (*extremistas*; *livrar os precursores vermelhos da ação corretiva dos seus excessos*). Observa-se, assim, a materialização gradual de uma ideologia conservadora em defesa da "ordem", baseada, em sua essência, no imaginário da "soberania popular" que, curiosamente, em uma relação de contradição, viria justificar, inclusive, a supressão das liberdades individuais e a suspensão do estado democrático de direito após o Golpe de 1964.

Demonstramos na seção anterior que, desde 1930, ainda no decurso da República Velha, *O Estado de S. Paulo* posicionou-se na oposição a Vargas. Após o Estado Novo, no decorrer da República Nova, manteve intrínseca ligação com a UDN (União Democrática Nacional), exercendo, ao mesmo tempo, um anticomunismo exacerbado. Ao longo do período eleitoral que antecedeu as eleições de 3 de outubro de 1950, por exemplo, foi feroz adversário de Vargas, em virtude de ter sofrido intervenção de seu governo, apoiando os adversários de Vargas e criticando duramente os simpatizantes do ex-presidente.

No que concerne à composicionalidade do noticiário publicado pelo jornal no período assinalado, observamos, de forma análoga aos demais veículos e períodos destacados até aqui, muitos textos em que são estabelecidas narrativas a propósito de visitas, comícios e atos públicos da campanha em questão, imiscuídas a trechos de discurso reportados diretamente dos candidatos de determinado partido político e comentários que destacam o forte engajamento da voz autoral com os fatos narrados.

Conforme já apontamos, essa característica, comum às publicações tanto do *Correio Paulistano* quanto do *Estado de S. Paulo*, acaba por estabelecer um contínuo formal que perpassa tanto o noticiário do final do século XIX quanto a maior parte do século XX, assentado na recorrência da tradição discursiva do narrar. Observe:

(6) [20,2 N SP] *IMPRESSIONANTE MASSA HUMANA ACOLHEU JANIO NA CIDADE DO RECIFE*
Do correspondente
Recife, 19 – O candidato das oposições democraticas, sr. Janio Quadros, leu ontem, em comicio a que compareceram milhares de pessoas, uma sumula de suas "Diretrizes de Governo". O texto integral desse importante documento vai publicado em outro local desta edição.
Para os observadores da atual conjuntura politica, que estão eqüidistantes dos chamados círculos janistas desta capital, como daqueles mais chegados ao Palacio do Governo, o comicio de ontem foi diferente em tudo dos demais realizados em qualquer tempo sob os céus do Recife. Não se deve levar em conta, para essa afirmação, apenas a massa humana que dele participou – a qual, sem duvida, só era comparavel à das festas religiosas e do carnaval – quando o centro da cidade registra aglomerações humanas de muito volume. A diferença do comicio residiu, exatamente, na vibração, no colorido dos clubes, escolas de sambas, blocos carnavalescos e outros elementos do folclore pernambucano, os quais descendo em massa para o centro da cidade, encheram de alegria, musica e vibração a Praça Dantas Barreto, onde os oradores se faziam aplaudir pela massa, possuida de incontido entusiasmo.
Enquanto os onibus e outras viaturas traziam para o local do comicio milhares de partidarios, grupos representativos de vários municipios do

> *interior davam entrada na Praça Dantas Barreto, conduzindo vassouras e faixas alusivas à sua procedência ou de exaltação ao sr. Janio Quadros. Às 22 horas a praça estava literalmente tomada.*
>
> *ORADORES*
>
> *Varios oradores falaram no comicio, entre eles o Governador Cid Sampaio; o governador de Sergipe e o sr. Leandro Maciel. O escritor Gilberto Freire declarou, em sua oração: "Vamos assistir, daqui a momentos, o encontro do povo de Recife com o seu candidato, sr. Janio Quadros. E não há dinheiro do governo federal, não há agitação de comunistas municipais que possa separar o povo de Recife de seu candidato. Janio no governo tornará o Brasil mais importante que Brasília, governará o Brasil brasileiramente e não brasilicamente". [...]*
>
> *Em seu discurso, que se resumiu à leitura de trechos mais importantes de sua plataforma, Janio Quadros prometeu que ainda voltaria a Recife para falar aos operários, em seus bairros. Para os observadores politicos, o discurso do Senador Milton Campos foi o mais sereno, impressionando vivamente pelo seu tom elevado e pela sintese dos graves problemas do país. Na opinião da imprensa, o comicio de Janio Quadros, ontem, foi o maior já registrado em Recife, superando mesmo os do Brigadeiro Eduardo Gomes.*
>
> *NO CEARÁ*
>
> *O candidato democrático seguiu hoje para o interior do Ceará, sendo aguardado amanhã em Fortaleza.* (*O Estado de S. Paulo*, 20 de setembro de 1960)

Também no noticiário publicado pelo *O Estado de S. Paulo* podemos vislumbrar, em proporções ainda maiores que os textos caracterizados pela apresentação de sequências narrativas, um vasto emprego de textos curtos, sejam eles atrelados aos "bastidores" das campanhas políticas ou destinados a noticiar acontecimentos de maneira breve. Em sintonia com o conjunto do noticiário sobre as eleições publicado no jornal, no entanto, esses textos mantêm a mesma ligação com a candidatura Jânio Quadros e, de forma análoga ao destacado a propósito do Correio Paulistano, são destinados tanto a proclamar acontecimentos positivos relacionados às candidaturas da UDN, propriamente a de Jânio à presidência e Milton Campos à vice-presidência da República, quanto a atacar as candidaturas adversárias, propriamente do Marechal Teixeira Lott à presidência e João Goulart à vice:

(7) [20,2 N SP] *Ao embarcar ontem á tarde para o Rio, a fim de participar de um programa de televisão, o Governador Carvalho Pinto disse que não acreditava nas propaladas graves consequencias que advirão dos desentendimentos entre lideres udenistas e pedecistas. Acentuou que sempre tem agido como arbitro para superar possíveis desentendimentos._*
O deputado Paulo de Tarso assegurou ontem que o sr. Janio Quadros vencerá o pleito em Brasília.
O sr. Julio Devicchiatti, Secretario-Geral do Sindicato dos Trabalhadores da Industria Textil, referindo-se a declarações do sr. Dante Pellacani sobre uma entrevista entre os dirigentes sindicais e o Marechal Lott ha cerca de um ano, declarou que o candidato situacionista lhes dissera que os trabalhadores devem perder "a mania de pedir aumentos de salarios" e em lugar disso trabalhar seriamente. Reptando o Marechal Lott a desmenti-lo o sr. Devicchiatti disse que o então Ministro da guerra defendeu as seguintes posições: 1° contra o direito de greve – ("O problema do Brasil, dissera – não é de greve mas, sim, de maior produção"); 2° contra as relações comerciais com a Russia ("Se comprassemos um automóvel da Russia como iríamos substituir as peças que se quebrassem" – indagou o Marechal); 3°Contra a "mania" de pedir aumento de salario; contra a reforma agrária; 5° Os operarios e suas esposas são perdularios. (*O Estado de S. Paulo*, 21 de setembro de 1960)

(8) [20,2 N SP]: *Advertencia do Arcebispo de Fortaleza*
FORTALEZA, 20 – Dom Lustosa, Arcebispo de Fortaleza, ouvido pela imprensa, declarou em termos categóricos que os católicos cearenses não devem votar em candidatos á Presidencia da Republica que aceitam a votação dos comunistas.
Esclareceu, ainda, o arcebispo, que não tinha, até o momento, elementos para citar os nomes daqueles que não deveriam merecer o sufragio dos catolicos.

> *Por sua vez, o deputado estadual do* PSD, *sr. Expedito Machado, representará a secção cearense do Partido no comicio do sr. Luis Carlos Prestes, admitindo-se que os votos do Partido Comunista são necessários para a vitoria do Marechal Teixeira Lott. Um representante do* PTB *saudará Prestes na concentração gigante preparada pelos comunistas para a chegada de seu chefe, em propaganda do candidato oficial.* (*O Estado de S. Paulo*, 21 de setembro de 1960)

Comum à maioria desses textos é o emprego do discurso citado, seja mediante o discurso direto, seja o discurso indireto. Cumpre destacar que, para Fairclough (2001), o grau de abertura para manifestação de diferentes "vozes" no interior de um texto pode constituir em um importante ponto para o entendimento da forma como esse mesmo discurso pretende atingir o consenso hegemônico, a partir de um amplo processo ideológico. Dessa maneira, uma questão inicial para a análise é a verificação de quais vozes são incluídas e quais são excluídas, e aí se poderá notar ausências significativas. Analisando-se aquelas que estão presentes, é fundamental examinar a relação que se estabelece entre as vozes articuladas.

Em (7) e (8) apenas o ponto de vista favorável ao candidato da UDN e seu grupo são representados, mediante diversas estratégias de engajamento por atribuição. É o caso das atribuições observadas em (7): "*o Governador Carvalho Pinto disse*; *acentuou*; *O deputado Paulo de Tarso assegurou*; *O sr. Julio Devicchiatti* [...] *declarou que o candidato situacionista lhes dissera*; *reptando o Marechal Lott a desmenti-lo o sr. Devicchiatti disse que o então Ministro da guerra defendeu as seguintes posições*". Como apenas a perspectiva dos apoiadores de Jânio é representada, é atribuído prestígio àqueles para os quais a voz é delegada, cujas perspectivas correspondem aos pontos de vista do próprio jornal. Dessa maneira, no plano argumentativo, os trechos reportados funcionam, nos termos de Perelman e Olbrechts-Tyteca (1996), como argumentos de autoridade.

O conjunto de estratégias ora descrito assegura a possibilidade de uma apresentação hegemônica da candidatura e das perspectivas de Jânio Quadros. Dessa forma, suprimindo a perspectiva das candidaturas adversárias do Marechal Teixeira Lott e de Ademar de Barros, assumem-se nessas matérias presunções posicionadas, conectadas a relações de dominação. E, conforme afirmam Ramalho e Resende (2006: 49), relações de poder são mais eficientemente sustentadas por significados tomados como tácitos, pois "*a busca pela hegemonia é a busca pela universalização de perspectivas particulares*".

Vale destacar que, em (8), a argumentação é estabelecida a partir de uma estrutura quase lógica, especificamente mediante um vínculo de transitividade (se o arcebispo declarou em termos categóricos que os católicos cearenses não devem votar em candidatos à presidência da República que aceitam a votação dos comunistas e o deputado estadual do PSD (Partido Social Democrata), sr. Expedito Machado, representará a seção cearense do Partido no comício do sr. Luis Carlos Prestes, admitindo-se que os votos do Partido Comunista são necessários para a vitória do Marechal Teixeira Lott, bem como um representante do PTB (Partido Trabalhista Brasileiro), que saudará Prestes na concentração gigante preparada pelos comunistas, portanto, os católicos cearenses não deverão votar no candidato da coligação PSD-PTB, o Marechal Lott.

No plano dos recursos interpessoais, esse argumento transitivo é acionado por um julgamento de sanção social. Isso porque, de forma análoga ao excerto "orientação aos católicos" (exemplo (5)), trata-se de um julgamento que se refere a determinado comportamento passível de condenação/recriminação, advindo de avaliações codificadas por meio de regulamentação própria à Igreja Católica, a qual possui, conforme afirmamos anteriormente, poder simbólico e coercivo fortemente marcado.

À semelhança de (5) observamos uma função pragmática diretiva (*os católicos cearenses não devem votar em candidatos á Presidência da República que aceitam a votação dos comunistas*) que, aliada ao emprego da modalidade deôntica e categórica, institui contornos autoritários ao texto em questão e universaliza a perspectiva do discurso religioso católico, estabelecendo determinado consenso hegemônico.

No entanto, a análise do noticiário sobre as eleições publicado na *Folha de S.Paulo* durante o período eleitoral em questão permite a identificação de algumas particularidades. Ao contrário de *O Estado de S. Paulo* e do *Correio Paulistano*, há a tentativa concreta de impingir, aos textos relacionados à temática das eleições, o prisma da imparcialidade.

Se, nos demais jornais analisados, apenas os comícios e eventos de campanha do candidato apoiado pelo jornal eram retratados, mediante as estruturas já mencionadas, na *Folha* é concedido espaço à descrição dos atos públicos e de trechos reportados de todos os candidatos, porém de maneira breve e objetiva. Mediante a estratégia de engajamento por *atribuição*, o enunciador estabelece ilusão de neutralidade no que tange ao seu posicionamento diante do discurso relatado, reforçada pela ausência de julgamentos, apreciações, componentes atitudinais de afeto e estratégias interpessoais de gradação.

Essa natureza peculiar ao noticiário do referido jornal ao longo de toda a República Nova não deixa claro ao leitor se o jornal apoia ou não algum candidato. As reportagens, em sua maioria, eram breves e bem objetivas ao relatar os acontecimentos do cenário político.

Por outro lado, a postura adotada pela *Folha* no período antecipa o noticiário contemporâneo sobre as eleições: a ilusão da imparcialidade e o jornalismo político alimentado por informações vindas dos bastidores das campanhas. Dessa forma, não se pode concluir se as informações resultantes de "apurações jornalísticas" refletem os bastidores da política ou são apenas mais um elemento nas disputas eleitorais. Observe:

(9) [20,2 N SP]: *A SEMANA POLÍTICA*

A constante, nessa semana, foi a repetição, nos círculos janistas, da afirmativa de que Janio "já ganhou; e a contrapartida, dos lottistas, para os quais "a virada começou" e Janio "está se desgastando". Pelo sim, pelo não, viu-se uma serie de providencias do "Estado-Maior" do sr.Janio Quadros que, segundo tudo indica, visam robustecer-lhe a candidatura, especialmente em São Paulo e Minas. Provavelmente para se debater assuntos ligados a isso é que se reuniram nesta capital, em dias da semana passada, os srs. Magalhães Pinto (candidato da UDN ao Governo de Minas), Heriberto Hulse (Governado de Santa Catarina), Juarez Tavora (ex-candidato à Presidencia da Republica) além de Janio e Milton e de próceres paulistas integrados na campanha.

CP mais ativo

O Governador do Estado, que apareceu ao lado do candidato da oposição em comicio em Santos, tem presença programada, em atos semelhantes, a realizarem-se em numerosos bairros da capital e em municipios do interior. Parece corresponder, assim, a uma solicitação do alto comando

da candidatura do sr. Janio Quadros, que, no momento final da campanha, está arregimentando todas as forças para que o candidato tenha em São Paulo votação expressiva. Aos deputados e politicos que o prestigiam, o sr. Janio Quadros fez um apelo para que trabalhem intensamente em suas respectivas áreas de influencia com o mesmo objetivo de assegurar-lhe boa votação.
Sem novidades
Nos setores lottistas e ademaristas, a semana correu sem novidades de monta. O sr. Ademar de Barros veio mais uma vez a publico para contestar energicamente rumores que voltaram a circular a proposito de sua renuncia. Prossegue normalmente a sua campanha, da mesma forma que o ex-ministro da Guerra. Circulos ligados a este manifestavam nos ultimos dias inegável euforia, traduzida em expressões do tipo "a virada já começou", mencionada acima.
Greves
Uma greve de maritimos, sustada à ultima hora, foi o ponto de partida para afirmar-se que uma onda de agitações esta sendo preparada para atingir o país antes das eleições. A intervenção do governo, evitando que aquela parede eclodisse, foi interpretada como sinal de que as autoridades estão atentas e não permitirão a ação de agitadores.
Por outro lado, em São Paulo, motoristas de praça entram em greve, paralela à qual se observa a atuação de politicos, que procuram tirar para si uma "casquinha". Janio, Lott e Ademar são apresentados como empenhados em resolver satisfatoriamente a questão, procurando-se com isso conseguir alguns votinhos a mais para eles.
Emir M. Nogueira (*Folha de S. Paulo*, 18 de setembro de 1960)

Em (9), pode-se constatar uma preocupação em retratar de forma equânime o ponto de vista de ambas as principais campanhas de então, reforçando o prisma da imparcialidade (a repetição, nos círculos janistas, da afirmativa de que Janio "*já ganhou*"; e a contrapartida, dos lottistas, para os quais "*a virada começou*"). A preocupação em distribuir o espaço de forma igualitária também pode ser observada.

A partir de um julgamento negativo atinente à veracidade, ao grau de sinceridade dos três candidatos, o enunciador equipara e recrimina a estratégia de campanha de todos eles de forma homogênea (*em São Paulo, motoristas de praça entram em greve, paralela à qual se observa a atuação de políticos, que procuram tirar para si uma "casquinha". Janio, Lott e Ademar são apresentados como empenhados em resolver satisfatoriamente a questão, procurando-se com isso conseguir alguns votinhos a mais para eles*).

O NOTICIÁRIO PÓS-REDEMOCRATIZAÇÃO: O PRISMA DA IMPARCIALIDADE E A ESPETACULARIZAÇÃO DA POLÍTICA

A instalação definitiva da sociedade do espetáculo – vigente nos últimos 40 anos, acompanhando as características das sociedades pós-modernas, caracterizadas pela radicalização dos traços da modernidade – reserva, ao discurso político veiculado pelas mídias, facetas distintas da materialização observada no final do século XIX e início do XX.

Se as longas narrativas imiscuídas a relatos dos discursos operados pelos candidatos permeiam o noticiário dos primeiros períodos da história do jornalismo impresso brasileiro são as formas mais curtas, verificadas a partir dos anos 1950, que se impõem diacronicamente. Isso porque as formas didáticas da retórica política clássica são substituídas por formas novas, que submetem os conteúdos políticos às exigências de escrita e leitura próprias ao aparelho audiovisual de informação.

Se houve essa midiatização da política houve ainda, por outro lado, a "politização da mídia", materializada, de acordo com Piovezani Filho (2003), na busca empreendida pela mídia de uma posição de agente político, cumprindo "*a função de deslindar o obtuso, de revelar o real*" (2003: 57). "*Visualiza-se, pois, a atuação da mídia, em função de sua suposta 'politização', como 'porta-voz' daqueles que já alijados do poder* [...] *devem contentar-se com a mera assistência do desenrolar das ações ali empreendidas*" (2003: 58). Seria exatamente nesse exercício "crítico" que estaria uma das manifestações da "politização" midiática.

No noticiário publicado pelos grandes jornais paulistas durante o período eleitoral das eleições presidenciais brasileiras de 1989, por exemplo, observamos muitos textos atrelados aos bastidores das campanhas. A partir desse período, a mídia, ao veicular tais denúncias, apresenta-se pretensamente como uma instituição que cumpre uma função social imprescindível, propriamente a de desvelar criticamente as mentiras e os segredos políticos.

No entanto, essa função pretensamente crítica e investigativa assumida pelas mídias no campo político, revestida pelo discurso acerca da necessidade de uma cobertura imparcial dos fatos, hegemônico nos grandes jornais paulistas após a redemocratização brasileira, em 1985, assume uma natureza simulante e dissimulante. Na realidade, a ilusão da objetividade é construída mediante diversas estratégias camufladas de persuasão e controle.

Esse novo prisma – que, em sua essência, é ideológico – acerca da necessidade de uma cobertura "imparcial" – mas que, de fato, também não o é – impõe as transformações das tradições discursivas observadas no noticiário contemporâneo sobre as eleições. São os breves relatos, bastante raros no final do século XIX e início do século XX, que a partir dos anos 1950 se impõem diacronicamente.

Às vésperas do primeiro turno das eleições presidenciais brasileiras de 1989, no jornal *O Estado de S. Paulo*, o "escândalo Lubeca" ocupa as manchetes de capa no decorrer de várias edições. A reiteração desses elementos, justificada pela já mencionada função social imprescindível assumida pelos jornais acerca do desvelamento das mentiras e segredos políticos, vai tecendo, estrategicamente, uma imagem negativa da candidatura de Luís Inácio Lula da Silva, do PT (Partido dos Trabalhadores), em detrimento dos demais candidatos. Observe:

(10) [20,2 N SP] *GREENHALGH CONFESSA QUE LUBECA OFERECEU DINHEIRO* (*O Estado de S. Paulo*, 31 de novembro de 1989)

LUBECA OFERECEU DINHEIRO A PETISTAS (*O Estado de S. Paulo*, 31de novembro de 1989)

ESCÂNDALO LUBECA DEMITE GREENHALGH (*O Estado de S. Paulo*, 2 de novembro de 1989)

LUBECA OFERECEU 500 MIL A ERUNDINA (*O Estado de S. Paulo*, 4 de novembro de 1989)

ERUNDINA TERÁ DE DEPOR NO CASO LUBECA (*O Estado de S. Paulo*, 6 de novembro de 1989)

NOVO CASO ENVOLVE PREFEITURA (*O Estado de S. Paulo*, 7 de novembro de 1989)

Entretanto, a matéria do dia 10 de novembro, que trata da conclusão, por parte da Polícia Federal brasileira, de que o cheque emitido pela empresa Lubeca Participações Ltda não haveria chegado ao PT ocupa apenas a página 8 do jornal.

Outro tipo característico de texto no período está materializado em (11):

(11) [20,2 N SP] *O candidato do PT ficou até às 23 horas de sábado num sítio próximo a São Paulo com meia dúzia de assessores. Passou o domingo em casa e foi para o Rio de Janeiro disposto a colocar no ar, ao vivo, para todo o Brasil, uma nova imagem – a do Lula do segundo turno – um candidato menos radical, dono de um vocabulário mais amplo e disposto a provar que tem mais condições de cumprir o que anda prometendo nesta campanha do que o Lula que foi ao ar durante os debates promovidos ao longo do primeiro turno*

NO SEGUNDO TURNO, LULA MODERA DISCURSO

Luciano Suassuna

Às 10 horas da manhã de sábado, o candidato Luiz Inácio Lula da Silva juntou meia dúzia de assessores num sítio próximo a São Paulo e iniciou sua preparação para o debate do dia seguinte. Cercado de conselheiros para assuntos econômicos e políticos, como o economista Aluízio Mercadante e o Secretário Geral do partido, deputado José Dirceu, Lula assumiu o papel de Fernando Collor de Mello – como se estivesse no lugar de seu adversário, ele fazia as perguntas que imaginava ter de responder em rede nacional de televisão.

Lula quis saber se o PT defendia a luta armada, se pregava invasões de terra ou ainda se teria como realizar o que anda prometendo na campanha eleitoral. Treze horas depois, ele estava pronto para apresentar ao vivo, para todo o Brasil, o Lula do segundo turno – menos radical, dono de um vocabulário mais amplo e decidido a mostrar que possui mais condições de administrar o país do que o Lula que foi ao ar no primeiro turno.

Durante as três horas do debate com Fernando Collor de Mello, nos estúdios da TV Manchete, no Rio de Janeiro, o Lula que, no dia 29 de junho, anunciava no Paraná que a política do PT era "tomar a terra de quem não a ocupou" porque "a terra tem de ser ocupada tem de ser ocupada para que trabalhadores não morram mais debaixo das pontes" cedem lugar ao Lula que define limites para a reforma agrária. "Nós estabelecemos um patamar mínimo de terras que, se não produtivas, vão ser desapropriadas", afirmou.

Lula já chegou a ser complacente com a pregação de uma luta armada para mudar o País. No debate de domingo, porém, ele apresentava outras credenciais. "Estão me chamando de revolucionário, que eu quero a luta armada? Pois está aqui a minha arma", afirmou, mostrando a Constituição. O Lula do PT que se ausentou do colégio eleitoral transformou-se no candidato que usa, sem constrangimentos, a palavra "negociar". "Aprendi que em política nada se dá por encerrado", afirmou ontem, em São Paulo, o candidato do PT, insistindo na negociação do seu partido com os tucanos do PSDB. "Percebi isso quando vi que tinha chance de ganhar a eleição".

Montado sobre uma plataforma de oito centímetros de altura, utilizada para encobrir no vídeo a diferença de estatura entre os dois candidatos, Lula usou um vocabulário novo. Usou expressões como "auscultar", "oxalá", "indubitavelmente" ou "replicar", falou sobre economia com dados e num jargão próprio aos estudiosos do tema discutiu acordos e negociações políticas com a moderação de quem passou dois anos na Constituinte.

Acostumado a maltratar o português fluentemente, o Lula do primeiro turno transformou-se, no debate de domingo, em alguém bem mais cauteloso com a língua. [...]

Três horas depois, quando estava encerrado o maior debate político da história da televisão do país, Lula apareceu na janela do segundo andar do prédio da Manchete e acenou para a sua fanática militância. Muitos não tenham sequer visto o debate mas já traziam o veredicto: "Fernando Collor, almofadinha, Luís Inácio já botou você na linha", anunciavam numa das provocações contra a torcida colorida. À meia noite e meia, quando os dois candidatos deixavam os estúdios da emissora, cada lado cantava a sua própria vitória no debate. Lula, contudo, tinha mais um motivo para festejar – o treinamento realizado na véspera tinha dado certo. O Lula do segundo turno está no ar. (*O Estado de S. Paulo*, 21 de dezembro de 1989)

Em (11) observamos a apresentação de uma sequência narrativa, permeada por fragmentos da fala do candidato da Frente Brasil Popular, Luís Inácio Lula da Silva. De acordo com Fairclough (1997), a representação do discurso de outrem entra sempre em acordo com determinadas ideologias que estão implícitas.

Ao pinçar fragmentos da fala do candidato proferidas no dia anterior, no decorrer do debate realizado na TV Manchete, e contrapô-los a outros fragmentos de fala, atribuídas ao candidato no decorrer do primeiro turno, observamos um distanciamento entre o autor do texto e os posicionamentos assumidos pelo candidato do PT.

No entanto, pode-se afirmar que o autor se utiliza dessas estratégias para negociar, intersubjetivamente, com o leitor do texto, um julgamento negativo de sansão social, relacionado a uma suposta falta de honestidade por parte do candidato do PT. De acordo com esse ponto de vista, Lula utilizar-se-ia de um discurso moderado apenas com o intuito para ganhar as eleições, embora seus posicionamentos reais fossem outros.

Essa estratégia vem materializada, no corpo do texto, por alguns fragmentos linguísticos (*transformou-se no candidato que usa, sem constrangimentos, a palavra "negociar"*; *Percebi isso quando vi que tinha chance de ganhar a eleição* etc.) e acionam, nos termos de Perelman e Olbrechts-Tyteca (1996), argumentos de contradição que viriam a denunciar problemas de credibilidade, das "condições de sinceridade" da Frente Brasil Popular (observe, especialmente, em *o Lula que, no dia 29 de junho, anunciava no Paraná que a política do PT era "tomar a terra de quem não a ocupou" porque "a terra tem de ser ocupada tem de ser ocupada para que trabalhadores não morram mais debaixo das pontes" cedem lugar ao Lula que define limites para a reforma agrária. "Nós estabelecemos um patamar mínimo de terras que, se não produtivas, vão ser desapropriadas, afirmou"*).

"O Lula do segundo turno" que agora "está no ar" é apresentado de uma maneira irônica, remetendo, no pano de fundo, ao posicionamento de acordo com o qual a discurso "moderado" do candidato constituir-se-ia apenas em um verniz para ganhar as eleições.

A análise do noticiário publicado durante o período eleitoral das eleições presidenciais de 2010 desvela, senão pelo refinamento das estratégias de persuasão, a ausência de alterações significativas. Mantêm-se, em geral, maneiras sutis de influenciar, mediante o controle da quantidade e do tipo de informação, a estratégia de selecionar excertos de discurso proferidos pelos candidatos e distribuí-los de maneira não equânime e de determinar, por fim, a maneira como cada candidato deve ganhar espaço. Observe:

(12) [21,1 N SP] *POLÊMICA DO ABORTO LEVA DILMA A IGREJAS*
Empenhada em não perder votos do eleitorado cristão, candidata do PT à Presidência da República reúne padres e pastores em Brasília
Vera Rosa/Brasília
Preocupada com a perda de votos entre cristãos, atribuída por sua campanha à polêmica sobre o aborto, a candidata do PT à Presidência, Dilma Rousseff, reuniu ontem padres e pastores, em Brasília, para negar já ter defendido a interrupção de gravidez.
A polêmica é alimentada por declarações dadas por Dilma em outras ocasiões, antes da reta final da campanha (leia frases ao lado). Na tarde de ontem, porém a petista disse que é contrária até mesmo a um plebiscito sobre o tema, como defende a candidata do PV, Marina Silva. "Plebiscito divide o país e vai todo mundo perder, seja qual for o resultado", insistiu a candidata.
Diante de 27 líderes de denominações cristãs – católicas e evangélicas – Dilma desmentiu categoricamente que algum dia tenha afirmado que "nem Jesus Cristo" tiraria a vitória dela no primeiro turno, marcado para domingo. "Lamento que estejam usando o nome de Cristo para isso", repudiou. "É mais uma tentativa do submundo da política de mentir ao meu respeito".
"VILANIA". Mesmo sem citar o nome do candidato do PSDB, José Serra, Dilma fez referências indiretas a ele. A expressão "submundo da política" também foi usada pelo Presidente Luís Inácio Lula da Silva em comercial veiculado ontem, na TV. [...]
Há um mês, a candidata divulgou um manifesto batizado de Carta ao povo de Deus, no qual pedia "oração" e "voto" para ter oportunidade de continuar o projeto de Lula. Pontuado por expressões de fé, o documento dizia que cabe ao Congresso Nacional a função básica de encontrar "um ponto de equilíbrio" nas posições que envolvem valores éticos, como aborto e uniões entre pessoas do mesmo sexo. [...]

> *Em discurso sob medida para agradar aos cristãos, Dilma afirmou que é "a favor da vida", e pregou a liberdade de credo. Disse, ainda, que é católica. Em 2007, durante sabatina do jornal Folha de São Paulo, ela disse ter ficado muito tempo "meia descrente". Questionada se acreditava em Deus, a então Ministra da Casa Civil desviou do assunto. "Eu me equilibro nessa questão. Será que há? Será que não há" [...]*
>
> *O QUE DILMA JÁ DISSE:*
>
> *"Duvido que alguém se sinta confortável em fazer um aborto. Agora, isso não pode ser justificativa para que não haja legalização. O aborto é uma questão de saúde pública. Há uma quantidade enorme de mulheres brasileiras que morre porque tenta abortar em situações precárias. Se a gente tratar o assunto de maneira séria e respeitosa, evitará toda sorte de preconceitos. Essa é uma questão grave que causa muitos mal-entendidos." (À Revista Marie Claire, edição 217, abril de 2009).*
>
> *"O que nós defendemos é o cumprimento estrito da lei, que prevê casos em que o aborto deve ser feito e provido pelo Estado" (Em 22 de junho de 2010, em entrevista produzida pela Agência Estado").*
>
> *"Se houver conflito entre as legislações quem tem de fazer essa legislação é a justiça. A lei é clara e tem de ser cumprida" (No debate da Folha/UOL em 18 de agosto de 2010).*
>
> *"Lembro também minha expectativa de que cabe ao Congresso Nacional a função básica de encontrar o ponto de equilíbrio nas posições que envolvem valores éticos fundamentais, muitas vezes contraditórios, como aborto [...]" (na "Carta aberta ao povo de Deus" em 24 de agosto de 2010)* (*O Estado de S. Paulo*, 30 de setembro de 2010)

De modo muito semelhante ao exemplo (10) observamos, em (11) e, sobretudo, (12), a estratégia de pinçar fragmentos reportados por discurso direto, indireto, e indireto livre da candidata do PT, Dilma Rousseff, proferidos no dia anterior, em Brasília, e contrapô-los a trechos de outros discursos mais antigos, aqui recortados em discurso direto (observe em *A polêmica é alimentada por declarações dadas por Dilma em outras ocasiões, antes da reta final da campanha (leia frases ao lado)*; *O que Dilma já disse*), constituindo recursos interpessoais de engajamento "por atribuição".

No plano objetivo da argumentação, estabelece-se preferencialmente um vínculo quase lógico, destinado a desvelar as contradições da candidata do PT. Negociam-se, assim, entre o autor e os leitores do texto, julgamentos negativos de sansão social, relacionado a uma suposta falta de honestidade por parte de Dilma que, de acordo com essa perspectiva, apenas estaria reformulando seu discurso por *estar preocupada com a perda de votos entre cristãos, atribuída por sua campanha à polêmica sobre o aborto.*

Esse conjunto de avaliações negativas acerca da candidata do PT, aliás, é delegada ainda aos principais adversários de Dilma, a saber: a Igreja Católica e, sobretudo, José Serra. Observe:

(13) [21,1 N SP] *PT ENFRENTA OPOSIÇÃO NA IGREJA POR CAUSA DO TEMA*

Nas dioceses do Estado de São Paulo, padres e bispos pedem boicote ao partido, que pretende "descriminalizar o aborto"

Malu Delgado

Oriundo das antigas comunidades eclesiais de base (CEBs) e da articulação de padres defensores da Teologia da Libertação, o PT enfrenta, nesta eleição presidencial, embate explícito com segmentos da Igreja Católica.

Em 42 Dioceses da chamada Regional Sul 1, que engloba basicamente o Estado de São Paulo, bispos e padres recomendam abertamente voto contra o PT e candidatos do partido, que pretende "descriminalizar o aborto no país".

A Conferência Nacional de Bispos no Brasil (CNBB), na prática, não desautoriza bispos que passaram a recomendar o voto anti-PT. Porém, oficialmente, a entidade indica que nunca pede votos a partidos ou candidatos, e apenas destaca o papel de governantes e valores morais que devem pautar a escolha. [...]

"A CNBB mantém a tradição de apresentar princípios éticos, morais e cristãos fundamentais para ajudar os eleitores no discernimento do seu voto visando à consolidação da democracia entre nós", diz a nota divulgada no dia 16, por meio da qual a entidade conclama católicos a "eleger pessoas com respeito incondicional à vida, à família, à liberdade religiosa e à dignidade humana".

Pedido. Questionado pelo Estado se bispos da regional Sul solicitam que católicos não votem em Dilma, o Bispo de Lorena e vice-presidente da Regional, d. Benedito Beni dos Santos, foi categórico. "A meu ver, este é o pedido que os bispos membro do Conselho de Pastoral do Regional Sul 1 da CNBB e os membros da comissão de defesa da vida da mesma regional fazem aos católicos de suas dioceses, homens e mulheres de boa vontade e reta consciência", disse, em resposta por e-mail.

De acordo com d. Beni, não existe divisão dentro da CNBB, apesar de a divisão nacional da entidade evitar a adesão ou a crítica aberta a qualquer candidato. "Todos os bispos do Brasil são unanimes em defesa da vida e, portanto, contrários à descriminalização e legalização do aborto". Segundo ele, "a escolha dos meios para colocar em prática esse princípio da doutrina da Igreja depende de cada bispo". [...]

Para os bispos, a defesa da descriminalização do aborto ficou clara em congressos e encontros do PT. O documento conclui que o Governo Lula tomou várias atitudes que corroboram a revisão do Código Penal para facilitar a revisão do aborto.

(*O Estado de S. Paulo*, 30 de setembro de 2010)

(14) [21,1 N SP] *"NÃO TENHO DUAS CARAS", DIZ SERRA SOBRE O ABORTO*

Candidato insinua que discurso de Dilma mudou em relação ao tema para não atrapalhar seu desempenhonas eleições: 'Eu digo sempre a mesma coisa'

Daiene Cardoso

Agência Estado

O candidato do PSDB à Presidência, José Serra, disse não ter "duas caras", insinuando que sua adversária Dilma Rousseff mudou o discurso em relação à legalização do aborto para não atrapalhar seu desempenho na campanha.

"Quando eu falo que sou contra a legalização do aborto, essa foi minha atitude. E respeito quem pensa o contrário. Eu não digo uma coisa ali e outra mais adiante", afirmou ontem à noite, em Barueri, na Grande São Paulo. "Minha vida não tem segredos. Eu digo sempre a mesma coisa. Não tenho duas caras. Tenho uma só".

Em Barueri, ao comentar as declarações do ex-governador mineiro Aécio Neves (PSDB) defendendo um rearranjo da campanha presidencial tucana num possível segundo turno, Serra diz que agora espera contar com a presença efetiva de Aécio. [...]
Em pouco mais de uma hora e meia, Serra percorreu as ruas do centro comercial de Barueri, cercado de militantes e candidatos do partido. Ele foi recebido com fogos de artifício e chuva de papel picado em festa promovida pelo prefeito Rubens Furlan (PMDB).O prefeito apelou para que os eleitores levem a disputa presidencial para o segundo turno. "Ninguém pode levar um cheque em branco sem antes discutir", disse Furlan, referindo-se a Dilma. Depois de Barueri, Serra seguiu para um encontro com militantes na Mooca.
Contra. José Serra candidato do PSDB "Quando eu falei que sou contra a legalização do aborto, essa foi minha atitude. Eu não digo uma coisa ali e outra mais adiante" (*O Estado de S. Paulo*, 30 de setembro de 2010)

Vale destacar que, em (13), a argumentação é estabelecida a partir de uma estrutura quase lógica, especificamente mediante um vínculo de transitividade: "*Questionado pelo Estado se bispos da regional Sul solicitam que católicos não votem em Dilma, o Bispo de Lorena e vice-presidente da Regional, d. Benedito Beni dos Santos, foi categórico: 'A meu ver, este é o pedido que os bispos membro do Conselho de Pastoral do Regional Sul 1 da CNBB e os membros da comissão de defesa da vida da mesma regional fazem aos católicos de suas dioceses, homens e mulheres de boa vontade e reta consciência*'". Nesse sentido, segundo o bispo de Lorena, os católicos não deverão votar em Dilma Rousseff.

No plano dos recursos interpessoais, esse argumento transitivo é acionado por um julgamento de sanção social. Isso porque se trata de um julgamento que se refere a determinado comportamento passível de condenação/recriminação, advindo de avaliações codificadas por meio de regulamentação própria à Igreja Católica, a qual possui poder simbólico e coercivo fortemente marcado.

Em (13), observamos uma função pragmática diretiva ("*padres e bispos pedem boicote ao partido; bispos e padres recomendam abertamente voto contra o PT e candidatos do partido; solicitam que católicos não votem em Dilma*") que, aliada ao emprego da modalidade deôntica e categórica, institui contornos autoritários ao texto em questão e universaliza a perspectiva do discurso religioso católico, estabelecendo determinado consenso hegemônico.

Em (14), observamos que os excertos de discurso reportados de José Serra reforçam, justamente, a posição adotada pelo jornal, ainda que de forma simulada, no excerto destacado em (12), propriamente a denúncia das supostas contradições de Dilma ("*O candidato do* PSDB *à Presidência, José Serra, disse não ter 'duas caras', insinuando que sua adversária Dilma Rousseff mudou o discurso em relação à legalização do aborto para não atrapalhar seu desempenho na campanha*").

Ao associar a posição assumida em (12) àquela do candidato do PSDB, a "voz" de José Serra é fundida à voz do próprio jornal, com a intervenção de estruturas que funcionam, no caso, como "endosso" de "declarações" de José Serra, tornando as opiniões do candidato do PSDB como aquelas concernentes ao próprio Estado.

No plano argumentativo, as estruturas destacadas em "*Eu digo sempre a mesma coisa; disse não ter 'duas caras'*"; "*Quando eu falo que sou contra a legalização do aborto, essa foi minha atitude*"; "*Eu não digo uma coisa ali e outra mais adiante*"; "*Minha vida não tem segredos. Eu digo sempre a mesma coisa. Não tenho duas caras. Tenho uma só*" acionam, majoritariamente, argumentos calcados na estrutura do real, a partir de argumentos que se aplicam a ligações de coexistência, caracterizados por unir uma pessoa a seus atos ("*Quando eu falo que sou contra a legalização do aborto, essa foi minha atitude*").

Enquanto o excerto destacado em (12) ("*O que Dilma já disse*") coloca em xeque a posição assumida por Dilma, apresentando suas contradições, o excerto destacado em (14) reforça a posição de José Serra ("*Contra*"). De uma maneira simulante e dissimulante, o jornal vai tecendo um determinado consenso hegemônico a favor do candidato do PSDB, sobretudo quando se observa, em outros noticiários, a ausência de julgamentos negativos e contrapontos às posições assumidas pelo candidato, bastante livre para apresentar seus pontos de vista.

Apontamos anteriormente que, enquanto as longas narrativas permeiam o noticiário dos primeiros períodos do jornalismo impresso brasileiro, são os breves relatos, bastante raros no final do século XIX e início do XX, que a partir dos anos 1950 se impõem diacronicamente.

Retomaremos, aqui, os resultados apontados por Costa (2010) acerca do gênero notícia na passagem do século XIX para o XX:

> Inicialmente foi feito um relato sobre as tradições predominantes nos primórdios do jornalismo europeu, mais especificamente, alemão: em sua fase inicial, o jornalismo europeu era denominado [...] imprensa de notícias. Em sua fase posterior, o jornalismo europeu torna-se mais opinativo [...]. A primeira das duas fases apontadas por Habermas tem início no século XVIII, enquanto a segunda surge no século XIX (Costa, 2010: 258).

Na realidade, é essa tentativa de aproximação da objetividade que impõe a passagem da predominância da "tradição discursiva do narrar" para a predominância da "tradição discursiva do relatar":

> [...] a tradição discursiva do relatar determina a opção pelo pretérito imperfeito, que é o tempo verbal que exprime simultaneidade e permite adicionar eventos, sem organizá-los sequencialmente (NARR II). Por isso, o uso do imperfeito está ligado ao desenvolvimento temático descritivo, e, consequentemente, a formas de notícia mais próximas da objetividade. Isso comprova a noção de que a distribuição dos fatos linguísticos tem motivações textuais. (Costa, 2010: 258).

No contexto mais geral, podemos afirmar que, para o material proveniente das últimas décadas do jornalismo paulista, embora a determinação exterior continue marcada, há a diferenciação entre nota e notícia. Paralelamente, a mistura de informação e opinião emerge, agora, de uma maneira dissimulada.

Diferentemente dos resultados apontados para os períodos anteriores, no entanto, o noticiário contemporâneo sobre as eleições apresenta uma responsabilidade enunciativa distanciada, verificável pela ausência de comentários que destacam o engajamento do enunciador do texto com os fatos narrados. Acrescente-se a diminuição significativa de julgamentos de estima e sansão social e a estratégia de se reportar, entre aspas, a trechos de discurso do(s) candidato(s). Como resultado, as estratégias argumentativas insurgem, apenas, de modo camuflado.

Em relação às demais regularidades de fenômenos relevantes no gênero sob análise, partindo das características apontadas por Hrbek (1995 apud Costa, 2009b), podemos afirmar que os temas típicos constituem-se dos bastidores da política; o desenvolvimento temático assenta-se no eixo descritivo e a linguagem emerge sem marcas de ênfase.

CONSIDERAÇÕES FINAIS

A análise dos recursos interpessoais empregados e das respectivas formas da persuasão no material analisado permitiu antever as maneiras pelas quais se articulam determinadas ideologias preponderantes na grande mídia impressa, bem como o fato de que, independentemente de qual seja o candidato apoiado por cada um dos jornais, há uma tendência à unidade, verificada pelo estabelecimento de determinados consensos hegemônicos correspondentes a cada período da história da República brasileira.

Confirmou-se o resultado apontado por levantamentos contemporâneos, baseados em análise de conteúdo, que indicam a tendência de cobertura favorável às candidaturas ligadas ao espectro das posições conservadoras, em detrimento das demais posições político-ideológicas. Mediante a breve comparação entre textos publicados no final do século XIX, ao longo do século XX e início do século XXI, fica ainda patente que esse posicionamento político-ideológico perpassa, de modo hegemônico, a elaboração do noticiário dos grandes jornais paulistas nos diferentes períodos da história da política brasileira.

No que se refere à evolução diacrônica do noticiário sobre as eleições, podemos afirmar que, enquanto nos textos do final do século XIX e da primeira metade do século XX há o predomínio da tradição discursiva do "narrar", são os breves relatos, bastante raros no período em questão, que acabam por se impor diacronicamente a partir dos anos 1950, operando a primazia da tradição discursiva do "relatar" a partir de então. Essa TD, comumente, faz uso do argumento de autoridade e se caracteriza pela apresentação pormenorizada de sequências descritivas.

A mudança da primazia da TD do narrar para a TD do relatar vem determinada, sobretudo, conforme apontado na análise dos dados, por matizes ideológicos que, em sua essência, operam a transformação do noticiário vinculado a determinados projetos político-partidários para o jornalismo escrito sob o prisma da "imparcialidade".

Mediante a breve comparação entre textos publicados no final do século XIX, ao longo do XX e início do século XXI fica ainda patente tanto que, nem de longe, pode-se atribuir como característica do noticiário contemporâneo sobre as eleições um "relato objetivo dos acontecimentos recentes". Na realidade, a ilusão da objetividade passa a ser constituída por diversas estratégias camufladas de persuasão e controle, as quais puderam ser verificadas com a breve análise dos recursos interpessoais e dos tipos de argumentos empregados.

Se em alguns textos do final do século XIX e da primeira metade do XX constatamos toda sorte de argumentos, aliados a uma série de avaliações e outros recursos interpessoais, a análise dos textos do final do século XX e início do XXI ratifica a posição de Van Dijk (2008) de acordo com a qual, nas sociedades modernas, o poder exercido pelos jornais inclui maneiras mais sutis de influenciar, o que é obtido por meio do controle da quantidade e do tipo de informação. Administram, assim, a determinação da agenda da discussão pública, a relevância dos tópicos e, sobretudo, de qual maneira cada candidato deve ganhar espaço.

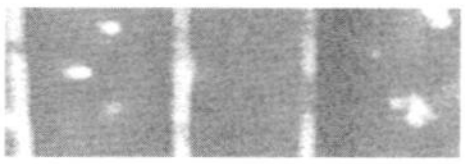

ESTRUTURA RETÓRICO-TELEOLÓGICA E NEGOCIAÇÃO INTERSUBJETIVA EM EDITORIAIS DA IMPRENSA DE BAIRRO

Paulo Roberto Gonçalves-Segundo

SUMÁRIO

APRESENTAÇÃO

A segunda metade do século XX e o início do século XXI constituem um período sócio-histórico no qual as tecnologias de comunicação e informação propiciaram formas mais plurais de aquisição de material simbólico para a formação identitária, representacional e acional. Nesse sentido, exponencializou-se a possibilidade de que cada ator social pudesse construir, a partir de diversas fontes, um projeto identitário próprio e singular.

Conforme Giddens (1997, 2009), a contemporaneidade é marcada pela reflexividade institucional, definida, *grosso modo*, como um processo de autoconfrontação inerente à modernidade pós-tradicional, por meio do qual os atores sociais configuram não só sua(s) identidade(s), mas também seus discursos e ações, mediante um conhecimento advindo de diversas fontes sociais. Em consequência disso, são levados a posicionar-se diante das práticas e estruturas sociais a que estão submetidos, de modo que a formação da(s) sua(s) identidade(s) extrapola tanto o âmbito local quanto a relação autoritativa e afetiva imediata entre eles e a comunidade. O resultado disso passa a ser a necessidade de o ator social construir, dinâmica e reflexivamente, sua(s) identidade(s), tendo em vista as diversas alternativas de identificação com que ele tem contato, especialmente pela mídia.

Tal fenômeno parece constituir-se em uma das principais razões para a emergência do processo de *desmassificação dos meios*, proposto por Meyer (2007) e referendado por Sant'Anna (2008), caracterizado pela proliferação cada vez maior de produtos midiáticos, como jornais e revistas, orientados para grupos específicos, tanto em termos geográficos quanto em termos identitários. A intensificação da possibilidade de identificar-se com estilos de vida que extrapolam o local abre um espaço mercadológico para fontes de informação e conhecimento ligadas à diversidade de grupos, além de permitir uma aproximação do público em relação à instância produtora, na medida em que tais mídias viabilizam uma participação mais direta do leitor/ouvinte/espectador, estimulando seu *feedback* e construindo uma dimensão comunitária que, concomitantemente, destaca seu engajamento no que tange aos interesses do grupo e subtrai do anonimato seus membros potencialmente proeminentes.

O jornalismo local ou de bairro consiste em uma das modalidades de imprensa que se nutre da mudança do eixo do consumo de informação do maciço e global para o local e específico (Meyer, 2007). Em São Paulo, essa prática tem início no final do século XIX, porém é somente em 1971 que surge a Associação de Jornais e Revistas de Bairro de São Paulo (Ajorb). Tal organização visa ao fortalecimento dessa modalidade midiática, por meio do incentivo à cooperação interinstitucional, do diálogo com as prefeituras, as subprefeituras e a comunidade leitora, além do esclarecimento da opinião pública sobre o seu papel no que tange aos serviços prestados à comunidade.[1]

Assim, a imprensa de bairro constitui-se em uma esfera que se propõe como mediadora dos interesses de sua comunidade leitora em relação ao poder público, construindo-se como potencial interlocutor entre o institucional e o cotidiano. Por conseguinte, opera na tensão entre a publicação de textos que abarcam tanto questões regionais e cotidianas quanto sociopolíticas e globais, ora exacerbando cumplicidade, identificação e proximidade, ora estabelecendo autoridade e distanciamento.

O objetivo deste capítulo consiste, portanto, em analisar de que modos os editoriais da imprensa de bairro nas cidades de São Paulo (SP), Rio de Janeiro (RJ) e Curitiba (PR) – com destaque à primeira – organizam-se, negociativa e teleologicamente, no que se refere à tradicionalização de padrões linguístico-discursivos interpessoais, com ênfase aos sistemas de *atitude* e de *envolvimento*, em face dos aspectos comunicativos constitutivos de tal esfera de comunicação humana e do período sócio-histórico em análise – da década de 1970 até o ano de 2013.

A fim de alcançar tal objetivo, realizar-se-á, primeiramente, uma breve exposição acerca dos sistemas de recursos da metafunção interpessoal (Halliday e Matthiessen, 2004; Martin e White, 2005) que embasam o procedimento analítico.

AVALIATIVIDADE E ENVOLVIMENTO: SISTEMAS DO INTERPESSOAL

Segundo Matthiessen (2009: 23-24),

> A língua é interpretada como um sistema semiótico de ordem mais alta – um que não é apenas estratificado em conteúdo e expressão, mas que também é subestratificado, no âmbito do conteúdo, em semântica e léxico-gramática e, no âmbito da expressão, em fonética e fonologia. Ademais, ela é ainda organizada metafuncionalmente em um espectro de modos simultâneos de significação. (tradução nossa)[2]

Esses tipos de significado estão diretamente envolvidos na configuração da língua como um sistema semiótico, como um potencial de significado (Halliday e Matthiessen, 2004) capaz de prover meios para que os atores sociais possam, em primeiro lugar, construir sua experiência de mundo interna e externa (metafunção ideacional); em segundo lugar, estabelecer relações sociais e configurar identidades (metafunção interpessoal); e, em terceiro lugar, transformar tais significados em um fluxo discursivo que permita interligá-los coesa e coerentemente (metafunção textual).

Neste capítulo, o foco de investigação reside na relação entre o potencial de significado do estrato semântico-discursivo e suas realizações léxico-gramaticais no que tange à construção de poder e solidariedade intrínsecas à metafunção interpessoal, responsável por uma concepção de enunciado como intercâmbio e negociação. Destacar-se-ão, no que tange a esse tipo de significado, dois grupos de fatores/recursos linguísticos: o sistema de avaliatividade, conforme Martin e White (2005), e a abordagem do envolvimento, consoante Gonçalves Segundo (2011).

A *avaliatividade* consiste em um sistema semântico-discursivo do interpessoal, associado à construção da perspectiva e à orientação negociativa do ator social no texto, de forma a estabelecer relações de poder e solidariedade com a instância leitora/ouvinte. Destacam-se, nessa abordagem, três grandes subsistemas: a *atitude*, o *engajamento* e a *gradação*. O subsistema de *atitude* é responsável pela organização dos posicionamentos (inter)subjetivos sobre a realidade, por meio da codificação de avaliações de caráter afetivo (*afetos*), comportamental (*julgamentos*) e estético/valor social (*apreciação*) instanciadas pelos atores sociais. Tais avaliações constituem-se em recursos que atualizam, constitutivamente, algum valor de polaridade (negativo, positivo) e de grau (alto, médio ou baixo), revelando distintas formas de comprometimento e identificação da voz autoral em relação a uma dada representação ou objeto de discurso. São realizados por meio de uma série de recursos gramaticais que exercem distintas funções na estruturação léxico-gramatical da oração, abrangendo categorias nominais, verbais e adverbiais.

Os *afetos* encontram-se, em geral, associados a algum gatilho que ativa uma reação emotiva. Subdividem-se em eixos de *felicidade*, *satisfação*, *segurança* e *desejabilidade*.

Julgamentos, por sua vez, dizem respeito a valores comportamentais codificados pela cultura da oralidade ou pela cultura da escrituralidade. Os primeiros, que abarcam opções de *normalidade*, *capacidade* e *tenacidade*, são denominados julgamentos de *estima social* e envolvem avaliações de personalidade, não passíveis, em geral, de punição institucional, uma vez que estão ligadas à integração social primária. Já os julgamentos de *sanção social*, que incluem opções de *honestidade* e *propriedade*, são codificados por regulamentos e leis da cultura da escrituralidade, estando ligados à esfera de punição institucionalizada. Por fim, as *apreciações* dividem-se em dois grandes grupos: os valores estéticos, que abrangem *composição* e *reação*, relativos, respectivamente, à configuração dos objetos semióticos em si e ao impacto potencial de seu consumo no apreciador; e as opções de *valor social*, avaliações que destacam a importância, eficácia, utilidade das ações e objetos.

O subsistema de *engajamento* abrange, por sua vez,

> [...] os recursos linguísticos por meio dos quais falantes/escritores adotam uma postura diante das posições valorativas que são referenciadas pelos textos e diante daqueles a quem se dirigem. (Martin e White, 2005: 92; tradução nossa)[3]

Ele prevê, inicialmente, uma subdivisão entre construções *monoglóssicas*, que simulam, por meio da modalidade categórica (Fairclough, 2003), um comprometimento discursivo máximo, apagando marcas de dialogismo, e as construções *heteroglóssicas*, que explicitam o caráter dialógico da linguagem, permitindo reconhecer alternativas representacionais e avaliativas.

As opções heteroglóssicas subdividem-se em *expansão* e *contração dialógica*.

A expansão dialógica inclui as construções linguísticas em que o espaço enunciativo de aceitabilidade de alternativas dialógicas é ampliado ou, pelo menos, não reduzido. Subdivide-se em eixos de *ponderação*, no qual se incluem as formas de modalização, e *atribuição*, no qual se verificam as formas de discurso relatado em que o enunciado alternativo é enquadrado de forma neutra (*reconhecimento*) ou de forma não assumida pela voz autoral (*distanciamento*).

Já a contração dialógica envolve as construções discursivas em que o espaço enunciativo de aceitabilidade das alternativas dialógicas é reduzido ou anulado. Subdivide-se em *contraposição*, categoria que inclui a *negação* e os recursos de *contraexpectativa*, como a concessão, e em *proposição*, fenômeno que abarca a *expectativa confirmada*, o *pronunciamento* e o *endosso*. A primeira diz respeito aos enunciados que constroem o consumidor textual como potencial concordante em relação às posições autorais, contraindo, assim, a aceitabilidade das alternativas contrárias. A segunda, por sua vez, constrói o leitor/ouvinte como potencialmente discordante, minimizando o espaço de validade da alternativa do consumidor textual, construindo polemicidade. A última consiste em uma forma de discurso relatado em que a voz autoral valida explicitamente a representação citada, o que inclui instâncias de verbos como *mostrar* e *provar*.[4]

Por fim, o subsistema de *gradação* envolve os recursos linguísticos que permitem à voz autoral aumentar ou diminuir seu comprometimento diante de objetos de discurso graduáveis ou não graduáveis. No que tange aos graduáveis, tem-se os recursos de *força*, que envolvem quantificação e intensificação; no que se refere aos não graduáveis, há os recursos de *acentuação* e *amenização* de categorias, o que abrange o grau de proximidade de um objeto de discurso em relação ao protótipo da classe.

O quadro a seguir sintetiza o exposto:

Quadro 1 – Quadro-resumo dos recursos semântico-discursivos de avaliatividade relevantes para esta pesquisa

<table>
<tr><td rowspan="4">Atitude
(valores graduados e polarizados voltados à avaliação (inter)subjetiva da realidade em diversos campos)</td><td>Afeto
(reações emotivas causadas por um gatilho)</td><td colspan="2">Felicidade
Satisfação
Segurança
Desejabilidade</td></tr>
<tr><td rowspan="2">Julgamento
(avaliações comportamentais)</td><td>Estima social</td><td>Normalidade
Capacidade
Tenacidade</td></tr>
<tr><td>Sanção social</td><td>Honestidade
Propriedade</td></tr>
<tr><td>Apreciação
(avaliações ligadas ao campo estético e ao valor social)</td><td colspan="2">Reação
Composição
Valor Social</td></tr>
<tr><td rowspan="4">Engajamento: Heteroglossia
(formas de posicionamento autoral diante de alternativas dialógicas)</td><td rowspan="2">Expansão dialógica
(aceitação da validade ou reconhecimento da plausibilidade de alternativas dialógicas)</td><td colspan="2">Ponderação</td></tr>
<tr><td>Atribuição</td><td>Reconhecimento
Distanciamento</td></tr>
<tr><td rowspan="2">Contração dialógica
(rejeição parcial ou total de alternativas dialógicas)</td><td>Contraposição</td><td>Negação
Concessão</td></tr>
<tr><td>Proposição</td><td>Expectativa confirmada
Pronunciamento
Endosso</td></tr>
<tr><td rowspan="2">Gradação
(grau de comprometimento autoral diante de processos, propriedades e entidades)</td><td>Força
(aplicável a entidades, propriedades e processos graduáveis ou replicáveis)</td><td colspan="2">Quantificação
Intensificação</td></tr>
<tr><td>Foco
(aplicável a entidades, propriedades e processos não graduáveis; grau de proximidade em relação ao protótipo ou à essência)</td><td colspan="2">Acentuação
Amenização</td></tr>
</table>

Os recursos de *envolvimento*, por sua vez, atuam no sentido de promover distintos graus de solidarização entre as instâncias discursivas, contribuindo no que tange a duas grandes funções:

a. *captação* do consumidor textual em relação ao texto em si, ou seja, em relação às representações e valores instanciados;
b. *vinculação* da instância leitora/ouvinte em relação à voz autoral, criando identificação intersubjetiva. Como corolário, podem atuar como recursos de construção e/ou ratificação da autoridade do produtor textual.

Os recursos de *captação* baseiam-se no realce, no destaque e no grau de novidade de determinada posição valorativa ou representação para o leitor/ouvinte, de modo a buscar despertar o interesse no consumo do texto. Por esse motivo, tais formas não se encontram diretamente, mas sim indiretamente associadas à construção da autoridade, uma vez que se encontram fortemente ligadas à construção do interesse, do entendimento e da atenção. Dentre os recursos, encontram-se as opções de *contraprototipicidade* (instanciação não esperada de recursos de uma modalidade linguística em outra ou de um gênero em outro), *presença* (figuras de linguagem que visam a efeitos retóricos) e *novidade* (elementos linguísticos que evocam o presente, a urgência, reforçando o grau de atualidade de uma representação ou avaliação).

Os recursos de *vinculação*, por outro lado, promovem solidariedade na medida em que criam identificação e/ou intimidade entre a voz autoral e o consumidor textual, por meio de uma construção que simula copertencimento a grupos identitários. Dentre os recursos, predominam as opções de *compartilhamento* (criação de um fundo de vozes pressupostas e aceitas entre a voz autoral e o consumidor textual), *pessoalização* (recursos que instauram emotividade ou realçam o *ego-hic-nunc*, calcando a fonte de validade das representações na primeira e/ou na segunda pessoa ou simulando diálogo explícito com o leitor) e *coletivização* (uso de primeira pessoa do plural como forma de aumentar o grau de solidarização e validação de representações e avaliações, variando da simulação de pluralidade – *primeira de plural exclusiva* – ao englobamento de vastos conjuntos de atores sociais, construídos como comunidades discursivas – *primeira do plural inclusiva*, que abrange leitor e produtor, e *genérica*, que abarca leitor, produtor e agentes externos coidentificados). A atualização de narrativas, de caráter biográfico ou não, também constrói envolvimento, consistindo em recursos que promovem tanto *captação* quanto *vinculação*.[5]

O quadro a seguir resume o exposto:

Quadro 2 – Quadro-resumo dos recursos semântico-discursivos de avaliatividade relevantes para esta pesquisa

<table>
<tr><td rowspan="5">Vinculação
(promoção da solidariedade pela criação de identificação e/ou intimidade entre a voz autoral e o consumidor textual, processo que instaura, discursivamente, copertencimento a grupos identitários)</td><td rowspan="3">Coletivização</td><td>Exclusiva</td></tr>
<tr><td>Inclusiva</td></tr>
<tr><td>Genérica</td></tr>
<tr><td colspan="2">Pessoalização</td></tr>
<tr><td colspan="2">Compartilhamento</td></tr>
<tr><td rowspan="3">Captação
(construção de realce, destaque e teor de novidade em relação a posições valorativas ou representações, de modo a buscar despertar o interesse do leitor/ouvinte para o consumo do texto)</td><td colspan="2">Contraprototipicidade</td></tr>
<tr><td colspan="2">Presença</td></tr>
<tr><td colspan="2">Novidade</td></tr>
</table>

Tanto recursos de avaliatividade quanto de envolvimento podem, a partir de uma combinatória complexa, condicionada, em grande parte, por fatores genéricos e contextuais, formar padrões interdiscursivos de ação linguística associados a aspectos constitutivos da diversidade da estrutura retórico-teleológica das práticas discursivas.

Nesse sentido, recursos de atitude podem constituir padrões específicos de avaliação da realidade, de modo a configurarem-se em Tradições Discursivas (TD) ou traços discursivo-tradicionais inerentes a dados gêneros.[6] O mesmo pode ser dito acerca de padrões de recursos de engajamento e gradação, por um lado, e envolvimento, por outro. Assim:

a. *posturas* consistem em padrões de recursos de atitude que cumprem determinado papel na estrutura retórico-teleológica de um dado modo negociativo de um gênero;
b. *vínculos* configuram-se em padrões de recursos de envolvimento que estabelecem distintos níveis/graus de solidarização entre a voz autoral e os consumidores textuais em dados modos negociativos inerentes aos gêneros.

Isso posto, passa-se às considerações de caráter metodológico.

FUNDAMENTOS METODOLÓGICOS E APRESENTAÇÃO DO *CORPUS*

Esta pesquisa apresenta uma investigação dos padrões da metafunção interpessoal, ligados à configuração da negociação intersubjetiva e à estruturação retórico-teleológica do gênero, inerentes aos editoriais da imprensa paulistana de bairro, contrastando-os e aproximando-os, sincronicamente, a editoriais da imprensa de bairro curitibana e carioca. A análise dessa TD na capital paulista também abrangeu uma perspectiva diacrônica, muito embora se restrinja a uma diacronia curta, uma vez que só se consideraram textos que emergiram após a fundação da Ajorb no início da década de 1970. Entretanto, mesmo diante de um espaçamento cronológico tão enxuto, as disparidades no contexto sócio-histórico (período de ditadura militar x período democrático) e no contexto comunicacional (intensificação da desmassificação dos meios e aumento da penetração da internet) permitem depreender e explicar muitas das diferenças e semelhanças entre os textos publicados em ambos os períodos.

Nesse sentido, o *corpus* paulista constitui-se de 118 textos, dentre os quais 46 constam do *corpus* do século XX e 72 do *corpus* do século XXI. Para efeito de análise contrastiva, coletaram-se 20 editoriais do século XXI de duas outras cidades: Rio de Janeiro e Curitiba. Destes, 11 foram veiculados em Curitiba e 9, no Rio de Janeiro.[7]

As análises foram realizadas tanto em termos quantitativos quanto qualitativos. As análises quantitativas, que consistiam na codificação de todas as instâncias relativas às categorias explicitadas na seção anterior na totalidade dos editoriais coletados, atuaram como pistas, indícios, para a busca qualitativa de padrões linguísticos de configuração intersubjetiva. Os *softwares* utilizados para tal procedimento foram o UAM Corpus Tool e o Microsoft Excel. Além disso, a análise do aspecto teleológico – que permitiu depreender quatro grandes grupos de editoriais: os críticos, os exortativos, os exaltativos e os informativos – possibilitou o estabelecimento de parâmetros textuais para a atribuição de variáveis dependentes que organizaram a depreensão de médias (por texto) de cada opção sistêmica de recursos.[8]

Com base nesses dados, buscou-se depreender a combinação desses recursos em *posturas* e *vínculos preferenciais e permitidos*[9] no seio de cada um dos modos negociativo-teleológicos, de modo a buscar um quadro que abrangesse as diversas possibilidades de arranjo de padrões nesses textos. A correlação também foi realizada em termos dos princípios de seleção temática e do agrupamento temático-identitário do jornal, parâmetros a serem abordados na próxima seção.[10]

A IMPRENSA DE BAIRRO E O EDITORIAL

Escrevi anteriormente que

> [...] a imprensa de bairro situa-se em um ponto intermediário do *continuum* entre o cotidiano e o institucional [...] e consiste em uma subesfera jornalística que se nutre do fenômeno de desmassificação dos meios para crescer e pluralizar seu mercado, procurando intermediar a relação entre público e privado, entre os desejos e reivindicações da comunidade que ela mesma constrói em face das instâncias de poder decisórios regionais, constituindo-se em complacência no que se refere às representações e valores projetados da comunidade como modo de estabelecer vinculação e captação em relação ao público, para, assim, garantir seu espaço tanto no mercado econômico quanto no simbólico. (Gonçalves-Segundo, 2011: 422).

Nessa perspectiva, o editorial dessa imprensa deve ser entendido como uma TD preferencialmente associada a formar opinião e a construir autopromoção e captação da esfera leitora, na medida em que se configura no gênero primordial por meio da qual a voz institucional encontra espaço legitimado para apresentar-se explicitamente de forma a orientar o consumidor textual em face daquilo que a instituição, projetivamente, objetiva com tal publicação.

Em termos linguísticos, isso resulta em textos de caráter, precipuamente, avaliativo, por meio dos quais a realidade presente é alvo de uma conduta valorativa argumentada, orientada pelo olhar local – nicho de mercado dessa imprensa –, em geral, voltada ao convencimento (levar a crer) ou à persuasão (levar a fazer) do leitor. Em consequência disso, os atos de informar, recomendar, denunciar, condenar, incitar e exaltar, inerentes à multiplicidade negociativa do editorial de bairro, consistem em recursos retórico-teleológicos fundamentais para o entendimento da funcionalidade do gênero como espaço autorizado de arbítrio entre a comunidade e as instâncias do poder público. Tais atos, por sua vez, são marcados por meio de uma combinação heteróclita e complexa de múltiplos padrões da metafunção interpessoal.

Já em termos representacionais, tais editoriais abrangem um grande número de princípios de seleção temática, destacando-se:

1. o desenvolvimento de avaliações e argumentos relativos a questões de ordem sociopolítica e eleitoral;
2. a discussão de problemas regionais específicos aos bairros;
3. a tematização de eventos significativos de ocorrência extraordinária na região;
4. o comentário acerca do significado de determinadas datas comemorativas; e
5. a apresentação do jornal à comunidade, destacando sua missão e seu potencial papel em termos de articulador da relação entre o cidadão e o poder público.[11]

No que se refere ao eixo negociativo, destacam-se quatro grandes modos de articulação acional que estruturam as correlações semântico-discursivas entre as coerções retórico-teleológicas e a construção do poder e da solidariedade textuais. São eles os modos de negociação intersubjetiva (MNI) *crítico*, *exortativo*, *exaltativo* e *informativo*.

Textos *críticos* enfocam o convencimento e constroem, constitutivamente, um quadro negativo da realidade apresentada, baseado, geralmente, em *julgamentos*. Por tal razão, são os padrões negociativos mais fortemente associados a textos de temática sociopolítica e regional – 87% dos textos críticos paulistanos vinculam-se a tais temáticas.

Textos *exortativos*, por sua vez, enfatizam a persuasão e apresentam, intrinsecamente, uma situação-problema para a qual a voz autoral oferece comandos que, em geral, visam a solucionar o problema (Longacre, 1992). Tal modo negociativo associa-se a diversas orientações temáticas, especialmente à sociopolítica, à regional e às referentes a datas comemorativas e a eventos significativos.

Os textos *exaltativos* e *informativos* são marginais em relação aos dois outros modos negociativos anteriores. Os primeiros são mais comuns no período de ditadura militar e, em geral, constroem um quadro positivo de um comportamento, de uma instituição ou de um ator social, buscando vincular, afetivamente, a instância leitora a esse objeto. Em geral, a exaltação liga-se aos temas que envolvem a biografia de um ator social, alguma data comemorativa relevante, a apresentação do jornal diante da comunidade leitora e, raramente, a contextos sociopolíticos. Os textos *informativos*, por sua vez, estão fortemente associados ao *corpus* do século XXI e expõem ao leitor os acontecimentos recentes de uma região, orientando-o a participar de algum evento ou estimulado a leitura dos textos publicados no periódico.[12] Por vezes, também recontam a história do bairro, especialmente no aniversário de sua fundação. A postura avaliativa tende a ser marcada por um índice mais elevado de *apreciações*, em detrimento de *afetos* ou *julgamentos*, o que aponta para uma redução do comprometimento e do envolvimento autoral quanto à avaliação da realidade. De modo geral, tais textos vinculam-se a uma grande pluralidade temática, principalmente relativa a eventos regionais, a datas comemorativas e a aniversários de bairro.

Por fim, os jornais podem também ser agrupados tendo em vista a amplitude do olhar local sobre os acontecimentos e os comportamentos avaliados e escrutinados nos editoriais. Nesse sentido, tem-se três grandes grupos: os jornais de *abordagem global*, cujo olhar avaliativo se estende, principalmente, a acontecimentos de teor sociopolítico de alcance não só municipal, mas também estadual, nacional e até mesmo internacional; os jornais de *abordagem específica*, cujos editoriais se centram nos acontecimentos que envolvem os bairros e, no máximo, a cidade; e os jornais de *abordagem plural*, cujos textos abordam desde temas sociopolíticos até fatos e comportamentos cotidianos, enfatizando o que Peruzzo (2005) denomina *informação de proximidade*.[13] Nesse sentido, jornais de abordagem global atualizam, preferencialmente, textos críticos, maximizando, por conseguinte, temáticas sociopolíticas. Periódicos de abordagem específica também enfatizam textos críticos, porém a temática regional apresenta maior incidência. Veículos de abordagem plural, por sua vez, tendem a atualizar textos de teor exortativo e temática relativa tanto ao sociopolítico quanto às datas comemorativas.

Estabelecido, assim, um quadro geral, especialmente válido para os editoriais da capital paulista, mas também aplicável aos textos cariocas e curitibanos, a próxima seção tratará da análise de padrões linguísticos de composição dos editoriais da imprensa paulistana de bairro.

Iniciar-se-á pelos padrões *posturais* e, na sequência, expor-se-ão os *vínculos*. O procedimento analítico será ilustrativo, uma vez que se apresentarão um ou dois excertos de editoriais em que um padrão é atualizado, enfatizando, especialmente, seus recursos característicos e sua funcionalidade na estrutura retórico-teleológica de um dado modo de negociação intersubjetiva. Ao final, tecer-se-ão breves apontamentos de caráter diacrônico no que concerne ao *corpus* paulistano.

ANÁLISE DO *CORPUS*

Posturas: padrões de atitude em editoriais de jornais de bairro

Os editoriais de jornais de bairro analisados apresentam cinco principais padrões funcionais de construção da avaliação atitudinal – denominados *posturas* – que realizam uma interface entre a estrutura retórico-teleológica e negociativa do gênero em face da organização temático-representacional do texto e do posicionamento institucional do veículo em relação aos eventos, acontecimentos e comportamentos escrutinados, analisados e descritos nas instâncias textuais. Nesse sentido, a *postura* consiste em um padrão de *generalização instancial* que intermedeia o plano representacional e o plano negociativo, de modo que um mesmo MNI pode apresentar inúmeras possibilidades paradigmáticas posturais e combinatórias sintagmáticas, atualizáveis mediante as coerções temáticas, representacionais e ideológicas que impingem os macroatos de fala pertinentes.

O quadro abaixo permite uma visualização das principais posturas depreendidas na análise do *corpus* paulistano de editoriais:

Quadro 3 – Quadro-resumo dos padrões atitudinais em função do modo negociativo[14]

<table>
<tr><th>MNI</th><th colspan="12">Posturas preferenciais e permitidas</th></tr>
<tr><td>Crítico</td><td colspan="4">1. Postura de Condenação
+/- Afeto
+ Sanção Social
+ Negativo</td><td colspan="4">2. Postura de Repúdio
+/- Afeto
+ Estima Social
+ Negativo</td><td colspan="4">3. Postura de Análise
- Afeto
+ Apreciação
+ Positivo</td></tr>
<tr><td>Exortativo</td><td colspan="3">1. Postura de Condenação
+/- Afeto
+ Sanção Social
+ Negativo</td><td colspan="3">2. Postura de Repúdio
+/- Afeto
+ Estima Social
+ Negativo</td><td colspan="3">3. Postura de Reconhecimento
+/- Afeto
+ Julgamento
+ Positivo</td><td colspan="3">4. Postura de Análise
- Afeto
+ Apreciação
+ Positivo</td></tr>
<tr><td>Exaltativo</td><td colspan="12">1. Postura de Louvor
+ Afeto
+ Julgamento
+ Positivo</td></tr>
<tr><td>Informativo</td><td colspan="12">1. Postura de Análise
- Afeto
+ Apreciação
+ Positivo</td></tr>
</table>

Legenda (o valor baixo, médio ou alto referente ao índice de atualização é inferido comparativamente a partir dos valores do editorial médio genérico):

+ = Alto índice de atualização/alta intensidade

- = Baixo índice de atualização/baixa intensidade

+/- = Índice mediano de atualização/intensidade média

Ø = Ausência de atualização/Instanciação irrelevante

≡ = Atualização equivalente

Observem-se alguns exemplos:

(1) [21,1 CE SP] Octavio Frias de Oliveira, o eterno exemplo do empreendedor

Há pessoas que nascem para mostrar ao mundo que todos os momentos da vida existem, para que levemos adiante projetos e ideais. Encontrar pela frente um novo desafio lhes serve para despertar a mente em busca de soluções inovadoras.

Tais seres humanos são pioneiros devido a uma visão especial das possibilidades de um ou outro empreendimento. Para eles, os obstáculos são degraus que os fazem alcançar a realização de seus planos.

Tornam-se onipresentes pelo exemplo que dão ao se dedicarem ao trabalho, buscando a proximidade da perfeição. Não se preocupam em exercer atividades diferenciadas, pois é isto que os impulsiona e lhes dá, a cada dia, uma nova visão de vida.
Octavio Frias de Oliveira provou ser uma dessas pessoas, que se comprometeu em alcançar o sucesso, não só para seu próprio bem, mas também de todos que, de alguma forma, estivessem ligados a ele. [...] (*SP Norte*, 4 a 10 de maio de 2007)

O trecho integra um editorial de cunho exaltativo publicado em decorrência do falecimento do jornalista Octávio Frias de Oliveira. O excerto é marcado tanto pela implicitação quanto pela inscrição intensa de *julgamentos positivos*, traço que caracteriza a *postura de louvor* (*laudatória*).

Frias é construído como membro de uma coletividade de indivíduos caracterizados pela *tenacidade* – "*encontrar pela frente um novo desafio lhes serve para despertar a mente em busca de soluções inovadoras*"; "*os obstáculos são degraus que o fazem alcançar a realização de seus planos*", "*exemplo ao se dedicar ao trabalho*" –, pela *capacidade* – '*pioneiros*'", "*visão especial das possibilidades de um ou outro empreendimento*", "*onipresentes*", "*buscando a proximidade da perfeição*" – e pela propriedade – "*se comprometeu a alcançar o sucesso, não só para seu próprio bem, mas também de todos que, de alguma forma, estivessem ligados a ele*".

O quadro positivo é ainda tecido a partir de uma voz autoral extremamente comprometida com as representações e avaliações, conforme os verbos de endosso permitem mostrar – "*Há pessoas que nascem para* ***mostrar*** *ao mundo que todos os momentos da vida existem, para que levemos adiante projetos e ideais*"; "*Octávio Frias de Oliveira* ***provou*** *ser uma dessas pessoas*".

Além disso, é comum, nesses textos, que sejam instanciados *afetos* como recursos para vinculação entre a voz autoral e o público consumidor, construindo um quadro de reações emotivas que pressupõem uma concordância do leitor ideal em face do alvo exaltado. O excerto a seguir – recortado da parte final de um editorial – mostra, justamente, como funciona essa estratégia na década de 1970:

(2) [20,2 CE SP] A semana do Exército em Mira
[...] Por isso, as comemorações da Semana do Soldado brasileiro, em todo o território nacional, tendo como protótipo a figura de Caxias, nos

enchem de emoção e orgulho. O Exército Brasileiro é uma força, uma garantia, uma esperança de todos nós, um galardão de glórias imortais, dentro e fora de nossas fronteiras.
Hosanas ao Exército, pelo seu passado, pelo seu presente, pelo seu futuro! Hosanas pelo seu glorioso Patrono, Caxias, o Soldado exemplo de todos os tempos! (*Correio da Zona Sul*, 24 de agosto de 1973).

É possível depreender uma ampla construção afetiva que – por meio da primeira pessoa do plural genérica, responsável por vincular a voz autoral e o leitor a toda a nação brasileira – atualiza uma série de *afetos positivos*, cujo gatilho encontra-se associado ao Exército e à figura de Caixas – "*nos enchem de **emoção** e **orgulho***", "*uma **esperança** de todos nós*". Ademais, há, de uma forma mais contundente do que no texto anterior, que apresentava julgamentos de caráter implícito, a atualização de avaliações inscritas de estima e sanção social positivas – "*O Exército brasileiro é uma **força*** [...] *um **galardão de glórias imortais***", "*Hosanas pelo seu **glorioso** Patrono, Caxias, o Soldado **exemplo** de todos os tempos*".

A própria atualização de uma expressão de louvor, característica do discurso religioso – **Hosana(s)** – exponencializa a atitude laudatória, aproximando as Forças Armadas a uma configuração divina. Ademais, é também característica a construção de circunstâncias de tempo prolongadas ou maximizadas, numa tentativa de associar o comportamento, o ator social ou a instituição louvada a um elemento mítico, incapaz de ser minimizado ou relativizado pela ação do tempo. Em outros termos, são objetos de discurso acima de qualquer idiossincrasia cultural ou ideológica. Octávio Frias é o "*eterno exemplo de empreendedor*", e Caxias é "*o Soldado exemplo de todos os tempos*".

O excerto a seguir, por sua vez, instancia uma postura bem diferente. Trata-se da *postura condenatória*, aquela que privilegia a *sanção social negativa* como forma de denunciar uma realidade presente insatisfatória:

(3) [20,2 CE SP]
No repulsivo caso da venda de 149 milhões de ações da Cia. Vale do Rio Doce na Bolsa de Valores do Rio de Janeiro por ordem do governo, já está praticamente tudo resolvido: para variar, não vai acontecer nada. Todos terão explicações muito bem elaboradas para apresentar ao público e o máximo que pode acontecer é a punição de algum "bode expiatório" da Bolsa de Valores ou da corretora. Essa é a hipótese mais provável do

desfecho do caso, a julgar pelo resultado do inquérito aberto na ocasião, recentemente divulgado, onde não constam depoimentos do ministro da Fazenda, Ernâne Galvêas, nem do presidente do Banco Central, Carlos Geraldo Langoni. [...]
No caso da Vale, os brasileiros assistiram a mais um "show" de uso ilimitado do poder e de impunidade quase absoluta desse mesmo poder O que é de assustar, quando se sabe que toda a população, menor ou maior grau, é afetada por esse mesmo Poder cotidianamente, nos mais variados aspectos e de múltiplas maneiras. (*Gazeta da Lapa*, 21 de junho de 1980).

A postura condenatória é a preferencial nos textos críticos e uma das principais nos textos exortativos. Em ambos os casos, ela é instanciada como forma de ativar um quadro negativo do *status quo*, gerador de *insatisfação* ou *infelicidade* – razão pela qual esses *afetos* tendem, também, a ser atualizados. Entretanto, nos textos críticos, é o próprio quadro negativo que é alvo da construção argumentativa do texto, uma vez que se objetiva convencer o leitor acerca dessa visão da realidade, ao passo que, nos exortativos, o quadro negativo constitui-se em uma forma de apresentação da situação-problema como meio de justificar as soluções e os comandos propostos, na medida em que se busca a adesão do leitor ideal, ator passível de mobilização, voltada a uma potencial modificação da realidade empírica que corrija o *status* indesejável. Em outros termos, uma mesma postura pode adquirir funcionalidades distintas em um mesmo gênero tendo em vista a ativação de modos de negociação intersubjetiva e estruturas retórico-teleológicas diferenciadas.

O texto em análise consiste em uma instância de teor *crítico*, no qual a voz autoral procede a uma condenação das atitudes do governo frente a um escândalo financeiro. A *apreciação/afeto*, de teor *negativo – repulsiva* –, logo no primeiro nexo oracional do texto, aponta para uma construção de *insatisfação* e *indesejabilidade* do evento descrito, procurando associar tal avaliação à venda das ações da Vale e, assim, conduzir o leitor a crer nessa posição.

A voz autoral implicita *julgamentos negativos de sanção social*, na medida em que constrói a corrupção e a impunidade como valores perenes do poder público nacional – "*para variar, não vai acontecer nada. Todos terão explicações muito bem elaboradas para apresentar ao público e o máximo que pode acontecer é a punição de algum 'bode expiatório' da Bolsa de Valores ou da corretora*".

Mesmo não se comprometendo completamente com tal posicionamento, tendo em vista a atualização da modalidade epistêmica – *pode acontecer* –, a voz autoral assume a hipótese de impunidade e denuncia, por meio da contração dialógica, que faltam depoimentos centrais para a apuração dos fatos – "*Essa é a hipótese mais provável do desfecho do caso, a julgar pelo inquérito aberto na ocasião, recentemente divulgado, onde não constam depoimentos do ministro da Fazenda* [...] *nem do presidente do Banco Central* [...]". Note-se que a *negação*, ao contrair o dialogismo, anula a alternativa de que tais depoimentos deveriam integrar o inquérito, fato que seria positivo na construção autoral. Nesse sentido, há uma nova implicitação de impropriedade, calcada na não ocorrência do que era esperado.

No último parágrafo, extraído do final do texto, a voz autoral constrói os brasileiros como atores sociais que, passivamente, assistem ao abuso de poder, revelando-se, por conseguinte, *assustada* – valor de *afeto negativo* relativo à *segurança* e *indesejabilidade* – no que se refere a essa atitude de inação. Nesse sentido, os traços de condenação se estendem não só ao poder público, mas também à população, que é permissiva em relação a tais atitudes. Entretanto, o editorialista não propõe soluções para o quadro, o que justifica a ausência de comandos orientados para a mudança do *status quo*; caso ocorressem, o texto poderia ser caracterizado como *exortativo*.

O excerto abaixo, por sua vez, representa um exemplar da *postura analítica*, preferencial de editoriais *informativos*, mas também atualizável em textos *críticos* e *exortativos*, embora em menor proporção:

(4) [21,1 CE SP]

Reciclando

Uma das maiores vantagens da democracia, mesmo com todos os seus vícios, é ainda a possibilidade da reciclagem de poder e do poder.

Assim, Curitiba vive hoje a possibilidade de uma nova visão sobre a cidade, com a possibilidade de abrir novas frentes de atuação. Por outro lado, a "novidade" de Fruet na prefeitura, nem é tão nova, mas está longe de uma continuidade, tanto pela racionalidade do futuro prefeito quanto pela presença do PT que deve influenciar em boa parte das ações, assim como assumir algumas secretarias importantes.

A grande expectativa fica entre o quanto de "poder" vai ter o PT, o PDT e o PV. Como partidos no Brasil são utilizados para conseguir legenda, fica

> *a esperança de que Fruet possa predominar sobre os partidos. Desta maneira, do* PDT *que lhe abriu espaço para a candidatura, até o poderoso* PT*, ficam todos com a mesma relação e a mesma possibilidade de partilhar da administração [...]* (*Gazeta do Bairro*, Curitiba, outubro de 2012).

A *postura analítica*, que marca o editorial cujo início se encontra exposto anteriormente, é caracterizada por um baixo índice de *julgamentos* e *afetos* e uma alta atualização de *apreciações*, cumprindo a função de destacar a importância, a validade, a utilidade ou a novidade de certos acontecimentos, comportamentos, atitudes, leis etc. O editorial não deixa, portanto, de ser avaliativo. Entretanto, o teor das avaliações não passa pelo escrutínio público condenatório ou laudatório, mas sim da apresentação do potencial valor social dos fatos, acontecimentos e comportamentos.

Note-se que a voz autoral inicia o texto apreciando a democracia em termos do seu valor social – a vantagem de reciclar poder –, fato que é contraposto a um reconhecimento de seus vícios, por meio de uma estrutura de contração dialógica ligada à *contraexpectativa* (*concessão*) – "*mesmo com todos os seus vícios*". A alternativa dialógica de que os vícios solapariam a vantagem da reciclagem no que tange à democracia é anulada e, nesse sentido, a voz autoral valoriza a importância desse sistema sem ativar afetos ou avaliar comportamentos. É o sistema democrático, enquanto construto social e semiótico, que é objeto de análise.

No parágrafo seguinte, é o teor de *novidade* que se destaca, apesar de o editorialista ressalvar, após o primeiro período, de que não se trata nem de uma total novidade nem de uma simples continuidade, por meio de uma estrutura que constrói *gradação* em termos de *força* – "*nem é tão nova*" e "*está longe de uma continuidade*" –, ofuscando o enquadramento de Fruet a qualquer um dos polos.

A voz autoral – por meio da atualização do nome *possibilidade*, estrutura que minimiza o comprometimento, uma vez que expande o dialogismo – constrói a futura prefeitura de Fruet como passível de provocar mudanças na cidade, alterações essas decorrentes da *capacidade*, *julgamento positivo de estima social*, do prefeito – "racionalidade" – e da influência do PT em secretarias importantes.

O *afeto esperança* fica reservado ao terceiro parágrafo e diz respeito às expectativas autorais de que o prefeito se sobressaia às disputas partidárias.

Tal tipo de *afeto*, ligado à *desejabilidade*, é comumente instanciado em textos informativos, uma vez que, nesses, a voz autoral tende, em diversos casos, a exercer uma atividade de recomendação em relação ao público-leitor. Tal incitação não visa a resolver uma situação-problema, o que enquadraria o texto no modelo exortativo, mas sim a incitar a conhecer melhor determinados dados da realidade ou a participar de eventos. Nesse sentido, valores de *desejabilidade*, que marquem a inclinação autoral diante de uma possível realidade positiva e de uma potencial atitude complacente do leitor, são aspectos relevantes da constituição desses textos. No caso do texto em questão, trata-se de um desejo autoral relativo a uma administração que supere as diferenças partidárias para que seja, de fato, útil a Curitiba.

Nota-se, portanto, que o teor avaliativo ainda persiste, entretanto, não há exaltação de atores sociais nem de comportamentos tampouco uma condenação explícita das ações de instituições ou indivíduos. O posicionamento autoral é mais "neutro" – com destaque às aspas –, na medida em que o escrutínio fica no sentido de hipotetizar acerca das novidades, da utilidade e da eficácia do novo governo.

Já o excerto a seguir, extraído de um editorial do Rio de Janeiro, apresenta uma postura que, de certo modo, tangencia a analítica, no sentido de que não condena nem louva comportamentos, mas se afasta na medida em que atua como um meio de desvelar ao leitor, passível de mobilização, os aspectos positivos de determinadas atitudes, fatos, eventos e comportamentos, de modo a incitá-lo a agir e participar de alguma ação prática. Trata-se da *postura de reconhecimento*.

(5) [21,1 CE SP]
Sorria para 2013!
Você decidirá as novas escolhas
De repente, me flagro pensando como foi rápido o ano de 2012. Que magia rege o relógio? Parece que a aceleração é geral, porque muita gente está fazendo o balanço das metas que traçou e se queixa do corre-corre, da velocidade do tempo, do acúmulo de atividades que tentou executar, mas que, infelizmente, não foi possível. Aí bate uma sensação desagradável, de desânimo e de incertezas. No entanto, o novo ano que se aproxima é um convite para dizermos para nós mesmos que vale tentar de novo. Imagine,

> *leitor, iniciar 2013 com o sentimento de renovação, de esperança, de entusiasmo e de mais determinação para os novos projetos. Pensando desta maneira, a equipe do jornal selecionou temas que farão você refletir sobre os problemas que desarticulam a rotina dos moradores da região e também o convida a participar das reuniões, do Conselho de Segurança, da coluna de cartas deste jornal ou simplesmente "botar a boca no trombone" [...]* (*Jornal Nosso Bairro Jacarepaguá*, janeiro de 2013)

A *postura de reconhecimento* tem uma ocorrência mínima no *corpus* paulistano e fato semelhante ocorre nos textos curitibanos e cariocas. Em geral, ela não ocorre ao longo de um exemplar textual inteiro. Em outros termos, ela tende a ocorrer em composição sintagmática (Kabatek, 2006b) com outras posturas, especialmente em textos de caráter *exortativo*.

No editorial anterior, entretanto, ela parece permear o texto como um todo. O excerto mostra o início do exemplar textual, no qual a voz autoral, simulando um diálogo, trata o leitor pela segunda pessoa *você* e se assume em primeira do singular, estratégia de *envolvimento* por *vinculação* comum a textos exortativos.[15]

O editorialista contrapõe duas situações relativas a uma concepção de mundo que assume como pressuposto a passagem rápida do tempo. Em um dos quadros, a voz autoral expõe uma atitude de reclamação generalizada, oriunda de um *afeto negativo* de *insatisfação*, que culmina em instâncias negativas de *infelicidade* – "*Aí bate uma sensação desagradável, de desânimo e de incertezas*". No outro, por sua vez, propõe conceber o ano novo como uma possibilidade de subversão desses afetos negativos por meio de uma estrutura exortativa imperativa que atualiza afetos positivos – "*Imagine, leitor, iniciar 2013 com o sentimento de renovação, de esperança, de entusiasmo e demais determinação para os novos projetos*".

O editorialista não condena nem repudia comportamentos, tampouco avalia a eficácia, utilidade ou importância dos acontecimentos. Não exalta atores sociais nem comportamentos. Ele reconhece um quadro negativo e um quadro positivo, mas enfatiza a possibilidade do positivo, valorizando-a de modo a exortar não para uma mudança do *status quo* negativo – até porque é projetivo e não necessariamente aplicável ao leitor –, mas para uma realização da possibilidade positiva que está ao alcance do consumidor textual. A problematização é afetiva e virtual; não se calca em um problema real palpável, vigente socialmente, como casos de corrupção, má gestão ou violência. Por tal razão, essa postura tende a ser instanciada em textos nos quais se constroem representações e avaliações complacentes com a realidade cotidiana dos leitores, que são mobilizados para a manutenção desse estado positivo pressuposto.

O excerto adiante, por sua vez, representa uma instância da *postura de repúdio*, presente de forma não preferencial tanto em textos exortativos quanto em críticos:

(6) [20,2 CE SP]

Inundações até quando?

A cada chuva mais forte mais e mais se evidenciam os problemas de infraestrutura de São Paulo. Até mesmo regiões tidas como consolidadas neste aspecto merecem reparo. E não são só as chuvas, existe muitas outras questões que requerem o olho vigilante de uma administração competente.

Estudos recentes, feitos por empresa contratada pela própria Prefeitura, dão conta de que nossas galerias de águas pluviais ou canalizações de córregos, entre as quais, verdadeiras obras de arte, estão obsoletas ou em estado de completo abandono. Não existia sequer um mapa dessas galerias. Estamos falando do centro de São Paulo, imagine-se o que deve ocorrer na periferia.

São Paulo foi uma cidade que cresceu desordenadamente, sem que as sucessivas administrações se preocupassem com os problemas do subsolo. "Obras enterradas não dão dividendos eleitorais", essa é a máxima. Cremos que problemas como deslizamentos de morros, inundações com mortes e outros danos também não os dão. [...] (*O Cerqueira César*, 10 de março de 1991).

A *postura de repúdio*, de modo similar à de *condenação*, constrói um quadro *negativo* do *status quo* baseado em *julgamentos*. Entretanto, enquanto a condenação se pauta na *sanção social*, o repúdio se baseia na *estima social*. Logo, são problemas de *anormalidade*, *incapacidade* e *falta de determinação* que se tornam alvo de crítica.

Note-se que o título já ressalta uma *insatisfação* autoral implícita, uma vez que a pergunta retórica pressupõe que o problema das inundações deveria ter resolução imediata ou nem ocorrer, o que antecipa a construção de uma situação-problema.

Tal situação-problema fica exposta logo no primeiro parágrafo e concerne à questão da infraestrutura precária da cidade de São Paulo no que se refere à contenção das enchentes, o que é destacado pelo uso do verbo de *endosso evidenciar* no primeiro período. Ressalta-se que o parágrafo inicial, apesar de enfatizar as inundações, também aponta para outros problemas vivenciados na cidade e constrói, por meio de um verbo que sinaliza *necessidade deôntica* – *requerer* –, uma correlação entre vigilância governamental e competência, valores ligados à *tenacidade* e à *capacidade*, respectivamente. Em outros termos, se existe *capacidade*, deve haver *tenacidade* para garantir a solução das mazelas e dos conflitos.

O parágrafo seguinte inicia-se pela introdução de uma voz externa dialogicamente contraída por *endosso*, que ratifica o posicionamento autoral, funcionando como um argumento de autoridade para a instância leitora. O editorialista contrapõe o caráter estético das galerias paulistanas, graduadas por um recurso de *foco* no âmbito da acentuação – "***verdadeiras** obras de arte*" – com a sua disfuncionalidade – "*obsoletas ou em estado de completo abandono*" –, destacando uma ausência de vigilância, o que invoca julgamentos negativos de *tenacidade* e de *capacidade*.

A negação promovida na construção – "*Não existia sequer um mapa dessas galerias*" – cancela a alternativa dialógica de que um mapa deveria existir, e o recurso de gradação *sequer* exponencializa o absurdo de tal realidade, visto que indica tratar-se do mínimo esperado. Tem-se, assim, uma estrutura de *contra-expectativa* que implicita uma *apreciação negativa de valor social*, ligada à ineficiência.

Uma instância de condenação, no âmbito da *sanção social*, é invocada no parágrafo seguinte – "'*Obras enterradas não dão dividendos eleitorais*', *essa é a máxima. Cremos que problemas como deslizamentos de morros, inundações com mortes e outros danos também não os dão*". Veja-se que, no trecho, o editorialista não explicita um *julgamento de impropriedade*, mas cria, por associação entre a máxima – voz externa endossada de senso comum – e a crença autoral, condições para que o leitor compreenda que a falta de ação possa estar ligada à ausência de vantagens eleitorais, conectando a *tenacidade* não só à *capacidade*, mas também à *propriedade*.

Logo, pode-se observar que a *postura de repúdio*, apesar de calcar-se, precipuamente, em avaliações negativas de estima, não prescinde da sanção social; entretanto, não toma essa última como foco do trabalho avaliativo.

Isso posto, devem-se destacar três pontos fundamentais para compreensão da natureza linguístico-discursiva das posturas e de sua correlação com a estrutura textual:

a. *posturas* consistem em padrões *atitudinais* funcionais ligados ao polo da instância. Em outros termos, são abstrações instanciais, generalizações do real (Martin e White, 2005), e não sistêmicas, como o são os registros ou os gêneros. Posturas podem ocorrer em composição sintagmática nos textos e são atualizadas preferencialmente mediante o modo de negociação intersubjetiva e a estrutura retórico-teleológica do gênero, embora possam sofrer coerção temático-representacional;
b. *posturas* possuem uma relativa independência em relação ao gênero, constituindo-se, por si só, em modos de ação discursiva. Entretanto, sua motivação interdiscursiva e sua funcionalidade dependem, diretamente, dos aspectos negociativos e retóricos do texto, de modo que uma mesma *postura* pode assumir papel retórico diferenciado em uma estrutura negociativa crítica ou exortativa, por exemplo, conforme é o caso da *postura de condenação*.
c. *posturas*, paralelamente a *vínculos*, *incitações* e outros possíveis padrões interpessoais, combinam-se de modo compósito para a formação de modos de negociação intersubjetiva, e estes, juntamente com os aspectos retórico-teleológicos e os padrões temático-representacionais, constituem gêneros. Dialeticamente, gêneros, como padrões de padrões sociossemióticos de ordem sócio-história, constrangem o potencial negociativo, temático-representacional e retórico-teleológico e, estes, por sua vez, limitam, como coerções estruturais (Giddens, 2009), a gama de recursos semióticos selecionáveis dos diversos planos metafuncionais. Como quaisquer padrões, a emergência de uma *postura* abre espaços preferenciais para a atualização de outros padrões específicos associados, formando uma rede probabilisticamente condicionada de padrões – metarredundância (Lemke, 2005) – que integra possíveis modelos cognoscitivos de ação sociosemiótica.

Tendo isso em vista, passa-se ao exame dos padrões de envolvimento.

Vínculos: padrões de envolvimento em editoriais da imprensa de bairro

De modo análogo aos recursos atitudinais, os recursos de envolvimento também constituem padrões interpessoais relevantes na configuração negociativa dos editoriais da imprensa de bairro. Em termos metodológicos, tais recursos somente foram contabilizados no que se refere à *coletivização*, ou seja, à incidência de vinculação pronominal em termos do caráter exclusivo, inclusivo ou genérico referente ao uso da primeira pessoa do plural. A partir dessa contabilização, analisaram-se qualitativamente os textos em termos dos outros recursos de envolvimento, procurando investigar se havia alguma correlação entre o nível de *coletivização*, a incidência de *vinculação* e *captação* e o *modo de negociação intersubjetiva*.

O quadro a seguir resume os resultados encontrados em São Paulo. Dados díspares relevantes, encontrados no Rio e em Curitiba, estão em itálico:[16]

Quadro 4 – Quadro-resumo dos padrões de envolvimento em função do modo negociativo

MNI	Vínculo [coletivização]	Envolvimento
Crítico	**1. Exclusivista** + Primeira Pessoa Exclusiva **2. Distanciamento** Ø Coletivização **3. Identificação** *+ Primeira Pessoa Genérica*	+ Captação
Exortativo	**1. Identificação** + Primeira Pessoa Genérica **2. Intimista** + Primeira Pessoa Inclusiva/ Genérica + Pessoalização	+ Vinculação
Exaltativo	**1. Exclusivista** + Primeira Pessoa Exclusiva	Vinculação ≡ Captação
Informativo	**1. Proximidade** + Primeira Pessoa Inclusiva **2. Exclusivista** *+ Primeira Pessoa Exclusiva*	+ Captação

Legenda (o valor baixo, médio ou alto referente ao índice de atualização é inferido comparativamente a partir dos valores do editorial médio genérico):

+ = Alto índice de atualização/alta intensidade

- = Baixo índice de atualização/baixa intensidade

+/- = Índice mediano de atualização/intensidade média

Ø = Ausência de atualização/Instanciação irrelevante

≡ = Atualização equivalente

Observem-se alguns exemplos:

(7) [21,1 CE SP]

Saudade é para lembrar

Saudade é um sentimento? É um pensamento? Uma lembrança? Não sei, mas sei que dói e dói muito... Quem nunca sentiu uma saudadezinha? Todo ser humano que "vive" sente saudades, não importa do que ou de quem, mas sente... No fundinho, sempre sentimos. Não importa, ela está lá, sempre presente...

> *Muitas vezes, ouço pessoas falarem de um determinado assunto ou pessoa com saudade, o que particularmente acho maravilhoso, mas também ouço pessoas falarem de pessoas e assunto pensando que têm saudades, mas na verdade não vejo como saudade, mas sim uma vontade de voltar ao tempo para poder mudar uma determinada situação. [...]* (*Jornal Nosso Bairro*; 29 de julho a 4 de agosto de 2006)

O excerto anterior integra um editorial exortativo publicado na capital paulista e representa um exemplar de *vínculo intimista*, padrão de envolvimento ligado à construção de uma identificação pessoal entre a instância produtora e consumidora. Em geral, ele tem atualização reduzida; contudo, quando ocorre, tende a ser atualizado em textos exortativos, nos quais o estabelecimento de solidariedade discursiva pode ser considerado um fator importante para uma incitação prática.

Note-se que a voz autoral alterna entre a primeira pessoa do singular – recurso de *pessoalização* – e a primeira do plural genérica – recurso de coletivização –, construindo um quadro de compartilhamento de experiências entre as instâncias discursivas, estabelecendo solidariedade. O texto atualiza processos mentais de diversas ordens – cognitiva, emotiva e perceptiva –, apresenta inscrições afetivas – "*sei que dói e dói muito*"; "*quem nunca sentiu uma saudadezinha?*" – e uso de diminutivos como formas de gradação que instauram, novamente, afetividade e proximidade – *saudadezinha*, *fundinho*.

Mesmo a situação-problema não é tecida de modo conflitivo, uma vez que a voz autoral não constrói o leitor como agente social em dissonância com suas posições. Há uma oposição entre dois grupos de pessoas: 1. as que vivem a saudade sem querer mudar o passado, o que é apreciado como *maravilhoso*, demonstrando o posicionamento autoral; e 2. as que gostariam de voltar no tempo para mudar o curso dos acontecimentos, fato que a voz autoral procura recategorizar, desvinculando-o da noção de saudade, como se observa em ***mas na verdade não vejo como saudade***, uma estrutura que carrega altos índices de *contração dialógica*. Tal estrutura é composta por recursos de *contraexpectativa*, *pronunciamento* e *negação*, o que implica uma atitude autoral que prevê um leitor que pudesse tanto crer, ele mesmo, em tal associação, quanto projetar que a voz autoral também pudesse fazê-lo. Nesse sentido, trata-se de uma estratégia que busca rearticular uma noção do leitor, mas sem associar o comportamento de reversão do passado, negativamente construído, como intrínseco a ele.

O trecho seguinte, por sua vez, apresenta uma voz autoral coletivizada, representativa da instituição jornalística, que não divide com a audiência a responsabilidade pelas representações e avaliações. Nesse sentido, o que se ressalta é a construção de uma instância coletiva de poder, cuja solidariedade pode ser estabelecida ideacionalmente, mas não interpessoalmente. Trata-se do *vínculo exclusivista*.

(8) [21,1 CE SP]
Que João é este?
Desde o surgimento da Gazeta do Bairro, temos conduzido o jornal dentro dos princípios e da filosofia do trabalho comunitário em busca do desenvolvimento regional.
Mesmo separando as posições pessoais da postura do veículo, os princípios que direcionam o trabalho são os mesmos que norteiam a vida individual. No dia a dia, temos o compromisso de não misturar os interesses individuais com a pauta e os interesses da empresa com a responsabilidade pública do veículo jornal.
Assim deixamos claro que a euforia com que comemoramos a chegada do amigo João do Suco à presidência da Câmara Municipal fica entre estes dois extremos. [...] (*Gazeta do Bairro*, Curitiba, março de 2012)

O *vínculo exclusivista*, no *corpus* paulistano, é típico dos textos *críticos* e *exaltativos*, uma vez que, nesses, é estratégico que a voz autoral se assuma como fonte dos *julgamentos negativos* ou *positivos*, de modo a, no primeiro caso, convencer o leitor acerca do comportamento condenado e, no segundo caso, assegurar que ela é o agente de revelação do modelo a ser apresentado, confirmando, em ambas as situações, o periódico como fonte de autoridade. No *corpus* carioca e curitibano, entretanto, tal *vínculo* também se atualizou, fortemente, nos textos *informativos*, especialmente naqueles que apresentam o jornal e suas posições – como no editorial em análise –, o que parece estar mais relacionado a fatores temáticos do que negociativos, e naqueles em que o editorialista remete, intertextualmente, às notícias e às reportagens publicadas naquela edição, o que revela uma coerção retórico-teleológica.

Note-se que a voz autoral constrói a instituição em primeira do plural, não incluindo o leitor nas representações – "*Desde o surgimento da Gazeta do Bairro, temos conduzido o jornal dentro dos princípios e da filosofia do trabalho comunitário* [...]"; "*No dia a dia, temos o compromisso de não misturar os interesses individuais com a pauta e os interesses da empresa com a responsabilidade pública do veículo jornal*"; "*Assim deixamos claro que a euforia com que comemoramos a chega do amigo João do Suco* [...]".

Em geral, tal padrão não é acompanhado de altos índices de recursos de envolvimento. Quando ocorre, a *captação* tende a predominar. No excerto em análise, entretanto, o envolvimento é minimizado na medida em que a voz autoral busca construir uma representação de mundo que não permita ao jornal ser acusado de proselitismo ou partidarismo ao reconhecer um *afeto positivo* associado à eleição de um político determinado. Tal preocupação com o apartidarismo e a suposta isenção ideológica é central na imprensa de bairro e é, continuamente, elaborada nos editoriais.

O próximo trecho consiste em um exemplar da instanciação do *vínculo de proximidade*, no qual a voz autoral constrói identificação com o leitor, construindo a ambos como agentes afetados pelos mesmos fatos e eventos e potencialmente mobilizados rumo aos mesmos objetivos. O excerto é extraído de um jornal carioca:

(9) [21,1 CE SP]
As reflexões sobre o dia 8 de março e as múltiplas faces da mulher
De janeiro até o início de março, o leitor deve ter observado que os assuntos IPTU, IPVA, *plano de saúde, lista de material escolar, rematrícula no curso de inglês, entre outros itens que pesam no bolso foram os destaques nas rodas entre amigos. Mas, o que fazer, se não podemos dar de ombros para esses compromissos? Portanto, nos resta encarar as despesas, ficar atentos aos valores cobrados e pagá-los. Por falar em atenção, confira nesta edição as dicas para proteger sua família das drogas, um assunto essencial para a sociedade. [...].* (*Jornal Nosso Bairro Jacarepaguá*, março de 2013).

A voz autoral, inicialmente, refere-se diretamente à instância leitora por meio do sintagma nominal o *leitor*. O processo mental *observar* é modalizado em termos epistêmicos, construindo uma hipótese provável de que o leitor tenha vivenciado fenômeno semelhante, o que cria um quadro de possível intersecção entre as vidas do editorialista e do consumidor textual, que colabora na construção da *proximidade*.

Na sequência, constrói uma situação de inexorabilidade, já que estende a si e ao grupo de leitores a necessidade de assumir tais despesas – "*Mas, o que fazer, se não podemos dar de ombros para esses compromissos?*". Note-se que o **mas** instaura *contraexpectativa*, anulando a alternativa dialógica de que haveria o que fazer acerca de itens que pesem no bolso. A pergunta retórica coroa tal constatação, abrindo espaço para uma instância de comando apelativo, encabeçada pelo grupo verbal *resta encarar*, que constrói o pagamento das despesas como última opção e desvaloriza as potenciais ações prévias dos agentes exortados, configurando um *status* de conformismo, atitude de *tenacidade negativa* cuja polaridade parece ser neutralizada na construção autoral.

O *vínculo de proximidade*, em geral, enquadra representações e avaliações construídas de forma complacente em relação aos valores do público-leitor. A polemicidade, em geral, instaura-se a partir de outros *vínculos*, como o *exclusivista* ou o de *distanciamento*. Além disso, está diretamente relacionado a padrões *participativos* de *comandos*, em que tanto a voz autoral quanto o leitor são instados a modificar, em parceria, a realidade, solucionando a situação-problema enunciada.

O próximo excerto mostra o *vínculo de distanciamento*, um dos padrões preferenciais dos textos críticos no *corpus* paulista, especialmente no que se refere ao material do século XXI.[17]

(10) [21,1 CE SP]

Até quando?

De tempos em tempos o morador de São Paulo sente na pele que é refém de determinados grupos que para atingirem seus objetivos não hesitam em prejudicar mais de dois milhões de pessoas. O episódio da vez foi a paralisação, no início desta semana, de seis das oito cooperativas de vans e micro-ônibus que atuam na Capital. Sem aproximadamente cinco mil coletivos nas ruas, afetando 350 linhas que atendem a cidade, os cidadãos penaram sob baixíssimas temperaturas em pontos abarrotados. O avançar impetuoso do relógio durante a espera em vão do coletivo é uma ferida profunda na dignidade do ser humano, uma humilhação. Não há outra expressão para descrever as cenas de pontos lotados de trabalhadores que dependem do emprego para arcar com a salgada tarifa de R$ 2,30 imposta pelo poder municipal.

A situação seria menos revoltante se, ao menos, os cidadãos enfrentassem este tipo de estresse para logo após, ganhar um transporte digno, ou seja,

> *eficiente e de qualidade. No entanto, travado o tradicional e rotineiro embate entre empresários do setor e a Prefeitura, o derrotado sempre é o povo. [...].* (*Folha da Vila Prudente*, 8 a 14 de junho de 2007)

No editorial anterior, cujo trecho inicial foi selecionado, é possível observar que não há instância alguma de coletivização. A voz autoral refere-se ao conjunto da população de São Paulo em terceira pessoa, construindo-a por meio dos sintagmas nominais – *o morador de São Paulo, os cidadãos, trabalhadores, o povo* –, de modo a não criar uma ligação direta entre público e objeto de discurso que pudesse acarretar uma projeção da instância leitora no seio dos fatos narrados.

O teor do texto é crítico. As atitudes são instanciadas tanto implicitamente – "*o morador de São Paulo sente na pele que é refém de determinados grupos que para atingirem seus objetivos não hesitam em prejudicar mais de dois milhões de pessoas*" (*sanção social negativa por desonestidade/impropriedade*) – quanto explicitamente – "*ferida profunda na dignidade do ser humano*", "*uma humilhação*", dentre outros. Além disso, os recursos de *captação*, como figuras de retórica e construções de novidade baseadas em contraexpectativa, auxiliam a promover o quadro de condenação.

Tal *vínculo*, em geral, contribui para autorizar o editorialista a comentar a realidade do *status quo* sem necessariamente colocar-se no papel de um dos afetados por tais acontecimentos, o que permite projetar-se como analista e não como protagonista. Por conseguinte, gera-se um efeito de imparcialidade, e as avaliações, construídas não pelo viés da experiência, mas do cognitivo-analítico, passam a ser objeto de uma discussão crítica e de uma argumentação que visa a convencer o leitor sobre sua validade. Por tais razões, o *distanciamento* permanece forte como estratégia de estabelecimento de poder em textos críticos, especialmente, sob a temática sociopolítica e regional. Dos vínculos, é o que tende ao grau zero de solidarização interpessoal.

Por fim, o *vínculo de identificação*, verificável no excerto a seguir, constrói uma comunhão que envolve não só a voz autoral e o leitor, mas também membros e grupos da sociedade que extrapolam essa relação direta entre produção e consumo, podendo envolver, inclusive, a própria humanidade. É comum em textos de temática sociopolítica que, muitas vezes, tratam de acontecimentos que excedem a dimensão dos bairros, tanto no que se refere ao eixo crítico quanto ao exortativo. Por outro lado, parece estar mais fortemente atrelado aos textos exortativos, uma vez que a construção de uma coletividade ampla auxilia a promover uma visão de que a ação dos indivíduos poderia, realmente, levar a uma mudança prática na sociedade, tanto valorizando o poder do ator social e do grupo, quanto minimizando o esforço interpessoal de resistência, pela construção de uma identificação idealizada do jornal acerca de uma potencial homogeneidade identitária com a qual se busca vincular o leitor.

Veja-se o exemplo:

(11) [20,2 CE SP]
No domingo, 12 do corrente, o Brasil assistiu ao encontro futebolístico entre os nossos craques e os aguerridos adversários da república irmã, o Paraguai. Era um domingo ensolarado, belíssimo. Nossa rapaziada, o famoso "onze canarinho", apesar de haver deixado passar oportunidades de uma verdadeira goleada, não desiludiu, a despeito de algumas falhas, à imensa torcida. E o faturamento foi 2x0, contagem favorável aos nossos. Foi o jogo de despedida, de tal sorte que agora somente veremos nossos bravos atletas em entrevero com adversários do mais alto gabarito lá na Europa.
Que todas as venturas acompanhem os nossos representantes.
Todavia, uma grande responsabilidade pesa-lhe os ombros: na pelota, que farão rolar nos gramados europeus, o que rola não é bem uma bola de couro com ar dentro. Não senhores. É a alma, o sentimento e a esperança de 100 milhões de brasileiros. [...] (*Correio da Zona Sul*, 17 de maio de 1974)

A voz autoral, pela reiterada instanciação da primeira do plural *genérica*, promove a construção de um quadro de identificação da seleção de futebol em relação ao público torcedor, no qual ela, os leitores e todos os brasileiros se incluem. Tal construção é sempre projetiva e idealizada, pois pressupõe uma homogeneidade de atitude diante de um dado fato da realidade.

O trecho apresenta alta incidência de recursos de *vinculação*, fenômeno que, comumente, se coaduna às formas genéricas de *coletivização*. Há um teor narrativo, além da alta incidência de afetos – "*não desiludiu*", "*É a alma, o sentimento e a esperança de 100 milhões de brasileiros*". Mesmo o *comando optativo* é instanciado como uma forma de estímulo aos jogadores, baseada numa suposta concordância geral da população em relação ao sucesso da seleção – "*Que todas as venturas acompanhem os nossos representantes*". A captação também ocorre, embora em menor grau, por meio do simulacro de diálogo – "*Não senhores*" –, por exemplo.

Isso posto, devem-se destacar, sobre os *vínculos*, alguns aspectos:

1. *Vínculos* constituem-se em padrões de recursos de envolvimento associados à categoria de *coletivização*, que está, por sua vez, relacionada aos outros sistemas de envolvimento – *vinculação* e *captação*. Deve-se ressalvar que não se quantificaram as incidências dos outros recursos e que a abordagem do envolvimento aqui aplicada consiste em uma proposta inicial, aberta a revisões, críticas e reformulações.
2. Diferente das *posturas*, *vínculos* não cumprem aspectos teórico-teleológicos inerentes à negociatividade genérica, mas enquadram as *posturas* e as representações sociais em termos de solidariedade e poder, sendo auxiliares ao processo de construção de autoridade, credibilidade, comprometimento e intimidade, esses, sim, fatores discursivo-sociais essenciais para o processo de convencimento e persuasão.
3. Assim como as *posturas*, os *vínculos* podem constranger e/ou influenciar a gama de opções de outros recursos da metafunção interpessoal e podem sofrer forte influência do fator temático. Nesse sentido, também podem condicionar e ser condicionados por padrões de outros sistemas, interagindo com eles no cumprimento de etapas retóricas pertinentes.

Considerações sobre a diacronia do gênero no *corpus* paulistano

Embora se trate de uma diacronia curta – da década de 70 do século XX até a primeira década do século XXI –, a transição sociopolítica de um período totalitário para um período democrático e a intensificação do processo de desmassificação dos meios consistem em importantes marcos históricos e comunicativos capazes de exercer forte pressão na configuração dos textos publicados na imprensa de bairro, especialmente no que tange aos recursos avaliativos, motivo pelo qual se restringirão os comentários a tal dimensão.

Em primeiro lugar, pôde-se verificar um decréscimo avaliativo geral dos textos do XX para o XXI, com exceção do modo negociativo *crítico*. A tabela a seguir expõe as médias de atitude por texto das principais categorias atitudinais em termos dos MNI:

Tabela 1 – Média de atitudes inscritas por texto em função do modo negociativo e da cronologia

	Afeto	Estima Social	Sanção Social	Julgamento	Apreciação	Positivo	Negativo	Total
Crítico XX	2,50	3,56	2,39	5,94	4,39	5,61	7,22	12,83
Crítico XXI	3,70	2,95	3,30	6,24	5,11	6,49	8,57	15,05
Exortativo XX	7,63	2,95	4,37	7,32	7,95	13,05	9,84	22,89
Exortativo XXI	4,19	2,76	2,81	5,57	5,10	9,14	5,71	14,86
Exaltativo XX	8,44	8,56	4,78	13,33	8,89	26,44	4,22	30,67
Exaltativo XXI	3,00	4,67	7,33	12,00	6,00	16,67	4,33	21,00
Informativo XXI	1,18	1,27	1,73	3,00	7,18	9,36	2,00	11,36
Editorial Médio	*4,35*	*3,32*	*3,31*	6,64	5,96	9,93	*7,01*	16,94

Caso se observe, inicialmente, o total médio de atitudes inscritas por texto, é perceptível que os modos negociativos *exortativo* e *exaltativo* apresentam uma maior incidência atitudinal no século XX do que no XXI (diferença de, aproximadamente, 8 e 10 incidências por texto, respectivamente), ao passo que é apenas no modelo *crítico* que o *corpus* do XXI supera o do XX (diferença de cerca de 2 avaliações por texto). Ademais, deve-se observar que o modo menos avaliativo, o *informativo*, só aparece no século XXI. Não foi encontrado nenhum exemplar desse eixo negociativo no *corpus* do XX. Obviamente, isso não implica que não exista nenhum editorial *informativo* no período; entretanto, atesta, com certo grau de confiabilidade, sua baixa incidência.

Uma hipótese para tal reside, primeiramente, na exponencialização da tendência de desmassificação dos meios no século XXI, que torna o nicho de mercado do jornal de bairro cada vez mais regional. Nesse sentido, abre-se espaço para editoriais que incentivem a participação direta do consumidor textual em evento e acontecimentos locais como resultado de uma atitude autoral de informar o leitor acerca de seu entorno. Em segundo lugar, o privilégio de *apreciações* verificado nesses textos, minimizando os julgamentos, parece ser decorrente de uma radicalização da queda avaliativa verificada historicamente, criando um efeito de maior objetividade do editorialista na análise da realidade, fato que parece só encontrar respaldo do público-leitor no contexto do novo jornalismo do século XXI, preocupado com questões de *apartidarismo* e *isenção ideológica*, como vários editoriais procuram, inclusive, ressaltar.

Além disso, deve-se notar que há uma tendência de queda de valores de *estima social* do XX para o XXI, além de um privilégio desta em relação à *sanção social* nos textos críticos e exaltativos do XX. A estima social consiste nas avaliações de personalidade, codificadas pela cultura da oralidade e apreendidos durante a integração social mais básica. Resumem-se, *grosso modo*, em opções de *normalidade*, *capacidade* e *tenacidade*. No contexto totalitário, em que valores conservadores tendem a ser ratificados – há textos, por exemplo, com clara condenação a supostas "imoralidades" no Carnaval; além disso, como se observou em texto aqui analisado, há editoriais que privilegiam uma construção laudatória de divinização dos militares e de seu comportamento –, as críticas a aspectos mais "liberais" do comportamento humano, assim como o louvor aos comportamentos condizentes com a moralidade cristã, são dominantes. Com a redemocratização, os valores de *sanção social* – ligados à *honestidade* e à *propriedade*, ou seja, à conduta cidadã e jurídica dos atores sociais – tornam-se centrais para a análise dos problemas vigentes, de modo que os valores relativos ao comportamento pessoal dos indivíduos ficam em segundo plano. Os textos *exortativos*, entretanto, consistem em exceção, já que, muitas vezes, atualizam traços de *vínculo intimista*, com temáticas cotidianas e estímulo autoral a mudanças na vida particular dos indivíduos, fator que exerce pressão sobre a incidência desse tipo de julgamento, abrindo espaço para a *postura de reconhecimento*.

Ademais, deve-se também observar que há uma alta incidência de *afeto* nos textos *exortativos* e *exaltativos* do XX, resultado, no primeiro caso, de uma correlação com *vínculos de intimidade* e *identificação*, voltados para a solidarização necessária para a incitação à ação e, no segundo caso, da construção de um quadro de identificação afetiva projetada do consumidor textual em relação ao comportamento modelar e exemplar dos atores e instituições sociais exaltados. Historicamente, a tendência é de queda: em primeiro lugar, porque o editorial passa a ser um espaço mais especializado em termos da mediação entre os interesses da comunidade leitora e das instâncias de poder decisório locais, tendo em vista que tais reivindicações, dificilmente, encontram eco na grande imprensa (Sant'Anna, 2008); em segundo lugar, porque o jornalismo intensifica a sua atuação crítica, em uma atitude de denúncia da realidade, tanto que os textos *críticos* do XXI são os únicos que apresentam um aumento no teor avaliativo. Tais mudanças afetam o teor de inscrição *afetiva*, uma vez que não consistem nos recursos preferenciais para a denúncia da realidade. Veja-se que em nenhum modo negociativo do XXI o valor total de *afetos* por texto supera o do editorial médio.

Por fim, deve-se também observar que a polaridade *negativa* só supera a *positiva* nas atitudes dos editoriais *críticos*, justamente aqueles em que a voz autoral busca convencer o leitor acerca dos aspectos condenáveis ou repulsivos da realidade presente. Mesmo assim, não se trata de valores tão altos. Os textos críticos do XXI atualizam uma média de 8,6 inscrições de polaridade negativa por texto. Os exaltativos do XX chegam a instanciar cerca de 26,5 inscrições positivas por texto, um número três vezes maior. Tal aspecto parece se justificar por uma tendência maior de implicitar *julgamentos negativos* do que sua contraparte positiva, até por questões de natureza jurídica. Nas próprias análises ilustrativas aqui verificadas, mostraram-se casos de implicitação de *julgamentos negativos*, que, por razões de caráter metodológico – dificuldade de tornar discretas tais categorias –, não foram contabilizadas. De modo análogo, os textos *exaltativos* do XXI tiveram uma clara redução na atualização de inscrições *positivas*, resultado também de implicitação atitudinal e da preocupação editorial com apartidarismo e potenciais acusações de quaisquer formas de proselitismo.

CONSIDERAÇÕES FINAIS

O objetivo deste capítulo foi analisar a configuração da estrutura negociativa dos editoriais da imprensa de bairro de três diferentes cidades – São Paulo, Rio de Janeiro e Curitiba, com destaque à primeira – em face da estrutura retórico-teleológica do gênero e das coerções temático-representacionais. Ademais, apontaram-se as variações diacrônicas relativas à dimensão atitudinal dos textos no que tange ao *corpus* paulista.

Procurou-se ainda mostrar que tais editoriais são caracterizados por quatro grandes modos negociativos – *crítico*, *exortativo*, *exaltativo* e *in-*

formativo –, cada um com sua estrutura retórico-teleológica específica e orientação temático-representacional preferencial e, posteriormente, buscou-se expor seus principais padrões composicionais no que concerne à avaliatividade e ao envolvimento.

Assim, foi possível depreender cinco principais padrões atitudinais – denominados *posturas* – e cinco importantes padrões de envolvimento – rotulados como *vínculos*. Defendeu-se que tais categorias consistem em padrões funcionais referentes à abstração instancial, ou seja, ao real generalizado. Em outros termos, trata-se de padrões caracterizados pela instanciação de certos tipos funcionais de atitudes ou de recursos de envolvimento, mas não de elementos específicos e idiossincráticos do estrato léxico-gramatical. Além disso, visou-se indicar possíveis diferenças verificáveis nesses padrões de instanciação no que tange aos textos de diferentes *corpora* geográficos.

Por conseguinte, o capítulo cumpre o papel de promover um debate mais amplo sobre as categorias que definem os modos de ação discursiva, ressaltando a importância de se analisarem os padrões subjacentes à configuração dos gêneros em sua estrutura negociativa e retórico-teleológica, atentando para o papel metarredundante dos padrões e para a dialética que envolve a composição dos modos negociativos e dos gêneros em face dos padrões que, simultaneamente, os realizam e os codificam. Além disso, ocupa um espaço importante na descrição de textos de uma esfera relativamente negligenciada pelos estudos linguísticos e discursivos.

NOTAS

1 Tais objetivos estão explicitados na página da Ajorb, no artigo 1º de seu estatuto. Disponível em <http://www.ajorb.com.br/aj-aniversario.htm>, acesso em 24 jun. 2013.

2 "Language is interpreted as a higher-order semiotic system — one which is not only stratified into content and expression but which is also further stratified within content into semantics and lexicogrammar and within expression into phonology and phonetics, and also organized metafunctionally into a spectrum of simultaneous modes of meaning."

3 "[...] the linguistic resources by which speakers/writers adopt a stance towards to the value positions being referenced by the text and with respect to those they address."

4 Para mais detalhes, ver Gonçalves Segundo (2011, 2012). A tradução das opções de engajamento segue Ninin e Barbara (2013).

5 Para mais detalhes, ver Gonçalves Segundo (2011).

6 Tem-se, neste ponto, um caso de controvérsia. As TD constituem-se em padrões interdiscursivos de distintas naturezas, embora os gêneros sejam, comumente, destacados. Nesse sentido, padrões inerentes a um gênero podem ser vistos como traços discursivo-tradicionais desses modos de ação discursiva ou como Tradições Discursivas em si, uma vez que esses padrões podem também ser atualizados em outros gêneros, com papel semelhante ou distinto em uma outra estrutura retórico-teleológica.

[7] Trata-se dos seguintes jornais: São Paulo (século XX): *Correio da Zona Sul* (1973-4), *Gazeta de Pinheiros* (1979-80), *Gazeta da Lapa* (1980), *Gazeta da Vila Prudente* (1982-3), *O Parque* (1983), *Superpapo* (1983), *Nosso Jornal* (1984), *O Cerqueira César* (1991). São Paulo (século XXI): *Jornal Nosso Bairro*, *Folha da Vila Prudente*, *A Gazeta da Zona Norte*, *SP Norte*. Curitiba (século XXI): *Gazeta do Bairro*. Rio de Janeiro (século XXI): *Jornal Copacabana*, *Jornal Nosso Bairro* (Jacarepaguá).

[8] Devido aos objetivos explícitos deste artigo e deste volume, além das restrições de espaço, priorizar-se-á a análise qualitativa dos dados. Os números relativos à quantificação só serão expostos no que concerne ao contraste histórico do *corpus* paulistano.

[9] Entende-se como *permitido* um padrão não preferencial de um dado modo negociativo ou gênero. Relaciona-se a uma concepção de ordem do discurso como filtro interdiscursivo de teor hierárquico referente a modos linguístico-discursivos de ser, agir e representar que se apresentam, constitutivamente, em confrontação, complementação e justaposição em uma esfera institucional.

[10] Deseja-se enfatizar e ressaltar que, não obstante tenha havido análise quantitativa e qualitativa de todos os textos aqui considerados, são os textos paulistas que se constituem no cerne desta exposição. Os editoriais da cidade do Rio de Janeiro e de Curitiba serão abordados para apontar possíveis semelhanças e diferenças, cujo aprofundamento fica reservado para possíveis pesquisas ulteriores.

[11] Os editoriais de apresentação de jornal foram objeto de estudo em artigo anterior. Conferir Gonçalves Segundo (2009).

[12] O caráter intertextual do editorial, no sentido de remeter para outros textos publicados no corpo do jornal, não é, de modo algum, restrito ao modo de negociação intersubjetiva informativo, mas é, sim, um de seus traços relevantes. Entretanto, tal fator parece também estar ligado a termos institucionais. A *Gazeta da Zona Norte*, na capital paulista, e o *Jornal Nosso Bairro Jacarepaguá*, na capital fluminense, atualizam esse teor intertextual, preferencialmente, nos seus editoriais, que, *grosso modo*, são multitemáticos e multinegociativos, exponencializando a tendência à composicionalidade sintagmática (Kabatek, 2006b).

[13] Segundo a autora, a *informação de proximidade* "expressa as especificidades de uma dada localidade, que retrate, portanto, os acontecimentos orgânicos a uma determinada região e seja capaz de ouvir e externar os diferentes pontos de vista, principalmente a partir dos cidadãos, das organizações e dos diferentes segmentos sociais. Enfim, a mídia de proximidade caracteriza-se por vínculos de pertença, enraizados na vivência e refletidos num compromisso com o lugar e com a informação de qualidade e não apenas com as forças políticas e econômicas no exercício do poder" (Peruzzo, 2005: 81).

[14] Mais detalhes sobre os padrões do *corpus* paulistano, consultar Gonçalves Segundo (2011). As restrições numéricas do *corpus* de contraste não permitem estabelecer se todos os padrões propostos para cada modo negociativo são plenamente viáveis para o material carioca e curitibano. Entretanto, não se encontrou algum padrão atitudinal no *corpus* de contraste que dissonasse do verificado no *corpus* paulistano, o que permite aventar a hipótese de compatibilidade.

[15] Apesar de o trecho recortado não apresentar, explicitamente, uma *situação-problema* com **comandos** que atuem como soluções, tal configuração aparece no restante do texto, conforme se pode verificar no excerto a seguir: "***É bom lembrar que Jacarepaguá ainda sofre com os problemas de infraestrutura e com um trânsito também caótico***, *mas com a participação dos cidadãos, cobrando, fiscalizando e exigindo qualidade de vida, a mudança vai ser possível.* ***A população deve cobrar do estado/município a execução dos projetos apresentados em período de campanha eleitoral***".

[16] Apesar de ter-se optado por mostrar os dados díspares no Rio de Janeiro (capital) e em Curitiba, deve-se ressalvar que o *corpus* analisado não é quantitativamente relevante para reais conclusões. Nesse sentido, a disparidade será tratada como um índice para uma possível diferença. Em alguns casos, conforme se argumentará ainda na seção, a pressão por um padrão diferente de vinculação pode estar associada à estrutura retórico-teleológica do editorial ou a fatores temáticos.

[17] Em termos de incidência de recursos de coletivização referente à diacronia do *corpus* paulistano, tem-se, nos textos do XX, média de 7,83 instâncias por texto, e 3,97, no XXI, uma queda de cerca de 50%. Tal queda dá vazão a uma maior probabilidade de emergirem textos em que a atualização de formas de coletivização seja nula ou mínima.

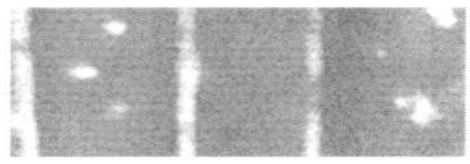

HISTÓRIA DA CARTA DE LEITOR: SOBRE ASPECTOS COMPOSICIONAIS, CONSERVAÇÃO E DINAMISMO

Thiago Trindade Matias

SUMÁRIO

APRESENTAÇÃO

O interesse por analisar o português brasileiro (PB), numa perspectiva histórica, vem suscitando vários estudos, que comprovam processos de variação e/ou mudança da língua e dos textos na formação do PB. No empenho por estudar essas alterações sofridas no decorrer do tempo, percebe-se que os fenômenos linguísticos de mudança não se dão isoladamente, ligados apenas a questões estruturais. Nota-se que há uma estreita relação entre esses fenômenos e os usos sociais. Há, assim, uma necessidade de se estudar a língua levando-se em consideração tanto a história interna (aspecto estrutural) quanto "*a história da língua no contexto da história social, política, econômica e cultural da(s) sociedade(s) com a(s) qual(is) ela está relacionada*" (Faraco, 2005), logo o "*núcleo do estudo histórico das línguas é o complexo jogo dialético entre o social e o estrutural*" (Faraco, 2005).

Tem-se, dessa forma, o interesse em observar como se comportavam fenômenos X ou Y, como se dava o seu uso, que interferências sofria a estrutura da língua e quais as coerções sócio-históricas intervenientes. A comprovação desses objetivos contribui na ratificação da assertiva de que a língua e seu uso são diversos, porque diversas são as atividades comunicativas pelas quais passam os falantes. Independentemente de época, a língua sempre foi e será variada, heterogênea, se assim não fosse, hoje, falaríamos ainda o latim. Dessa forma, fica evidente que as variações e as transformações de ontem se refletem na realidade linguístico-discursiva de hoje. Como o enunciado é a real unidade da comunicação discursiva, os gêneros do discurso, enunciados relativamente estáveis (Bakhtin, 2003), estabelecem uma interconexão com a vida social, portanto as alterações sofridas na vida em sociedade interferem na produção discursiva de uma determinada época. Por isso, entender como se mantinham as relações textuais e discursivas na composição da carta de leitor no decorrer de sua trajetória de uso é nosso interesse.

Baseados nessa prerrogativa, nosso interesse é investigar as práticas discursivo-textuais do gênero carta de leitor, produzidas em cinco periódicos de estados brasileiros, a saber, Pernambuco, Rio Grande do Norte, Bahia, Minas Gerais e São Paulo. Buscamos, neste artigo, à luz da teoria de gêneros do discurso e da noção de dialogismo propostas por Bakhtin (2003), além do paradigma das Tradições Discursivas, investigar o desenvolvimento diacrônico do gênero carta de leitor, mas também analisar, a partir da materialidade linguística dos textos, marcas linguísticas caracterizadoras dos elementos que constituem sua composicionalidade.

Nossos objetivos de análise se voltam às seguintes perguntas:

1. O que alterou ou permaneceu na estrutura composicional e na função sociodiscursiva[1] das cartas de leitor?
2. Que elementos linguísticos definem os aspectos composicionais e a função sociodiscursiva do gênero em estudo?

Segundo Faraco (2005), percebemos mudanças linguísticas ao convivermos com pessoas mais idosas que nós, ou quando nos deparamos com textos mais antigos. Baseado nessa afirmação, entendemos que a constituição de um *corpus* para a pesquisa em história da língua e dos seus usos deve contemplar um acervo textual que possa dar conta dos objetivos de pesquisa, pois, como afirma Kabatek (2006b: 173), nas investigações em história da língua,

> [...] conviene sustituir el instrumento de investigação "corpus diacrónico" por um corpus diacrónico multidimensional, un corpus de textos pertenecientes a diferentes TD, con posibilidad de proyección diacrónica, pero también con posibilidad de una visión diferenciada de las diferentes TD coexistentes a lo largo de la historia de una língua.

As cartas que serviram de análise, neste artigo, constituem parte dos *corpora* de documentos em português catalogados pela equipe do PHPB e algumas coletadas por nós para nossa pesquisa de mestrado. Para proceder à investigação, adotamos alguns procedimentos:

a. seleção de textos obedecendo ao critério de 30 anos, tempo estimado para a ocorrência de mudanças;
b. seleção de 10 cartas para cada recorte temporal, dando início a partir de 1825.

As fases geracionais para a análise foram assim definidas: 1825,[2] 1855, 1885, 1915, 1945, 1975 e década de 1990. Este último recorte foi adicionado na coleta, por constar de cartas microfilmadas e disponíveis do *Diário de Pernambuco*.

CARTAS DE LEITOR: USOS, FUNÇÕES E HISTÓRIA(S)

Nas mais variadas esferas da atividade humana, deparamo-nos com uma infinidade de maneiras e possibilidades pelas quais podemos interagir. Seja por meio da oralidade ou da escrita, somos, nos processos comunicativos, induzidos a fazermos certas escolhas, opções essas que "regulam" e "definem" o que pretendemos dizer, como dizer e para quem dizer. Isso demonstra que o fato de convivermos com várias atividades linguageiras e participarmos delas cotidianamente faz-nos produzir "formas" concretas que têm por função materializar o evento comunicativo, organizar a ação de dizer. Esses dizeres, resultantes do uso da língua, para Bakhtin (2003), se concretizam nos chamados gêneros do discurso, os quais correspondem a "*tipos relativamente estáveis de enunciados, caracterizados por um conteúdo temático, uma construção composicional e um estilo*" (Fiorin, 2006).

A diversidade de gêneros é infinita, porque infinitas são as possibilidades de uso da língua. Para nós, os gêneros do discurso são o meio pelo qual há a interligação entre o homem, a linguagem e o mundo real e social, pois "*a língua passa a integrar a vida através de enunciados concretos (que a realizam)*; *é igualmente através de enunciados concretos que a vida entra na língua*" (Bakhtin, 2003).

Marcuschi (2009: 124), ao tratar da noção de gênero textual, afirma que

> [...] é impossível não se comunicar verbalmente por algum gênero, assim como é impossível não se comunicar verbalmente por algum texto. Isso porque toda manifestação verbal se dá sempre por meio de textos realizados em algum gênero.

Ainda para o autor, ao dominarmos um gênero textual, não dominamos formas linguísticas, mas formas de realizar linguisticamente objetivos específicos em situações sociais reais e particulares.

A *carta de leitor* denominada também de *cartas*, *cartas à redação*, *painel do leitor*, é um subgênero da carta pessoal, que tem por finalidade mediar diálogo entre as coisas do mundo e o homem, isto é, representa eventos comunicativos pelos quais o homem faz uso da língua. Consideramos a carta de leitor, publicada em jornais e revistas, o gênero mais interacional por excelência. Para Bezerra (2005: 210), as cartas são

> [...] um texto utilizado em situação de ausência de contato imediato entre remetente e destinatário, que não se conhecem (o leitor e a equipe da revista/jornal, respectivamente), atendendo a diversos propósitos comunicativos: opinar, agradecer, reclamar, solicitar, elogiar, criticar, entre outros. É um gênero do domínio público, de caráter aberto, com o objetivo de divulgar seu conteúdo, possibilitando, assim, ao público em geral sua leitura.

As cartas garantem ao público uma conversação entre ausentes, entre pessoas reais ou ideais, tidas ausentes. Conforme Melo (1999), a carta à redação "*é um tipo específico de interação social, aquela que se estabelece entre leitor e jornal*".

As cartas de leitor, desde suas primeiras ocorrências, no século XIX, tiveram por função sociodiscursiva garantir não só a relação do leitor com o jornal, mas mediar a relação, leitor, jornal e sociedade. As cartas de leitor apresentavam uma diversidade de intenções discursivas.

Sodré (1999: 148), ao se referir às cartas do início do século XIX, informa-nos que

> [...] um só artigo, via de regra, ocupava todo o espaço do pequeno jornal. Quando havia necessidade de completá-lo, recorria-se ao que era denominado no tempo correspondência, espécie de vala comum onde, a título de contribuição externa, extravasava-se a linguagem mais torpe.

Em muitos jornais, como veremos na descrição e análise dos dados, a seção "Correspondência" era o espaço no qual o leitor expunha acontecimentos e opiniões. Fora um local de interação comunicativa e produção de discurso. Normalmente, era publicada apenas uma carta por seção. As correspondências eram publicadas duas a quatro vezes por semana, em tamanho meia coluna ou coluna inteira; outras eram bastante extensas, o que levava alguns editores inclusive a diminuírem a fonte. Já outras cartas, apesar de curtas, tinham um espaço reservado no jornal.

Quanto às informações referentes à produção e circulação das cartas, poderia escrever ao jornal qualquer pessoa, desde assinantes a compradores esporádicos do periódico. Assinantes dos jornais pernambucanos, *Quotidiana Fidedigna* e o *Diário Novo*, por exemplo, podiam escrever para a seção "Correspondência" gratuitamente, já os não assinantes, na *Quotidiana*, pagariam 20 réis por linha escrita.

A seção "Correspondência" era um local de encontros, isto é, espaço reservado à divulgação de opiniões dos leitores, seja em relação a textos publicados anteriormente no jornal, seja em relação a qualquer assunto de interesse do escritor ou do escritor-leitor; isto é, quem escrevia não era necessariamente um leitor do jornal, diferentemente dos jornais que circulam desde o século XX, como nos afirma Alves (2004: 57):

> Se analisarmos alguns jornais e revistas que circulam desde o séc. XX, verificaremos que a seção destinada às cartas dos leitores tem-se estabelecido como um espaço, muitas vezes de diálogo, entre o texto do jornalista e o leitor [...] abre-se esse espaço para que o leitor avalie as notícias e reportagens publicadas e, normalmente, na edição posterior, possa voltar opinando, agradecendo, reclamando, elogiando etc.

O espaço da seção "Correspondência" era reservado às produções discursivas das cartas que surgiam como uma ação responsiva a um fato anterior, a uma publicação anterior ou ainda à investida de opiniões sobre qualquer fato de interesse de quem enviasse a missiva.

Com o objetivo de averiguar mais detalhadamente outras características das cartas de leitor, especificamente, o que mudou ou permaneceu quanto a aspectos textuais e linguísticos, na trajetória e uso desse gênero, nossa investigação partiu, assim, do princípio de que os gêneros estão em constante mudança e "*à medida que as esferas de atividade se desenvolvem e ficam mais complexas, gêneros desaparecem ou aparecem, gêneros diferenciam-se, gêneros ganham um novo sentido*" (Fiorin, 2006).

Cartas de leitor em 1826/1856

As cartas de leitor na primeira metade do século XIX desempenhavam uma diversidade quanto à função sociodiscursiva. Viam-se na proposta dos escribas esclarecimentos, protestos, respostas a publicações anteriores, restabelecimento da verdade e até mesmo a função de notícia, como em (1):

(1) [19,1 CL PE] *Senhor Redactor.* || *Naõ me cansarei em dar-lhe noti-* | *cias de da minha caza, nem da alheia.* | *As disgraças da Patria, he como*

devem | ocupar as attenções do bom Cidadaõ. | Cançado ja de ver tanto quanto nunca | esperei de ver, impacientes ultimamen- | te com o estar vendo o escandaloso | monopolio que se está fazendo com a | farinha que vem do interior da Pro- | vincia, pois atraveçadores a vaŏ espe- | rar em caminho, e a trazem para suas | cazas, e me dizem já haverem algu- | mas nas ruas de Santa Rita Nova, do | Rangel, de São Joze, e das Cinco Pon- | tas, com grandes porções que o tornaõ | a revender por maiores preços, e por | outras medidas diferentes das com que | costumaõ comprar, e ainda estas as | medem com razoullas, que os fazem | em tudo ganhar o duplo do porque a | compraõ. [...].

Na carta seguinte, vê-se uma advertência quanto ao pagamento do ordenado ao professor de Gramática, sem que ele tenha dado uma aula sequer:

(2) [19,2 CL SP] *Senhor Redactor. – O anno proximo passado | tive a honra de lhe dirigir uma cartinha, | na qual perguntava como é que a Nação | dava cento e cincoenta mil reis, a um | Senhor Proffessor para ensinar Grammatica | Latina aos meninos do Côro, quando es- | te não dava Aula: julguei que minha tão | justa quão razoavel advertencia produzi- | ria todo o effeito desejado; porém hoje | soube que continuava no mesmo deslei- | xo, dando Aula de 15, em 15 dias; outras | vezes concedendo ainda maiores ferias, de | maneira que o pequeno estudo (que ao | meu ver, não é nem-um) dos meninos | com umas tão longas, e continuadas ferias, | ficão no mesmo estado como que nunca es- | tudassem, e no entanto a soffredora Na- | ção concorrendo com os 150:000 réis annuaes | sem que d'elles provenha-lhe o menor bem. | Parece isto abusar da bondade do publi- | co, ou àlias, julgar tão froxa a Auctorida- | de que deve velar sobre estes objectos, que | não se receie resultado algum. Espero pois | que com esta minha segunda adver- | tencia se não deixe de dar Aula nos | dias marcados por Lei (segundo eu penso) | a fim de que faça jus n'este mundo aos | 150:000 réis, e n'outro, quando Deos | for servido chamal-o ao seu Sancto Reino, | não preste contas por semelhante Empre- | go. Senhor Redactor, queira dar á luz de seu | interessante Farol esta verdade (segundo | dizem) que por ella responde. || O Teimoso*

Pelo que percebemos, essas duas últimas cartas fazem jus ao que já havíamos afirmado em relação ao caráter interacional desempenhado pelas cartas de leitor. Eram elas local de informatividade, uma vez que seus enunciadores faziam uso dela para um diversidade de propósitos comunicativos, tornando a carta de leitor um dos gêneros do domínio jornalístico de mais circulação no oitocentos. Vale salientar que nesse momento não havia outros gêneros que se encontram hoje nas páginas dos jornais, levando a carta de leitor a assumir uma finidade de papéis discursivos.

Em relação a essa multifuncionalidade exercida pela carta de leitor, destaca Fraga (2005: 68) que

> [...] as cartas serviam como um canal pelo qual as pessoas podiam se defender e defender alguma causa, esclarecer, elogiar, denunciar. Enfim, quase tudo se podia fazer por meio das cartas; a carta era a notícia que, na falta de outra "forma", servia e se adequava perfeitamente aos interesses dos escritores e às limitações da linguagem jornalística da época. Não havia ainda como nas folhas atuais, o artigo de opinião, a página de política, de notícias das cidades, de lazer etc.; as correspondências reuniam diversos interesses, sendo, talvez, a seção de maior teor informativo daqueles impressos, já que ocupava a maior parte do jornal.

Tomando por base uma análise de jornais pernambucanos, constatamos que na década de 1920, quanto à produção, as cartas eram publicadas em qualquer página do jornal, não havia uma regularidade na localização desse gênero. É importante destacar, segundo Nascimento (1968), ao se referir à imprensa pernambucana, que a carta era publicada uma de cada vez, devido à deficiência de espaço no diário.

No final da primeira metade do XIX, as cartas eram publicadas predominantemente em seções, por exemplo, a carta publicada no jornal paulista *A Phenix*, em 23 de janeiro de 1841 (3), apareceu na seção "Correspondência", já a carta publicada no *Diário de Pernambuco* (DP), em 1 de julho de 1856 (4), apareceu na seção "Publicações a pedido".

(3) [19,1 CL SP] *Senhores Redactores da Phenix. || Consta que o chefe bruto lendo o officio do Juiz | de Paz suspenso da Villa de Ubatuba ácerca da | denuncia dos 700 Africanos desembarcados na dic- | ta Villa, atirára para um canto o papel, e olhan- | do para o Cavalleiro da cara suja*

exclamara rin- | do se. Tanto mió p'ra mim, que agora comprei uma | fazenda bem perto d'esse lugar. || O anti Africanista.

(4) [19,1 CL PE] *Illustríssimo Senhor Figueiroa. – Para desengano de alguns | inconsiderados, peço-lhe que sob sua palavra de hon- | ra, declare ao pé desta: 1. se o autographo do annun- | cio intitulado Espetaculo gratuito, esta ou n[ã]o es- | cripto pela minha lettra ou pela lettra de meu so- | brinho Marcomiro que comigo mora, as quaes ambas | lhe são bem conhecidas; 2. Se fui eu, ou o dito meu | sobrinho ou alguma outra pessoa de minha casa, que | lhe levou o mencionado autographo; 3. Se lhe cons- | ta tambem que tiveste eu parte no annuncio em que | hoje he maltratado o individuo a quem denominam | Ze... zilino. || De Vossa mercê atento venerador e criado. – F. N. || Collaço. || Illustríssimo Senhor F. N. Collaço. – O autographo a que se | refere, nem he escripto de lettra de Vossa Senhoria nem elle, nem pessoa algu- | ma de sua casa que o trouxeram, nem tão pouco me | consta tenham parte na segunda publicação a que | alude. || De Vossa Senhoria attento venerador e criado. – M. F. de | Faria.*

Eram publicadas em média duas correspondências. Não havia, nas páginas do jornal, referência ou comentário que supusessem que as cartas passassem por avaliação do editor, o que nos faz acreditar que os textos eram publicados na íntegra.

Nas cartas de leitor da primeira metade do século XIX, era perceptível a presença de um *participante da comunicação discursiva* mais explícito para quem o discurso era direcionado e com quem se relacionava. Esse participante era o *Sr. Redactor*, um mediador discursivo, porque ele era a ponte entre o leitor e o participante interlocutor-direto, o real endereçamento discursivo, para quem o discurso se constituía efetivamente (Bakhtin, 2003). O participante interlocutor-direto encontrado nas cartas de leitor desse período ora era representado por uma instituição pública, ora por um indivíduo qualquer (5) e (6).

(5) [19,2 CL PE] ***Senhores redactores.*** *– Permitam Vossas mercês a quem eu | recorro, ao seu muito conceituado Diario para fazer | uma pergunta ao* ***Senhor João Coelho do Rosario*** [...]

(6) [19,1 CL MG] ***Senhor Redactor.*** *| Muito esperto é o Redactor do Telegrafo, | ou alias muito velhaco. Não vio Vossamercê aquella | bravata*

> *com que arrotou contra os Liberaes, | chamando-os poltrôes, que se andavão a met | ter pelas causas alheias com medo da mostarda? | Ora se Vossamercê soubesse o que eu tenho ouvido | pela Cidade que o tal velho redactor fôra | dormir uma noite á caza do Major A. J. F.* | B., *outra á do Coronel F. A. L., outra á | do sogro, o que diria? elle por certo nâo é | liberal; telegrafico, e bem telegrafico é elle: | Entâo para que talha carapuças que tâo ajus | tadas lhe cahem sobre a cabeça. Poltrâo é elle | e bem poltrâo. Eu vi os liberaes andarem por | ahi como d'antes; e os Telegraficos uns es | conderâo-se; outros adoecerâo. Qui potest | capere, capiat. Adeos, senhor Redactor, até | outra vez. O Passeador.*

Era bastante recorrente nas cartas menções a interlocutores/leitores diversos. No fragmento (5), verificamos que ora o escritor da carta estabelece interação com o *Redactor* do jornal, ora com o *Senhor João Coelho do Rosário*, pessoa para quem direciona um questionamento, sujeito que consideramos o participante interlocutor-direto, conforme (Bakhtin, 2003). Em (6), o mesmo fenômeno se dá. O interlocutor direto é o *Senhor Redactor*, mas, pelo que se verifica, o real interlocutor para quem enuncia é o *Redactor do Telegrafo*. Isso nos leva a afirmar um caráter dialógico e interacional estabelecido pela carta de leitor.

Marcas linguísticas comprovam esse direcionamento ao real interlocutor, evidenciando, assim, a estratégia discursiva do escritor da carta em atingir o *outro*, em demarcar a presença desse outro em seu território discursivo. Em (6), o uso de expressões de injúria e insulto, como *muito esperto, muito velhaco* e *Poltrâo é elle | e bem poltrâo* nos levam a perceber o tratamento muitas vezes dado a esse elemento *outro* partícipe da interação. Concordamos com Fraga (2005) que, em relação a uma mudança de interlocutor/leitor, raramente, ela se dava pela presença de marcas que anunciassem a troca, porque "*o produtor do texto, ao fazer uso da referência direta, simula um debate, criando um cenário discursivo no qual os interlocutores são personagens retóricos*". No entanto não podemos deixar de pontuar que essas expressões adjetivas apontam para esse interlocutor participante do evento comunicativo.

Esse tipo de linguagem foi muito recorrente em cartas publicadas na primeira metade do século XIX. Isso se justifica pelo fato de esse período ser marcado por um momento político bastante conflituoso, em que circulavam em plena praça pública e nas páginas dos jornais os ideais político-ideológicos dos grupos mais representativos. Era dessa forma que se travava "[...] *o debate através dos jornais cujos textos apresentavam a linguagem que melhor traduzia aquela situação: a linguagem virulenta da* ***denúncia****, da* ***injúria****, do* ***insulto****, da* ***difamação***" (Fraga, 2005: 75).

Quanto a seus aspectos composicionais, as missivas possuíam uma regularidade textual. Essa recorrência no modo de compor resultou no surgimento de específicas TD. Foram elas responsáveis por garantir a concretização das estratégias enunciativas. Essa recorrência era a subdivisão em:

a. apresentação/saudação: o leitor saudava o redator do jornal e, em seguida, apresentava, em geral, o assunto a ser tratado a seguir, como se verifica em (7) e (8):

(7) [19,1 CL PE] *Senhor Redactor. || Lendo o seu Diario do dia 8 do cor- | rente me[s] de Junho Número 121 fui en- | contrar no lugar em que Vossa mercê anuncia | as vendas de anuncio de duas mora- | doras de cazas terrias no lugar dos Mar- | tirios igualmente huma venda na rua | Direita que todos estes bens saõ de mi- | nha posse e dominio para serem vendi- | dos, [...]*

(8) [19,1 CL MG] *Senhor Redactor. | Como ha ainda quem duvide do assigna | lado merecimento, e distinctas qualidades, | que adornão á pessoa do senhor Antonio de Castro | Lima, que servio, ou ainda serve de Escrivâo | dos Orfâos, na Villa nova da Pomba, onde | se acha provido no emprego de Procurador agen | te da Fazenda Publica, em cujo cargo muito | hade brilhar,e oh' lá se hade brilhar; rogo- | lhe o obsequio de com esta inserir a Certi | dão inclusa, para desengano de quem ainda | não gozou de perto dos conhecimentos do senhor | Castro, e ignora o seu prestimo.*

b. exposição: o escrevente expunha o assunto, seja por meio de sequência argumentativa ou narrativa. Constata-se isso em (9) e (10):

(9) [19,1 CL PE] *[...] fiquei ademirado de huma tal | lembrança de quem quer que foi o seu | Autor por ver que ha pessoas que mui- | to se afoita*

em anunciar o que naõ he | verdade, eu ainda até hoje naõ dei o | trabalho ao Juiz de Orfãos para me dar | tutor, porque nem estou demente e nem | prodigo e para desvanecer ao Publico | de que hum tal anuncio he falço [...]

(10) [19,1 CL MG] ***Os documen | tos de folhas 72, e 74 accusados no despacho | transcrito sâo duas Cartas do senhor Castro, uma | dirigida ao Padre Arruda, e outra ao Gui | marâes; esses dois Anjos, innocentes a quem | o senhor Castro promette todo o favor.*** *Eu lhos | enviarei senhor Redactor, e quando essas peças | apparecem em publico, entâo, deixo a pen | nas mais bem aparadas o trabalho de tecer | lhe os devidos encomios de que por tantos | titulos se faz credor. Feliz Villa da Pomba | donde emigrou o tal Heroe!!*

c. agradecimento/conclusão: momento no qual o autor da carta pedia a publicação do seu texto, agradecendo ao redator do jornal e tecendo elogios. Podia haver o uso de sentenças-síntese a fim de finalizar a produção da carta. Normalmente essas sentenças eram na forma de estruturas verbais copulativas, com em (11):

(11) [19,1 CL PE] *[...] por- | isso* **rogo-lhe** *para que lançado es- | te anuncio* **no seu Diario** *faça certo | que eu naõ fui quem mandei fazer tal | anuncio e que nem sei quem foi o cu- | riozo que teve essa ab[e]lidad[e]. ||* **Sou seu Respeitador e Amigo** *|| Antonio Joao Pestana.*

As marcas de agradecimento e apreço, em geral, eram demarcadas por expressões verbais específicas, como as negritadas em (12), que descreveremos melhor a seguir.

(12) [19,1 CL SP] *Eu | não como de eleições, Senhor Redactor, vivo de | meu trabalho e quero que as estradas, para cuja con-| servação e melhoramento concorro com meu contin- | gente, não inutilisem esse mesmo trabalho dan- | do-me em recompensa prejuizos em vez do mo- | dico interesse, que devo d'elle esperar.* **Rogo**-*lhes | pois Senhor Redactor* **o obzequio de publicar estas li- | nhas**, *para ver se minha* **fraca** *voz póde chegar | até os doirados tectos, sob os quaes tranquillo des-| cança o meu Excellentssiissimo Patricio. || Um Tropeiro Paulista.*

Na apresentação e no agradecimento/conclusão, observavam-se outras estruturas bastante recorrentes responsáveis por garantir as estratégias enunciativas do autor da carta com o redator. A seguir algumas marcas linguísticas que definem essa composição estrutural das cartas:

1. Na apresentação/saudação, foi possível verificarmos o uso do vocativo *Sr. Redactor* ou *Sr. Edictor*, como em:

(13) [19,1 CL PE] ***Senhor Redactor.*** *|| Quando os direitos regulados da | Liberdade d' Imprensa são substitui | dos [...]*

(14) [19,1 CL PE] ***Senhor Redactor.*** *|| Havendo-me o Capitaõ Sebastiaõ | da Rocha Damanak movido huma ac- | çaõ [...]*

(15) [19,1 CL MG] ***Senhor Redactor.*** *| Estando eu em Marianna, uma noite | convidado pelo luar, que então era excel | lente, fui passear pelas ruas, e n'uma del | las encontrei duas pessoas em travada con | versaçâo: levado então da curiosidade pro | curei ouvir alguma cousa: com effeito nâo | forâo baldados os meus intentos;*

(16) [19,1 CL SP] ***Senhores Redactores da Phenix.*** *|| Consta que o chefe bruto lendo o officio do Juiz | de Paz suspenso da Villa de Ubatuba ácerca da | denuncia dos 700 Africanos desembarcados na dic- | ta Villa, atirára para um canto o papel, e olhan- | do para o Cavalleiro da cara suja exclamara rin- | do se. Tanto mió p'ra mim, que agora comprei uma | fazenda bem perto d'esse lugar. || O anti Africanista.*

(17) [19,2 CL PE] ***Senhores redactores.*** *– Permitam Vossas mercês a quem eu | recorro, ao seu muito conceituado Diario para fazer | [...]*

2. Já no agradecimento/conclusão, verificamos o uso de:

a. expressões de apreço e agradecimento para com o redator, na forma de substantivo e adjetivos:

(18) [19,1 CL PE] [...] o mais ***obrigadissimo Servo inútil,*** *| Joaò Baptista dos Santos Pinto Loiolla. || S C. 21 de Agosto || 1826.*

(19) [19,1 CL PE] [...] pelo | qual taõ bem lhe será ***obrigado.*** *|| Seu efectivo leitor. || O Bumba papa farinha.*

(20) [19,1 CL SP] [...] *Rogo-lhe | portanto queira fazer inserir isto mes- | mo no mesmo Farol, pelo que lhe ficará |* ***obrigado*** *|| Um amante das boas obras.*

(21) [19,1 CL MG] *[...] só ambicionão illudir ao Publico, e as auctoridades le | galmente constituídas: pelo que muito obrigará a este | que ainda mesmo do dia 7 de Abril sempre foi | seu* ***constante leitor****, e por isso se assigna. | O Inimigo dos maus Professores de Primeiras Letras.*

(22) [19,2 CL PE] [...] || *Sou de Vossas mercês* ***constante leitor e assignante****. – An- | tonio Baptista de Mello Peixoto.*

(23) [19,2 CL PE] [...] || *Seu, Senhores redactores de Vossas mêrcês* ***venerador e | criado****. || Padre João Herculano do Rego.*

b. pedido para publicação, com uso de alguns verbos acusativos: *rogar*, *querer*, *inserir*, *publicar*, *dar*.

(24) [19,1 CL PE] [...] | *para previnir semelhante entrega lhe |* ***rogo queira inserir*** *no seu Diario estas | duas regras, [...]*

(25) [19,1 CL SP] [...] ***Rogo-lhe*** *| portanto* ***queira fazer inserir*** *isto mes- | mo no mesmo Farol, pelo que lhe ficará | obrigado || Um amante das boas obras.*

(26) [19,1 CL MG] *Creio que não lhe será a letra da | circular, e de mais ella vai reconhecida | por tabellião; se fizer-me pois o obsequio de manda-la* ***inserir****, lhe remetterei brevemente | outras de mais recente data, que por não | serem pontualmente obedecidas occasionarão | a demissão do collector de Santa Quiteria. | Sou seu attento leitor | &c...*

(27) [19,1 CL SP] ***Rogo-lhes*** *| pois Senhor Redactor o obzequio de publicar estas li- | nhas, para ver se minha fraca voz póde chegar | até os doirados tectos, sob os quaes tranquillo des-| cança o meu Excellentssiissimo Patricio. || Um Tropeiro Paulista.*

(28) [19,2 CL PE] [...] ***Queiram****, Senhores redactores,* ***publicar*** *ests toscas li- | nhas de quem h[e] de Vossas mercês attento venerado e cre- | ado. || O defensor dos expatriados.*

c. assinatura, na forma de nome próprio (29) a (32), ou pseudônimo (33) a (37), a forma na qual o autor via uma maneira de se mascarar:

(29) [19,1 CL PE] [...] *Sou reverente Criada. ||* ***Florinda Maria de Jezus****.*

(30) [19,1 CL MG] [...] *estas linhas, que envia o seu | assinante.* ***José Antonio de Figueredo.*** *| Ouro Preto 11 de Junho de 1834.*

(31) [19,1 CL MG] *Pede a | vossa senhoria se digne de mandar na forma requerida. – E. | R. Justiça. – O procurador Miguel Ferreira Lopes Trant. | Despacho. – Junte o mandado de levantamento do de | posito. | Campanha 20 de março de 1848. | -* ***Soares de Gouveia***

(32) [19,2 CL PE] [...] *Sou de Vossas mercês constante leitor e assignante. –* ***An- | tonio Baptista de Mello Peixoto****.*

(33) [19,1 CL PE] *Senhor Re- | dactor faça este grande serviço a Pa- | tria, e a disgraçada humanidade, pelo | qual taõ bem lhe será obrigado. || Seu efectivo leitor. ||* ***O Bumba papa farinha****.*

(34) [19,1 CL SP] *[...] Adeos Senhor Redactor. Eu sou |* ***um seu apaixonado****.*

(35) [19,1 CL SP] *Não cessará pelo seu | lado de fazer outro tanto este que está meio. ||* ***Desabafado***

(36) [19,1 CL SP] *[...] atirára para um canto o papel, e olhan- | do para o Cavalleiro da cara suja exclamara rin- | do se. Tanto mió p'ra mim, que agora comprei uma | fazenda bem perto d'esse lugar. ||* ***O anti Africanista****.*

(37) [19,2 CL PE] [...] *Queiram, Senhores redactores, publicar ests toscas li- | nhas de quem h[e] de Vossas mercês attento venerado e cre- | ado. ||* ***O defensor dos expatriados****.*

Além das marcas até o momento descritas, é importante destacar que tanto na apresentação quanto no agradecimento/conclusão via-se o uso de elementos linguísticos que explicitavam a relação do produtor da carta com os interlocutores. Esse fato não era exclusivo dessas partes que compunham as cartas, mas, pelo fato de serem momentos do dizer em que havia um contato inicial e ao final um desfecho seguido de elogios e expressões de apreço para com um dos interlocutores da carta, definimos que havia, sim, certa regularidade desse uso nas ditas partes que compunham o gênero.

Seja na forma de verbos marcados em terceira pessoa (38), seja no uso de pronomes pessoais, possessivos e clíticos também de terceira pessoa (39), (40), o produtor do texto marcava, assim, seu contato com interlocutor, garantindo as sequências textual e discursiva das cartas.

(38) [19, 1 CL MG] *Senhor Redactor. | Por toda a parte se pergunta; que | he esse Companheiro do Conselho? | Já morreo, porque se acabou a me | tralha do Despertador Constitucio | nal? Se não escreve por esse motivo, |* ***diga****-me, que lhe mandarei algum | mantimento daquelle genero.*

(39) [19, 1 CL MG] *Ouro Preto 23 de Julho. | Summamente grato ao illustre Com | panheiro pelos louvores que me pro | digou em huma batologia que publi | cou hoje no* ***seu*** *Número 12; não posso, | com tudo, escusar-me de* ***lhe*** *fazer | algumas advertencias, sem duvida ne | cessarias para dirigir melhor as* ***suas*** *| reflexões e diatribes, quando tiver | vontade de falar do Senhor Abelha.*

(40) [19, 2 CL PE] *Ilustríssimo Senhor Figueiroa. – Para desengano de alguns | inconsiderados, peço-****lhe*** *que sob sua palavra de hon- | ra, declare ao pé desta: 1. se o autographo do annun- | cio intitulado Espetaculo gratuito, esta ou n[ã]o es- | cripto pela minha lettra ou pela lettra de meu so- | brinho Marcomiro que comigo mora, as quaes ambas | lhe são bem conhecidas;*

É preciso ainda destacar que as cartas publicadas na primeira e segunda metade do século XIX eram marcadas por um tom de pessoalidade, comum ao gênero carta pessoal. Isso se justifica porque, nesse primeiro momento de escrita da carta de leitor, ela conservou elementos composicionais de seu gênero de "origem", a carta pessoal. Isso se verifica tanto na organização estrutural da carta de leitor quanto pelo uso de verbos, pronomes e clíticos em primeira pessoa: (41) a (45).

(41) [19,1 CL PE] *Senhor Redactor. ||* ***Tenho*** *o maior pezar de importuna- | lo; porem as circustancias* ***me*** *obrigaò; | e alem dos mais favores* ***terei*** *que agra- | descer este que ora lhe* ***rogo****, empenhan- | do a benigdade, e imparcialidade | bem notoria.*

(42) [19, 1 CL SP] *Senhor Redactor. – O anno proximo passado |* ***tive*** *a honra de lhe dirigir uma cartinha, | na qual* ***perguntava*** *como é que a Nação | dava cento e cincoenta mil reis, a um | Senhor Proffessor para ensinar Grammatica | Latina aos meninos do Côro.*

(43) [19,2 CL MG] ***Prometi****, | senhor redactor, fazer a analise e comparação del | les e de nós, e fiel á* ***minha*** *promessa,* ***deixo*** *| de pôr a caiva a mostra do restinho que | sobrou, esperançoso de que em breve dará | esse gosto o senhor Ferrão ao |* ***Relho****. |* (*Ouro Preto*, 25 de fevereiro de 1851).

(44) [19, 2 CL PE] *O crime de Joze Alves Tenorio he muito publico, | e raro em malvadeza! Não pode pois a policia da | da cidade da Victoria tornar-se surda a voz da razão e| da Justiça. Favor não* ***peço****, só justiça* ***quero****. || Seu,* ***Senhores*** *redactores de* ***Vossas mêrcês*** *venerador e | criado. || Padre João Herculano do Rego.*

(45) [19, 2 CL SP] *Senhores Redactores. – Em que paiz* ***vive- | mos*** *nós? Por ventura não* ***temos nós*** *| direito a hygiene publica, para se tolerar | o passeio dos lazaros pelas praças mais | publicas da cidade, como hontem se vio | nos quatro cantos?*

Pelo comportamento desses componentes do gênero carta de leitor e do uso de específicos elementos linguísticos, reconhecemos que algumas dessas características foram provenientes das regras de escrita de cartas pessoais. A herança composicional presente em cartas de leitor do início dos oitocentos, apresentação-saudação, exposição, agradecimento/conclusão, remete, pelo que parece, às regras de composição de cartas propostas pelo *secretario portuguez*, de Francisco José Freire, no século XVIII, que adapta as recomendações do *segretario* de Isidoro Nardini, o qual copiou o italiano que já fazia parte do *secretaire* francês, no século XVI e XVIII, que por sua vez retomara as regras propostas pela *Ars dictandi*, compêndio destinado à produção de documentos da diplomática prescritos num rígido sistema de regras baseados no modelo da Retórica, no século XI: o *satutatio* (a saudação), o *exordium* (o começo), o *narratio* (a narração), o *petitio* (a solicitação) e o *conclusio* (a conclusão): Simões (2007).

Como se vê, há a atualização de um dos postulados e condicionamentos propostos por Koch (apud Simões, 2007) na evolução dos bens culturais: *o conservadorismo de tradições culturais*, o qual faz alusão ao surgimento de uma tradição cultural nova que conserva em sua organização marcas constitutivas do gênero de origem.

No entanto, na primeira metade dos oitocentos, há um indício de mudança na apresentação de algumas cartas analisadas: no agradecimento/conclusão, o nome do autor, seguido de local, data, mês e ano de publicação, como se vê nos fragmentos de (46) a (49). Isso, pelo que parece, seria recorrente em cartas publicadas na segunda metade do XIX, como, por exemplo, em jornais potiguares (50 e 51) e mineiros (52). Pelo que constatamos seriam essas marcas ainda indícios da conservação de aspectos da carta pessoal.

(46) [19,1 CL MG] *Qeira(sic) senhor Redactor, enserir em um numero | de sua folha, estas linhas, que envia o seu | assinante. José Antonio de Figueredo. | Ouro Preto 11 de Junho de 1834.*

(47) [19,1 CL MG] *Pede a | vossa senhoria se digne de mandar na forma requerida. – E. | R. Justiça. – O procurador Miguel Ferreira Lopes Trant. | Despacho. – Junte o mandado de levantamento do de | posito.* ***| Campanha 20 de março de 1848. | - Soares de Gouveia***

(48) [19,2 CL PE] [...] *Bento Alves da Cruz.* || ***Recife, 25 de setembro de 1856.***

(49) [19,2 CL PE] [...] *Francisco Cordeiro Cavalvanti.* || ***Engenho Cumaly, 12 de novembro de 1856.***

(50) [19,2 CL RN] ***Villade Angicos, 11 de |Junho de 1877*** || *Sr. Redactor do "Brado Conserva-|dor".* || B*[.]ido dos conhecimentos e estilo | necessarios para escrever para o pu- | blico [...].*

(51) [19,2 CL RN] *CORRESPONDENCIAS* || ***San't Anna do Mattos, 9 de | Desembro de 1880.*** || *Sr. Redactor – Ainda sob a mais | triste e desagradavel impressão ve- | nho dar-lhe noticias do occorrido na | eleição a que ultimamente se procedeu | nesta villa pará vereadores e juizes | de paz.*

(52) [19,2 CL MG] ***Rio Pardo, 6 de Maio de 1868.*** *| Senhores Redactores. – Ha tempos que, cor | respondencias, e artigos injuriosos con | tra o senhor doutor Francisco Leite da Costa Be | lem, juiz de direito da comarca do Rio | Pardo, e mais pessoas respeitaveis, suc | cedem uns aos outros.*

Além desse traço de mudança, uso do local, data, mês e ano de publicação, outro indício de alteração foi a presença de título, como se verifica em uma carta da primeira metade do século XIX, publicada em Pernambuco (53):

(53) [19,2 CL PE] ***SERA' CYNISMO OU PIEDADE?*** || *Senhores redactores. – Da publicação da carta do | Senhor capitão Joaquim Pedro do Rego Barreto [...]*

Cartas de leitor em 1885/1915/1945

Consideraremos este recorte temporal, final do XIX e primeira metade do XX, uma "fase de transição" na história da constituição do gênero carta de leitor, devido ao fato de haver elementos recorrentes das décadas anteriores e por haver elementos que surgiram e estabilizar-se-iam nas décadas seguintes. Há uma oscilação de características "antigas" e algumas mais "atualizadas". É um recorte temporal no qual identificamos características comuns entre "fases", características "velhas" convivendo com características "novas". Esse fato poderia se justificar pelo reflexo do nascimento do mundo moderno, pelas transformações pelas quais passariam as relações sociais e políticas na passagem de um país monárquico a uma nação republicana. De um modo geral, transformações se evidenciaram no século XIX, por exemplo, no setor econômico, no modo de produção capitalista, na nova concepção mental de mundo e de cultura, como também se viu o processo de racionalização alterar, profundamente, os saberes.

No recorte aqui analisado, permanece nas cartas a diversidade de temas e assuntos, relevantes à função sociodiscursiva do gênero. As cartas, em jornais pernambucanos, eram publicadas na seção "Publicações a pedido" na fase de 1886; as da fase de 1916 passam a ser publicadas ora na seção "Pela política", ora em "Pedidos e queixas"; vale salientar que era possível a publicação das duas seções num mesmo dia; em 1946, eram publicadas na seção "Cartas à direção". Iam a público em média três a quatro cartas, entre 1886 e 1916; em 1946, uma a duas cartas.

Quanto aos aspectos discursivos, observa-se que há uma oscilação na presença do mediador discursivo, *Sr. Redactor*, ou como em algumas cartas de 1946, *Sr. Diretor* (54), (55) e (56).

(54) [19,2 CL PE] *Abastecimento d'agua* || ***Senhores Redactores do Diario***. – *Queiram | declarar em seu conceituado jornal, ser | completamente destituido de fundamento, | falso, o boato [...]*

(55) [20,1 CL PE] *Rementtem-nos:* || ***Senhores redactores***. || *Li na "Provincia" de quinta-fei- | ra que houve em Palacio uma reu- | nião da bancada federal [...]*

(56) [20,1 CL PE] *O problema do leite em Recife* || *Recebemos do senhor Sylvano Queiro- | ga a seguinte carta, a proposito de | um editorial do DIARIO:* || *"Recife, 11 de fevereiro de 1946* || ***Senhor diretor*** *do DIARIO: [...]*

Essas situações levaram o autor, algumas vezes, a referir-se diretamente ao participante interlocutor-direto pelo seu nome ou ocupação (57) a (61).

Todavia, é preciso destacar que ainda nesse período era muito comum o uso da expressão vocativa – *Sr. Redactor, Illustrissimo Redactor, Ilustre Redactor*:

(57) [19,2 CL MG] ***Illustríssimo Reverendíssimo senhor vigario Olimpo Machado | Ribeiro*** – *Respondo a sua carta, declaran | do com pureza e verdade que quantia algu | ma lhe dei pelos passos que me fez o favor de | dar pelo benefício do meo filho [...].*

(58) [19,2 CL MG] ***Illustríssimo Senhor capitão João Silverio Prados,*** *| 20 de Dezembro de 1861.–Tendo eu dado | alguns passos a favor do livramento do senhor | Ladeira, seo filho [...]*

(59) [19,2 CL MG] ***Ao D[[D]]igníssimo Senhor administrador geral dos correios.*** *| Com a devida venia chamamos a tten | ção de Sua Senhoria sobre a morosidade indefi | nita(sic) na conducção de certos objectos offi | ciaes, que jamais chegão ao seu destino [...].*

(60) [19,2 CL MG] *1. Antonio Dias /11/1884* | ***Ao Fiscal | Meu caro Rodrigo*** *| Se não tens por costume | transitar pela rua do Bo | badella de 9 horas da noi | te em diante, peço-te [...].*

(61) [19,2 CL PE] ***Ao Excelentíssimo Senhor Doutor Pedro Vicente | de Azevedo*** *|| Pedimos ao honrado administrador des- | ta provincia que haja de providenciar so- | bre o escandaloso facto [...].*

Pelo que percebemos, nesse momento, a figura do *redactor* ou do *edictor* como mediador da interação, algo recorrente em praticamente todo século XIX, vai se enfraquecendo. Fato é menção direta do devido interlocutor, como vemos nos fragmentos anteriores. Isso pode nos trazer outro indício: a perda daquela possível mudança de interlocutores no corpo da carta de leitor. E com esse fenômeno vão se perdendo algumas marcas linguísticas, usadas muito comumente em relação ao *redactor*, como constatamos na seção anterior.

Tratando-se dos aspectos composicionais, identificamos a permanência das subpartes da carta: a) *apresentação/saudação, exposição, agradecimento/conclusão*. Uma TD que passa a ser recorrente antes da apresentação/saudação, o que consideramos uma característica peculiar às cartas pernambucanas, é uma *abertura da carta*, na qual surgem outras TD. Essa tradição ocorre pelo uso de verbos acusativos e clíticos, por exemplo, *remeter* (62) e (63); *escrever* (64), (65) e (66); *receber* (67), (68) e (69):

(62) [20,1 CL PE] ***Rementtem-nos**: || Senhores redactores. || Li na "Provincia" de quinta-fei- | ra que houve em Palacio uma reu- | nião [...]*

(63) [20,1 CL PE] ***Remettem-nos**: || "Deu-se, hontem, entre 16 e 17 | horas, ás proximidades do arra- | balde de Iputinga [...]*

(64) [20,1 CL PE] ***Escreve-nos** o illustre senhor de- | putado Turiano Campello: || "Senhor redactor do "Diario". Af- | ctuosas saudações. [...]*

(65) [20,1 CL PE] ***Escrevem-nos**: || "Olinda, 25 – 6 – 1916. – Illus- | tres redactores do "Diario de | Pernambuco." – Cordiaes sauda- | ções. [...]*

(66) [20,1 CL PE] ***Escreve-nos** o senhor Braulio Le- | andro da Silva, garçon, residen- | te na rua Maria Gonçalves 17, | Mangabeira, em Casa Amarela. [...]*

(67) [20,1 CL PE] *Falta dagua na rua Silva Ferreira, em | Santo Amaro || **Recebemos** a seguinte carta: || Recife 17-1-1945 – Senhor Reda- | tor do DIARIO DE PERNAMBU- | CO – Saudações.*

(68) [20,1 CL PE] *O problema do leite em Recife || **Recebemos** do senhor Sylvano Queiro- | ga a seguinte carta, a proposito de | um editorial do DIARIO: || "Recife, 11 de fevereiro de 1946 || Senhor diretor do DIARIO: [...]*

(69) [20,1 CL PE] *O diretor do DIARIO DE PER- | NAMBUCO **recebeu**, ontem, de Cachoeirinha uma carta em que o | missivista pedia fosse publicada | a copia anexa de um telegrama | enviado ao interventor federal: [...]*

O uso dessas tradições parece ser indício da interferência da edição do jornal. Embora não houvesse no corpo dos periódicos, nem na seção na qual as cartas eram publicadas, referências a possíveis alterações do texto "original", percebe-se que o editor já participava da composição de elementos do gênero. No entanto, as cartas aparentemente foram publicadas na íntegra. É o que sugere a presença das aspas em (62), (63), (64) e (65) recurso discursivo utilizado para demarcar a heterogeneidade mostrada, representar, assim, a marcação da alteridade que evoca (Maingueneau, 1997). Dessa forma, vê-se, explicitamente, que a carta de leitor é polifônica.

Um dado nos chama a atenção, no fragmento (69), a sua constituição se deu por meio do *discurso indireto, manifestação mais clássica da heterogeneidade enunciativa* (Maingueneau, 1997). Isso vem revelar, como se destaca em (70), uma possível interferência do editor na construção da carta do leitor, embora já tenhamos afirmado que não encontramos nenhum indício explícito nos jornais:

(70) [20,1 CL PE] *Contra o Pronto Socorro – Agua | empoçada na rua Dom Malan || Esteve, ontem, em nossa reda- | ção, o ar, Luiz José da Cruz, | funcionario da "Pernambuco | Tramwaya" e residente na rua | Capitão Rebelinho, no Pina. ||* ***Veio queixar-se*** *contra a ma- | neira de tratar de alguns en- | fermeiros do Pronto Socorro. |* ***Contou que na madrugada*** *de | domingo ultimo chamou As- | sistencia para atender a sua es- | posa. [...]*

Constatamos ainda, nesse período temporal, o uso de títulos nas missivas:

(71) [19,2 CL SP] ***A PRESA CAHIO NAS GARRAS DO TIGRE.*** *|| Domingo passado, que se contaram 15 | dias do corrente mez de outubro, todos | nós presenciámos que fez grande ventania | pela volta do meio dia.*

(72) [19,2 CL SP] ***OS CARROS EM SÃO FRANCISCO*** *|| Custa a crer, mas é certo que na | pequena distancia de 10 passos do | principal estabelecimento scientifico | desta cidade, da Faculdade de Direito [...].*

(73) [19,2 CL SP] ***RARIDADE*** *|| Erão hoje 5 horas da tarde, quando, | estando eu em minha casa, chegou | um homem, que parecia marinhei- | ro, de cara sinistra, tez morena, quei- | xo perpendicularmente longo, com | voz rouca e cavernosa [...]*

(74) [19,2 CL SP] ***QUERO MAIS "CORREIOS"*** *|| Senhor redactor. – Findou-se hontem o bixesto de 1864. || Segundo os annuncios que você fez no seu jornal a | cousa não correu lá muito agradavel.*

(75) [19,2 CL SP] ***INGRATIDÕES DO CAZUZA*** *|| Senhor Cazuza – Tenho-o atravessado nas goélas. Foi | a Pirapóra, trouxe rapaduras para todos e para mim | uma figa.*

(76) [19,2 CL SP] ***O FEIJÃO E OS ATRAVESSADORES*** *|| Senhor Redactor: || Vocemecê é homem da imprensa, vive sempre preoc- | cupado com as poesias e não ha de saber do que se pas- | sa no mundo de chilra prosa em que eu e minhas co- | madres vivemos.*

(77) [19,2 CL SP] *DUAS REGRAS* || *Senhor redactor.* || *Ha muito tempo que andava com ganas de dar uma | pennada na imprensa de voçuncê; mas entonces como | não sei retolica, tinha scismas que vonçuncê havia-se | pôr com partes.*

(78) [19,2 CL SP] *CONSEQUENCIAS DA NOVA NUMERAÇÃO* || *Senhor redactor.* || *Sou lavadeira e engommadeira, e tenho sempre exer- | cido as minhas modestas profissões com applauso do | Senhor publico e dos meus fregue- zes da academia.*

(79) [19,2 CL SP] *QUEIJOS E CARTAS* || *Senhor Redactor:* || *Hontem cheguei a esta São Paulo, montado no meu | baio e entrámos n'um hotel, que pelo nome não pérca.*

(80) [19,2 CL SP] *COMADE TUDINHA* || *Muito estimarei que ao receber estas mal traçadas | regras, se ache já quasi boa do seu romatismo.*

(81) [19,2 CL SP] *LEMBRANÇAS MINHAS* || *Senhor redactor.* || *Sou uma assig- nante das suas folhas por minha con- | veniencia e das meninas, que gostão de ler os romances | e as pilherias que o senhor bota todos os dias.* || *Na realidade são muito bonitas.*

(82) [19,2 CL SP] *OS PORTUGUEZES* || *Senhor redactor* || *A convite do senhor doutor Reichert houve ultimamente | uma reunião de estrangeiros para o fim de se promover | algum apoio á causa do Brazil, na justa guerra que faz | ao Paraguay. (Correio Paulistano, 17 set. 1865)*

(83) [19,2 CL SP] *ESCOLA DO ARUJÁ* || *Passando pela freguezia do Arujá, tive oc- | casião de ver ali funccionando a escola pu- | blica regida pelo senhor Caetano Nunes de Si- | queira, ha pouco para ali removido.*

(84) [19,2 CL SP] *BARBARIDADE* || *Senhor Redactor. – Urge uma providen- | cia por parte da companhia de bonds.* || *Anteriormente, o martyrio das pobres | bestas era na subida da rua Nova de São | José, apesar de traba- lharem ahi tres e | quatro animaes.*

(85) [19,2 CL PE] *CARIDADE* || *Bate, bate, bate até que te abram | a porta.* || *(Palavras de Nosso Bom Jesus).*

(86) [19,2 CL PE] *AOS LEITORES DA PROVINCIA* || *Na correspondencia, remetida de Leo- | poldina, datada de 13 de Setembro do | corrente anno [...]*

(87) [19,2 CL PE] *AGRADECIMENTO* || *Retirando me para o interior, cumpro o sagrado | dever de gratidão, tornando publico o meu reco- | nhecimento para com o Senhor Barros Carneiro [...]*

(88) [19,2 CL PE] ***ABASTECIMENTO D'AGUA*** || *Senhores Redactores do Diario. – Queiram | declarar em seu conceituado jornal, ser | completamente destituido de fundamento [...]*

(89) [19,2 CL SP] ***PERGUNTA INNOCENTE*** || *Nas escolas publicas, pagas pelo governo, será | permittido que os professores obriguem os meni- | nos a carregar agua para sua casa?*

(90) [19,2 CL RN] ***FATAL DECLIVE*** || *Sr. Redator: || O impulso imperioso de um dever de honra | traz-me hoje ás columnas do vosso cónceitua- | do periodico, para rebater injustiças graves,[...]*

(91) [19,2 CL RN] ***VOLTAS QUE O MUNDO DA.*** || *Sr. Redactor: || A reproducção que lhe peço para o artigo in | f[.]a é uma prova flagrante e vergonhosa das | voltas que o mundo da. [...].*

(92) [19,2 CL SP] ***E' DE ADMIRAR !*** || *Não posso deixar de levar ao conheci- | mento do povo honesto e principalemnte | do commercio da capital, o procedimento | pouco cavalheiro de um importante ne- | gociante atacadista desta praça - o senhor José | de Souza Macedo.*

(93) [19,2 CL SP] ***RIO VERDE*** || *Ha mezes que appareceo nesta cidade um | individuo alto, corcunda, espadaúdo, meio | careca; ao longe parece com corvo mestre | e outros disem que com o abestruz e eu me inclino para quaesquer das duas aves.*

(94) [20,1 CL PE] ***FALTA DAGUA NA RUA SILVA FERREIRA, EM | SANTO AMARO*** || *Recebemos a seguinte carta: || Recife 17-1-1945 – Senhor Reda- | tor do DIARIO DE PERNAMBU- | CO – Saudações [...]*

(95) [20,1 CL PE] ***CONTRA O PRONTO SOCORRO – AGUA | EMPOÇADA NA RUA DOM MALAN*** || *Esteve, ontem, em nossa reda- | ção, o ar, Luiz José da Cruz, [...]*

(96) [20,1 CL PE] ***O PROBLEMA DO LEITE EM RECIFE*** || *Recebemos do senhor Sylvano Queiro- | ga a seguinte carta, a proposito de | um editorial do DIARIO: || "Recife, 11 de fevereiro de 1946 || Senhor diretor do DIARIO: || Li com atenção do artigo desse jor- | nal sobre "O problema do leite" [...]*

(97) [20,1 CL PE] ***CARTA DE AGRADECIMENTO AO DIARIO*** || *Do senhor Heleno Castelar, presi- | dente da Associação de Ex-Com- | batentes da FEB, recebemos a | seguinte carta: || "Senhor diretor do DIARIO DE | PERNAMBUCO.*

Houve algumas alterações quanto às TD presentes na subparte agradecimento/conclusão de cartas publicadas entre o final da década de 1880 e primeira metade do século XX. Permanecem assinatura, local, data, mês e ano, embora já tenhamos declarado que durante esse período foi comum o uso desses elementos na abertura de cartas potiguares e mineiras, como se vê nos fragmentos a seguir:

(98) [19,2 CL RN] *CORRESPONDENCIA* || ***PRINCIPE, 22 DE FEVEREIRO DE 1881*** || *Sr. Redactor – Quem é vivo lá de | quando em vez bota o nariz de fora.*

(99) [19,2 CL RN] ***PORT'ALEGRE 20 DE AGOSTO* || *DE 1881.*** || *Sr. Redactor. – No Correio do | Natal, nº 107 de 23 de julho do | corrente anno, já chamamos a atten- | ção do Ex[.][.]. sr. presidente da pro- | vincia, a cerca da incompatibilidade | que ha entre os juizesmunicipaes | supplentes e delegado de policia des- | te termo.*

(100) [19,2 CL MG] *Illustríssimo Senhor capitão João Silverio.* ***PRADOS, | 20 DE DEZEMBRO DE 1861.****–Tendo eu dado | alguns passos a favor do livramento do senhor | Ladeira, seo filho, preciso que vossa senhoria diga ao | pé deste se levei-lhe algum dinheiro PE | lo meo trabalho de viagens [...]*

(101) [19,2 CL MG] ***RIO PARDO, 6 DE MAIO DE 1868.*** | *Senhores Redactores. – Ha tempos que, cor | respondencias, e artigos injuriosos con | tra o senhor doutor Francisco Leite da Costa Be | lem, juiz de direito da comarca do Rio | Pardo, e mais pessoas respeitaveis, suc | cedem uns aos outros.*

Outros fatos são verificados nesse momento, por exemplo, uma perda do teor pessoal dado aos produtores das cartas, isto é, na primeira parte da segunda metade do século XIX, verifica-se que os assuntos tratados nas cartas passam a perder aquele caráter pessoal. Além disso, o fato de haver o enfraquecimento da presença do *Sr. Redactor* no corpo das missivas vai levando a ocorrer alterações em marcas linguísticas que eram presentes no agradecimento/conclusão, como o uso de expressões de lisonja e apreço para com esse mediador discursivo.

Baseados em Koch (1997), verificamos que uma tradição pode conservar elementos discursivo-textuais ou linguísticos, ou acrescentar novos elementos no decorrer do tempo. A figura proposta por Koch (1997) ilustra esta afirmação.

Figura 1 – O contínuo de filiação das Tradições Discursivas

A B C D
B C D E
C D E F
D E F G
E F G H
....
------------------------------>

"*A prática da linguagem no nível das tradições discursivas oscila entre a* convenção *e a* inovação, *entre* conservadorismo *e* dinamismo" (Simões e Kewitz, 2009). Como descrito até então, a fase demarcada temporalmente em 1886/1916/1946 pode ser definida por esse postulado como a *fase de transição*, como já dito.

As cartas selecionadas demonstram que esse momento foi um período de conservação, mas também de dinamismo, uma vez que as cartas mantiveram em sua composição elementos de anos anteriores, mas, ao mesmo tempo, começaram a anunciar significativas mudanças quanto a seus aspectos composicionais, algo que seria verificado na fase seguinte.

Cartas de leitor em 1976/década de 1990

As cartas neste recorte de tempo, segunda metade do século XX, continuam atendendo a uma diversidade de intenções discursivas, mantendo, pelo que vemos, o caráter interacional e informativo da carta de leitor. Em (102), o produtor escreve ao jornal com o intuito de agradecer, mas de fato comenta uma publicação anterior. A carta, pelo que nos informa seu conteúdo, é um espaço de utilidade pública para os leitores.

(102) [20,2 CL PE] *Trânsito no centro || Parabenizo o DIARIO por ampliar o espaço no sentido de | que os leitores, com suas Cartas à Redação, colaborem com | as autoridades na solução dos problemas da comunidade, dei- | xando nelas críticas e sugestões que, ao meu ver, são suma- | mente importantes quando objetivas. || Na carta do leitor Manoel Pontual foram apresentadas so- | luções com as quais concordo em sua maioria, particularmente | quando se refere a cidades como Atlanta, Miami e Washington.*

Com essa configuração, a carta de leitor passa a ser aquilo que definiu Melo (1999), quando admitiu que as missivas garantem ao público um "*diálogo face a face*" entre pessoas reais ou ideais, tidas ausentes, sendo ela "*um tipo específico de interação social, aquela que se estabelece entre leitor e jornal*".

Nas décadas de 1970 e 1990, já nos deparamos com um jornal muito próximo ao que temos hoje, ou seja, a divisão por cadernos. No *Diário de Pernambuco*, as cartas se localizavam, em 1976, no primeiro caderno, 4ª página, na seção "Cartas à redação", espaço destinado a outros gêneros de opinião; em 1993, no primeiro caderno, na seção "Cartas", página "Opinião", A3. Publicavam-se, em média, de cinco a seis cartas.

A seção "Cartas à redação", ainda no *Diário de Pernambuco*, passou, em 1976, a apresentar uma novidade, uma carta ao centro da seção, acompanhada de ilustração. Verificamos isso em nosso *corpus* a partir de setembro de 1976.

Surge a partir deste recorte temporal um dado "novo": as cartas passam pela equipe de edição do jornal. Já se publica a informação de que deveriam ser legíveis, constando nome completo e endereço do remetente, além da assinatura. As cartas, assim, seriam condensadas pelo editor, que se reservava o direito de aproveitar e escolher o material enviado; ou, ainda, pedia-se que fosse datilografada, conforme orientações para a publicação no *Diário de Pernambuco*.

Na segunda metade do XX, nota-se uma pré-estabilização de características surgidas nos períodos anteriores. Quanto aos aspectos composicionais, identifica-se, na apresentação de quase todas as cartas analisadas, uma TD: o título.

(103) [20,2 CL MG] ***Dois Cochilos da Redação***| *NO exemplar da primeira| quinzena de outubro, na| nota da página 8 sôbre o dia| das sogras (A Sogra do Ano),* | *instituído nos EE. UU., constatei| um pequeno cochilo.*

(104) [20,2 CL MG] ***Convenção Batista Mineira*** | *HÁ muito desejava escrever| a V. Sas. para felicitá-los| pelo cunho liberal que imprimem| há direção dessa conceituada Revis-|ta.*

(105) [20,2 CL MG] ***Ouro Prêto: Dois Séculos| e Meio Depois***| *GOSTEI muito do número de| agôsto. Está revelando o ca-|pricho que preside à seleção dos as-|suntos que devem compor cada| número da nossa querida Revista.* (*Revista Alterosa*, out. 1961)

Além disso, verificamos que ainda era frequente o uso de expressão vocativa, como em (106), (107), (108), (109), (110) (111):

(106) [20,2 CL PE] ***TRANSPORTE PARA OLINDA*** || *"Senhor Editor: - O olindense está pa- | gando Cr$ 0,95 por uma passagem de | ônibus Olinda-Casa Caiada e Cr$ 1,30 O- | linda-Rio Doce.*

(107) [20,2 CL PE] ***ESGOTO*** || *"Senhor Editor: Aproveitando esta tão | apreciável e prestimosa coluna do nosso | tradicional e querido* DIARIO DE PER- | NAMBUCO, *tenho uma reclamação que | requer providências urgentes.*

(108) [20,2 CL RN] ***COMIDA*** || *Sr. Editor, || Estive aí em Natal pas- | sando parte das férias de | julho e me surpreendi com | a coragem do* ***JORNAL | DE NATAL*** *ao abordar | temas de interesse do | povo, coisa que não vemos | nos jornais tradicionais.*

(109) [20,2 CL RN] ***YOGA*** || *Senhor Editor, || Sou leitor assíduo deste | Jornal corajoso e imparcial | na notícia de nosso Estado. || Quero através desta | fazer comentários a respeito | das declarações prestadas | pela Professora de Psicolo- | gia, Senhora Maria de Fá- | tima Cortez, ora descritas no comentário sobre os | Mercenários da fé, com- | parando grosseiramente os | praticantes de* YOGA *como seita religiosa | ou "coisa" parecida.*

(110) [20,2 CL RN] ***INSS*** || *Sr. Editor, || A propósito da nota | ("Piso") publicada na co- | luna "Informes* JN*", edi- | ção de 10.05.93, a Supe- | rintendência Estadual do |* INSS *no Rio Grande do | Norte sente-se na obriga- | ção de prestar os seguin- | tesesclarecimentos: || 1.* O INSS/RN *não cons- | truiu prédio em Mossoró.*

(111) [20,2 CL RN] ***RIDÍCULO*** || *Sr. Editor, || Chega a ser ridícula a pro- | posta do prefeito Aldo Tinoco | de municipalizar o porto de | Natal. Não pela proposta em | si, mas pela origem de quem | propões.*

O uso da expressão vocativa parece ter acompanhado toda a história do gênero carta do leitor. Uma marca linguística que foi se mantendo, demonstrando, assim, toda a herança de seu gênero de origem, a carta pessoal. Já na subparte conclusão, depois da segunda metade do século XX, há recorrência de formas textuais: assinatura do autor, seguida de data. Nas cartas (112) e (113), essas repetições quanto aos aspectos composicionais ocorrem assim:

(112) (20,2 CL RN)

Quadro 1 – Subpartes das cartas 1 – 1976/década de 1990

<table>
<tr><th>Título</th><th>Dois Cochilos da Redação</th></tr>
<tr><td>Apresentação</td><td>No exemplar da primeira| quinzena de outubro, na| nota da página 8 sôbre o dia| das sogras (A Sogra do Ano), | instituído nos EE. UU., constatei| um pequeno cochilo.</td></tr>
<tr><td>Exposição</td><td>Se a <<sogra| do ano>> ocupa o cargo de te-|soureira dos Estados Unidos, | possivelmente deve residir em Washington. Se o seu genro, te-|nente Jansen, mora na Califórnia, | a distância deve ser de 4 mil qui-| lômetros, e não apenas 4...</td></tr>
<tr><td>Conclusão</td><td>Ao que parece, o fato da| Srª Ivy Baker Priest haver sido| eleita <<a sogra do ano>>, deve-se| ao fato de que seu genro a quer| bem distante. Ela do lado do| Atlântico e êle do Pacífico...</td></tr>
<tr><td>Assinatura</td><td>J. B. PEREIRA BASTOS</td></tr>
<tr><td>Local</td><td>ALFENAS – MG</td></tr>
</table>

(113) (20,2 CL PE)

Quadro 2 – Subpartes das cartas 2 – 1976/década de 1990

Título	Ônibus às escuras
Apresentação	|| Falou-se a dias dos percevejos, | pulgas, bancos rasgados, janelas | quebradas, etc. dos ônibus da CTU.
Exposição	| Quem disse não alarmou, pois o es- | tado de conservação daqueles veí- | culos, antes primorosos, está deixan- | do muito a desejar. || Esta semana viajei no elétrico | 049, que faz a linha de Casa Ama- | rela, e o dito ônibus estava com mais | da metade de suas lâmpadas internas | sem funcionar. Mais da metade dos | passageiros estava totalmente às
Conclusão	| escuras, coisa que não acontecia nem | no tempo dos velhos bondes da Tram- | ways.
Assinatura	|| Ramiro Lopes Fernandes
Local	Reci- | Fe

Sintetizamos, assim, a estratégia enunciativa presente em cada subparte: a) apresentação: primeiro período evoca o "para quê?" e o "por quê?"; b) exposição: o tronco da carta, refere-se ao "o quê?, assunto específico; c) conclusão: último período, refere-se a uma síntese, marcada por frases de efeito, ora por estratégias interrogativas, ora por uma sentença afirmativa.

O caráter de impessoalidade percebido no momento anterior, neste período do final do século XX, parece se estabilizar. Essa estabilização nos aspectos composicionais não são estanques ou não passíveis de alteração. No entanto, o uso de frequentes marcas linguísticas, presentes nessas subpartes e que demarcavam a relação entre o produtor das cartas e os seus interlocutores, no século XIX, parece ter se "perdido" nos caminhos de sua história. Perdeu-se a explicitude de se falar do "eu" para se falar diretamente do "outro". Parte-se de um tom um tanto quanto subjetivo, para uma explícita objetividade, característica marcadamente presente nos textos jornalísticos atualmente (113). Vale salientar uma objetividade, mas não desprovida dos posicionamentos político-ideológicos de quem produziu a escrita das cartas.

(114) (20,2 CL PE) *Aborto || O aborto, na maioria dos | países do mundo, está configu- | rado como um dos mais hedion- | dos crimes, dentro do Direito | Criminal. Não poderia ser de | outra forma, pois trata-se de na- | da mais*

nada menos que tirar a | vida de um inocente, de m ser | indefeso, que foi gerado por | duas criaturas irresponsáveis, e, | que diante de alguma circuns- | tância difícil, dado ao fato de | que uma gestação não planeja- | da, pode gerar situações as ve- | zes difíceis, apelam então para | o monstruoso ato. || Nos países em que o aborto | é permitido, a legislação leva | em conta se, por exemplo, a | gravidez é perigosa, se foi pro- | vocada por estupro, se for cons- | tatado que o feto se transforma- | rá em uma criança anormal etc | casos assim. Somente nessas si- | tuações será permitido à gestan- | te interromper a sua gravidez. | - Geraldo Paulo de Jesus - | Recife

A explicitude linguística que vem a demarcar posicionamentos político-ideológicos de que falamos, em relação à carta (114), se verifica no uso de verbos copulativos e expressões adjetivas, como *configurado*, *hediondo*, *irresponsáveis*, *monstruoso*, *perigosa*. Como se vê, Geraldo Paulo de Jesus, ao fazer usar essas expressões, demarca sua opinião contrária à prática do aborto.

CARTAS DE LEITOR NO SÉCULO XXI: VELHAS BASES, NOVOS CAMINHOS

Tomando por base cartas de leitor publicadas no *Diário de Pernambuco*, hoje, um pouco parecido com ontem, as cartas desempenham sua função sociodiscursiva: garantir, como já afirmado, não só a relação do leitor com o jornal, mas mediar a relação, leitor, jornal e sociedade. As cartas de leitor, que são publicadas diariamente, apresentam uma diversidade de intenções discursivas. Nelas fala-se sobre situações sociais diversas, e seus autores argumentam, opinam, expõem, solicitam, criticam, protestam, reclamam, ironizam, elogiam, comentam textos anteriores entre outros propósitos.

A carta a seguir, por exemplo, foi publicada no dia 21 de março de 2015. Como dissemos, pelo caráter interacional estabelecido entre leitor, leitores e jornal, as cartas ainda se configuram como o gênero do domínio jornalístico mais interacional por excelência. Percebe-se que, atualmente, as cartas do *Diário de Pernambuco*, por exemplo, servem também como "agentes sociais", isto é, servem como um espaço para reivindicar melhorias no bairro, na cidade, no estado e até mesmo no tratamento para com os que ficam à margem, como o caso do atendimento dado aos idosos nas farmácias da Secretaria de Saúde do Estado de Pernambuco.

As cartas contribuem com o real papel do jornal na sociedade que, conforme Sanches (2006), é servir "*tanto para fazer poder quanto para poder fazer. Em um aspecto, como agente do poder, amarra o cidadão e escurece-lhe as vistas. No outro, com o poder de agente, desfaz-lhe os nós e faz-se-lhe a luz*". Vejamos a carta no exemplo a seguir.

(115) [21,1 CL PE] ***Descaso com idosos*** || *Frequento, desde dezembro, o | setor da farmácia da Secreta- | ria de Saúde do estado, onde se | requer ou se renova a solicita- | ção de remédios. Da última vez | que fui, tinham apenas dois | atendentes para um grupo de | mais de 20 idosos e para o ou- | tro grupo que não era priori- | dade e que é sempre menor, | tinha seis atendentes, chegan- | do ao ponto de ficarem os seis | para uma só pessoa, enquan- | to que os idosos continuavam | com o grupo aumentando. Só | aí quando não tinham mais a quem atender é que o vigilan- | te, que estava encarregado de | chamar as pessoas designou | mais alguém para o atendimen- | to. Em qualquer lugar o idoso | tem a opção da fila, menos na | recepção da farmácia, onde há | a imposição do funcionário | com completa falta de sensi- | bilidade. | Severina Rubenita - Recife*

Esse é um exemplo da funcionalidade dos gêneros, pois, como afirma Marcuschi (2005), eles são *entidades sociodiscursivas e formas de ação social.* Por meio das cartas, verifica-se que os leitores agem sociocomunicativamente por meio do usa da linguagem, fazem uso dela para, como vimos, protestar contra o descaso com os idosos.

Ainda em relação às cartas de leitor no *Diário de Pernambuco*, quanto ao *lugar* ocupado no suporte, as cartas são publicadas na seção "Cartas e e-mails". Essa seção, dividida em quatro colunas, se encontra no caderno "Economia", na mesma página em que se localiza o editorial, à esquerda, e as frases ditas importantes do dia, acima. Já na página seguinte há os artigos de opinião.

Publicam-se em média oito a nove cartas. Exige-se que seu tamanho seja de no máximo dez linhas. Além disso, informa-se que as cartas enviadas por e-mail só serão levadas à publicação se informarem o endereço eletrônico completo do remetente e telefone e/ou endereço.

Há um detalhe importante na seção "Cartas à redação", a presença do "*olho*" – box, frase ou um trecho do texto, que se coloca em posição destacada, em corpo maior, eventualmente, em cor diferente.

O *olho* tem o objetivo de chamar a atenção do leitor ao ponto, ou aos pontos que aquela matéria contêm. Esse recurso é muito comum em entrevistas e reportagens, mas, como se percebe, está estabilizado também nas cartas de leitor. No entanto, com uma diferença, o que se veicula no *olho* das cartas não é um ponto importante contido em nenhuma das cartas publicadas na seção, mas uma declaração de outro leitor, o que nos leva a acreditar que esse *olho* é uma minicarta do leitor. Se assim o for, há "claramente" mistura de vozes, o discurso do leitor, identificado por aspas, e o discurso do editor, na forma de discurso indireto, marcado, recorrentemente, por uma TD, o gerúndio, por exemplo: *perguntando*, *chamando*, *declarando*, *reclamando*, antecedido do nome do leitor em negrito. Mesmo assim não se deixa de haver a coautoria.

A presença do *olho* é a comprovação de que os gêneros são dinâmicos, enunciados relativamente *estáveis*, como afirma Bakhtin (2003), pois houve a assimilação de TD recorrentes em outros gêneros, todavia com uma constituição diferenciada. Isso demonstra, segundo Koch (1997), ao se referir à dinâmica de transformações de TD, que "*a inovação ocorre através da convergência de tradições culturais*" e que "*a inovação ocorre através da mistura de tradições culturais*".

Quanto aos aspetos composicionais das cartas, há título, em negrito e itálico, e a presença de assinatura do autor da carta, escrito em caixa alta e em negrito, seguido do nome da cidade. Quando a carta é assinada por alguma instituição, não há o nome da cidade. Quanto à variedade linguística, emprega-se a variedade padrão culta.

Identificamos outro fenômeno estrutural da carta: a delicada e sutil divisão em subpartes: a) *apresentação*: primeiro período, evoca o "para quê?" e o "por quê?"; b) *exposição*: o tronco da carta, refere-se ao "o quê?, assunto específico; c) *conclusão*: último período, refere-se a uma síntese, marcada por frases de efeito, ora por estratégias interrogativas, ora por uma sentença afirmativa.

Na carta de 30 de julho de 2011, essas subpartes se configuram assim:

Quadro 3 – Subpartes – Cartas de leitor no século XX

Título	*O pior cego*
Apresentação	O célebre ditado, | "O pior cego é | aquele que não | quer ver", cai co- | mo uma luva para | o prefeito João da | Costa.
Exposição	Se a popu- | lação reclama da bagunça no cen- | tro da cidade, o prefeito diz que | está tudo lindo e maravilhoso, se | o eleitor reclama dos buracos, o | prefeito diz que um máquina mi- | lagrosa irá tapar tudo, se o povo | grita com relação aos alagamentos, | João da Costa diz que são pon- | tuais, se o contribuinte reclama do | trânsito o prefeito afirma que es- | tá investindo milhões. A última foi | afirmar que o problema de sua | gestão está na coordenação polí- | tica e na deficiência da comunicação.
Conclusão	É para rir? A população reci- | fense afirma que o problema da | sua gestão se resume a uma pala- | vra: "incompetência".
Assinatura	WLADIMIR LACERDA DE MOURA
Local	RECIFE

Como podemos perceber, a tônica das cartas de leitor, nesse período, é, como já afirmado, argumentar, opinar, expor, solicitar, criticar, reclamar, ironizar, elogiar, comentar textos anteriores, mas também o de garantir, no espaço destinado à publicação desse gênero, a oportunidade de dar voz à população ou a quem fosse dado o direito a escrever, de protestar contra os desmandos da política local, como visto na carta do Quadro 3. Além disso, embora alguns anos tenham se passado desde uma primeira ocorrência da carta de leitor, por nós constatada no levantamento do *corpus* para esta pesquisa, a carta de leitor vai demonstrando que tanto em sua composição há aspectos conservados, mas também elementos que se perderam pelo caminho de sua trajetória, confirmando, assim, seu caráter do gênero do domínio jornalístico mais interacional, por excelência.

CONSIDERAÇÕES FINAIS

O jornal, a partir do século XIX, foi responsável pela inserção de parcelas da população em efetivas práticas de letramento. De fato, a chegada do impresso ao Brasil despertou a opinião pública, uma vez que houve um contato mais direto com práticas sociais de leitura e escrita, muito embora a

Coroa portuguesa tivesse impedido a impressão de papéis, livros, folhetos, o que denotava o temor por revoluções, entre *idas* e *idas*. Nesse sentido, vê-se que o jornal ocupa hoje o lugar de servir à sociedade, serve para fazer poder, como também por poder fazer, com o poder de agente, desfazer os nós e tornar escuridão em luz.

Dentre os tantos gêneros do domínio jornalístico, a *carta de leitor* é a que permite uma maior relação do leitor com o jornal. Um gênero que materializa o contato face a face entre sujeitos ausentes. Ela, como o gênero do domínio jornalístico mais interacional por excelência, garantiu aos leitores, desde sua aparição em 1826, tomando por base os dados de jornais de cinco estados brasileiros, um espaço reservado para a publicação de uma diversidade de propósitos comunicativos: solicitações diversas, protestos, respostas a publicações, denúncia, esclarecimentos, reivindicações entre outras. Além disso, as cartas de leitor, por sua função sociodiscursiva, vêm mediando a relação leitor, jornal e sociedade.

Na história do gênero carta de leitor, identificam-se traços de mudança e permanência em sua constituição. Aos seus aspectos composicionais e discursivo-textuais, consideramos que as cartas de leitor, no decorrer do tempo, apresentaram específicas características, que podem ser organizadas em três fases assim descritas:

- **Fase do surgimento**: primeira metade do século XIX, correspondendo ao recorte temporal de 1825/1855. Período no qual se identifica o momento de afirmação do texto como gênero (primeira metade e meados da segunda do XIX). Nesse momento, coube às cartas de leitor, por meio de uma diversidade de funções sociodiscursivas, garantir não só a relação do leitor com o jornal, mas mediar a relação leitor, jornal e sociedade. Do ponto de vista discursivo-textual, verificou-se que eram publicadas em seções fixas de uma a duas cartas. Importante destacar a presença de um *participante da comunicação discursiva* mais explícito, marcado linguisticamente pelas expressões vocativas *Sr. Redactor* ou *Sr. Edictor*, e um *participante interlocutor-direto*, o real endereçamento discursivo, encontrado nas cartas de leitor desse período, representado por uma instituição pública ou por um indivíduo qualquer, muitas vezes demarcado por expressões de injúria e insulto. Quanto à organização composicional, possuíam as cartas uma regularidade, a presença de uma apresentação/saudação, exposição e agradecimento/conclusão. Para essas características, TD específicas foram identificadas, além do vocativo, como expressões de apreço para com o redator, pedido para publicação na forma dos verbos *rogar*, *querer*, *inserir*, *publicar*, *dar*, além da presença da assinatura, muitas vezes em forma de pseudônimo.

- **Fase de transição**: período no qual se verificou a permanência de tradições antigas e o surgimento de novas tradições que viriam se estabilizar em fases posteriores, corresponde ao recorte temporal de 1885/1915/1945 (meados da segunda metade do XIX e primeira metade do XX). As cartas, nesse momento, iam a público, semanalmente, por volta de duas a quatro. Em relação aos aspectos discursivo-textuais, verificou-se uma oscilação na presença do mediador discursivo. Houve um enfraquecimento na presença do *participante interlocutor-direto*, elemento bastante recorrente na fase anterior. Do ponto de vista dos aspectos composicionais, identificou-se a permanência das subpartes: apresentação/saudação, exposição e agradecimento/conclusão. Algo nos chamou atenção, quanto às cartas pernambucanas, a presença de TD que parecem ter demarcado a interferência editorial na publicação das cartas, como o uso de verbos acusativos e clíticos, delimitando a abertura da carta. Além disso, aparece o título, possíveis indícios de mudança.
- **Fase de pré-estabilização**: período no qual se verificou uma pré-estabilização dos componentes constitutivos do gênero, correspondendo ao recorte temporal de 1975/década de 1990. Consideramos uma pré-estabilidade composicional pelo fato de que as características desse período estão estabilizadas hoje, aguardando novas mudanças. Nesse momento, no contato do sujeito enunciador com o destinatário, verificou-se que a partir do período 1976/década de 1990 desaparece o mediador discursivo, *Sr. Redator* ou *Sr. Editor*. Quanto aos aspectos composicionais, constatou-se uma pré-estabilização de subpartes que nesta etapa passam a ser: título, apresentação, exposição, conclusão, assinatura, local.

Esses momentos, conforme Faraco (2005), são *cortes arbitrários* que aqui em nossa pesquisa surgem como uma forma de delimitar momentos um tanto quanto distintos da caracterização das cartas de leitor no decorrer do tempo. Parafraseando ainda Faraco (2005), definimos que todo ato de periodizar é uma atividade que auxilia a análise permite fazer uma localização dos fatos em estudo em uma escala do tempo, "recuperando", assim, *a idade dos acontecimentos e suas relações com a conjuntura maior*, mas também servindo para apontar o que mudou ou se conservou do ponto de vista, por exemplo, da história da língua e dos textos.

Pudemos comprovar que houve, por parte das cartas de leitor, a permanência da função sociodiscursiva do gênero. Desde o seu surgimento, as cartas são responsáveis por garantir a relação do leitor com a linguagem e a sociedade. O seu papel comunicativo como agente pelo qual se propaga uma diversidade de intenções discursivas vem se mantendo. Verificou-se, assim, que a carta de leitor no nível das tradições discursivas oscilou "*entre convenção e a inovação, entre conservadorismo e dinamismo*" (Simões e Kewitz, 2009: 7).

NOTAS

1 Entenda-se "função sociodiscursiva" a função social do gênero (para quê? para quem?), como meio pelo qual o sujeito interage discursivamente.

2 Adotamos o ano de 1825 como o início da contagem a cada três décadas devido ao fato de ser o primeiro momento do qual temos notícia sobre a ocorrência do gênero em um periódico mineiro, *O Universal*.

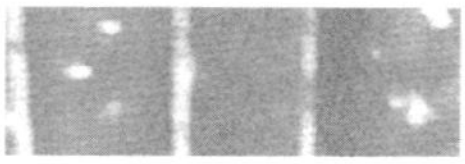

PRÁTICAS HISTÓRICO-DISCURSIVAS NA SEÇÃO "ANNUNCIOS" DE JORNAIS NO BRASIL DO SÉCULO XIX

Roseane B. Feitosa Nicolau
Ana Cristina de S. Aldrigue

SUMÁRIO

APRESENTAÇÃO

No século XIX, tem início a circulação de jornais impressos nas províncias do Brasil. Nessa época, com a vinda da família real, o Brasil passou a ter oficialmente tipografias – direito que lhe foi negado nos séculos anteriores. Essa ação conduz a população brasileira, oralizada por séculos de colonialismo, à escrita, bem como à leitura de textos em vários gêneros, gerando, assim, novas práticas discursivas. Essas novas práticas promoveram a divulgação de valores, concepções e costumes sociais locais e internacionais; além disso, favoreceram, significativamente, a formação de leitores, contribuindo, consequentemente, para uma maior consciência pública, que não se calava mais diante dos desmandos da Coroa portuguesa.

O século oitocentista pode ser considerado fundante de uma sociedade brasileira letrada, tendo o jornal como um meio, suporte, que publicava as marcas identitárias do país e da região em que circulava. Dessa forma, vemos o jornal como importante fonte para a construção do conhecimento sobre a nossa história, de forma geral, e, precisamente, neste estudo, para a história da nossa língua; uma vez que, nos jornais do século XIX, encontramos um exercício de todas as camadas da linguagem vigente no meio social da época, de falares concretos e socialmente praticados. Esse exercício pode ser observado na seção "Annuncios", na qual se divulgavam produtos/serviços, faziam-se reclamações e cobranças; em suma, divulgavam-se fatos sociais.

Centramos nossa visão, neste estudo, no fazer histórico-discursivo de uma prática social escrita, publicada na seção "Annuncios" de jornais brasileiros do século XIX, que surge de uma necessidade de divulgar fatos diversos, consolidando-se em uma ação de domínio e de utilidade pública que se tornou uma Tradição Discursiva.

Nosso objetivo é analisar as práticas histórico-discursivas dos anúncios do século XIX de várias localidades do Brasil, tendo como suporte teórico-metodológico as ideias advindas dos teóricos da Tradição Discursiva (Oesterreicher, 1997a; Kabatek, 2006b; Koch, 2008) que vêm recuperando, em seus estudos, a historicidade de gêneros textuais de épocas passadas; e as ideias de Bakhtin e seu Círculo, que têm promovido estudos da enunciação como evento, no qual o locutor se institui na interação, assumindo vozes sociais; e, também, a teoria dos gêneros (Bakhtin, 1992), a partir da qual se percebe que formas e usos articulam-se na constituição de sentidos no discurso.

Por meio das ideias de Bakhtin e de seu Círculo, observamos as práticas discursivas presentes nos textos da seção "Annuncios", sobretudo no tratamento dado ao tema, ao propósito comunicativo, à forma composicional e ao estilo dos gêneros de divulgação social. Vemos também o estudo das práticas discursivas como uma forma interdisciplinar, ao permitir que a linguagem seja estudada na sua perspectiva histórica, gerando novos objetos de estudo no universo linguístico, como, por exemplo, o espaço presumido, invisível da linguagem que inclui todo o contexto sócio-histórico.

Vale lembrar que a expressão "práticas discursivas" (no plural e, aqui, tomado para estudo) partiu de Foucault. Para ele, práticas discursivas correspondem a:

> Um conjunto de regras anônimas, históricas, sempre determinadas no tempo e no espaço, que definiriam, em uma dada época e para uma determinada área social, econômica, geográfica ou linguística, as condições de exercício da função enunciativa. (Foucault, 2008: 133)

Dentre os gêneros presentes nos jornais, são do nosso interesse, neste capítulo, os textos publicados na imprensa em várias décadas do século XIX, na seção "Annuncios". Muitos desses textos, nos dias atuais, não são vistos ou classificados como anúncios, mas sim como notícias, avisos, comunicados, cartas de cobranças etc. Esses textos encontram-se nos jornais de Pernambuco, Bahia, Rio de Janeiro, São Paulo, Santa Catarina e Paraná, e foram organizados e publicados em livro impresso por Guedes e Berlinck (2000); e dos jornais da Paraíba, organizados e publicados, também em livro, por Nicolau e Aldrigue (2009). Ambos compõem os *corpora* do PHPB.

Os textos selecionados para esta pesquisa apresentam os seguintes propósitos comunicativos: vender, noticiar e cobrar. Essa seleção se deu em função desses propósitos comunicativos se fazerem presentes em todos os jornais brasileiros, de forma geral, apresentando-se sempre na seção "Annuncios", desde os primeiros jornais do século XIX, e por terem passado por mudanças significativas tanto no aspecto temático, quanto na sua forma composicional, como veremos adiante.

Destacamos ainda que, mesmo sendo um período curto em termos históricos, de 1801 a 1899, houve mudanças significativas de regime de governo no Brasil. O país, nesse século, passou de Colônia de Portugal para

Império, e, depois, para República. Além dessas mudanças de regime, houve o fim do regime escravocrata e a ascensão da burguesia cafeeira. Esses fatos, sem dúvida, acarretaram transformações significativas no país, em todas as instâncias: econômicas e socioculturais, e se refletem nos textos publicados na seção "Annuncios" dessa época, em seus diversos aspectos.

A AÇÃO DE DIVULGAR NOS JORNAIS DO SÉCULO XIX: ANÚNCIOS, APEDIDOS E EDITAIS

Nos jornais do século XIX, de forma geral, encontramos um exercício de discursos vigentes no meio social como um amálgama de todas as formas de linguagem, de falares concretos próprios desse século, de uma população brasileira em formação. Entre esses discursos presentes nos jornais, há os voltados para a ação de divulgar: anúncios, apedidos e editais que são encontrados na seção "Annuncios". A palavra, nesses textos, mostra-se reveladora de valores, de atitudes culturais e de modos de expressão da época em que circularam. A sua leitura possibilita o reconhecimento da riqueza dos recursos da língua, utilizados nos enunciados, além das intencionalidades neles marcadas.

Atreladas às relações sociais e necessidades econômicas e seguidas por motivações consecutivas ao aparecimento de novas circunstâncias e de novos suportes de comunicação, as ações linguísticas presentes nesses textos se orientam por um conjunto de fatores, como: qual é o seu propósito comunicativo? Qual gênero deve ser utilizado para o êxito desse propósito? Quem são os enunciadores? Além desses fatores, é preciso ter o conhecimento linguístico, o controle e as condições necessárias para o estabelecimento da ação discursiva textual.

Os anúncios, apedidos e editais do século XIX são tradições discursivas que nos foram transmitidas sócio-historicamente pelos europeus, sobretudo pelos portugueses, dos quais herdamos a língua. A escolha de um gênero, para realizar a ação comunicativa, fazia-se em função da definição dos parâmetros de situação e do contexto socioeconômico e ideológico, que, assim, refletem o tempo e o espaço em que foi produzido.

O gênero anúncio confundia-se com outros gêneros, tais como: aviso, notícia, nota, nova, propaganda etc., e eram todos expostos na seção "Annuncios". No domínio dos estudos da língua, precisamente no verbete de um dicionário do século XIX, o dicionário de Antonio de Morais Silva (1877 apud Pessoa, 2006: 111), nota-se a preocupação em se estabelecer uma diferenciação entre o uso dos termos "anúncio" e "aviso":

> (aviso, annuncio. Syn.) São duas palavras muito usadas em nossos diários e periódicos, e que por ventura se confundem, mas que entre si differem. A 1ª é noticia dada a alguém sobre cousa que lhe interessa, e muitas vezes é proveniente de auctoridade publica em matéria administrativa, annuncio é noticia, ou nova que se dá não a pessoas determinadas, mas sim ao publico.

Percebemos que, neste verbete, tenta-se estabelecer, em função do uso das palavras no século XIX, a diferença entre "aviso" e "anúncio", sendo o aviso um comunicado de ordem mais pessoal, e, o anúncio, de ordem pública. Porém, era comum encontrar anúncios com o título "Aviso" dirigido ao público por comerciantes, divulgando seus produtos ou fazendo cobranças, na mesma época em que foi impresso o dicionário com essa diferenciação na seção de "Annuncios", como podemos ver no exemplo que segue.

(1) [19,2 A BA] *AVISOS ESPECIAES Aos devedores de Pinto & Companhia, | avisa-se que até 15 docorrente_ | em flata de pagamento, serão seos | nomes inseridos neste jornal. || São Felix, 10 de novembro de 1886.* (*O Guarany*, 11 de novembro de 1886)[1]

O termo "*aviso*", como título de anúncios, reveza-se com o termo "*attenção*" e com a expressão "*ao publico*", ou ainda, como o termo "*memorandum*", que não era tão comum quanto os outros termos, mas que evoca uma tradição vinda de Portugal.

(2) [19,2 A PB] *MEMORANDUM || DA || Mercearia de Honorato Xa- | vier, sita à rua Maciel | Pinheiro, n.º 39. || A'S EX.mas FAMÍLIAS || Completo sortimento de sec- | cos e molhados, o que ha de me- | lhor neste genero, e mais ao al- | cance de todos pela modicidade | dos preços. || Variado sortimento de fogos | nacionaes e estrangeiros, desde o | assustador foguetão até o elegan- | te e inoffensivo foguinho de sa- | lão. || A elles mocidade folgazã que | estão se acabando, e as festivaes | noites de S. João e S. Pedro se | approximam. || O proprietario appelando para || as Exm.as Familias, espera que | o homem com seus pedidos, que | serão despachados a contento. || Parahyba, 16 de Junho de 1891.* (*Estado da Parahyba*, 13 de junho de 1891)

Notamos, portanto, que nos jornais do século XIX, não havia uma distinção nítida entre anúncio e notícia, anúncio e outros gêneros de divulgação, como: notas, achados e perdidos, apedidos, etc., cabendo na seção "Annuncios" todas as ações pertencentes ao ato de divulgar para a comunidade de forma geral ou para alguém específico.

Mais tarde, já nos séculos XX e XXI, os anúncios passam a ser textos de divulgação voltados, de forma mais específica, para produtos e serviços como podemos perceber nas acepções 4 e 5 do verbete do dicionário de Houaiss e Villar, de 2001:

> Anúncio s. M (1593 cf. DA)1 notícia ou aviso por meio do qual se divulga algo ao público [...] 4 mensagem de propaganda criada com o objetivos comerciais, institucionais, políticos, culturais, religiosos etc. 5 PUB mensagem que procura transmitir ao público, por meio de recursos técnicos e através de veículos de comunicação, qualidades e eventuais benefícios de determinada marca, serviço ou instituição [...]. (Houaiss e Villar, 2001: 242).

Retornando ao século XIX, os anúncios, *grosso modo*, apresentavam-se como notícia ao responder às perguntas básicas: o quê? Quem? Quando? Onde? Como? – formas canônicas do ato comunicativo –, de cunho mais noticioso e pouco argumentativo, e serviam aos mais diversos propósitos. Não havia uma preocupação com a forma, com o como dizer, apenas com o dizer. Porém, isso não impede que se faça uma definição dos editais e dos apedidos tão presentes nos jornais do século XIX, na seção "Annuncios".

Os editais eram anúncios de atos oficiais, publicados nos jornais para o conhecimento de terceiros, interessados ou não. Tiveram sua origem na palavra "édito", que significa, de forma geral, anúncio de uma lei realizada por autoridade superior e/ou judicial, afixado em local público e, depois, divulgado, por sua vez, nos jornais, na seção "Annuncios".

Exemplificando, segue um edital publicado na *Gazeta da Parahyba* do ano de 1888, cujo propósito era firmar a lei do fim da escravidão perante toda a população da província da Paraíba, no momento em que ela foi outorgada.

(3) [19, 2 E PB] *EDITAES||Doutor Antonio da Trindade Antunes Meira Henriques, Juis do Direito da Comarca da Parahyba do Norte||Faço saber em que virtude de comunicação telegráfica do Exmo, Senr, Ministro da*

Agricultura Commercio e Obras Publi-|cas feita ao Exmo. Sr. Pre-|sidente da Provincia em 13 do corrente, publicada no Jornal d Parahyba de 15 tambem do corrente e transmitida a este Juizo em officio desta data, que hoje recebi, foi naquela data sanccionada a lei extinguindo a escravidão no Brazil.| Pelo que mandei passar o presente por mim assignado que será publicado que será nos lugares do costume e reproduzido na imprensa, a fim de que a dita lei seja imediata-|mente cumprida n'esta Comarca – Parahyba 17 de Maio de 1888.|Eu Maximi-|ano Aureliano Monteiro da Franca, escrivão interino do jury o escrevi. ||Antonio da Trindade A. Meira Henriques. ||(*Gazeta da Parahyba*, 18 de maio de 1888)

Nesse edital, deixa-se clara a necessidade de que, determinado o fim da escravidão, essa Lei deve ser cumprida na Paraíba como ordem do juiz da comarca, que deve ser acatada em todas as províncias do país. Além da divulgação de leis e atos administrativos, era comum encontrar nos jornais do século XIX os apedidos.

Os apedidos são textos feitos pela comunidade local e divulgados nos jornais, que não se responsabilizam por eles. Deixam transparecer costumes de uma época e compõem, com outros gêneros, os jornais do século XIX. Esse gênero impresso visa a divulgar um fato de forma pública ou, ainda, fazer circular informações, denúncias, advertências, avisos, comunicados etc.

Vejamos os dois seguintes apedidos, divulgados no jornal do Paraná, que demonstram a interação entre os enunciadores de forma descontraída, por meio do jornal, que faz a vez de um meio de correspondência, dos Correios. Trata-se da história de um Machado.

(4) [19,2 A PR] *Deseja-se saber onde foi para um Machado| em pouco uso, pertencente á Nação. || Quem d'elle der noticia receberá alviça|ras, e muito obrigara ao ||Curioso.* (*Novo Iris*, 22 de março de 1855)

(5) [19,1 A PR] *ALVIÇARAS! ALVIÇARAS! || Era madrugada, e bem madrugada, | quando, Senhor Curioso, vi no Novo Iris o desejo que Vossa Mercê tinha de saber onde pa|rava o –Machado–da Nação. Não sendo ca|menos curioso que Vossa Merce, e ao demais agu|çada a minha curiosidade pela promessa de | alviçaras, saí abalroando uns e outros pa|Ra saber do Machado. Fui tão feliz que |soube que estando na cosinha de certa caza |grande, não sei o que houve que no dia 27| de Dezembro 48 atirarão – no á rua. Foi tão forte o aremesso, que o diabo do Machado, como si tivesse pernas, ou fosse | uma*

machina locomotiva, n'um apice gal |gou a ua do Governador,e, chegando ao | pinaculo, escorregou ladeira baixo, e foi-|se Orientado por essas informações, e| entendendo que talvez tivesse querido que fizesse um giro, e fosse Ter ao ponto de| partida, com tudo, morando em não immedia|ções d'essa Rua, das Palma, e Bella do | Senador, fiz o mesmo caminho que elle,e | não o encotrando, recolhi-me par aalmoçar. Apenas almocei, tornei á sair, fui | ao mercado, onde soube que o Senhor Patrao | Mor é quem podia dar noticiais do tal Machado, por que serião nove horas quando esta noticia, ve|nho dal-a á Vossa Merce, esperando que não lhe | falte com as-alviçaras-que devem ser aval|todas, a vista a importancia da descoberta. || O Descobridor de mel de pau. (*O novo Iris*, 26 de março de 1850).

O propósito do primeiro apedido é claro e breve: deseja-se saber onde foi parar um Machado do jornal *A Nação*, e quem dele souber notícias receberá "*alviçaras*", ou seja, uma recompensa. No segundo apedido, em resposta ao primeiro, narra-se a trajetória feita pelo Machado, até certo ponto. O que deu direto ao enunciador de pedir as "Alviçaras". A palavra "Alviçaras", que inicia o segundo apedido, foi escrita de forma interjetiva e expressiva, com um tom alegre, pelo narrador, o qual dá notícias do Machado e, por isso, se acha merecedor de recompensa.

É pertinente notar que esses textos são documentos representativos de uma época, de práticas discursivas nas quais a língua portuguesa brasileira escrita já se fazia presente. Gilberto Freyre, na década de 1960, já destacava que os apedidos e anúncios do século XIX, mais do que os livros de história e/ou romances, expõem de forma significativa aspectos da vida sociocultural de um povo, seus modos e costumes, bem como a linguagem praticada por eles na época.

Se lermos os apedidos publicados nos jornais do século XIX, veremos que há uma variação de propósitos comunicativos em conformidade com a necessidade da população, uma vez que os jornais do século XIX prestavam-se ao serviço de utilidade pública, divulgando, dando a conhecer, fazendo circular preocupações e desejos da comunidade. E, por meio dessas ações, dessas formas de dizer socialmente, passamos a conhecer as práticas discursivas de uma época, fragmentos do século XIX, considerado, por alguns historiadores, como já apontamos, como um século fundante, base formadora da nossa civilização atual.

Toda palavra, todo enunciado dos apedidos, dos editais e dos anúncios, relembrando Bakhtin e seu Círculo (1999), devem ser vistos da perspectiva da sua vida "concreta", de seu ato de produção, da sua prática discursiva e de sua historicidade. Podemos perceber claramente que o real da história se apresenta no real da língua (Brandão, 2006), quando os jornais, através de enunciados concretos, fizeram circular discursos de uma sociedade, que viam no gênero apedido, por exemplo, uma forma de contato, de relacionamento, ao informar um fato, realizar uma denúncia ou outros costumes vigentes na época.[2] Os apedidos são exemplos de práticas discursivas marcadamente históricas e que podem resgatar elementos linguísticos e segmentos textuais de uma época, permitindo o cruzamento da língua com a história.

Vale ressaltar que no século XIX era por meio dos jornais/revistas e de cartazes, estes afixados nas paredes e em tapumes de construção na cidade, que circulavam informações e se promovia a venda de produtos e de serviços na forma escrita. Não havia ainda, no nosso país, outros meios de comunicação para a divulgação de produtos e notícias. Dessa forma, lendo e estudando os anúncios, apedidos e editais, podemos apreender aspectos linguísticos e sociais da comunidade discursiva do século XIX, representantes de um contexto, de uma forma de vida social brasileira.

Os textos publicados em jornais contribuíram muito para a divulgação de uma língua que se formava: o português brasileiro. E o jornal era o suporte para essa divulgação, quando ampliou a possibilidade de contato de largas faixas da população com a língua escrita, o que antes só era feito praticamente através de cartas, com todas as dificuldades que os Correios apresentavam na época.

Os anúncios publicados, portanto, refletem e refratam o acesso que as populações analfabetas e semianalfabetas passam a ter ao jornal; conforme Pessoa (2001), seja escrevendo como podiam, seja ditando para que outras pessoas escrevessem, seja, ainda, reproduzindo os pregões de escravos na venda de variados produtos.

ANÚNCIO: A VOZ PÚBLICA DE ESFERAS SOCIAIS E SEU FAZER DISCURSIVO

O primeiro anúncio impresso, ainda fora do seu enquadramento nos jornais, conforme Barnicoat (1976), apareceu em 1477 e correspondia a um pequeno cartaz. Esses cartazes seguiam o modelo de sempre, a começar com a expressão romana *si quis*, cuja transposição de discurso nos dias atuais seria: se alguém (necessita), se alguém (sabe isso ou aquilo) (Gomes, 2003). Antes dessa prática discursiva escrita, anunciava-se por pregoeiros, por meio da voz em ambientes públicos, como praças. Assim, tornava-se do conhecimento de todos a existência de produtos e serviços na localidade, bem como a chegada de circo ou peças teatrais. Assim, eram os anúncios, vozes públicas que divulgavam as mais diversas relações sociais e comerciais.

Com o surgimento das tipografias, o anúncio começa a ser impresso, passando a ter espaços nos jornais, com a sua função de divulgar produtos, serviços e eventos, fazendo a função dos pregoeiros ao dar as mais diversas notícias para a população não apenas local, mas também de outras regiões, uma vez que o jornal tinha uma circulação ampla.

O processo de divulgação, que envolvia a publicação do anúncio, obedecia a algumas regras ou rituais: só poderia acontecer mediante o pagamento antecipado; havia um valor para a quantidade de linhas do anúncio; e o jornal não se responsabilizava pelo conteúdo da publicação. Tudo isso demonstra as relações comerciais que antecediam a divulgação dos textos de pessoas públicas e que, de certa forma, interferiam no resultado final, que era a divulgação do texto. Além dessa prática de cobrança, muitos jornais eram subsidiados/mantidos pelos governos que publicavam seus atos, decretos e notícias, e os editoriais, desses jornais, mostravam seu apoio aos governantes em função desses subsídios.

Na sua condição de texto, que se prestava à divulgação, na sua forma ainda não definida no século XIX, o anúncio se misturava com os apedidos, notícias, notas e editais, acolhendo, em seu discurso e suas formas, os diversos falares e estratificações sociais de cada época. Com isso, mostra-se vivo e atuante no espaço histórico em que ocupava, profundamente determinado pelo momento histórico, pelas contradições sociais e pelos conflitos ideológicos – de classe e de grupos étnicos, como a questão da escravidão, que também é marcante nos anúncios do século XIX, nos quais negros são vendidos ou trocados, ou seja, tratados como uma propriedade, como mercadoria:

(6) [19,2 A PB] *Vende-se, ou troca-se por escravos, as casas da rua |do Quartel ns.4 22, e rua do Tanque n. 10, e uma casa e| benfeitorias em terreno aforado, tudo nesta cidade, trata-|se com Lourenço Carneiro, rua do Quartel n.2, venda.* (*Publicador*, 11 de novembro de 1862)

Vemos também os jornais, desse mesmo século, despertarem para a "chaga" da escravidão e começarem a combatê-la, ao exaltar a ação dos senhores da sociedade que não queriam mais ser vistos como senhores de escravo. É o que pode ser comprovado no anúncio que segue do jornal *A Verdade* – jornal de Areia (Município da Paraíba) que se considerava "órgão abolicionista e noticioso":

(7) [19,2 A PB] *O Dr. Braz Augusto Monteiro de Barros, fazendeiro da freguesia de Aparecida, município de Sapucaia, liberou gratuitamente 218 escravos o mez passado.* (*A Verdade*, 24 de abril de 1888)[3]

A prática da escravidão já vinha sendo desencorajada pelo fim do tráfico negreiro e pela visão que vinha de fora, do continente europeu e dos Estados Unidos, que já tinham abolido a prática que passava a ser vista como uma vergonha para o nosso país.

Para Brandão (2006: 136), "*todo enunciado deve mostrar um mundo cuja representação se faz adequadamente ao ritual discursivo do gênero em que se inscreve*" e, com o nosso acréscimo, em conformidade como uma Tradição Discursiva. No caso dos anúncios apresentados em jornais brasileiros, esses estão em conformidade com a época e com sua função, ao informar um fato ou objetivar a procura ou a venda de algo, próprio da época e dos costumes vigentes, evocando uma tradição que se originou com a voz dos pregoeiros.

No anúncio, não há apenas uma informação de venda ou de qualquer outro negócio, mas falares de uma multiplicidade de vozes, daí podermos definir esse discurso como um discurso plurilinguístico, estético e plurivocal (Bakhtin, 2002). Essa ação de plurilinguismo, ao compor um anúncio, evidentemente, submete-se a uma elaboração jornalística. Ao mesmo tempo em que esse gênero também está aberto às atualizações linguísticas, a diversidade de visões de mundo, sempre como um discurso inacabado, esperando o porvir, funciona como instância de movimentos de integração e de ocultação das contradições sociais e das vozes que se mostram no uso da língua.

A voz coletiva, social, se faz valer pela voz do enunciador marcado no anúncio. Ao assinarem o anúncio, os sujeitos assumem a autoria daquele registro, ou seja, não são meramente enunciadores passivos do processo de interação, mas também donos do dizer, marcado por elementos da oralidade e do seu nível social. Nessa perspectiva, o anúncio constitui-se de enunciados que representam vozes sociais de diversos profissionais, como costureiros, médicos e advogados, que favoreciam a urbanização das cidades.

(8) [19,2 A SP] *Advogado | O bacharel Antonio Benecdito de Cerqueria Cesar, tem o seu escriptorio de advocacia na rua de Barreto Leme número 10 atraz da Matriz Velha, e encarrega-se de todos os trabalhos de sua profissão no civil, crime, commercial, e também de inventários; bem como encarrega-se de cobranças na terra, e na circunvisinhança mediante módica porcentagem.* (*Gazeta de Campinas*, 29 de junho de 1870).

Essa prática discursiva nasce de uma necessidade histórica, refrata e reflete um determinado universo. O anúncio surge da necessidade de uma população de se fazer ouvir, sendo o seu canal o jornal, que se populariza e registra a história social. A prática discursiva, instaurada no anúncio, está direcionada para a utilidade imediata de divulgar necessidades de forma massiva a interlocutores, muitas vezes, concidadãos desconhecidos.

Ao ser concretizado, o anúncio assume *status* de notícia, com valor público, o que traduz um desejo de se fazer conhecer, de tornar público, ou até de se solucionar um problema por meio dessa divulgação. Em suma, o projeto discursivo do anúncio resume-se em tornar algo público, em compartilhar um dado fato. Assim, todo anúncio deve ser entendido como um discurso, por corresponder ao uso concreto e vivo da língua, mobilizando em si vários discursos de ordem e de bons costumes, da lei da compra e da oferta, numa construção discursiva em função do outro, como o que segue:

(9) [19,2 A PB] *Aos dous moços que residem | c[ilegível]junctamente, a rua da Manguei | ra desta cidade, pede-se que cohi- | bam-se de praticar escândalos. || Semelhante procedimento não | está naturalmente de accordo com | a educação que receberam. || Respeitem as famílias que por suas | infelicidades habitão a mesma rua. || Se não formos attendidos em tão | justo pedido, fiquem na intelligen- | cia de que não trepidaremos em de- | cli[ilegível]ar seus nomes já bastante co- | nhecidos do publico. || Os 2 V,* (*Gazeta da Parahyba*, 20 de maio de 1888).

No texto que acabamos de ler, denominado por nós de anúncio-denúncia, há uma reação do anunciante que se volta para seu interlocutor, com uma resposta a uma ação: prática de escândalos. No caso do anúncio de jornal, essa relação entre interlocutores adquire novos contornos pelo fato de que a palavra do locutor toma dimensão pública, não ocorrendo, assim, o contato face a face. Neste caso, o discurso é disseminado por coerções sociais (no caso do anúncio anterior, coibir uma ação antissocial), está assentado sobre vozes sociais (da justiça e do bom costume) que, por sua vez, correspondem a formações ideológicas, presentes nessa prática discursiva.

A partir dessa concepção a respeito do que entendemos por práticas discursivas, podemos pensar quem são os interlocutores dos anúncios com base em três instâncias: a primeira, daqueles que assinam e se responsabilizam pelo anúncio publicado; a segunda, dos enunciadores que vão interagir com os anúncios do jornal e que podem não ser o destinatário imediato; terceira, do público-alvo do enunciado, aqueles a quem o enunciado se destina. Decorre daí as condições de circulação e de recepção. Como expõem Coseriu e Lamas (2010), o ponto de vista dos que escrevem textos para serem publicados em jornais, de forma geral, é um ponto de vista pragmático, voltado para alguém, para um público e ancorado na cidade em que se publica o jornal.

Diante do exposto, estabelece-se uma definição discursiva de anúncio, partindo do pressuposto de que o anúncio é uma tradição discursiva, que surge de uma necessidade de se divulgar fatos de forma sistemática e padronizada em lugar específico do jornal, abrangendo, além da divulgação de produtos e serviços, notícias de caráter público e governamental de uma determinada cidade, estado etc. Tal tradição atinge, de forma massiva, um grande número de pessoas, mesmo que o interessado seja apenas um indivíduo.

Podemos dizer que os primeiros anúncios, incluindo os apedidos e os editais, surgem juntamente com a atividade de informar, de orientar, de divulgar, de provocar uma ação por parte daqueles aos quais são dirigidos; ações resultantes de uma necessidade social (Beltrão, 2006). Fundamentado nessas considerações, podemos afirmar que:

a. no nível sócio-histórico, os anúncios, considerando aqui os apedidos, os editais e anúncios-notícias, surgem da necessidade de registrar um fato socialmente importante por determinado grupo;

b. no nível linguístico-textual, trata-se do relato estruturado das ocorrências de um fato-notícia de ordem pública ou administrativa ou de uma necessidade comercial; e
c. no nível jornalístico, enquadrando-se na proposta desse meio, de utilidade pública, de informar, relatar fatos do presente imediato ou do passado, que estejam atuando nas situações presentes de forma sincrônica.

Parece-nos que a condição primeira para a existência de um anúncio no século XIX ora era a existência de uma situação concreta, que se realizava em uma estrutura narrativo-argumentativa, como, por exemplo, um anúncio de fuga de escravo; ora a presença de pormenores descritivos de um produto, como a divulgação dos tecidos de diversos tipos presentes em anúncios de lojas dessa especialidade.

No anúncio está velado o fato que conduziu ao ato/anúncio e às situações extra-anúncios, que o englobam. Toda situação discursiva implica: discurso e projeto discursivo, sujeitos, esferas, condições de produção, circulação, recepção, mesmo que esses não estejam registrados de forma nítida no anúncio.

No anúncio, há uma interação verbal gerada a partir de uma interação verbal maior e primeira, que seria o ato que levou a essa interação segunda, o anúncio. Por isso mesmo, é preciso focar os enunciadores da situação comunicativa primeira: os enunciadores e seus diferentes e diversos motivos de divulgação, para podermos ter condições de lançar o olhar para essa segunda interação, que é o anúncio, como uma prática discursiva em função do outro.

É importante ressaltar que o discurso ainda é atravessado pelo estilo do gênero, próprio a cada época e de cada comunidade social; e pelo estilo individual, que escreve ou dita o que será escrito. Este último está relacionado à postura, ao papel que o enunciador desempenha na sociedade, e, mais, à forma e ao modo como vai ou não dizer, à concepção ética, ao seu maior ou menor conhecimento do gênero e da própria língua, ao seu maior ou menor conhecimento compartilhado sobre o conteúdo temático, sobre a situação imediata e sobre o contexto mais amplo.

PRÁTICAS HISTÓRICO-DISCURSIVAS DOS ANÚNCIOS DO SÉCULO XIX NOS JORNAIS DO BRASIL

O século XIX é marcado por mudanças na economia em todo o mundo com um maior resultante do intercâmbio comercial entre continentes e com a expansão da industrialização e ações comerciais. A economia passa a ser organizada pela lógica do consumo. No Brasil, isso marcou o aparecimento do consumo como uma relação social, em função da exibição de bens como forma de sucesso pecuniário, símbolo maior do prestígio social, tornando-se marca da nascente sociedade brasileira. A chegada da família real ao Rio de Janeiro em 1808 é o marco para a consolidação do padrão de consumo estrangeiro. Prática que passou a ser adotada pela sociedade brasileira que detinha maior desenvolvimento econômico (Paixão, 2002).

O consumo, em função da exibição social e o efeito demonstração internacional, na primeira metade do século XIX, faziam-se presentes, sobretudo, nas províncias do Rio de Janeiro, Bahia, Minas Gerais e Pernambuco. Nesses locais, concentrava-se a população mais abastada (Lima, 1996). Após a segunda metade do século XIX, a expansão das monoculturas fez com que o consumo e o efeito de demonstração internacional chegassem a outras províncias do país.

Dentro do espaço físico que se urbanizou, criaram-se possibilidades de interação entre os habitantes, por meio do jornal. Isso contribui para a leitura diária de fatos locais e de outros lugares dentro e fora do contexto do anúncio. Além disso, o jornal também divulgava costumes europeus, já praticados pela Corte, como a moda, a aprendizagem de língua estrangeira – sobretudo o francês –, o teatro e, depois, o cinema. Com essa movimentação da vida urbana, a mulher começa, nessa época, a se projetar socialmente, inspirada nos modelos franceses e ingleses. No jornal, com essas mudanças, surgem anúncios de serviços de alta-costura, de acessórios da moda europeia, como chapéus, meias, luvas, entre outros artigos. Assim, os jornais voltavam-se também para o público feminino que se firmava como consumidora dos produtos industrializados.

(10) [19,2 A SP] *ALTA NOVIDADE DE PARIS// Á casa F. Sire & Companhia, chegou um grande sortimento de botinas á Luiz XV para senhoras e meninas, bolinas brancas infeitadas, infeites para botinas, fivelas modernas, e muitas outras qualidades de calçados. /38 A – Rua Direita – 38 A/ Campinas* (*Gazeta de Campinas*, 8 de agosto de 1872).

Os anúncios de lojas de roupas, calçados e adornos, como chapéus, utilizavam-se da linguagem formal baseada numa norma padrão de língua que constituía por meio de ensino e da língua escrita, que tinha como parâmetro a língua portuguesa de Portugal, os anglicismos e os galicismos.

Além do jornal, o teatro oferece à população urbana a oportunidade de ampliação dos horizontes culturais, sobretudo, como a vista de companhias teatrais, ora vindas da Europa, ora do Rio de Janeiro. Surgem também os bailes e as festas das padroeiras, que passam a fazer parte do calendário urbano, favorecendo ainda mais o comércio e a divulgação de seus produtos.

Um aspecto importante perceptível nos anúncios do século XIX é a assinatura e o uso de pseudônimos. Diferentemente dos editoriais, que eram escritos pelos responsáveis/editores dos jornais, muitos dos anúncios do século XIX eram escritos por leitores comuns que queriam vender, denunciar, noticiar, defender ideais, revelando seu fazer enunciativo ao usar a língua; e, quando esses não sabiam escrever, os anúncios ficavam muitas vezes a cargo do tipógrafo, que traduzia em letras as palavras da população que queria divulgar seus produtos/serviços, queixas e notícias.

Independentemente das variações de propósitos comunicativos que o anúncio comportou durante o século XIX, os objetivos sociais que se pretendiam atingir por meio desse gênero permanecem até hoje, ou seja, a venda de produtos, de serviços, divulgação de achados e perdidos, notícias etc.

ANÁLISE DOS ANÚNCIOS DOS JORNAIS DO BRASIL DO SÉCULO XIX

Como base teórica para a realização do estudo dos anúncios publicados no Brasil, adotaremos o modelo teórico das Tradições Discursivas, que permite o estudo, por meio de uma relação temporal, dos anúncios do início do século XIX, em relação aos anúncios do final desse mesmo século, recuperando a historicidade dos gêneros em estudo e constituindo a história da formação da nossa língua; a teoria do gênero, de Bakhtin e seu Círculo, que permite uma visão do anúncio na sua forma composicional, dos seus propósitos comunicativos e, por fim, do estilo individual e do gênero, que, ao mesmo tempo em que promovem a mudança, fazem com que os anúncios sejam reconhecidos como tradições discursivas, conforme seus propósitos comunicativos.

O interesse pelo tema, bem como a delimitação nesse enquadramento teórico, partiu da possibilidade de fazer um estudo discursivo dos textos da seção "Annuncios" que ultrapassasse as práticas tradicionais do estudo diacrônico da língua, visando ao enunciado dentro de um contexto sócio-histórico definido, como uma prática histórico-discursiva numa tentativa de contar a história de fenômenos sociolinguísticos em diferentes anúncios do século XIX. De forma geral, esta análise tem um caráter explicativo e interpretativo e, através dela, o anúncio recebe uma abordagem predominantemente qualitativa.

Após uma leitura atenta de anúncios do século XIX, encontrados em jornais da Paraíba, de Pernambuco, da Bahia, do Rio de Janeiro, de São Paulo, de Santa Catarina, e do Paraná, selecionamos inicialmente alguns anúncios capazes de serem fontes de uma visão substantiva da relação social e comercial e de proporcionar subsídios para a compreensão dos elementos que contribuem para o estudo ao qual nos propusemos: analisar as práticas histórico-discursivas dos textos da seção de "Annuncios" de várias localidades do Brasil do século XIX, observando as mudanças, sobretudo de ordem sociolinguística.

Centramos em alguns temas tratados na seção "Annuncios" durante o século XIX: a venda, o anúncio-notícia e a cobrança, por serem os mais recorrentes, o que permitiu balizar melhor o nosso trabalho. É bom relembrar que esses textos estão inseridos num período de fundação da imprensa no Brasil e de mudanças políticas significativas no país. Algumas temáticas, recorrentes na primeira década do século XIX, como fuga e venda de escravos, foram aos poucos, com os movimentos abolicionistas e a abolição da escravatura, desaparecendo dos jornais. Outros temas começaram a ocupar espaço, em função de novas demandas comerciais e nova configuração social.

Abordamos os textos sob três categorias de análise: forma composicional, conteúdo temático e estilo, de modo evolutivo, indo do início do século XIX ao seu término, em conformidade com as condições de produção, circulação e recepção. E, assim, realizamos uma leitura da evolução das práticas discursivas, presentes nos textos da seção "Annuncios", observando o percurso histórico-discursivo dos gêneros presentes.

Os textos estudados são resultantes de fatores socioeconômicos e culturais e devem ser entendidos como uma ação comunicativa, um sistema de múltiplas relações, sejam elas formais, linguísticas, ou ainda de conteúdos temáticos e discursivos. Tal sistema torna esses gêneros mais instáveis e mutáveis, redefinindo-se a cada mudança socioeconômica. Isso pode ser constatado ao se comparar os anúncios em cada década. A evolução ocorre na organização interna e estrutural dos anúncios, no uso da linguagem e em função de fatores externos observáveis, como alterações sócio-históricas políticas, econômicas e culturais.

O século XIX foi marcado por mudanças significativas, tais como a proclamação da independência do Brasil (1822), a abolição da escravatura (1888) e a proclamação da República (1889). Todas essas mudanças incidiram na sociedade, nos seus costumes, e observamos tudo isso nos textos que encontramos na seção "Annuncios". Eles não ocorreram de uma hora para outra, mas por períodos. Veremos essas mudanças, da primeira até a última década do século XIX, separadas por propósitos comunicativos (vender, noticiar e cobrar).

Nas últimas décadas do século XIX, em relação ao seu início, os textos que encontramos na seção "Annuncios" apresentam mudanças tanto na estrutura textual quanto nos temas abordados em função das alterações de regimes de governo pelos quais passou o Brasil – de país-Colônia a país-Monarquia e, depois, a país-República em um único século –, bem como de classes sociais, de senhores de escravos a latifundiários da cultura cafeeira, e, também, porque o povo brasileiro ainda estava em formação populacional. Tínhamos no Brasil oitocentista, sobretudo, colonizadores portugueses que se miscigenavam com índios e africanos, africanos que se miscigenavam com índios, originando a formação populacional do país; e, a esse processo, somou-se o de imigração de outros povos europeus, sobretudo italianos e alemães que, no final do século XIX e início do século XX, vieram com suas famílias trabalhar no país. O resultado da soma desses processos é a atual composição da população brasileira.

Nesse processo de mudança, pelo qual passam os textos da seção "Annuncios" ao longo do tempo, algumas características linguístico-discursivas se mantiveram continuamente; outras apresentam mudanças motivadas por fatores sociohistóricos das práticas discursivas, que contribuíram para a formação, em cada época e em cada área social, das condições de exercícios linguístico-discursivos. Vejamos o que permaneceu e o que mudou nessas práticas discursivas de anúncios de venda e, logo em seguida, de anúncios-notícias e de cobrança ao longo do século XIX.

A venda nos anúncios

Nos periódicos do Brasil, em seus primórdios, os anúncios correspondiam em sua forma composicional a pequenos textos sem ilustração, alguns sem títulos, no estilo dos atuais "classificados", e cumpriam a mesma função de divulgar assuntos relacionados à venda e à captura de escravos, bem como avisos comerciais.

O título *Anunncio*, da seção na qual se encontravam os textos, tinha o propósito de divulgar, nos jornais do século XIX. A palavra era escrita com dois "n" e sem acento, de acordo com a ortografia etimológica então vigente, como ocorria em outras palavras que encontraremos nos textos da seção "Annuncios", tais como: *iguaes*, *delle* etc. Esse título servia para indicar a localização no jornal dos textos de divulgação pública como anúncios, apedidos e editais, ou seja, gêneros de divulgação, quando ainda não havia ocorrido a normatização da ortografia.

A primeira normatização da língua portuguesa ocorreu em 1911 e foi propagada pelo funcionário das aduanas e filólogo português Gonçalves Viana que, ao enfrentar o caos ortográfico, que ocorria em Portugal, estabeleceu a simplificação da ortografia portuguesa, procurando melhorar a correspondência entre a língua escrita e a falada na sua obra: *A ortografia nacional*, conforme Gonçalves (2010). Dentre as mudanças, eram propostas: a eliminação dos grupos, ph, rh, th, do y, das consoantes dobradas, com exceção de rr e ss, e das consoantes não pronunciadas, quando estas não influíam na pronúncia da vogal anterior; a regularização da acentuação gráfica. Mas essas mudanças ainda encontraram resistências durante muito tempo, tanto em Portugal quanto no Brasil. No entanto, devido ao acesso à leitura e à escrita, proporcionado sobretudo pela imprensa, a ortografia da língua portuguesa, no Brasil, passou a ser mais estável.

Os primeiros anúncios de venda, em sua maioria, eram proclamativos e informativos, restringiam-se a publicar informações básicas, como o que estava à venda e onde ou com quem comprar, com a intenção de atender ao comércio e à população local. Não havia ainda a intenção de convencer ou persuadir o consumidor nesse ato, sobretudo nos primeiros anúncios. Quando existia o apelo à compra, este ainda era realizado em forma de pedido, de apelo, como podemos ver no anúncio que segue, no qual o fabricante nacional apela para que comprem seu produto devido à dificuldade de as fábricas nacionais se estabelecerem no comércio, sobretudo em função da concorrência com os produtos estrangeiros.

(11) [19,1 A PE] *Potassa Nacional || Vende-se Potassa nova da fabrica nacional do Rio de Janeiro ao baratissimo preço de 180 réis a libra. Os Senhores de engenho devem todos mandar comprar desta Potassa a fim de animar a fabrica que com tantos sacrificios se estabeleceo e foi a causa de a fazer baixar a este preço: vende-se na Praça do Commercio número 6, primeiro andar, escriptorio de Manoel Ignacio d'Oliveira.* (*O Commercial*, 25 de janeiro de 1850)

As frases oralizadas pelos pregoeiros em anúncios de venda com toda a sua expressividade, dentre elas: "*quem quiser comprar*", que por sua vez veio da expressão latina "*si quis*", aqui já apresentada, são transcritas para os primeiros anúncios dos jornais brasileiros que tinham ainda como modelo os anúncios publicados em jornais portugueses.

(12) [19,1 A RJ] *Quem quizer comprar huma morada de cazas de sobrado com frente para Santa Rita falle com Anna Joaquina da Silva, que mora nas mesmas cazas, ou com o capitão Francisco Perreira de Mesquita que tem ordem para as vender.* (*Gazeta do Rio de Janeiro*, 10 de setembro de 1808).

Nesse mesmo século, precisamente no seu final, essas frases são substituídas por "*vende-se*", com frases mais objetivas

(13) [19,2 A PB] *Vende-se um sitio bem | arborisado, com muitas| fructeiras, e uma casa| pertecente ao mesmo,| com commodos suffi-| cientes para familia, | á beira da estrada do |Macaco, a tratar na| rua das Mercez n. 423.* (*Estado da Parhyba*, 17 de janeiro de 1891)

Nessa época, final do século XIX, o gênero anúncio de venda já se fixara nos jornais e começara a ser redigido por pessoa do meio jornalístico e, em decorrência da influência de modelos de anúncios americanos e de outros lugares do mundo. Muitos dos produtos estrangeiros vinham acompanhados de anúncios na sua língua e aqui eram traduzidos/adaptados para a língua portuguesa. Isso contribuiu para acentuar ainda mais as mudanças linguísticas na sintaxe desses textos, voltados para a comercialização de produtos.

Sobressai-se no final do século XIX o anúncio de venda de remédios estrangeiros. Esses tipos de anúncios destacam-se por serem mais sofisticados, com técnicas argumentativas variadas, com ênfase na marca, na sua procedência e eficácia do produto. Esses anúncios não apenas informavam, mas mostravam maior credibilidade, empenho e intimidade com o consumidor por meio dos seus discursos. Percebemos, também, que o verbo "vender" não fazia mais parte desse novo formato de anúncio.

(14) [19,2 A PB] *SALSAPARRILHA E CAROBA || DO || DR. CALOS BETTENCOURT || Grande depurativo do sangue, sem mercurio || Este grande purificador do sangue é um elixir ou extracto fluido composto de varias plantas | brazileiras, e é puramente vegetal, o que o recommenda a todos quantos quizerem fazer uso de | um medicamento de confiança, reputado o primeiro do seu genero. A sua formula foi examinada | pela junta medica da corte, bem como o preparado, merecendo a sua approvação. || A sua applicação é garantida não produzir máos resultados como acontece com a maior parte | dos preparados do seu genero. || Unico especifico nas molestias seguintes. || Rheumatismo agudo e chronico, syphilis, beribéri, carbunculos, ulceras e feridas, cancros, | gonorrhéa chronica, boubas, bubões, gomas ou exostoses, papeira, escrophulas, darthros ou impin- | gens, molestias da pelle e outras tantas doenças oriundas de um sangue impuro. || A sua dòsagem é feita com muito escrupuio e segundo as novas descubertas da pharmacia | moderna. || Este especifico é hoje usado de preferencia a qualquer outro. É um verdadeiro triunpho | que temos al-*

> *cançando, sendo felicitado de toda parte onde se tem feito uso delle! || O grande consumo que tem tido este preparado, prova perfeitamente o seu maravilhoso | poder curativo. || Onde as outras salsaparrilhas falham, ella cura, e em todas as molestias acima mencionadas. | Temos numerosos factos e attestados que nos autorisam a dizel-o. || Todos os meus preparados teem tido uma extracção prompta e rapida por causa da veracida- | de das suas virtudes therapeuticas. || Não fazemos o papel de mercadores como muitos ao annunciarem remedios com proprie- | dades que não possuem, e disto cabe uma bôa dôse aos remedios estrangeiros. || A salsaparrilha e caroba do Dr Carlos Bettencourt pòde ser usada por todas as classes so- | ciaes em razão do seu baixo preço, o que não acontece com as outras que custam duplo e mais, | sendo inferiores em propriedades medicamentosas.* (*O Publicador*, 24 de março de 1882)

Os anúncios de medicamento se tornaram muito constantes nos jornais do final do século XIX, em função de uma série de problemas de saúde que ocorriam nas cidades, que se urbanizavam e não eram muito assistidas em termos de saúde pelos governantes. Nessa época, não existiam nessas cidades saneamento básico, hospitais suficientes e vacinas para todas as doenças comuns na época. À mercê de tudo isso, a população buscava nesses medicamentos, que em seus anúncios mostravam-se milagrosos, a cura para os seus males.

Podemos, então, dizer que os anúncios são marcados por estilos de época e pessoais e que, com o passar do tempo, esses estilos são substituídos ou postos de lado, e outros surgem. Com essa dinâmica, podemos dizer que o anúncio de venda deixou de ser meramente informativo e passou a ser mais argumentativo a partir da adoção de novos estilos, sobretudo com a influência estrangeira. Isso mostra também que a fronteira entre os gêneros é íngreme e que as características que apontam um texto como anúncio não são válidas de uma época para outra, em função das práticas discursivas de cada época.

As referências nos primeiros anúncios de venda e sua estrutura demonstram a precariedade das relações comerciais no século XIX. É interessante mostrar como era feita a referência à casa a ser vendida, à sua identificação, pelos moradores mais conhecidos da rua.

(15) [19,2 A PR] *NA RUA do Rozario, em frente a casa da Senhora Dona | Libania, há uma bôa casa para vender-se, por commodo | preço; quem a mesma pretender, dirija-se á rua das Flores | em casa de José de Freitas Saldanha, para vêr e tratar.* (*O 19 de dezembro*, 15 de abril de 1854)

Não havia também preocupação em se mencionar que a casa pertencia a um homem falecido, pelo contrário, parecia que essa informação agregava valor a casa.

(16) [19,2 A PR] *VENDE-SE na cidade de Paranagua uma | morada de casa de sobrado onde morou o fi- | nado Manoel Lobo da Silva Passos; para ver | e tratar na mesma cidade com Luiz Machado da Silva.* (*O 19 de dezembro*, 29 de abril de 1854)

Quando não se queria assinar o anúncio, permanecendo-se no anonimato, concluía-se informando para se dirigir à tipografia, sendo neste local que se dirá com quem e onde deverá tratar.

Vários são os objetivos sociais que se pretende atingir por meio do gênero anúncio de venda. O propósito comunicativo torna-se relevante para a ação composicional desse gênero. Independentemente da forma composicional e do estilo que se dá aos anúncios, eles pertencem a uma mesma Tradição Discursiva.

As alterações socioeconômicas e culturais acarretaram mudanças nessa forma de divulgação; porém, antes de ocorrer a mudança, havia uma fase de convivência das duas formas, como podemos observar nos anúncios que seguem publicados na mesma década, e que apresentam o mesmo propósito comunicativo: vender tecidos.

(17) [19,2 A PB] É DE JUSTIÇA!! ||
– Mamãe vamos ao theatro ver a atriz Ma-|riana das Neves? ||
– Não minhas filhas, não posso vestir vocês | trez, é uma grande despeza, e os tempos actu-|almente não dão para comprar-se setenta co-|vados de fazenda, que não importa em menos |de 140$000 reis: a razão do covado a 2[[ ]]000 | reis ouviram?! ||
– Ah! mamãe não sabe o que ha de novo; |pois não ouviu dizer, que em caza dos Senrs. ||

CUNHA SANTOS & Ca||existe uma fazenda, linda, á mil reis o covado: | chamada – Lans a Princeza – já vê mamãe que, |o caso é de economia. Veste-nos com setenta |mil reis á nóz trez!
– Pois bem, mandem ver a fazenda no Cu-|nha Santos & Ca, mas só pago mil reis o| covado: ouviram?! ||
– Bravo! gritaram todas. Viva| a mamãe, e a |loja ||CUNHA SANTOS & Ca.
(*O Publicador*, de 5 de junho de 1882).

Há no anúncio anterior uma tentativa de reconstrução do real. O sujeito-enunciador procura representar uma cena entre filha e mãe, diante do preço das fazendas da loja comercial CUNHA SANTOS & Cª, e do desejo de ir ao teatro com roupa nova. Observa-se que essa situação foi criada; é uma representação de uma realidade com a qual o público se identifica, mas é no seu aspecto formal uma inovação na época. O anúncio foi feito em forma de diálogo, fazendo-nos associar o texto a um ato de uma peça teatral.

O anúncio que segue repete o conteúdo temático do anúncio "É de Justiça", porém apresenta forma composicional tradicional. Ao fazer a divulgação de produtos, trata de preços e traz o lugar de venda.

(18) [19,2 A BA] *Alta Novidade|| Lindo sortimento de cretones in|titulados Georgina, Violets, Bons|Annos, Juanita e outras fazends|modernas, recebe à loja de Manuel |Tertulinao de Almeida e vende por preço de adimirar, e garante que não |ha competidor.* || (*O Guarany*, 11 de novembro de 1886)

Há, em ambos os anúncios em estudo aspectos conservados que os identificam, ou melhor, os enquadram como anúncios, dentre eles: o nome da loja, o que há nela para se vender, as qualidades do produto; segmentos linguísticos e textuais de uma tradição que se mantém.

Nos anúncios de venda, a preocupação em divulgar através de adjetivos ou mesmo de descrições as qualidades e usos dos produtos vai se intensificando, ao ponto de abordar apenas as vantagens do produto e suas mil e uma utilidades. Surge daí o uso exagerado da exaltação do produto, como algo excepcional, imbatível, inigualável. Essa prática discursiva exagerada vai, de certa forma, quebrar o discurso de verdade até então presente no anúncio que passa a ser visto como um discurso enganoso e exagerado:

(19) [19, 2 A RJ] *SAPOLIO*|| *O Sapolio é um dos* ***grandes inventos*** *para a commodidade das famílias,* ***com ele se limpam*** *todos os sobjectos do uso tanto de metla como de luoça ou vidro, até de madeiras pintadas, como porta, portadas, etc.* | ***É valiosíssimo*** *para lavra louças porcellanas, espelhos, vidraças, penellas, garfos, facas, etc.* | *onde o Sapolio passa desaparece as nodoas de gordura.* | *SAPOLIO PARA MÃOS* | ***não há melhor sabonete*** *qpra o lavatório, as mãos lavadas ficam macias, inteiramente livres de toas a gordura;* ***não há nodoa que lhe resista****. V Deposito, 46 rua dos Pescadores.* (*Diario de Notícias*, 12 de junho de 1869 grifos nossos).

Acompanhemos agora, com um exemplo, essa evolução tanto de ordem do estilo de um anúncio que se enquadra, por sua vez, ao tipo de jornal, quanto de ordem composicional, no jornal do Rio de Janeiro *O Cacete*, que se intitula "*Folha Crítica, Satyrica, Humorística e Litteraria*". Nele vamos encontrar expressões mais próximas do texto oral "*Cantando espalhei por toda parte...*"; "*... por preços sem competidor*", "*É número 99!*", do falar dos brasileiros que viviam o início de uma tradição de impressos numa cultura – em fase de descolonização – dominada pelas relações orais. Vejamos o anúncio completo.

(20) [19,2 A RJ] *Número 99! Rua do Hospicio Cantando espalharei por toda parte Fazendas, modas e roupas branas, por preços sem competidor. A vista faz fé. Não sabe freguês sem fazenda. É número 99!* (*O Cacete*, 16 de janeiro de 1881)

Diferentemente do *Jornal do Commercio*, cujos anúncios evidenciam um grau maior de formalidade, aproximando-se mais do texto escrito no estilo dos classificados atuais, ao apresentar texto curto, com os dados mais importantes e sem muito apelo.

(21) [19,1 A RJ] *Vendem-se*| *RISCADOS MONSTROS a 310 réis o côvado, e chales de lan a 560 réis: na rua Nova número 42.* (*O Commercial*, 17 de janeiro de 1850)

São marcantes, na linguagem do anúncio do século XIX, características reais do produto em registro formal, próprios dos modelos vindos de Portugal. Ao longo do tempo, essa linguagem formal, que se aproximava da linguagem usada nas cartas oficiais, foi substituída por um registro mais coloquial, do português falado no Brasil, com novos traços, gerados a partir de um povo brasileiro com características linguísticas próprias. Como apontou Pessoa (2003), certas tradições iniciadas na Europa foram adaptadas à realidade brasileira, já outras surgiram das condições reais em que vivia a população, que lia e escrevia seus primeiros textos impressos.

Ainda tratando da expressão que anuncia a venda, quando esta se refere à venda de produtos relacionados à moda, o verbo "*vender*" não é mencionado, usa-se comumente expressões como "*acaba de receber*", "*encontra-se*", pendendo mais para os traços linguísticos da notícia. A ação da venda de produtos de moda é realizada em uma linguagem indireta, uma vez que os produtos oferecidos não são mais de consumo, mas supérfluos; o que necessita de uma forma mais eficaz, que leve à compra desses produtos, não tão necessários. Essa forma, certamente, favoreceu ao atual estágio do anúncio, ou seja, as mudanças ocorridas nos textos dos anúncios, durante o século XIX, no seu aspecto linguístico e formal, contribuíram para a formação dos anúncios do século XX e XXI.

Com o espaço reservado ao anúncio e a contribuição financeira deste para as edições dos jornais, os anúncios cresceram em números e em tamanho durante o século XIX, além de terem começado a apresentar imagens em xilogravuras. Com essa técnica, os desenhistas, conhecidos no século XIX como "repórteres do lápis", enriqueceram os anúncios, com seus desenhos, de forma a torná-los mais atrativos para os leitores. Essas mudanças estabelecem uma inovação nesse gênero tanto no seu aspecto formal, quanto de estilo; entretanto, há sempre a retomada da estrutura fundamental do discurso de venda, orientado por regras pragmáticas típicas dos textos de divulgação de produtos e serviços.

Por sua vez, a tradição de mostrar, nos anúncios, os custos dos produtos por meio de expressões como "preço razoável", "preços cômodos", "preços módicos" etc., vai se fixando nesse gênero em função da concorrência entre os produtos, que se acirra no final do século XIX, com o advento dos produtos industriais.

Os anúncios do final do século começam a expor a marca do produto que normalmente corresponde a um nome de família, ao país ou à localidade de origem. Essa prática discursiva do uso da marca dá maior valor e personalidade ao produto, ao ponto de a marca passar a ser mais valorizada do que o produto. Esse fato pode ser constatado, atualmente, quando se tem como prática comprar produtos pela marca. Portanto, da divulgação do produto passa-se à divulgação da marca como podemos ver, ao compararmos os anúncios que seguem.

(22) [19,2 A PB] *CAFÉ MOIDO! || Vende-se a 800 rs. O ki- | lo na rua da Gameleira n. | 10. Garante-se não haver | mistificação n'este genero, e | ser de primeira qualidade. | Ao Manoel Caetano pode-se | faser qualquer encommen- | da, que pronptamente se | satisfará no deposito.* (*O Publicador*, 16 de março de 1882)

(23) [19, 2 A PB] *ATTENÇÃO||Figuerêdo Juaior & C.ª| receberão|Chocolate Menier| Queijos novos Hastings| Prezuntes idem idem| Viuho do porto diversas marcas|Dito do pasto especial Clarete| Cidra perola do brazil| Dita flor « «|Vermouth Cinzano| Choriças latasde 2 e 4 libras| Vellas especiaesEtoile| Chà perola, verdadeiro Bdorado| Passas finas em quartos| Cerveja marca Mocinha| Dita ditaClub Astréa| Dita dita SantaBarbara| Dita dita Standard recebidapelo| ultimo vapor inglez «Editor.»||VENDAS| A DINHEIRO| Parahyba 6 de setembro de 1892||* (*O Parahybano*, 15 de setembro de 1892)

A tradição de identificar e anunciar o produto por sua marca é uma prática antiga, que remonta à marcação de animais, para o seu reconhecimento e venda, passando a ser usada também no anúncio de produtos a partir do século XIX, como uma forma de diferenciar produtores de um mesmo gênero e exaltar as qualidades do produto, sendo uma referência. Essa prática também ocorre com o nome de loja e outros estabelecimentos. Há também produtos que adotam nomes de fatos históricos como o que segue que faz referência à abolição da escravatura:

(24) [19,2 A PB] *VIVA O BRAZIL | LIVRE !! ||Rossi [ilegível] C.ª que- | rendo dar prova de seu jubilo pelo gran-| de feito do Brazil | resolveu fazer uma | completa escolha em | seu deposito de fu- | mos para offerecer a | seus presados fregueses uns cigarros perfeitamente bons | e chama a attenção | para a marca|| ABOLIÇAÕ LEI 13 DE MAIO|| Garante a bôa qua- lidade e espera pro- tecção. || Rua Conde d'Eu 56* (*Gazeta da Parahyba*, 5 de junho de 1988)

Outra prática discursiva no processo de divulgação de produtos é a de que, nos grandes centros urbanos, os preços são melhores, como podemos ver no trecho que segue: (25) LOJA DO BARATO ! || Número 19. RUA DO COMMERCIO *[...] vende-se pelos preços que costumão vender as melhores | casas de varejo do Rio de Janeiro.* (*O 19 de Dezembro*, 13 de maio de 1854). Essas novas práticas discursivas, que surgiram nos anúncios do século XIX e se mantêm até hoje em anúncios de venda, vão tornando o texto dos anúncios mais persuasivos. Podemos destacar, ainda, como forma persuasiva, o uso de referências a autoridades e pessoas que realizaram o tratamento com o produto, divulgando-o. Além das mudanças mencionadas, houve outras mais, na forma de dizer, com novo vocabulário e nova sintaxe, resultante da influência dos anúncios estrangeiros, sobretudo de medicamentos, que acompanhavam seus produtos. Como podemos constatar nos seguintes anúncios:

(26) [19,2 A PB] *Aos enfermos e convale- | centes. || A Santa Casa de Misericordia do Rio de | Janeiro é um estabelecimento que tem | merecido encomios até dos profissionaes | estrangeiros que a tem visitado. A sua | illustrada administração acompanha com | muito zelo todos os progressos da tera- | peutica moderna, aproveitando-se d´elles | em beneficio dos enfemos. Assim é que | a introducção do* VINHO VIVIEN *de | extracto de fígado de bacalháo tem sido | alli empregado pelas nossas mais faculta- | ticos como um allimento medicamen- | toso, que tem dado os melhores resulta- | dos para combater o empobrecimento | geral da economia. A elle devo a mi- | nha cura completa, e não esito em | exprimir a minha gratidão ao sabio me- | dico pariziense.|| Um ex-enfermo.* (*O Mercantil*, 23 de outubro de 1883)

A expressão "*respeitável público*" era muito comum nos anúncios dos jornais do Brasil nas décadas em análise, independentemente do propósito comunicativo de tais anúncios. Essa expressão, nos dias de hoje, é própria do circo. O apresentador do circo dirigia-se inicialmente ao público como um sonoro "respeitável público" com o sentido de chamar atenção para o que seria anunciado.

Podemos dizer que, no gênero anúncio, essa expressão não se estabeleceu como uma tradição discursiva; já na apresentação circense sim, ao ponto de sua repetição ser esperada a cada início de sessão do circo. Seguindo a linha de pensamento de Kabatek (2006b), quando trata de tradições discursivas, poderíamos dizer que "*respeitável público*" é mais do que um simples enunciado, é um ato linguístico que apresenta uma relação direta com uma realidade, uma situação concreta. Essa expressão tem função pragmática no contexto do circo, sendo usada para abrir e viabilizar a comunicação a cada apresentação circense, podendo ser, portanto, considerada uma Tradição Discursiva dessa situação comunicativa. Vejamos, porém, alguns exemplos do uso dessa expressão em anúncios do século XIX com diferentes propósitos:

(27) [19, 2 A PR] *AMADEU Gustavo Gastal, ci|urgião já conecido em toda | a provincia de São Paulo pela per|feição das suas obras, e pela delicadeza das suas operações, participa* ***ao |respeitável publico*** *desta capital [...]* (*O 19 de Dezembro*, 15 de abril de 1854)

Neste caso, a expressão serve para introduzir um anúncio-notícia. No caso seguinte, um anúncio de venda de fazendas, tecidos que acabam de chegar à loja.

(28) [19,2 A PR] *ALERTA! || RUA DA CORIOCA Númeor 20. || SOARES & AZAMBUJA, com loja de | fazendas inglezas, francezas e armarinho, | tudo pelos preços do Rio de janeiro, parti| cipão* ***ao respeitavel publico*** *que acabão de | receber um grande sortimento de fazendas | modernas, roupa feita e generos de armari|nho, e que tudo venderão por preços muito| modicos.* (*O 19 de Dezembro*, 1º de abril de 1854).

Isso demonstra que "*respeitável público*" era uma expressão muito comum nos primeiros anúncios do Brasil, uma tradição na época. Porém, o uso da língua é sempre atualizado pelas gerações que buscam novas expressões e novos usos para expressões existentes; assim, uma expressão com "*respeitável público*", não está definitivamente estruturada a uma única situação comunicativa.

O anúncio-notícia

Na seção "Annuncios", além de prática de divulgar produtos para vender, há outras práticas discursivas que surgem da necessidade de divulgar fatos diversos, consolidando-se numa ação de utilidade pública. Vejamos alguns exemplos:

(29) [19,2 A PR] *O ALFERES Julio Ignacio d'Azevedo, não | podendo despedir-se de todos os seus amigos e das pessôas| que o honrarão com as suas relações, por este meio lhes offe|rece os seus fracos serviços na corte de Rio de janeiro, para| onde se retira em serviço.* (*O 19 de Dezembro*, 8 de abril de 1854).

(30) [19,2 A PR] *Nesta typpographia admittem-se meninos bem morigera|dos para aprenderem as artes de compositor e impressor.* (*O 19 de Dezembro*, 8 de abril de 1854).

(31) [19,2 A RJ] *Festa de Nossa Senhora de Copacabana| Domingo 21 do corrente deve ter lugar a festa da padroeira, préga ao evangelho o padre José Herculano da Costa Brito, a música será dirigida pelo maestro mesquita, haverá TeDeum ás 5 horas da tarde e ás 7 ½ horas tederá um lindo fogo artificial generosamente offerecido por alguns devotos. – O secretario, C. T. Monteiro.* (*Diario de Noticia*, 12 de julho de 1869)

(32) [19, 2 A PB] *Agradecimento. ||Os encarregados da alvorada de S. | Benedicto do Capitulo vêm pela im- | prensa agradecer a todas aquellas pes- | soas, que coadjuvaram com sua es- | molas para o brilhantismo da| alvorada, e aproveitarão a occasião para | declarar que nada devem apessoa al- | guma.* (*O Conservador*, 10 de novembro de 1875)

(33) [19, 2 A PB] *RECTIFICAÇÃO || Pela Alfândega [ilegível]a Parahyba se de-| clara que o nome de Joaquim Perei-| ra Maia, que figura no annuncio des-| ta Repartição de 28 do mez findo, | com a multa de 20$000, deve ler-se | Victorino Perera Maia* || (*O Publicador*, 1º de novembro de 1875).

Todos os textos anteriores foram encontrados na seção "Annuncios" de variados jornais do século XIX. Eram vistos como anúncios, porque na época os jornais ainda não tinham todas as seções definidas como hoje, cabendo a todo texto que se propusesse a divulgar algo da ou à população ser colocado nessa seção.

Classificamos os textos anteriores como anúncios-notícias porque reúnem vários temas, que vão desde despedida (primeiro texto), proposta de emprego (segundo texto), divulgação de festas (terceiro texto), entre outros, com propósitos diversos como: perdidos e achados, divulgação de ações profissionais, além de alguns aspectos sociais e culturais específicos da realidade local, como festas, notas de falecimento etc.

Era também uma prática comum resgatar notícias divulgadas em outros jornais que tivessem certa importância para a localidade e que comungassem com os ideais do jornal. Como exemplo, temos o anúncio-notícia seguinte do jornal *O Guarany* – jornal baiano que traz feitos históricos da época, passados na cidade de Santos, cidade natal de José Bonifácio, que foi considerado o patriarca da independência do Brasil e lutou pelo fim da escravidão. Diante dos ideais de José Bonifácio e do aniversário de sua morte, divulga-se a ação de libertar os escravos e o município de São Vicente:

(34) [19,2 A BA] *Conforme lê-se nos jornaes da | côrte, a população da cidade de | Santos deve ter commemorando no | dia 3 do corrente a morte de José | Bonifácio, libertando o municipio| de São Vicente e a quasi totalidade| dos escravos de Santos.* || (*O Guarany*, 11 de novembro de 1886)

Como os jornais do início do século XIX não tinham muitas folhas, havia uma grande concentração de propósitos comunicativos na seção "Annuncios". A formalidade oscilava nesses anúncios, em conformidade com quem o escrevia e seu domínio ou não da língua escrita da época.

É a partir desses anúncios-notícias que vão se desenhando vários gêneros jornalísticos que vão ocupar as páginas dos jornais dos séculos seguintes entre eles: a própria notícia policial e política, as colunas sociais, achados e perdidos etc. Novos espaços do jornal vão sendo criados para a divulgação desses anúncios-notícias, descaracterizando-se como anúncios. Estes vão sendo escritos por profissionais da área jornalística que buscam essas notícias, para divulgá-las nos jornais, consolidando a profissão de repórter.

Dentre esses textos, os achados e perdidos divulgados na seção "Annuncios" chamam nossa atenção pelas particularidades, sendo exemplos de textos com estilos e propósitos variados. Vejamos o que segue:

(35) [19,1 A PE] *O Sub-Prefeito da Freguesia de Santo An- | tonio do Recife, avosa, a quem convier, que | por elle foi encontrado na Ponte da Boa- |vista, huma trouxa de roupa suja: quem | pois, for seu dono, dirija-se a secretaria da | prefeitura, que dando os signaes cerios, lhe | será entregue. || Recife 28 de Novembro de 1840. || Lhiz Francisco Barbalho.* (*Diário de Pernambuco*, 2 de dezembro de 1840)

No caso anterior, o anúncio-notícia corresponde a um aviso de achado de uma "trouxa de roupa suja", encontrada na ponte da Boa Vista. É interessante observar o contraste entre o tipo do achado e a formalidade do texto, com o emprego de expressão como: "*avosa, a quem convier*" e "*que dando os signaes cerios*", próprios dos estilos de avisos oficiais e jurídicos da época.

Dentre as práticas de divulgação, comuns na época, nos denominados de anúncios-notícias e que depois passaram a ocupar outros espaços está a mudança de nome. A mudança de nome é uma atitude comum em todas as épocas, porém, no século XIX, era constante a sua publicação, quando essa ação era aprovada em cartório e essa pessoa era pública, como um comerciante, por exemplo.

Os motivos da mudança não eram publicados, mas eram os mais diversos. Dentre eles e os mais comuns: por ser homônimo de outro ou para incluir o sobrenome do pai ou da mãe que durante o registro de nascimento não foi realizado. Segue um anúncio-notícia que traz essa prática social e discursiva.

(36) [19,2 A PB] *ANNUNCIOS || Scientifico ao publico, | que, d'esta data em dian- | te, deixo de assignar-me | Arthur Carlos Ferreira | Passos,-e sim como abai- | xo verá, || Parahyba 19 de Maio de 1888. || Arthur Sothern Passos Pimentel.* (*Gazeta da Parahyba*, 20 de maio de 1888).

A autorização de uso de assinatura, o que hoje denominamos, especificamente, de procuração também era divulgada no jornal na seção "Annuncios". No exemplo que segue, essa autorização foi dada pela "Alteza Real", que concentrava na sua pessoa o poder de dar permissões e autorizações para diversos atos, dentre eles a de usar a assinatura de outro, ou seja, de responder por alguém.

(37) [19,1 A RJ] *Por decreto de 2 de Agosto do prezente anno foi Sua Alteza Real Servido Fazer Mercê a João Rodrigues Pereira d'Almeida, e Matheos Pereira d'Almeida, Negociantes desta Praça, de uzarem da firma de Joaquim Pereira d'Almeida, e Companhia, authorizando-os para com a dita assinatura poderem pedir, e satisfazer em Juizo e fora delle todas as obrigações activas, e passivas, que á mesma sociedade pertencerem.* (*Gazeta do Rio de Janeiro*, 21 de setembro de 1808)

O anúncio-notícia, como outros textos, são construídos por tradições discursivas que se revelam em seus segmentos textuais que ora são mantidos, ora são substituídos por outros. Uma expressão muito comum e que também introduz o propósito comunicativo dos primeiros anúncios brasileiros é "*faz saber*". Essa expressão e suas variantes: "*a saber*", "*noticia saber*" deixaram de ser usadas nos anúncios, sendo, hoje, encontradas apenas em documentos oficiais, como os editais. Vejamos, entretanto, seu emprego num anúncio do século em estudo:

(38) [19,1 A RJ] *Joaquim José Pereira* ***noticia saber*** *cura Herneas no escroto com toda a perfeição sem que fique defeituoso, nem passe pelo menor risco de vida o que dellas se curar, como tem se verificado por este continente: toda pessoa, que se quizer se servir do seu prestimo, o pode procurar na Rua dos Ferrasores na casa número 175.* (*Gazeta do Rio de Janeiro*, 31 de abril de 1809).

No anúncio-notícia (38), observamos um prática de anúncios de curandeiros, antes do advento de anúncios de remédios estrangeiros importados da França, da Inglaterra ou da Alemanha. Os medicamentos estrangeiros, opção para os que tinham posses, ou os remédios "caseiros", para a grande massa de doentes desvalidos de fortuna, representavam a esperança de cura para a população que sofria de algum mal e que era vítima do descaso do governo com a saúde pública. Isso resultou numa grande exposição de remédios nos jornais nas últimas décadas do século XIX.

O anúncio de cobrança

Na seção "Annuncios" era bastante comum a prática de cobranças de forma direta ou indireta. A cobrança é um enunciado que pede a seu interlocutor o cumprimento de um ato qualquer (de caráter não linguageiro); é um ato visto como incursivo. Vejamos esse ato no anúncio que segue, e que, de forma direta, "convidava" seus devedores a pagarem as rifas adquiridas, pois caso fossem sorteados quem receberia o prêmio do sorteio seria o vendedor das rifas. Com essa prática de divulgar, no jornal, a atitude que será tomada, o vendedor das rifas assegura os seus direitos.

(39) [19,1 A SP] *Legonssat Sabatier, morador n aruá do Rosa|rio, número 24, convida a todas as pessoas que lhe com|prarão bilhets de rifa, a satisfazerem sua importan|cia ate o Domingo próximo 20 do corrente, na cer|teza de que aquelles Bilhetes que ate então não fo|rem pagos ficarão por conta do mesmo Sabatier.* (*O Farol Paulistano*, 16 de janeiro de 1828)

Esse costume de cobrar através do anúncio se faz presente em todos os jornais das províncias, mudando em alguns aspectos conforme o motivo e a forma, em maior ou menor grau, na formulação da cobrança. Os propósitos comunicativos variam de cobrança de pagamento de rifa de bilhete (conforme anúncio anterior) até alerta a quem quer comprar bens à mulher de um anunciante (anúncio que segue).

(40) [19,1 A SP] *Joaquim da Silva Abreu Vianna morador desta|Cidade faz saber ao Respeitavel publico, que todas as|pessoas que comparem quaesquer bens, moveis, ou de |raiz pertencentes aos seu Cazal a Antonia Maira de Jezus| sua mulher, fica na responsabilidade de restituillos quan|do pelo suplicante for requerido em Juízo, com os|damnos que dahi se seguir: assim como todos que| já comprarão qualquer dos referidos bens à dicta sua| mulher haverão de responder á nullidade, e quallquer outra liquidação que necessario seja, e ao Suplicante| convier, em beneficio de seus Credores, e filhos menores, pelo que protesta.* (*O Farol Paulistano*, 9 de agosto de 1828)

No anúncio anterior, a expressão (aqui já tratada) "*respeitavel publico*" serve para introduzir um alerta de compra ilegal a Antonia Maira de Jezus, que ciente desse fato "*fica na responsabilidade de restituillos quan|do pelo suplicante for requerido em Juízo*". Neste texto há, ao mesmo tempo, um alerta de cobrança para quem já comprou os bens à mulher do suplicante e para quem ainda não comprou como uma alerta referente à cobrança que se fará caso seja efetuada a compra.

(41) [19, 2 A RJ] *Scientificamos aos excelentíssimos amigos qu nos honraram, subscrevendo acções para a fundação da empresa Atirador Franco, que até o dia 15 deste mez deverão ser realisadas as ultimas prestações respctivas. Rogamos, pois, aqueles que ainda o não fizeram, que muito agrdeceremso de torna|as affectivas até aquella data. | Rio, 07 de jaeniro de 1881. | O gerent, N. Macedo* (*Atirador Franco*, 9 de janeiro de 1881)

Dentre os textos publicados na seção "Annuncios" dos jornais, podemos caracterizar os anúncios de cobrança como mais formais e que apresentam sempre uma estrutura fixa: quem (o anunciante), mora onde (dá crédito ao anunciante), o que (motivo do anúncio-cobrança). Nos casos que seguem, os elementos-componentes dos textos não se mostram como uma cobrança direta, por emergirem de uma situação de concordata em função dos "atrasos e prejuízos sofridos".

(42) [19,1 A SC] *Bento José Ignacio, morador em Ita|pacorohy, achandos em estado de não poder solver as suas dividas, convida por is|so a seus credores, para no preso de 60| dias contados da data de 18 do corrente|mez d'Abril, se reunirem afim de por si, | ou por procuradores, competentemente autorisados, deliberarem sobre os seus inte|resses, visto que o anunnciante não pode| continuar com o seu negocio, em razão | dos seus atrazos, e prejuízos, que há so|fido. || faz o prezente annuncio por ordem que tem || JOAQUIM ANATACIO DA NATIVIDADE* (*O Novo Iris*, 23 de abril de 1850)

(43) [19,1 A SC] *O abaixo assignado roga aos Senhores E..., | queirao ter a bondade satisfazerem seus débitos na sua loja de ferragem, e mil|dezas na rua Augusta Número 10, do com|trario seus nomes serão publicados por | esta folha. ||| Augusto Thomaz Cardozo.* (*O Novo Iris*, 11 de outubro de 1850)

"*Convida*", "*faz saber*", "*scientifica*", "*roga*" são os verbos que introduzem o pedido de pagamento no anúncio de cobrança dirigido à comunidade devedora. Esses verbos e seus complementos quebram com o caráter eminentemente "ameaçador" do ato de cobrança dando um valor de solicitação, de pedido, de apelo às formulações: "*roga... queirao ter a bondade satisfazerem seu débitos*" e "*Rogamos, pois, aqueles que ainda o não fizeram, que muito agrdeceremso de torna|as affectivas*" mesmo tendo um valor de obrigatoriedade. Além desses verbos, observamos a presença de tratamento formal como "*Excelentíssimo*" nesses anúncios, até o final do século. Essa formalidade é proveniente da tradição que tem como modelo as cartas oficiais.

A formulação de uma cobrança pode ser endurecida com a ameaça de publicação no jornal dos nomes dos devedores que não saldarem suas dívidas no prazo anunciado; no caso da cobrança de ordem do governo anuncia-se que a dívida seria executada pelo órgão de direito.

(44) [19,2 A PB] *Cobrança da divida | activa. || De ordem do Illm. Sr. Inspec- | tor faço publico que achase li- | quidando a divida activa dos im- | postos de Industrias e Profissões | e Predial, Taxa de escravos e | foros de terrenos de marinhas | até o exercício encerrando de | 1882-1883. || Pelo que são convidados os | devedores a virem satisfaser os | seus débitos dentro do praso de | 40 dias, contados d'esta data. | findo o qual proceder-se-ha a co- | branca executiva || Thesouraria de Fazenda da | Parahyba, 8 de Março, de 1884. || O secretario da junta. || Boldoino José Meira* (*O Mercantil*, 10 de março de 1884).

Esses textos também vão aos poucos sendo retirados da seção "Annuncios", que passa a ser exclusivamente espaço de divulgação de produtos e serviços, ou seja, como suporte para o comércio local e nacional. Os textos de cobrança começam a ser endereçados ao devedor via caixa postal, correios e recentemente e-mail, denominada de carta de cobrança, com algo pessoal entre os pares envolvidos na relação comercial, mas com as mesmas formas recorrentes e, seguindo, até certo ponto, o mesmo padrão modelar de escrita da época que ocupava o espaço da seção "Annuncios".

Na evolução dos textos da seção "Annuncios", percebemos que houve uma exposição de linguagens, com todos os seus acentos e marcas formais e, principalmente, com todas as visões de mundo concretamente ideológicas, ordenadas de maneira direta e coerente com o seu tempo.

Observamos que, confrontando os anúncios do século XIX por província, o que diverge são as especificidades do tema; por exemplo, os tipos de produtos comercializados em função de sua realidade local. Quanto à forma composicional e ao estilo são semelhantes e até seguem um mesmo esquema estrutural e linguístico consagrado nos anúncios portugueses. As mudanças mais significativas, que percebemos, deram-se em função das mudanças de ordem social, econômica e política.

CONSIDERAÇÕES FINAIS

A seção "Annuncios", nos jornais do século XIX, fez o seu papel quando promoveu uma dinâmica comunicativa numa época em que a comunicação à longa distância dava seus primeiros passos, por meio do texto impresso. Além disso, foi um meio de divulgar e consolidar a língua portuguesa do Brasil, que nos primeiros anúncios deste século eram cópias de textos portugueses para as necessidades comunicativas da época de divulgar produto, serviços e realizar compras e vendas; e, no final, trazia uma língua já nacionalizada, com as marcas típicas da oralidade, da fala do brasileiro.

A história dos textos da seção "Annuncios" e a história do Brasil se entrelaçam. Podemos afirmar, portanto, que a história da comunidade está internalizada em cada anúncio, seja ele de venda, de notícia ou de cobrança. A partir de uma visão histórica da língua, seguindo o modelo proposto e norteador da Tradição Discursiva, não se deve analisar somente a composição textual, mas observar em que medida a norma (Coseriu e Lamas, 2010) de uma língua particular é afetada em decorrência das transposições, atualizações ou permanências de tradições discursivas.

Esta nossa busca pelo que permaneceu e se modificou nos gêneros em estudo da seção "Annuncios", durante o século XIX, revelou que houve mudanças significativas nesses gêneros do ponto de vista diacrônico, tanto na forma composicional e no estilo quanto nos temas abordados.

Logo, tendo como parâmetro as análises realizadas e os resultados obtidos destas análises, ficou evidente que

a. no caso dos anúncios de venda houve uma substituição de expressões da oralidade dos pregoeiros ("*quem quizer/quiser comprar*") por "*vende-se*", com frases mais diretas e objetivas, no decorrer do século XIX; além disso, os textos publicados nos jornais contribuíram para que a ortografia da língua portuguesa do Brasil passasse a ser mais estável. Houve, também, um aumento progressivo de frases nominais nos anúncios de venda e o foco passou a ser mais as marcas dos produtos.

As transações comerciais também foram modificadas e intensificadas no decorrer do século XIX, isso pode ser comprovado no uso outros dos verbos de ação (*previna-se*, *adquira*) e nas expressões convidativas para a realização da compra com *a prazo*, *preços módicos*.

Os anúncios de produtos e serviços deixaram de ser textos informativos e descritivos e começaram a apresentar estratégias argumentativas por meio de uma linguagem marcada pelo uso de adjetivos e advérbios com a função de tornar o produto ou o serviço mais atraente e mais apelativo, ao tratar das necessidades do enunciador, ou mesmo criando necessidades neles de adquiri-los;

b. no caso dos anúncios-notícias, percebemos, como o próprio nome diz, que eram anúncios que se apresentavam em sua forma composicional como notícias, devido à presença de verbos e expressões como: *acabamos de receber*, *participar a quem convier*, *avisar ao público*, *encontrar-se nessa loja*. Essas expressões acabam abrindo espaços para produtos e serviços entrarem cada vez mais em cena, na rede comercial, que vai se concretizando e aquecendo ainda mais com o crescimento industrial no final do século XIX.

Era constante termos formais próprios dos estilos de avisos oficiais e jurídicos da época nos anúncios-notícias, sobretudo até meados do século XIX, tais como expressão: "*a saber*", "*noticia saber*", "*noticia saber*" etc., sendo, hoje, encontradas apenas em documentos oficiais, onde se fixaram como uma tradição própria desse gênero.

Com o desenvolvimento do comércio e de produtos a serem comercializados, os anúncios-notícias deixam a seção "Annuncios", que passou no final do século XIX a ser quase exclusiva de anúncios comerciais, e ocupam outros espaços nos jornais, descaracterizando como anúncio e passando a formar um novo gênero que vai mais tarde receber uma classificação, conforme o propósito comunicativo.

c. e, por fim, no caso dos anúncios de cobrança, esses tornaram-se escassos também na seção "Annuncios" nas últimas décadas do século XIX nos jornais e, provavelmente em função de sua dimensão constrangedora e da criação de outros mecanismos de cobrança com, por exemplo, por meio de cartas emitidas de forma pessoal aos maus pagantes via correios.

Todas essas práticas discursivas, que um dia fizeram morada na seção "Annuncios", tinham um propósito em comum: o desejo de divulgar algo, um produto, uma partida, uma chegada, uma novidade, uma cobrança, e faziam a sua função social, nos moldes vigentes a cada época. Podemos comparar essa seção e a sua dinâmica, na época, ao e-mail de hoje, que serve como suporte para tantos gêneros textuais (mensagens, convites, comunicados, avisos, anúncios), comportando muitos propósitos comunicativos e práticas comunicativas, favorecendo a interação numa nova época tal qual a seção "Annuncios" no século XIX.

Essas mudanças estão diretamente associadas a novas práticas discursivas estabelecidas em função dos contextos sociohistóricos do século XIX. Essas atividades verbais (vender, noticiar e cobrar) são exemplos que tiveram sua funcionalidade social condicionadas por recursos linguístico-textuais de sua época.

Por fim, podemos afirmar, a partir dessas observações, que a seção "Annuncios" e os textos ali divulgados eram práticas discursivas de uma época, de um povo que estava em formação enquanto nação, que adquiria uma identidade e que tinha o seu jeito próprio de se comunicar, mesmo que usando uma língua transplantada. Afinal, a linguagem é um espaço que está sempre aberto para novas experiências, novas práticas discursivas, novas possibilidades de efetivação de diálogos e de formação de novos discursos a partir dos já existentes.

NOTAS

1 Os gêneros de divulgação em estudo (anúncios, apedidos e editais) encontram-se nos *corpora* do PHPB.

2 Disponível em <http://www.insite.pro.br/2010/Abril/apedidos_publicidade_linguistica_roseane.pdf>, acesso em 30 maio 2013.

3 Este jornal ainda não faz parte do acervo do PHPB.

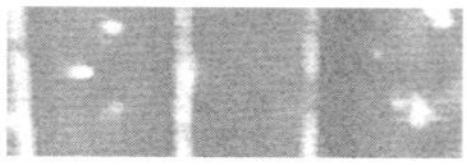

TRADIÇÕES DISCURSIVAS: UMA ANÁLISE DOS ANÚNCIOS DE EMPREGO PUBLICADOS EM JORNAIS BRASILEIROS

Kelly C. Oliveira

SUMÁRIO

APRESENTAÇÃO

Objetiva-se neste capítulo analisar alguns anúncios de emprego publicados em jornais dos estados da Bahia, Ceará, Rio de Janeiro, Paraná, São Paulo e Santa Catarina, a fim de verificar de que maneira se constituíram e se modificaram no decorrer do tempo, segundo a perspectiva diacrônico-textual. Diferentemente de Nicolau e Aldrigue, capítulo anterior desta obra, que selecionaram anúncios de vendas, notícias e cobrança, analisaremos apenas anúncios de emprego dos séculos XIX e XX.

As amostras foram retiradas do *corpus* jornal *Correio Paulistano* de nossa tese de doutorado, Oliveira (2012), da obra de Guedes e Berlinck (2000),[1] da Biblioteca Nacional Digital do Brasil,[2] e do jornal *O Estado de S. Paulo*. O período de estudo é a segunda metade do XIX, em que surgiram os primeiros anúncios de emprego na mídia impressa, e, para análise comparativa da constituição e evolução desse gênero, alguns exemplares do século XX.

A escolha do *corpus* se justifica devido ao caráter documental inerente a esse gênero: é por meio dele que é possível observar os costumes e hábitos de uma época. Embora este capítulo atenha-se à constituição do gênero, não se pode desvincular o estudo do seu contexto sócio-histórico. Conforme mencionado na "Introdução" deste volume por Andrade e Gomes, a língua revela-se nos textos e ambos manifestam-se nas práticas sociais. E conforme essas práticas evoluem, os traços de mudança e de permanência de um gênero transformam-se. Desse modo, é no funcionamento da língua, inseparável do contexto sócio-histórico, que é possível observar a trajetória desse processo de transformação.

SURGIMENTO DO TRABALHADOR LIVRE

A falta de mão de obra era um dos problemas eminentes do século XIX considerada pelas seguintes leis: Lei Feijó de 1831, que proibia a comercialização de pessoas originárias da África; Lei Slave Trade Supression Act ou Lei Eusébio de Queiroz, criada em 1845 e aprovada em 1850, proibia o comércio de escravos entre a África e a América; o Manifesto Republicano de 1870, com ideias liberais pregava a queda da Monarquia e o estabelecimento da República no Brasil; a Lei Rio Branco ou Ventre Livre, lavrada em 1871, garantia liberdade aos filhos de escravas nascidos no Brasil;[3] Lei Saraiva-Cotegipe (1884 primeira versão) ou Lei dos Sexagenários, de 1885, libertou idosos com mais de 60 anos, e, finalmente, em 1888, a Lei Áurea declarava extinta a escravidão.

A questão da abolição surge bem antes da Lei Áurea de 1888. Em 1850, o governo brasileiro, pressionado pelos ingleses[4] por meio da Lei Slave Trade Supression Act, proibira definitivamente o tráfico de escravos (Lei Eusébio de Queiroz). A seguir o artigo primeiro:

> Art. 1º. As embarcações brasileiras encontradas em qualquer parte, e as estrangeiras encontradas nos portos, enseadas, ancoradouros, ou mares territoriais do Brasil, tendo a seu bordo escravos, cuja importação é proibida pela Lei de sete de novembro de mil oitocentos e trinta e um, ou havendo-os desembarcado, serão apreendidas pelas autoridades, ou pelos navios de guerra brasileiros e consideradas importadoras de escravos. Aquelas que não tiverem escravos a bordo, porém que se encontrarem com os sinais de se empregarem no tráfico de escravos, serão igualmente apreendidas, e consideradas em tentativa de importação de escravos. [sic] (Decreto-Lei n.581/1850)[5]

Além da proibição, o custo daqueles que ainda eram comercializados era altíssimo[6] e a moeda brasileira passava por momentos de desvalorização. Além disso, havia sempre escravos em fuga e conflitos com os seus senhores. Tudo isso culminou no surgimento de uma nova classe trabalhadora: o *trabalhador livre*.

Houve, dessa forma, a substituição de mão de obra escrava por livre, porém de maneira gradual e cautelosa, a fim de evitar uma possível desordem nacional, pois havia receios de que os ex-escravos se recusariam a obedecer, a cumprir uma rotina laboral sem rebeliões.

O crescimento urbano das principais províncias do Brasil atraía tanto escravos das zonas rurais quanto das cidades, além de fugitivos: "*os próprios fugitivos passam a explorar as oportunidades abertas por essa sociedade, tentando entrar no mercado de trabalho livre, tentando entrar no mercado urbano*" (Gebara, 1986: 154). *Livres* ou *escravos* começam a ser requeridos para concorrer às mesmas oportunidades de trabalho, como se pode observar no exemplo a seguir:

(1) [19,2 A SP] *Precisa-se de trabalhadores* ***li-/vres****, ou* ***escravos*** *para o servi-/ço da estrada de Santos a esta/ capital, aos quaes se pagará o jornal/ de 640 rs, diários alem do sustento:/ também se preciza para a abertura/ de um*

canal que communique o Rio/ de Cubatão com o de Santa Anna, em/ cujo serviço se pagará o jornal de 800 rs, diários, alem do sustento./ A quem convier empregar-se no dito/ serviço pode dirigir-se ao Administra-/dor da dita estrada no Cubatão. (*Correio Paulistano*, 12 de julho de 1854)

Diante desse novo cenário trabalhista, surgem os *anúncios de emprego*. Ainda em constituição, seguiam modelos já existentes de outros gêneros como *annuncios* de produtos e serviços, ou mesmo de *avisos* feitos, inicialmente, em cartazes fixados no mural de alguns estabelecimentos comerciais e de alguns modelos de avisos, pedidos, convites e vendas de produtos em jornais, e a partir de modelos de anúncios de escravos. Começaram a aparecer na esfera *mídia impressa*, de acordo com o desenvolvimento e a expansão do jornal.

CONSTITUIÇÃO E MUDANÇAS NOS ANÚNCIOS DE EMPREGO

Nos anúncios do século XIX, não havia uma padronização para as *chamadas* dos anúncios; obstáculos para o seu reconhecimento no corpo do jornal. Os leitores, dessa forma, tinham de ler toda a coluna de anúncios, pois os de emprego poderiam aparecer com diversas *chamadas*, dificultando, assim, a objetividade desse tipo de anúncio. Os anúncios de emprego poderiam aparecer como: "Na rua do Livramento", "Aos artifíces Aracatiense", "Convida-se", "Atenção", "Com urgência", "Aos senhores emigrantes e Camaradas", conforme podemos observar a seguir:

(2) [19,1 A SC] ***Na rua do Livramento**, número 10, preci/za-se, e com a maior brevidade, de uma amade leite; não se olha á preço, sendo / a limpa e com abundante leite, dando-se preferencia á que não tiver cria.* (*O novo Iris*, 3 de setembro de 1850)[7]

(3) [19,2 A CE] ***Aos artifíces Aracatiense**// Constando haverem na cidade de Ara-/caty muitos oficiaes de diferentes ofícios/ que nem sempre tem ocupação certa, com-/vida-se a alguns carpinas, pedreiros e fer-/reiros para que venhão procurar fortuna/ em Maranguape, onde há uma infinida-/de obras para as quaes não chegão os/ officiaes do lugar.* (*O Cearense*, 2 de setembro de 1853)

(4) [19,2 A SP] *CONVIDA-SE trabalhadores para o serviço da/ Serra de Santos com o jornal de 2$000 por dia./ Os trabalhadores estão á secco, mas dá-se 800 rs/ diários para um cosinheiro e rancho também;/ quando se apresentem em número de 10 para/ cima.* (*Correio Paulistano*, 21 de janeiro de 1862)

(5) [19,2 A BA] *ATENÇÃO// N'esias typographia precisa se de/ dous officiaes compositores para o/ trabalho//* (*O progresso*, 15 de setembro de 1877)[8]

(6) [19,2 A SP] *COM URGÊNCIA/ Precisa-se de um bom copeiro, para casa de família, que tenha comportamento affiançado; trata-se na Ladeira Porto Geral número 2.* (*Correio Paulistano*, 20 de setembro de 1879)

(7) [19,2 A SP] *AOS SENHORES EMIGRANTES/ Na ladeira Municipal número 6A, Hotel das Familias, precisa-se de trabalhadores para uma fazenda de café; offerece-se condições muito vantajosas aos mesmos.* (*Correio Paulistano*, 12 de novembro de 1879)

(8) [19,2 A SP] ***Camaradas/****Precisa-se de 40 para a colheita de uvas,/para tratar na rua do Rosário número 33, sobra/do.* (*Correio Paulistano*, 22 de janeiro de 1879)

Desses exemplos, (4) utiliza elementos linguísticos que pertencem ao gênero discursivo *convite*: o verbo *convidar*, que formaliza algum pedido de comparecimento, participação ou presença de alguém; e *o local*, onde se deve comparecer para a empreitada. Em seguida, observam-se outros elementos que começam a compor os anúncios de emprego, tais como informações sobre o pagamento pelo serviço, além de outros benefícios como, neste exemplo, o de ter um cozinheiro para mais de 10 trabalhadores.

Outra ocorrência da ausência de padrão encontra-se em um anúncio que utilizou o verbo *procurar* no sentido de *precisar*, para uma vaga de professora. Veja-se, a seguir o anúncio:

(9) [19,2 A SP] *PROCURA-SE uma senhora que saiba dirigir o/ ensino de primeiras letras em um collegio. Pessoas/ habilitadas podem dirigir suas cartas á d. Carolina/ Florence em Campinas, ou tomar informações até 22/ do mez corrente, na rua de S. Bento n. 54. S. Paulo.* (*Correio Paulistano*, 19 de maio de 1870)

O verbo *procurar* não foi usado com muita frequência no período estudado, como o verbo *precisar*, não se tornando, portanto, um verbo de uso frequente do gênero *anúncio de emprego*.

Outra amostra mais nítida de que o gênero *anúncio de emprego* mantinha relação com modelos tradicionais existentes está nos exemplos, a seguir. Neles, observamos a mesma chamada *Atenção* para dois gêneros distintos: *aviso* e *anúncio de emprego*. Esse vocativo era muito utilizado para a função apelativa das propagandas, comum para compor o gênero discursivo *aviso* com o intuito de avisar, precaver, noticiar ou até mesmo ordenar algo. Observem-se, a seguir os exemplos 10 e 11:

(10) [19,2 A SP] ***Attenção*** *// Participa-se ao respeitavel publico desta ca- / pital que acaba de se abrir uma fabrica de / selins de todas as qualidades assim como de / tudo o mais quanto pertence a este ramo de ne- / gocio e que tudo se vende por preços mais com- / modos do que em outra qualquer parte. afian- / ça-se a boa qualidade de todos os generos na / rua de S. Bento n. 15. tambem se encarregão de qualquer encommenda ou concertos.* (*Correio Paulistano*, 14 de novembro de 1862)

(11) [19,2 A SP] *Attenção. // Precisa-se d'uma senhora de idade, e de / conducta, para tomar conta d'uma casa de / familia. Para informações na rua das Ca- / sinhas n.4.* (*Correio Paulistano*, 14 de novembro de 1862)

Verificamos também que o uso fixo do verbo no singular "*Precisar*" + o clítico *se*, na chamada, ainda não se referia exclusivamente a empregos. Tal uso referia-se, inicialmente, a pedido de informação, a aluguel de pessoas, a pedido de empréstimo, a compras de mercadoria, como se pode observar nos anúncios a seguir:

(12) [19,1 A CE] ***Precisa-se saber*** *se nesta província existe Ma-/noel de Mesquista Teixeira, e sua residencia:/ annuncie por qualquer das folhas publicas, ou/ dirija-se a Antonio d' Oliveira Borges.* (*O Cearense*, 16 de julho de 1850)

(13) [19,2 A PR] ***PRECISA-SE alugar*** *um preto ou preta que/saiba cozinhar e o mais/ arranjo de uma casa de fa/milia; na rua das Flôres número 13.* (*O 19 de dezembro*, 8 de abril de 1854)[9]

(14) [19,2 A SP] ***PRECISA-SE de oito ou nove contos de rs./*** *a um por cento, e dá-se hypotheca em bens de raiz; quem quizer dar nesta typographia se dirá/ com quem deve tratar.* (*Correio Paulistano*, 13 de agosto de 1862)

(15) [19,2 A CE] ***Precisa/-se alugar*** *uma/ creada ou creado livre ou escravo que/ saiba cozinhar, a tratar na capitania do/ porto.* (*O Cearense*, 20 de julho de 1867)

(16) [19,2 A SP] *Locomovel//PRECISA-SE* ***comprar*** *um locomóvel da força de 8 cavallos em/ bom uso./Quem tiver deixe cartas no escriptorio desta folha, com as iniciais J.P.O. para ser procurado.* (*Diário de Campinas*, 27 de janeiro de 1888)[10]

O uso de *precisa-se* serviu, nos exemplos a seguir, a dois anúncios distintos, (17) e (18), postados na mesma coluna – como ocorreu com a análise anterior –, um seguido do outro: o primeiro oferece emprego; o segundo, a compra de cavalos ou bestas:

(17) [19,2 A SP] *PRECISA-SE de um caixeiro com pratica de/ seccos e molhados, de 14 a 16 annos de idade/ na rua de S. Bento n. 31* (*Correio Paulistano*, 2 de fevereiro de 1867)

(18) [19,2 A SP] *PRECISA-SE comprar uma parelha de ca-/vallos ou bestas mansas acostumadas a traba-/lhar em carros; quem [] []a-se á rua Di-/reita n.4 armazém* (*Correio Paulistano*, 2 de fevereiro de 1867)

A falta de um padrão para esse gênero era evidente. O anunciante, por vezes, poderia servir-se de um mesmo anúncio para divulgar, além de vagas de emprego, locação de imóvel ou venda de produtos ou serviços, como se pode averiguar a seguir:

(19) [19,2 A SP] *NO* ***Collegio Atheneo Paulistano - / Ladeira do Porto geral precisa se/ de um empregado*** *para inspecionar/ meninos – O ordenado é 400$000/ rs livres de despezas/* ***Na mesma/ casa vende-se*** *3 duzias de cadeiras/ Americanas- 2 grandes tachos para/ fabricas d'assucar- e uma bomba/ para poço.* (*Correio Paulistano*, 9 de janeiro de 1857)

(20) [19,2 A SP] *PRECISA-SE* ***de uma pessoa que saiba cosinhar,*** *en-/ gommar, e tratar da casa de uma pessoa só. Para tra-/tar na rua Municipal, casa do snr. José, mestre pedrei/ro.* ***Na mesma precisa-se alugar*** *uma casa dentro da/ cidade, e que tenha pelo menos cinco commodos, e/ quintal grande.* (*Correio Paulistano*, 13 de fevereiro de 1864)

(21) [19,2 A SP] *Tinturaria Franceza Ponte de Santa Cruz* BERNARD DAVANT, ***participa/ ao respeitavel publico de Campinas e do interior que mudou a sua officina/*** *de tinturaria da rua de Baixo para a casa de acima mencionada/. Lava e tira nodoas de roupas de qualquer qualidade e tinge roupas de seda e casimira em qualquer côr. Como até agora espera a proteção dos seus numerosos fregueses e amigos./* ***Na mesma casa precisa-se de uma boa engomadeira****, não se duvida pagar bem. (Gazeta de Campinas*, 9 de junho de 1870)[11]

(22) [19,2 A SP] ***CRIADO// No Restaurant Provincial á rua/ da Esperança n. 56, precisa-se de/*** *um criado.* ***No mesmo póde uma/ pessoa morar pagando*** *30 $ RS por/ mez, pela cama e comida; também/ se alugão camas a 6$ e 10& rs./ por mez, e por noite a 240 rs. e a/ 400 rs.* (*Correio Paulistano*, 15 de outubro de 1865)

(23) [19,2 A SP] *ATTENÇÃO//* ***Precisa-se de um cosinheiro;*** *alugam-se camas e/ quartos no Hotel provinciano, no largo do Riachuelo; n.40.* ***[]ecebem pencionistas e avulsos mesa*** *redon-/da 500. Precisa-se de um bom cosinheiro com ur-/gencia; é no Piques.* (*Correio Paulistano*, 3 de abril de 1878)

Observa-se no exemplo (23) que é anunciada a necessidade de mão de obra, logo em seguida fala-se sobre aluguel de quartos, depois sobre recebimento de pensionista e, por fim, retorna-se ao assunto inicial sobre mão de obra. Há uma mistura de gêneros discursivos "aviso", "anúncio de aluguel" e "emprego".

Já no da *Gazeta de Campinas*, exemplo (21), a ênfase foi dada na divulgação publicitária da Tinturaria Francesa Ponte de Santa Cruz Bernard Davant, que havia mudado de endereço, e depois na vaga de emprego de engomadeira. O mesmo ocorreu com a famosa oficina de costura casa José Worms de São Paulo, no *Correio Paulistano*, de 1878. O anunciante destacou a contratação de um *hábil contramestre* para executar serviços com perfeição, com preços em conta e entrega em curto prazo. Só após descrever toda a publicidade é que se tratou do anúncio de emprego para costureiras, conforme se observa a seguir:

(24) [19,2 A SP] ***OFFICINA DE COSTURA// A casa José Worms, tendo contratado uma hábil contra-mestre, pro/põe-se fazer qualquer obra de costura****, com perfeição no trabalho, bara-/teza nos preços e brevidade./25 Rua Direita – S. Paulo/* ***Na mesma casa precisa-se de boas costureiras*** */ Casa de Jose Worms.* (*Correio Paulistano*, 8 de agosto de 1878)

Nesses casos, há nitidamente uma mistura de gêneros discursivos: o *publicitário* e o de *emprego*. Além disso, há mais informações para enfatizar a propaganda da tinturaria e da oficina, a fim de atrair compradores, do que detalhes sobre as exigências para as vagas em questão.

Em outros, verificam-se datas e assinaturas de possíveis autores, como ocorre nos gêneros discursivos *bilhetes* ou *cartas*:

(25) [19,2 A SP] *OBRAS PUBLICAS. // Precisa-se de trabalhadores de/ enchada para as obras da rua da/ Gloria. Para ajustarem-se dirijão-/ se ao encarregado abaixo assignado./ São Paulo 25 de Janeiro de 1855.//* ***O Engenheiro José Porfório de Lima***. (*Correio Paulistano*, 27 de janeiro de 1855)

(26) [19,2 A SP] *Precisa-se contratar uma pessoa para escre-/vente de um cartório. As pessoas que se acha-/rem habilitadas podem apparecer em qualquer/ dia na rua Boa Vista n. 41 para tractar./ São Paulo 10 de Julho de 1865. //**O tabellião, JOAQUIM José Gomes**. (Correio Paulistano,* 11 de julho de 1865)

(27) [19,2 A SP] ***Attenção***. *// Precisa-se no largo da Luz, hotel denominado Maça/ de Ouro, de dois empregados, copeiro e cosinheiro,/ mas que sejam bons. //São Paulo, 31 de Maio de 1870. //* ***Antonio Jose Monteiro Torres.*** (*Correio Paulistano*, 2 de junho de 1870)

Desses exemplos, destacamos (25) e (26), pois, ao assinarem o texto, os anunciantes deram destaque à profissão e ao nome do anunciante. Essa escolha enfatizaria a identidade reconhecida socialmente, legitimaria o discurso do anunciante, e reforçaria, outrossim, a imagem de quem falava, pois as profissões de *engenheiro* e de *tabelião* garantiam certo *status* ao ator social.

O tabelião, por exemplo, foi uma ocupação criada na época da Colônia imperial, o rei era quem escolhia a pessoa para desempenhar esse cargo naquele período. Tratava-se de profissões da *elite letrada paulistana*, conforme afirma Cruz (2000: 49): "[...] *o total de almas da elite letrada paulistana não era muito maior que a soma dos 7 médicos e cirurgiões-mores, 3 boticários, 2 advogados, 3 letrados, 3 professores de gramática, 1 de retórica* [...] *1 tabelião* [...]".[12]

Os anunciantes atuam como atores sociais; as representações desses papéis são reconhecidas e compartilhadas em sociedade nas práticas discursivas situadas historicamente. Para a época, como ainda é hoje, em alguns casos, apresentar-se ao público pela profissão significa reforçar a ideologia social dessa função. Revela, ainda, as relações de poder em relação a outras profissões de menor prestígio.

Ainda sobre a constituição do gênero *anúncio*, encontramos a utilização do termo "*emprega-se*" para referir-se a emprego em 1883 pela primeira vez, e a repetição dele somente em 1891, no jornal *Correio Paulistano*, não havendo nenhuma ocorrência desse verbo na obra de Guedes e Berlinck (2000) que se referisse a emprego:

(28) [19,2 A SP] ***EMPREGA-SE**// um menino, chegado a pouco de fora, com/ pratica de fazendas ou para tirar contas; quem precisar, faça favor de deixar carta/ com as iniciaes J.V.* (*Correio Paulistano*, 28 de junho de 1883)

(29) [19,2 A SP] ***EMPREGA-SE** uma menina de 9/ para 10 annos como criada. Infor-/mações na rua do Braz, pegado ao/ n.185.* (*Correio Paulistano*, 16 de maio de 1891)

(30) [19,2 A SP] ***EMPREGA-SE** um official de ouri-/vês. Para informações na rua de/ S.Bento n.19.* (*Correio Paulistano*, 16 de maio de 1891)

Em 23 de maio de 1857, registramos outro elemento que começou a fazer parte da composição desse gênero discursivo: o pedido de uma carta, que, nos dias atuais, pode ser comparado ao de um *curriculum vitae*. A vaga é para caixeiro, pede-se ao interessado que deixe uma carta; presume-se que nela deva haver referências ou uma apresentação sobre a pessoa. No total dos 2.542 anúncios do *Correio Paulistano* analisados em nossa tese de doutorado, localizamos 25 ocorrências desse pedido, ou seja, 0,98% do total. A seguir, a amostra:

(31) [19,2 A SP] *Attenção. //Deseja-se arrumar um caixeiro pa-/ra fora d'esta cidade, com prática. // de fazendas: quem precisar dirija-se/ a esta typographia **deixando carta/ fixada** com as iniciaes, J.P.P.* (*Correio Paulistano*, 23 de maio de 1857)

Já no anúncio 32, adiante, orienta-se o candidato a responder ao jornal ou descrever na carta as suas qualificações, *condições que oferece*, e proposta salarial, *das que exige*. Além disso, não há iniciais, mas o nome completo do anunciante:

(32) [19,2 A SP] *Cosinheiro. // Na cidade de Limeira precisa-se de um/ bom cosinheiro para o serviço de um hotel: quem quizer contratar-se póde anunciar/ por este jornal* ***as condições que offerece/ das que exige,*** *ou comunical-as em carta fecha-/da ao sr. Vicente José de Campos, morador na mesma cidade.* (*Correio Paulistano*, 8 de agosto de 1867)

A carta de referência, como é conhecida hoje, era mencionada como *atestado de conduta*. Essa exigência aparecia em forma da expressão *Afiance conducta* ou *conducta afiançada*.

Foi apenas em 1890, no jornal *Correio Paulistano*, que essa expressão foi, gradualmente, substituída pela palavra *referência*; embora em menor quantidade, já havia o uso em 15 anúncios, 0,59% do total dos anúncios analisados em nossa tese de doutorado.

A falta de padronização decorria também da falta de uma intervenção por parte dos jornais, que não editavam de forma padronizada e organizada os anúncios, como acontece nos dias atuais. Eram de responsabilidade dos anunciantes o conteúdo e a forma de divulgar, o que fazia com que esse gênero tivesse marcas de pessoalidade.

Embora houvesse variações quanto à composição interna do gênero, alguns elementos linguísticos que o compuseram eram utilizados com certa regularidade, a fim de que fosse reconhecido pela sociedade. Percebemos que, mesmo diante de variações na sua composição, havia características básicas que se repetiam, tais como *Alguém* + *Precisa-se de* + *Como fazer*, tornando-se traços marcantes na composição desse gênero. Identificar esses traços é relevante, pois, como tratado na "Introdução" a esta obra, qualquer interação por meio de gêneros textuais torna-se efetiva quando um gênero discursivo é reconhecido, empregado e transmitido ao longo do tempo, mantendo suas características básicas, sem descartar eventuais necessidades de adequação ao diversos contextos e momentos históricos.

A repetição desses traços pode ser observada nos exemplos do século seguinte, XX, a seguir:

(33) [20,1 A SP] *TECELÕES/ Precisa-se de operários para fiação e tecelagem./ Serviço garantido. Oito horas de trabalho. Paga-se/ bem e em boas condições, garantindo-se fiança para/ pensão. Horário conveniente com duas turmas.// FÁBRICA LUZITANIA – Travessa da fábrica Rua/ Florencio de Abreu.// FÁBRICA PAULISTANA – Rua Silva Pinto n.2/ SÃO PAULO.* (*Correio Paulistano*, 16 de janeiro de 1920)

1. **Alguém anuncia**: Fábrica Luzitana e Fábrica Paulistana 2. **A vaga em questão**: tecelões 3. **Procedimento:** ir ao endereço que consta no anúncio **? Requisitos**: não há

(34) [20,1 A SP] *AJUDANTE COMPRADOR// Precisa-se de um, profundo conhecedor de materiais e da praça/ para grande indústria. Deve falar inglês, brasileiro e ser reservista./Departamento de Collocações – Rua dos Prazeres, 284- Belém.* (*Correio Paulistano*, 6 de abril de 1940)

1. **Alguém anuncia**: Departamento de Collocações 2. **A vaga em questão**: ajudante comprador 3. **Procedimento:** ir ao endereço que consta no anúncio **? Requisitos**: profundo conhecedor de materiais e da praça, falar inglês, ser brasileiro e reservista

(35) [20,2 A SP] *AUXILIAR DE ESCRITÓRIO// Precisa-se de um maior, bom dactilo/ grafo e com conhecimentos de cálculos/ para trabalhar na Vila Leopoldina./Sábados livres. Tratar no largo Paisan-/du, n. 51, 8º andar, das 10 ás 12h.* (*O Estado de S. Paulo*, 4 de janeiro de 1961)

1. **Alguém anuncia**: alguém do escritório da Vila Leopoldina 2. **A vaga em questão**: auxiliar de escritório 3. **Procedimento:** ir ao 8º andar das 10h às 12h no endereço citado. **? Requisitos**: ser bom datilógrafo e ter conhecimentos de cálculos

Alguns anúncios poderiam ser mais descritivos, outros menos. Poderiam ainda exigir mais itens no processo seletivo, carta de referência ou experiência específica, mas é visível que: suas chamadas ficaram padronizadas, diferente das analisadas nas amostras (2) a (8) deste capítulo; seu uso deixou de servir a outros propósitos como o de alugar camas e quartos, exemplos (19) a (23), passando apenas a recrutar pessoas; e o uso do verbo *precisar* + *se* foi utilizado em anúncios para vagas de emprego, diferente dos exemplos de (12) a (16).

Houve, portanto, a consolidação dos três traços, os três elementos do nosso esquema, que cumpriram, e ainda cumprem, satisfatoriamente a sua constituição e a sua função de modo objetivo, ou seja, a de ser uma mediação que conecta indivíduos, grupos, ocupações e organizações, num contexto imediato de necessidade de mão de obra remunerada: "*A situação social mais imediata e o meio social mais amplo determinam completamente e, por assim dizer, a partir do seu próprio interior, a estrutura da enunciação*" (Bakhtin, 2004: 113).

Ao estudar como se configurou esse gênero, observamos que os critérios para a contratação dessa nova forma de trabalho ultrapassava as necessidades profissionais e serviam para "adequar", "formar" a sociedade desejada pela elite paulistana, como veremos a seguir.

PRECONCEITOS NOS ANÚNCIOS DE EMPREGO

Inicialmente, os negros eram citados em anúncios de venda e troca como se fossem mercadorias.[13] Depois, apareciam em pequenas notas que revelavam suas fugas. Também constavam na seção de ocorrências policiais, quando eram envolvidos em brigas, assassinatos e outras "rebeldias", como "verdadeiras feras". Nos editoriais, por exemplo, encontravam-se conteúdos não só relacionados à inferioridade intelectual dos negros como também à xenofobia, como relata um comentário intitulado "Imigração chineza" publicado no *Correio Paulistano* de 1870, sobre um artigo do dr. Parigot, publicado no *Diário Oficial*:

> Lemos com a devida attenção o artigo que publicou o sr. Dr. Parigot no último numero do Diario Official.
> O juízo que elle emitte a respeito da immigração dos coolies, é perfeitamente conforme o nosso; e folgamos de ver acolhida pelo governo essa opinião, que **há muito sustentamos pela imprensa.**
> Fora uma verdade calamidade para o paíz a introdução dessa raça degenerada, sem religião, sem moral e costumes.
> Ninguém ignora que o coolie, quer da montanha, quer da beira mar, do sul da China ou do norte da Índia, é considerado em ambos os países, que nunca primaram pela civilização, como a escoria do povo, o mais ocioso, o mais depravado, o mais embrutecido entre os incultos chineses e indianos.
> Todas as colônias inglezas, ou francezas, que se abasteceram de taes imigrantes, bem depressa se arrependeram, tal foi a imoralidade que lavrou o paiz. (Grifos nossos)

Como se pode observar no próprio trecho em destaque, essas ideias circulavam entre os leitores do jornal e faziam parte da fala rotineira da população, mesmo entre os que não sabiam ler, pois a implementação dos costumes morais e religiosos partia das instituições religiosas, políticas e educacionais, e daqueles que assumiam posições de prestígio nos meios de comunicação. Sobre o papel influenciador da mídia, Van Dijk (2008: 144) assevera: "*Falantes, rotineiramente, referem-se à televisão ou aos jornais como suas fontes de conhecimento (e de autoridade) e opiniões sobre as minorias étnicas*".

A ampla divulgação desses ideais refletia-se nos critérios de contratação de mão de obra. Nos anúncios de emprego, prolifera a preferência pelos brancos. Inicialmente *brancos* ou de *cor* (o vocábulo genérico *de cor* englobaria todos os que não são brancos), *pretos*, *negras*, *negrinhas* preenchiam os requisitos para vagas de menor prestígio social, depois foram preteridos apenas os brancos, como se pode observar nas amostras a seguir:

(36) [19,2 A SP] *Hotel de Italia. // Precisa-se de um creado* ***branco ou preto,****/ para o serviço do mesmo hotel, e uma* ***negri-/nha*** *para carregar crianças.* (*Correio Paulistano*, 4 de maio de 1867)

(37) [19,2 A SP] *Criada. // Precisa-se de uma criada* ***branca ou de cor,****/ escrava ou livre, sabendo engommar, para o/ serviço de casa, dirija-se á rua da Imperatriz/ n. 21 (loja)* (*Correio Paulistano*, 30 de novembro de 1867)

(38) [19,2 A SP] *PRECISA-SE de uma cosinheira para uma/ familia;* ***prefere-se uma branca****. Rua do Ouvidor n. 27.* (*Correio Paulistano*, 21 de março de 1867)

Além disso, era comum aliar, a esses anúncios que continham categorias raciais, consensos morais como *fiel e conduta afiançada*, relacionados a um comportamento servil. Numa época de fugas e rebeliões, era essencial que os empregados fossem afiançados por seu dono, se não fossem forros, ou que tivessem carta do ex-dono, caso fossem. Martinho e Gorenstein (1993: 42) asseveram que os vínculos pessoais como lealdade, confiança, honestidade, entre outros, configuravam uma espécie de contrato moral. Por isso, pedia-se que alguém afiançasse a conduta. Tais critérios subjetivos misturavam-se aos profissionais. Os anúncios a seguir revelam tais exigências relativas à moralidade:

(39) [19,2 A CE] *RAYMUNDO REFFERIA DA/ Cunha precisa de um menino, ain-/ da pequeno, de* ***conducta afiançada,****/ para caixeiro em sua loja e fa-*

brica/ no Sítio Lavagem, destricto do/Mandahú, e que tenha alguma pra/tica de commercio.//Mundahú, 10 de Dezembro de/1886. (*Gazeta do Norte*, 13 de dezembro de 1886)

(40) [19,2 A RJ] *Precisa-se de uma criada que saiba/cozinhar bem e arrumar casa e que/* ***seja fiel****, dormindo em casa dos patrões,/ só sae duas vezes por semana, prefere-/se que seja criada branca; na rua do La-/vradio n.18, sobrado.* (*O Paiz*, 31 de janeiro de 1890)

Esperava-se do empregado condutas de um bom cidadão, ou seja, a mansidão, o não questionamento das normas impostas, pois qualquer reivindicação poderia assinalar afrontamento severo: produzir se torna obsessão, reclamar ou reivindicar direitos se torna "algo impensável", pois a estrutura dominante ensina a passividade e inclui em seu meio, como bons cidadãos, somente aqueles que assimilam suas determinações (Mello, 2006: 95-6).

O trabalho garantiria a moralidade pública tão desejada pela elite, nesse caso formada pelos contratadores, que vigiavam e disciplinavam esses cidadãos. Por outro lado, o ócio tornava-se sinônimo de vadiagem: quem não trabalhava era o "vagabundo", o "imoral". Era preciso instruir para tirar a sociedade das "trevas", ideal primado pelos conservadores, como assevera Mattos (1990: 259):

> Instruir "todas as classes" era, pois, o ato de difusão das luzes que permitiriam romper as trevas que caracterizavam o passado colonial; a possibilidade de estabelecer o primado da razão, superando a "barbárie dos sertões"e a "desordem" das ruas; o meio de levar a efeito o espírito de associação, ultrapassando as tendências localistas representadas pela casa; além da oportunidade de usufruir os benefícios do progresso, e assim romper com as concepções mágicas a respeito do mundo e da natureza.

Ainda sobre o aspecto racial, era possível encontrar anúncios requerendo imigrantes europeus, o que poderia dissimular a preferência pela *cor branca*. Essa predileção ficava evidente quando se escolhia o candidato pela origem nacional, como alemão, português, francês, inglês etc. A esse respeito, Damasceno (2000: 191) esclarece:

> [...] as exigências profissionais (habilidades específicas) misturavam-se às categorias raciais ("cor" e/ou "boa aparência"), moralmente qualificadas. Nesse sentido, pode-se compreender o porquê da substituição da "cor" pela origem ou naturalidade, [...] significando qualidades morais vistas como positivas.

No exemplo (41), adiante, há preferência por uma pessoa de cor ou português. Observa-se que a nacionalidade europeia portuguesa foi utilizada como sinônimo de cor branca em oposição ao *de cor*, formando uma dicotomia racial. No seguinte, (42), prefere-se estrangeira:

(41) [19,2 A SP] *PRECISA-SE de um bom cozinheiro na/ rua do Braz n.141, Hotel Cantagallo./Prefere-se* ***portuguez ou de côr***. *Não/ sendo nas condições que se exige é excu-/sado apresentar-se.* (*Correio Paulistano*, 2 de abril de 1892)

(42) [19,2 A MG] *PRECISA-SE de uma criada/ para seguir para Ouro Preto./ Prefere-se edosa e* ***estrangeira***./ *Para mais informações nesta/typographia.* (*Diário de Minas*, 8 de agosto de 1888)

A justificativa dada para a necessidade da mão de obra estrangeira era a emergência de pessoas que pudessem substituir a tarefa manual de um escravo. A esse respeito, Freyre (2000: 361) esclarece:

> Com a decadência da economia apoiada no escravo, acentuou-se a importância do europeu que aqui viesse, não como simples negociante [...] nem como modistas e dentistas [...] nem apenas como médico, parteira, mestre de dança, professor, governante, mas como operário, construtor, pedreiro, marceneiro, carpinteiro, pequeno agricultor, trabalhador de fazenda.

Entretanto, por trás dessa necessidade de substituir mão de obra escrava, estava o interesse em formar uma sociedade com padrões culturais mais "civilizados". As famílias mais abastadas enviavam seus filhos para estudar no exterior, mas quando isso não era possível contratavam criadas, pajens ou governantas para os educarem nos moldes europeus. Essas pessoas instruíam as crianças e jovens conforme suas referências culturais e transmitiam valores considerados nobres; muitas falavam francês, eram diplomadas, com educação distinta (Matos, 2002: 135). As alemãs, por exemplo, eram conhecidas por terem autoridade e dinâmica de trabalho (Matos, 2002: 133), por isso eram as preferidas para exercer a função de criadas. A seguir duas amostras de anúncios para criadas que preferiam *alemãs*:

(43) [19,2 A SP] *Criada.// Precisa-se de uma para tomar contar de uma criança./* ***Prefere-se allemã***. *Para tratar na rua da Imperatriz,/ loja da Luva de Ouro.* (*Correio Paulistano*, 2 de agosto de 1870)

(44) [19,2 A SP] *PRECISA-SE de uma criada livre para casa/ de pouca família, sabendo engommar e cosi-/nhar;* ***prefere-se allemã.*** *Trata-se na rua de/ S. Bento 69.* (*Correio Paulistano*, 4 de maio de 1873)

Já os portugueses eram os favorecidos para as vagas de caixeiros, por exemplo, devido ao monopólio reforçado pela migração legal. Os portugueses que aqui chegavam preferiam oferecer vagas aos seus patrícios. Freyre (2000: 295) cita o *Jornal A Revolução de Novembro* para esclarecer esse fato:

> Os filhos de brasileiros ou mestiços tornavam-se "os miseráveis das sociedades", isto é, das sociedades comerciais organizadas pelos pais lusitanos que, por uma perversão, econômica e sociologicamente explicável, do sentido [...] de continuidade patriarcal de poder, favoreciam as filhas nas pessoas dos genros vindos de Portugal como caixeiros.

Em geral contratavam-se portugueses de 10, 12 anos de idade para caixeiros, para as lojas e armazéns. Segundo Freyre (2000: 297), eles tinham mais facilidade para se adaptar à cultura dos patrões portugueses, e poderiam dar continuidade ao comércio, em caso de falecimento do dono. Entretanto, como eram, muitas vezes, tratados como escravos brancos, havia o risco de fuga. Os anúncios a seguir denotam essa preferência:

(45) [19,2 A SP] *PRECISA-SE de um* ***moço portuguêz*** *de 10 á/ 12 annos de idade para caixeiro de uma casa/ de negócio de fazendas na rua Direita n.24.* (*Correio Paulistano*, 18 de março de 1862)

(46) [19,2 A SP] *Na rua direita n. 25, casa de negócio, pre/cisa-se de um* ***moço portuguez*** *para caixeiro, e na mesma casa tem folhinhas deste ano á 240/ rs, e de porta a 160 rs.* (*Correio Paulistano*, 27 de março de 1862)

A ideia de "branqueamento" de raças permeava, portanto, a sociedade oitocentista, como parte de um processo "natural" de civilização. Pessanha (2005: 21) ressalta que

> [...] o Brasil que se pretendia formar era livre e de cidadãos brancos, não se tratava apenas de necessidade de mão de obra: a defesa da imigração não se restringia às necessidades de mão de obra mas também a um ideal de construção de uma nacionalidade.

A imigração cumpriria, portanto, funções econômicas e sociais. O objetivo era construir uma nação com ideais europeus e, para isso, dever-se-ia trazer pessoas mais "ativas e inteligentes" ao país, a fim de que se obtivesse o tão desejado progresso (Pessanha, 2005: 21). Essa ideia pode ser ratificada na citação de Taunay, apud Azevedo (1987: 73):

> Cumpre não confundir o problema da imigração com o da substituição dos brancos necessários à grande lavoura. Esta quer salariados e chega a preferir até os de raça inferior. O escopo da imigração, porém, é de ordem muitíssimo mais elevada, busca organizar os elementos que devem formar a grande nacionalidade brasileira, senhora da maior e melhor parte do continente sul-americano. Exige, por isso mesmo, a maior seleção nestes elementos. Ora, *para que o imigrante ativo, laborioso, inteligente, progressivo*, venha para o Brasil, é preciso que este país ofereça condições, bem-estar para si e para sua família, impossíveis de encontrar na Europa. (Grifos nossos)

Acreditava-se que o imigrante europeu possuía todos os atributos essenciais aos trabalhos domésticos tais como honestidade, civilidade, sinceridade, passividade, entre outros. Já os afrodescendentes carregavam vícios da escravidão. Os imigrantes eram símbolos da prosperidade econômica e social, traziam "*virtudes necessárias ao regime de trabalho livre e desejavam obter riquezas através dele*" (Pessanha, 2005: 20). Esses argumentos, segundo a autora, davam suporte à política de "aprimoramento" do povo brasileiro, trariam o progresso desejado para a sociedade. O imigrante deveria ser o exemplo para os trabalhadores nacionais, tidos como preguiçosos.

CONSIDERAÇÕES FINAIS

O gênero *anúncio de emprego*, regulado e constituído sócio-historicamente, manteve uma relação restrita com certas ações humanas (coletivas ou individuais) e, dessa forma, atualizou-se e modificou-se. Conforme a sociedade se organizava em busca de uma identidade nacional, o jornal e, consequentemente, os gêneros que o constituíam também sofriam transformações, assumindo novas formas, novos conteúdos e novas estruturas.

Cada vez que o locutor utiliza a comunicação, ele o faz no gênero em uma atividade social, dinâmica por natureza, dirigida ao outro e, para isso, utiliza, por vezes, novas formas de dizer, novas possibilidades de (re)significar os elementos que os compõem, o que faz com que haja renovação de um dado gênero, resultando, dessa forma, a sua instabilidade.

Tendo em vista que esse dinamismo responsivo produz novos temas, novos estilos e novas composições, estudamos a reformulação de um dado gênero em sua relação com os anteriores. O anúncio de emprego surgiu a partir de outros modelos já existentes, reconhecidos pela sociedade. Foi possível identificar, em sua constituição, elementos linguísticos que compunham outros gêneros como o de *compra* e *venda* de escravos, o de *convite* e o de *aviso*.

Entretanto, o gênero *anúncio de emprego* se estabilizou quando passou a aparecer com certa regularidade na esfera do jornal, mais especificamente em *colunas de avisos*, mantendo *tema*, *composição* e *estilo* próprio. Esse tipo de anúncio, ao longo de sua formação, manteve certos elementos comuns que os distinguiam de outros, tais como *alguém que anuncia*, *o que se anuncia* e *procedimentos* para a realização de uma seleção. Isso pode ser explicado por que o gênero, embora esteja em constante mutação, ao mesmo tempo mantém certos elementos *estáveis*, a fim de que seja reconhecido historicamente, num tempo e num espaço específico. É essa estabilidade que assegura o entendimento e a organização social dos locutores.

Quanto aos aspectos linguísticos e discursivos que constituíam o gênero *anúncio de emprego* e sua transformação, observamos a pouca utilização do verbo *empregar + se*. Como seu uso não foi expressivo, não se tornou um dos seus elementos composicionais fixos. Outras *chamadas* como "Atenção", "Aos senhores imigrantes", "À família", "Aviso" também foram utilizadas nesse gênero, mas com o tempo deixaram de se referir a anúncios de emprego, sendo substituídas pelo verbo *precisar + se*, antes associado a *pedido de informação*, *empréstimo*, *aluguel* e comércio em geral.

O uso de *precisar + se*, usado no singular, na maioria das vezes, passa, então, a atender o propósito desse gênero (recrutamento de pessoas). A estabilidade das formas linguísticas e sua função única organizaram e facilitaram o seu reconhecimento nos jornais, bem como reforçaram a sua identidade: *anúncio de emprego*. Essas mudanças estão inerentemente associadas ao contexto sócio-histórico e à evolução da própria imprensa, que passa a interferir e a organizar os anúncios numa única seção "Annuncios", século XIX, e "Classificados", século XX.

Em relação à noção de discurso abordada em nossa análise, seguimos o conceito de Fairclough (2003: 124), que permitiu verificar as crenças, os saberes de determinados grupos sociais, elite, que agiam na sociedade oitocentista. Mais do que isso, o discurso norteia os modos de ação por meio da linguagem, funciona nas práticas sociais, sendo capaz de reproduzi-las e modificá-las.

A fim de identificar essas práticas, verificamos quais foram os elementos discriminatórios, propagados e legitimados nos anúncios, tidos como naturais e não contestados, tais como *cor de pele* e *nacionalidade*. De acordo com Peres (2003: 16), ao usar esses critérios "*está-se constrangendo a objetividade e a imparcialidade formalmente inerentes a esse processo*". Essa visão de desigualdade de classes só começou a ser questionada no século XX. Antes disso, tratava-se de ideologias naturalizadas, porque atingiam o *status* de "senso comum", como esclarece Fairclough (2003: 87): "*As ideologias incorporadas nas práticas discursivas são muito mais eficazes quando se tornam naturalizadas e atingem o status de 'senso comum'*".[14]

A preferência racial acarretou desvantagens avassaladoras aos *não brancos*, reforçadas pelo preconceito e pela discriminação no decorrer dos séculos. Os anúncios de emprego funcionaram como instrumentos que contribuíam para a perpetuação de tais práticas. Mesmo quando eram inseridos no mercado de trabalho, os *afrodescendentes* não obtinham ascensão profissional, pois preenchiam as vagas de menor prestígio social e econômico. Esses mecanismos mantinham as relações de poder de um grupo, o de *brancos*, na estrutura social mais elevada, enquanto os outros permaneciam nas estruturas menos elevadas.

Por fim, a contribuição deste capítulo para este volume é a apresentação de uma investigação diacrônica sobre a constituição, mudança e permanência de certos elementos linguísticos que constituíram o gênero discursivo *anúncio de emprego*, criado a partir de uma necessidade social, ou seja, a partir do surgimento de uma nova classe trabalhadora no século XIX. Juntos, anúncios de empregos e novos empregados modificaram a relação de trabalho existente no período: a escravidão deu lugar ao proletariado. Foi observado onde, como e de que maneira esses anúncios foram utilizados, as estruturas linguísticas que os constituíram e as que não permaneceram no funcionamento da língua, além das condições histórico-sociais em que foram produzidos.

NOTAS

1 A obra foi inserida em forma de *corpora* em um software chamado Kitconc a fim de que pudéssemos fazer procuras linguísticas direcionadas. O Kitconc permite coletar ocorrências em quaisquer *corpora* linguísticos nos idiomas português, inglês e espanhol, para descobrir a frequência de palavras, listá-las para analisar o contexto em que são utilizadas, saber quais palavras tipicamente acompanham determinadas expressões, extrair palavras-chave de textos e até visualizar a posição em que uma palavra/expressão ocorre em textos. Por essa razão, apenas alguns anúncios de alguns estados que continham as amostras desejadas para a nossa análise foram citados neste capítulo.

2 A Biblioteca Digital do Brasil oferece aos seus usuários a Hemeroteca Digital Brasileira, portal de periódicos nacionais que oferece ampla consulta, por meio digital, ao seu acervo de periódicos – jornais, revistas, anuários, boletins etc. – e de publicações seriadas, disponível em <http://memoria.bn.br/hdb/periodo.aspx>, acesso em 2 out. 2017.

3 Ressaltamos o fato de que ainda permaneciam escravos os nascidos antes dessa data até a extinção total da escravidão.

4 “[...] para ela [Inglaterra] era nesse momento mais importante garantir a existência de mercados consumidores do que apoiar as restrições criadas pelo capitalismo comercial. Ou seja, o desenvolvimento crescente do capitalismo industrial tornara inoperantes os mecanismos de comércio e produção vigentes” (Schwarcz, 1987: 31).

5 Brasil, Rio de Janeiro. Lei n. 581, 4 de setembro de 1850. Artigo 1º. Disponível em <http://www.icmc.usp.br/ambiente/saocarlos/?historia/o-processo-de-abolicao-e-a-vinda-dos-imigrantes-europeus/lei-eusebio-de-queiroz>, acesso em 27 jul. 2011.

6 “Em 1843, os armadores negreiros pagavam aos capitães de navio um preço médio de 140$000 por negro desembarcado, vendendo-o mais tarde por quinhentos, seiscentos e até setecentos mil-réis. O capitão do barco pagava, na mesma época, em espécie, na África, o correspondente a cerca de trinta ou quarenta mil réis por cabeça.” (Costa, 2008: 79)

7 *O Novo Iris*, jornal da cidade de Florianópolis, estado de Santa Catarina. Amostra retirada da obra Guedes e Berlinck (2000: 252).

8 *O Progresso*, jornal da cidade de Cachoeira, estado da Bahia. Amostra retirada da obra Guedes e Berlinck (2000: 25).

9 *O 19 de Dezembro*, jornal da cidade de Curitiba, estado do Paraná. Amostra retirada da obra Guedes e Berlinck (2000: 155).

10 *Diário de Campinas*, jornal da cidade de Campinas, estado de São Paulo. Amostra retirada da obra Guedes e Berlinck (2000: 311).

11 Idem, p. 278

12 Esse número refere-se à descrição de profissionais tiradas por Affonso de Freitas do alistamento censitário de 1822 de São Paulo (Cruz, 2000: 49).

13 O escravo, como referente dos anúncios analisados por Brandão (2004), é tratado como objeto, mercadoria, estava submetido à “condição de coisa. É na condição de objeto, de mercadoria em que se investiu um capital, cujo retorno se esperava sob a forma do lucro, que os escravos deviam ser capturados quando fugiam ou que podiam ser vendidos, alugados” (Brandão, 2004: 5).

14 “The ideologies embedded in discursive practices are most effective when they become naturalized, and achieve the status of ‘common sense’ [...]”.

A ESCRITA BUROCRÁTICA COLONIAL: CARTAS OFICIAIS DOS SÉCULOS XVIII E XIX

Maria Cristina de Assis

SUMÁRIO

APRESENTAÇÃO

Entre os inúmeros e diversificados gêneros textuais oficiais em uso no Brasil colonial, as cartas administrativas assumem significativa importância histórica, pois informam a *data*, o *local*, *quem* escreveu e *para quem* foram escritas. Apesar de apresentarem, em geral, uma linguagem formal e, muitas vezes, artificial, revelam-se bastante adequadas para o estudo sociolinguístico, numa perspectiva diacrônica, podendo proporcionar esclarecimentos proveitosos sobre épocas passadas da língua. Para isso, são decisivos valores como a educação e o grau de cultura do notário ou do escriba e a época em que cada documento foi escrito.

Constitui o objetivo fundamental deste capítulo a análise de cartas oficiais produzidas na Paraíba, em Pernambuco, Bahia, Rio de Janeiro, São Paulo e Paraná durante dos séculos XVIII e XIX. Os documentos integram diversos *corpora* organizados por pesquisadores de diferentes regiões do Brasil ligados ao PHPB.

Na análise, os fenômenos linguísticos são vistos numa perspectiva histórico-textual, com base nos níveis de análise linguística propostos por Oesterreicher (1994) e Stoll (1996), a partir das ideias de Coseriu (1979). Para este autor, a língua se realiza por indivíduos particulares, de acordo com tradições históricas, ou seja, do ponto de vista histórico, a língua se concretiza num modo de falar peculiar de uma comunidade, de acordo com as tradições dessa comunidade. Há, em cada época, determinadas tradições ou modelos que os usuários da língua, em geral, procuram seguir. É importante, então, conhecer as normas textuais do gênero adotado, tanto do ponto de vista formal quanto linguístico (Stoll, 1996). Por se tratar de um gênero usado em épocas passadas, enfatizam-se os aspectos formais e paleográficos peculiares. Dessa perspectiva, estuda-se a estrutura tradicional do gênero *cartas oficiais*, de acordo com os modelos apresentados, sobretudo, por Martinheira (1997) e Acioli (1994), considerando as tradições ou modelos que os usuários da língua desse período, em geral, procuram seguir.

Aborda-se aqui o modo como o falar se concretiza em uma *língua histórica*. São estruturas e técnicas históricas constituídas por regras fônicas, morfossintáticas etc. Assim, têm importância as Tradições Discursivas[1] que, mesmo sendo em geral independentes de uma língua e de uma determinada comunidade linguística, oferecem modelos para a produção e recepção discursiva, principalmente em relação à escrita. Leva-se em conta se o autor observa as normas das Tradições Discursivas da época.

Buscamos descrever como tais cartas se constituem e se organizam, quais as suas características formais, situando-as em seu contexto de produção e organizando-as numa tipologia, a partir de suas características textuais e linguísticas. Tendo em vista a grande diversidade que os textos apresentam em relação à competência na manipulação do texto, utilizamos o modelo de análise proposto por Oesterreicher (1994) e Stoll (1996), ao estudarem textos escritos por soldados cronistas na América espanhola, denominados "*semicultos*".[2]

OS CONTEXTOS SÓCIO-HISTÓRICOS E DE PRODUÇÃO

De início, procuramos estabelecer as correlações entre os fatos linguísticos e os sociais. Com isso, são feitas referências a acontecimentos históricos e aspectos da burocracia do Brasil colonial e imperial que podem ter influência na língua e na organização dos textos, sendo, portanto, relevantes para se compreender os indivíduos e suas relações refletidas nas cartas. Por outro lado, analisar o contexto de produção dessas cartas implica observar o lugar social, a posição social do emissor, a posição social do receptor e o objetivo da interação (Bronckart, 1999).

No Brasil colonial, as relações burocráticas e administrativas assemelhavam-se aos modelos da metrópole. Nesse sentido, Schwartz (1979) apresenta a sociedade e o governo brasileiros estruturados a partir de dois sistemas interligados de organização: de um lado, a administração controlada e dirigida pela metrópole, caracterizada por normas burocráticas e relações impessoais, ligando indivíduos e grupos às instituições políticas do governo formal. De outro, relações interpessoais primárias baseadas em interesse, parentesco ou objetivo comuns que, embora não menos formal, não contavam com o reconhecimento oficial.

Poucos cargos burocráticos eram ocupados por letrados: tanto no século XVI quanto no XVII, esse número girava em torno de quatrocentos, dentre os milhares existentes. Num nível mais alto, os cargos de natureza executiva ou consultiva eram exercidos pela antiga aristocracia militar e pelos nobres que possuíam terras: vice-reis da Índia, governadores do Brasil e embaixadores nas cortes europeias. Em outro nível estava a magistratura, formada por burocratas profissionais letrados, muito importantes para o governo real, tanto nas colônias quanto na metrópole. Um terceiro nível da burocracia era preenchido por pequenos cargos, como de tabelião, escrivão, fiscal de portos e comissário da marinha. A importância variava bastante e muitos deles não requeriam qualquer habilidade ou experiência. Como exemplo dessa situação, podemos citar o fato de que, na Paraíba, cargos como o de juiz dos índios podiam ser ocupados por analfabetos (Mariz, 1980).

A administração colonial se estruturava de forma hierárquica, partindo, primeiramente das capitanias, que eram as principais e as subalternas, todas subordinadas à metrópole. Nas capitanias, havia as vilas, cuja administração se organizava em torno do Senado da câmara, sendo essas câmaras constituídas por um juiz ordinário ou juiz de fora, como presidentes e os demais membros.

De início, o acesso às colocações mais importantes era restrito aos portugueses que moravam no continente. Posteriormente, também os colonizadores tiveram acesso a elas. Muitas vezes uma função pública era preenchida pelo mesmo funcionário, que colocava representantes para substituí-lo. Não raramente, esses cargos, como o de escrivão da corte, podiam ser comprados ou adquiridos como recompensa oferecida pela Coroa, embora fosse necessário prestar um exame de aptidão mínima. A habilidade nem sempre era levada em consideração no momento em que as indicações eram feitas, como atesta André de Almeida Fonseca ao Conselho da Fazenda, em 1629, ao reclamar da falta de competência de muitos tabeliães, por "*muito delles apenas saberem fazer o seu sinal*" (apud Schwartz, 1979: 13). Pode-se deduzir, daí, que essas funções não eram puramente burocráticas, já que permitiam à Coroa garantir lealdade e recompensar bons serviços.

Nesse sentido, vê-se que o lugar social em que se inserem essas cartas caracteriza-se por uma situação de formalismo, de controle social e de uso da linguagem relacionada ao poder. Embora transpareça a subjetividade do autor (marcas de 1ª pessoa, assinatura), é amenizada em virtude do cargo exercido, razão pela qual os interesses devem coincidir com os dos superiores. Muitas cartas trazem claramente a importância de esses escritores/autores exercerem determinados cargos, e como isso precisa ser valorizado pelos subordinados, que devem demonstrar gratidão pela escolha, através de um comportamento "adequado". É o que vemos nos trechos a seguir, em que os autores dos textos ressaltam a necessidade de os que exercem os cargos públicos pensarem no interesse público, no interesse do rei, como:

(1) [18,2 CO PB] *com todas aquellas providencias /que julgar mais convenientes a conseguir-se hum fim* ***detan/to enteresse para obem publico****, que sempre* ***devemSer hum dos= /principais objectos detodos*** *os que tem* ***ahonra*** *de servir a/ Sua Magestade.*

(2) [18,2 CO RJ] *ficamos* ***dispondo****-nos para* ***fa=/zer-mos*** *os* ***nossos deveres*** *junto com o povo, deste/termo pelo modo que nos fôr mais possivel, e/ juntamente promptissimos para* ***executar tudo o quefôr do agrado de preciosa Pessoa*** *de Vossa Excelencia.*

(3) [18,2 CO PR] *Com todo o exfors o, e activi=/dade, naõ Só pella* ***rigoroza obrigaçaõ que temos de obedecer,*** *mas/por Serem de muita utilidade para absustistencia destes moradores,/o fizemos rezistar para por nos, e nossos susseçores.*

(4) [18,2 CO BA] *Porém ponderando nós, ean-| tevendo os graves inconvenientes que provavelmente Resultarám a esta Repu-| blica da conservaçaõ do tal provido no Referido officio, nos pareceo p[el]| la* ***obrigaçaõ das nossas ocupaçoes****, que atinhamos de Representar, com| com a* ***mais Rendida submissaõ e devido acatamento*** *Representarmos a Vossa| Excelencia eSenhorias.*

(5) [19,2 CO RJ] *Como quer que seja, fique Vossa Excelência certo/de que a sua intervenção neste negocio dá-lhe/para mim o* ***cunho de interesse publico,*** *e/que* ***farei quando esteja de minha parte*** *para/que essa empresa seja auxiliada.*

As relações sociais são marcadas pelas conveniências e a linguagem, principalmente a língua escrita, é utilizada como reguladora de tais relações: há uma série de restrições que se refletem na padronização dos textos e na formalidade e polidez no uso da linguagem:

(6) [19,1 CO RJ] *àvista dos quaes* ***reconheço, eagradeço ovo/sso zelo****, esperando que* ***das vossas boas qualidades deis cadavez maiores provas*** *PE-****/rante a MuitoAugusta Pessoa do*** *Princepe Regente*

(7) [19,1 CO PB] *remetemos aV.S. as Nominatas/dos Portos das Ordenanças desta Vila q/V.S nos mandou fazer* ***m*** ^{to} ***nos regozija/remos q'vaõ ao agrado de V.S.*** *aq*^{m} *roge/mos* ***queira relevar*** *os* ***erros q'nelas*** */emcontrar.*

(8) [19,2 CO RJ] *A* ***intervenção*** *de* ***Vossa Excelência*** *a favor da es-/trada deBatĕrité não é suspeita, mas* ***le-/gitima,*** *e o seu* ***juizo*** *do mais* ***alto valor*** */para mim.*

No que diz respeito à posição social de produtores e destinatários das cartas e ao papel que desempenham na interação em curso, é necessário verificar o que revelam as cartas: os produtores dos textos tentam influenciar o comportamento dos destinatários, buscando, em uns casos, a obediência às ordens expedidas e, em outros, a manutenção das boas relações interpessoais, o que se revela em trechos que mostram as relações de poder, passagens que indicam a atitude a ser tomada pelos interlocutores, o que precisam dizer e modo de dizer, para manutenção de seus cargos. Nos casos em que o remetente deve obediência ao destinatário, a relação transparece não só na escolha da linguagem adequada, mas ainda se percebe que o relato dos acontecimentos ganha outro aspecto, os fatos são contados de acordo com o desejo do principal interessado. Aparecem então passagens formais, segmentos pouco espontâneos, como as que seguem:

(9) [18,1 CO PB] ***Estimo muito ter esta/occasião de poder fazer este pequeno Serviço*** *a V. Ex.*^{cia} *e /desejo muito dever a V. Ex.*^{ca} *o obsequio de me dizer se com effeito o dito Desertor chegou a essa cidade.*

(10) [18,2 CO BA] *nam porque jamais houvesse em nós o mi-| nimo intento de excedermos de sorte alguma a nossa* ***indespensavel obriga| çam de cumprirmos prompta e inteiramente /sem alguma Restrição, nem| ampliação/ as Respeitaveis Ordens de Vossa Excelencia*** *mas sim pella desacertada, ea| Vossa Excelencia desagradavel nomeyaçaõ de Inspectores*

(11) [19,1 CO RJ] ***Conhecendo o grau de estima*** *em que Vossa Excelência me/tem, e não ser equivoca a amizade que vos consa-/gramos: Vou* ***arogar aVossa Excelência*** *que em Manoel Gomes/Ferreira deMoura, concorrem circunstancias* ***assás di/gnas*** *deser empregado na Junta da Fazenda dessa/Capitania*

Em cartas cujo locutor responsável pelo discurso está numa posição hierarquicamente superior ao interlocutor, é possível perceber uma assimetria, decorrente da posição de maior prestígio, de superioridade pelo predomínio de verbos que denotam *ordem*, *mandado*.

(12) [18,2 CO PB] ***V.Sª. respeitando esta Real Determinação/aplicará*** *todo o* ***esforço em executala*** *na parte, que lhe/****ordeno****, concorrendo com todo o auxilio preciso para a/pronta conducção, e embarque das ditas Madeiras*

(13) [18,2 CO BA] *Logo que Vossamerce recebér esta mandar a| prender aManoel daAssumpção filho de | Joanna Maria cazada com oFeitor mor doEngenho | deSão Miguel, eque rezide noEngenho*

Feitas essas considerações sobre os entornos das cartas, ou seja, sobre o contexto social, histórico e de produção, vejamos a tipologia e caracterização de alguns dos documentos que circulavam no Brasil no período colonial e imperial.

TIPOLOGIAS DOCUMENTAIS EM CIRCULAÇÃO NO BRASIL COLONIAL

Os manuscritos brasileiros[3] coloniais apresentam influência ibérica tanto no aspecto paleográfico quanto no diplomático. A escrita foi introduzida pelos portugueses no Brasil numa época em que, com a difusão da imprensa, decaía consideravelmente a produção manuscrita do livro. Era, então, interesse dos autores expressarem-se de acordo com a norma linguística e das tradições discursivas do gênero adotado, no que se refere ao estilo e às convenções. Isso porque, mediante o emprego de formas prestigiadas socialmente se pode alcançar a maior difusão e aceitação dos textos. Isso também é válido para os textos aqui estudados, embora seja prevista a ruptura da norma em certos aspectos, já que se trata de manifestações individuais do falar.

Até 1808, os documentos relativos a questões oriundas do Brasil que ultrapassavam a competência do governador geral ou do vice-rei eram enviados ao Conselho Ultramarino. Esses documentos, normalmente cartas ou requerimentos, eram remetidos aos conselheiros régios para consultas e, após a análise, eram novamente encaminhados ao rei para despacho (Acioli, 1994).

Os textos não literários em circulação nesse período podem ser classificados em duas grandes categorias: uma de caráter oficial, relacionados à administração privada e à pública, e outra de caráter particular (Barbosa, 2002). Cada uma dessas categorias encerrava vários subgrupos: na administração pública, ao lado de diferentes tipos de cartas, que variavam conforme os propósitos e contextos de produção, eram expedidas certidões, devassas, relatórios, mapas de produção, diários, relações de viagens. Na administração privada, relatórios de finanças, mapas de produção e de compra e venda, deliberações capitulares. As cartas circulavam também de maneira particular, entre familiares, entre amigos, por interesses afetivos, ao lado dos diários.

Em trabalho do curso de Especialização em Arquivística e Documentação, Martinheira[4] (1997) propõe uma tipologia de documentos produzidos pela Administração Central no Antigo Regime. Conforme o autor, cada época apresentava um estilo burocrático, fazendo com que as mesmas tipologias se alterassem na forma, fossem extintas ou sofressem adaptações. As variações resultavam de fatores como a autoridade que expedia o documento, quem fazia cumprir, a quem competia executar. Também decorriam dos regimes políticos ou do poder legislativo, executivo ou judicial a que estava ligado.

Alguns documentos eram expedidos pelo rei, como a carta de lei (lei, carta), alvará, alvará de lei, provisões régias, regimento, pragmática, estatuto, carta régia, decreto, resolução, carta patente. Outros, como os avisos, portarias e ofícios, eram expedidos pelos secretários de Estado, presidentes dos tribunais ou Conselho, em nome do soberano. Vejamos a estrutura de alguns documentos administrativos oficiais encontrados nos diversos *corpora* estudados.

A carta, documento não diplomático, era geralmente produzida por autoridade subalterna/delegada da administração pública e da administração eclesiástica da colônia, encaminhadas diretamente ao rei.

Existem diversos tipos de cartas oficiais: Carta de Lei, Carta Patente, Carta de Perdão, Carta Régia e Carta de Sesmaria. No âmbito da Arquivística, a *Carta*, *Carta de Lei*, ou *Lei* é um diploma legislativo, produzido pelo rei, que vigora perpetuamente até revogação. Nela, o monarca ordena às autoridades coloniais a execução de decisões sobre determinados assuntos. A seguir, vejamos alguns dos modelos desses documentos:

Modelo 1 – Documentos Administrativos – Carta, Carta de Lei

<table>
<tr>
<td>Intitulação: nome (próprio) do soberano: pode por exceção conter a titulação do alvará.
Dom João por Graça de Deus, etc.
Eu El-Rei.

Notificação:
Faço saber

Narrativa ou exposição
Motivo que deu origem ao ato

Dispositivo:
Hey por bem
Pelo que mando
Sou servido ordenar

Cláusulas finais:
autenticação e validação

Protocolo final: Local, Data, Subscrição

Assinatura com seu título precedido de artigo
O Rei, a Rainha, o Príncipe, com guarda

Referendo ou assinatura ou levar vista
Pelo secretário de Estado se se expedir pela secretaria de Estado, ou pelo presidente do Tribunal ou Conselho, se a expedição é do Tribunal é pelo Tribunal ou Conselho.

Subscrição ou sumário
Da matéria da providência, sem a qual é declarada sem nenhum efeito.

Assinatura
Pelos conselheiros quando não há presidente do Tribunal.</td>
<td>1826 junho 10
(1) Dom Pedro pela Graça do Deos, e Unanime Aclamaçaõ/dos Povos, Imperador Constitucional e Defensor Perpetuo do / Imperio do Brazil. (2)Faço saber avós Presidente da Provincia /da Parahiba do Norte: (3) Que sendo elle presente as duvidas que /tem ocorrido na Chancellaria Mor do Imperio, sobre a exacta / arrecadaçaõ dos Novos Direitos, que saõ devidos a Fazenda/~Nacional, pelas Merces, de todos os officios de Justiça, e Fa=/zenda (4) Hey por bem novamente Ordenar=/ vos, que com urgencia e responsabilidade, incumbais aos respectivos Ouvidores das Commarcas deSsa Provincia, procedaõ á novas Lotaçoens Expecificas de todos os officios de Justiça, e Fazenda, das su=/as Commarcas, cuja execuçaõ zelaraõ como lhes hé propria Epara remover as delongas, que a este respeito poSsaõ haver,/Outro sim os mesmos Ouvidores encarregaraõ aos Juizes de /Cada huma das Villas, a factura das competentes Lotaço=/ens, servindo de Escrivaõ odas Cameras, e insinuando el=/ las a forma de Proceder, e principalmente aos Juizes que/naõ forem Letrados, cujos ProceSsos vos seraõ remetidos em tem=/ po; a fim de serem por vós enviados ao Conselho da Fazenda, com /a brevidade poSsivel, como cumpre a bem do Ser=/viço. (5) O Imperador o Mandou pelos Ministros abaixo aSsig=/nados do SeuConselho, e da Fazenda Victorianno Marques/de Freitas afez, (6)no Rio de Janeiro, em dez de Junho de /mil e oito centos e vinte e seis, Quinto da Independencia e do =/ Imperio. Joao (ilegível) de Mello e e B. Lacerda (ilegível) afez escrevente)./Francisco Baptista Roiz'/Jose Fortunato de Br^{to} Abreu Sousa Mendes//Fl. 2/Por Dest^{ro} do Cons^{o} da Faz^{da} de 5 /de Julho de 1826%
(10) Cumpra-se eregiste-se Paraíba 27 de Julho de 1826
Alex^{e} Fran^{co} de Seixas Maxado/Reg^{da} à f 186 do Livro 2° de Avisos Imperiaes/ Antonio Jose Henriques</td>
</tr>
<tr>
<td colspan="2">[19,1 CO PB]</td>
</tr>
</table>

Fonte: Adaptado de Martinheira (1997)

A *Carta Régia* consiste numa ordem real dirigida a uma determinada autoridade, seja "pessoa jurídica" ou pessoa física, através da qual o rei poderia nomear súditos para cargos e/ou conceder privilégios. É autorizada com a assinatura do rei, pelo que é também declaração da sua vontade. Costuma ser expedida com um *aviso*.

Modelo 2 – Documentos Administrativos: Carta Régia

<table>
<tr><td>Endereço, intitulação e saudação:
Fulano, Eu El-Rei vos envio muito saudar
Fulano, amigo, Eu El-Rei vos envio muito saudar</td><td rowspan="4">1823 – Novembro 25
Presidente e Membros do Governo Provisorio da Provincia da Pa/Rahyba. Amigos. Eu o Imperador Constitucional, e Defensor Per/petuo do Imperio do Brazil, vos Envio muito saudar, Tendo consi-/ deraçaõ aos distinctos merecimentos, patriotismo, adhesaõ á Sagrada/Causa deste Imperio, e mais qualidades recomendaveis que concor-/rem na peSsôa de Felipe Neri Ferreira Houve por bem Nomea-lo/Prezidente deSsa Provincia, em virtude da Carta de Ley de vinte de /Outubro do presente anno, como vos constará da Carta Imperial, que/lhe Mandei paSsar na data desta. Encomendo-vos portanto, que/na forma costumada lhe deis poSse deSse Governo, que exercitáes, com/as ceremonias, que em semelhantes actos se pratica, do que se fará as/sento, que será por vós aSsignado, e lhe dareis as noticias, que julgardes/convenientes ao Serviço Nacional. O Escripta no Palacio do Rio de /Janeiro em vinte e cinco de Novembro de mil oito centos /e vinte tres, segundo da Independencia do Imperio/Imperador/ Joaõ Severiano Maciel da Costa/Cumpra-se e registre-se. Paraiba/4 de Março de 1824/ Estevaõ Jose Luiz da Cunha(?) / Presidente/Antonio da Trindade Antunes Meira/Joaõ Ribeiro de /Vasconcelos Pessoa/Secretrº Interº/Pelo Imperador/ Para o Presidente e Membros do Go-/ verno Provisorio da Provincia da Parahiba</td></tr>
<tr><td>Narrativa: (motivo que justifica a carta)
Pedido ao rei ou sua vontade direta</td></tr>
<tr><td>Dispositivo:
Sou servido fazer mercê
Hey por bem e me praz
Sou servido ordenar</td></tr>
<tr><td>Assinatura (como nos alvarás, com seu título sem precedência de artigo)
Rei, Rainha, Príncipe</td></tr>
<tr><td colspan="2">[19,1 CO PB]</td></tr>
</table>

Fonte: Adaptado de Martinheira (1997)

A Provisão, em sentido lato, refere-se a todas as ordens expedidas pelo soberano. Em sentido restrito, consiste em ordem expedida pelos tribunais ou conselhos em nome do rei, conferindo cargos, dignidades, ofícios etc., expedindo instruções ou autorizando o exercício de uma profissão. A ordem que a Provisão faz publicar resulta das resoluções dadas aos requerimentos dos particulares ou tem a função de participar decretos e resoluções régias. Não se trata propriamente de legislação, mas dá conhecimento das providências legislativas. Poderia ser expedida tanto pelo rei, quanto pelos secretários de Estado ou pelo Tribunal ou Conselho.

Há provisões régias que são leis: nelas o soberano intitula-se (*eu el-rei*) e assina como nos alvarás (*rei*). Diferem das demais provisões pela matéria da providência: estabelecem obrigações dos tribunais, magistrados ou oficiais, reforma abusos, regula corporações.

Os secretários de Estado e os tribunais podiam expedir *o Aviso* em nome do soberano. De modo geral, os avisos procediam de uma autoridade tendo como destinatário outra autoridade, de *status* equivalente, mas também podiam ser enviados a qualquer magistrado, corporação ou particular, pelos quais se ordenava a execução das ordens reais. A seguir, vejamos um exemplo de um aviso:

Modelo 3 – Documentos Administrativos: Avisos

<table>
<tr><td>Endereço:
Illmo e Exmo Senhor</td><td rowspan="5">1826 junho 10
Dom Pedro pela Graça do Deos, e Unanime Aclamaçaõ
dos Povos, Imperador Constitucional e Defensor Perpetuo do
Imperio do Brazil. Faço saber avós Presidente da Provincia
da Parahiba do Norte: Que sendo elle presente as duvidas que
tem ocorrido na Chancellaria Mor do Imperio, sobre a exacta
arrecadaçaõ dos Novos Direitos, que saõ devidos a Fazenda
~Naional, pelas Merces, de todos os officios de Justiça, e Fa=
zenda: Hey por bem novamente Ordenar=
vos, que com urgencia e responsabilidade,
incumbais aos respectivos Ouvidores das
Commarcas deSsa Provincia, procedaõ á novas Lotaçoens
expecificas de todos os officios de Justiça, e Fazenda, das su=
as Commarcas, cuja execuçaõ zelaraõ como lhes hé propria
Epara remover as delongas, que a este respeito poSsaõ haver,
outro sim os mesmos Ouvidores encarregaraõ aos Juizes de
cada huma das Villas, a factura das competentes Lotaço=
ens, servindo de Escrivaõ odas Cameras, e insinuando el=
las a forma de Proceder, e principalmente aos Juizes que
naõ forem Letrados, cujos ProceSsos vos seraõ remetidos em
tem=
po; a fim de serem por vós enviados ao Conselho da Fazenda, com
a brevidade poSsivel, como cumpre a bem do Ser=
viço. O Imperador o Mandou pelos Ministros abaixo aSsig=
nados do SeuConselho, e da Fazenda Victorianno Marques
de Freitas afez, no Rio de Janeiro, em dez de Junho de
mil e oito centos e vinte e seis, Quinto da Independencia e do =
Imperio. Joao (ilegível) de Mello e e B. Lacerda (ilegível afez
escrevente).
Francisco Baptista Roiz’
Jose Fortunato de Br^{to} Abreu Sousa Mendes
Fl. 2
Por Dest^{ro} do Cons^{o} da Faz^{da} de 5
de Julho de 1826%
Cumpra-se eregiste-se Paraíba 27 de Julho de 1826
Alex^{e} Fran^{co} de Seixas Maxado
Reg^{da} à f 186 do Livro 2° de Avisos Imperiaes
Antonio Jose Henriques
Expedio-se ordem ao _ 27 de Julho de 1826+</td></tr>
<tr><td>Intitulação e dispositivo:
Manda El-Rei Nosso Senhor
Sua Majestade é servida</td></tr>
<tr><td>Segue-se a ordem régia a cumprir</td></tr>
<tr><td>Assinatura
Do Secretário d Estado</td></tr>
<tr><td>Endereço
(acaba com) nome ou dignidade da pessoa a quem é dirigido</td></tr>
<tr><td colspan="2">[19,1 CO PB]</td></tr>
</table>

Fonte: Adaptado de Martinheira (1997)

Outro documento que poderia ser expedido pelos secretários de Estado e pelos tribunais em nome do soberano era *a Portaria*. A Portaria pode fazer menção da providência que lhe deu origem.

Modelo 4 – Documentos Administrativos: Portaria

Preâmbulo: *Por Resolução de Sua Majestade de (data) em consulta ao Conselho.. de (data)* *Sua Majestade manda* *Sua Majestade fez mercê a..* *El-Rei nosso senhor tendo respeito*	Sua Alteza Real o Principe Regente **(1)tomando em / consideraçaõ** a utilidade que resultará a este Reino/do Brasil da Circulaçaõ dos Periodicos e outros escri-/ptos nos quais naõ só se offereçaõ ao Publico elemen-/tos de instrucçaõ e armas para se destruirem os abu-/sos conhecidos até aqui na Educaçaõ publica, mas/também se consutem com argumentos enérgicos/e patrioticos os principios /desorganizadores, e appos-/tas aos verdadeiros interesses da Grande Causa do/ Brasil. E reconhecendo-se/ter entre elles hum lu-/gar muito distincto o novo /eriodico/denominado=/Regulador Brasilico Luso= publicado nesta/Cidade. **Manda pela Secretaria d'Estado dos /Negocios do Reino (2)remetter ao Governo Provizo-/ rio da Provincia da Parahiba do Norte os exem-/plares incluzos do 1° e 2° N^{os} d**o referido Periodoco, a/fim de que o mesmo Governo, ficando inteirado/dos importantes objetos, que nelles se trataõ diri-/gidos ao estabelecimento de huma Monarquia/Constitucional, como firme senhor da segurança/ Publica, e a sustentar a Dignidade e os Direitos /deste Reino, naõ se facilita a (____________) pelos/povos da dita Provincia, mas promova/ pela parte /que lhe cabe a sua /subscriçaõ voluntaria na forma/anunciada nos respectivos Prospectos **(3)** Palacio /do Rio de Janeiro em 5 de Agosto de 1822//**(4)Josê Bonifacio de Andrada e Silva**
Segue-se a ordem régia a cumprir *Remeter*	
Protocolo final Local e data	
Assinatura *Do secretário de Estado*	
[19,1 CO RJ/PB]	

Fonte: Adaptado de Martinheira (1997)

O Ofício poderia ser enviado pelas diversas autoridades, inclusive os secretários de Estado e tribunais. Esse documento trata dos mais diferentes assuntos e se presta aos propósitos mais variados. É a tipologia mais frequente nos *corpora* analisados, porque é através do Ofício que se faz a correspondência dos assuntos correntes da administração.

Modelo 5 – Documentos Administrativos: Ofício

<table>
<tr><td>Vocativo
Illmo e Exmo Senhor</td><td rowspan="5">Illmo Senr</b>
Pello Escrivaõ daCamara respectiva, <b>faço remeter</b> a VS as pau=/tas das pessoas q hao de Servir na Justiça os annos de 1824 thé 26/q tudo sefaz legalm^{te} no dia 31 do mês passado de outubro/em observansia dooficio deVS da data de 9 dd^{to} mês,/osquaes vaõ p V.S. as limpar como ordena nomesmo /officio, e jumptam^{te} as ballas com acompetente bala/ Guarde aVossaSenhoria Villa Real do Brejo deArea 7 de9bro de1823/Ill^{mos} Senr Dr Fran^{co} de Souza/(Paraizo) Ouvidor G^{l} eCorregedor/daComarca pella Lei/Joaq do Reg Toscano Brito/Juis ordin^{io}</td></tr>
<tr><td>Narrativa ou exposição
Matéria do expediente</td></tr>
<tr><td>Protocolo final:
Local e data</td></tr>
<tr><td>Fecho
Deus guarde a V. Ex:^{a}</td></tr>
<tr><td>Assinatura
Nome e cargo da dignidade</td></tr>
<tr><td colspan="2" align="center">[19,1 CO PB]</td></tr>
</table>

Fonte: Adaptado de Martinheira (1997)

Entre os documentos encontrados nos *corpora* estudados, apresentamos o Certificado, que tem a seguinte estrutura:

Modelo 6 – Documentos Administrativos: Certificado

<table>
<tr><td>Endereço:</td><td rowspan="5">Caetano Rodriguez Couto EsCrivão
da Camara Orfaonz, e mais aneixos
nesta Villa Antonina Com Soplimento
do Doutor ouvidor Penal, e Corregedor
da Comarca etc
[[Antonina]]
Certifico e porto por fé que proçe
dendoce a Camara nesta dita Villa no
dia Vinte oito do Corente mes de Março de
mil e sete e sentos e noventa e oito Com aSis
tençia do Doutor Corregedor desta Comar
ca Manoel Lopes Branco e Silva Com
os officiais da mesma Camara para
fatura de Capitão Mor e Sargento –
Mor para esta referida Villa foraõ e
Leitos para Capitaõ Mor em prime
iro Lugar o Capitaõ Françisco Rodri
gues Ferreira em Segundo Lugar o Ca
pitaõ Euzebio Gomes da Silva e Em ter
ceiro Lugar o Capitaõ Manoel Gon
Salves do NaSimento = E para Sargento
Mor para a mesma Villa Em primeiro
Lugar o Capitaõ Antonio Jozé de Car
Valho em Segundo Lugar Antonio-
ELiaz de Freitas e Ferreira E em terçeiro
Lugar o Capitaõ Françisco da Costa
Pinto = Hé o referido em fé do que pa
sso a presente nesta Villa Antonina aos-
Vinte oito de Março de mil e sete e sen
tos e noventa e oito
Caetano Rodriguez Couto</td></tr>
<tr><td>Narrativa ou exposição
Certifico
Certifico eporto por fê que (lobo)
Certifico | efaço Certo</td></tr>
<tr><td>Protocolo final:
Local e data</td></tr>
<tr><td>Fecho
Hé o referido em fé do que passo a presente por Ser isto Verdade, e me Ser pedido a presente pello [...] passo na Verdade o Referido em fé de que me aSigno</td></tr>
<tr><td>Assinatura
Nome e cargo da dignidade</td></tr>
<tr><td colspan="2">[18,2 CO PR]</td></tr>
</table>

Fonte: Adaptado de Martinheira (1997)

Após o período colonial, entre os documentos manuscritos de importância histórica, ressaltam-se também os registros das câmaras municipais, das igrejas e dos cartórios.

CARACTERÍSTICAS GERAIS DAS CARTAS

As cartas oficiais integrantes desta pesquisa apresentam grande heterogeneidade de sequências tipológicas,[5] ainda que sejam reconhecidas como unidade funcional da língua, empregada em situações características – ausência de contato imediato entre emissor e destinatário. Embora apresentem o formato externo peculiar – cabeçalho, data, assinatura, fórmulas iniciais e de encerramento –, a denominação, muito abrangente, não recobre a diversidade de textos e de propósitos, já que podem tratar dos mais diferentes assuntos.

No geral, as cartas analisadas trazem uma estrutura predominantemente narrativa, com informações sobre pessoas e acontecimentos partilhados pelos interlocutores. Referem-se à administração das capitanias ou às vilas e seus habitantes: informam, fornecem e solicitam notícias e mantêm comunicação entre destinatário e emissor. Outras vezes trazem parecer sobre questões diversas. O discurso focaliza personagens e acontecimentos partilhados pelos interlocutores.

Grande parte dos autores e destinatários relaciona-se com a administração das capitanias e das vilas. Há pessoas letradas e influentes, que exerceram cargos públicos de destaque, ligados à política brasileira ou portadores de títulos de nobreza: governador, ministro, cônsul, marquês. Outros desempenharam as mais diversas profissões e cargos, ligados à vida militar ou civil: sargento, tenente, major, capitão, juiz, ouvidor, inspetor, vigário, delegado, agricultor. E ainda há os que não fazem referência a qualquer cargo público, profissão ou atividade que desempenharam. Muitos redatores – secretários, escrivães – são profissionais, que apresentam, em maior ou menor grau, o conhecimento das normas da escrita e de escolaridade. Dirigem-se ao rei, a governadores, presidentes de província ou às juntas governativas.

Além de revelar aspectos ligados diretamente à administração das freguesias, vilas e termos, o léxico dessas cartas pode desvendar ainda a vida do cidadão comum por trás da autoridade: suas relações, seus interesses e seus problemas (saúde, educação, segurança pública). Evidencia também um mundo violento, de muita insegurança, em que as pessoas, autoridades ou não, viviam com medo e envolvidas com questões relacionadas à justiça. Alguns termos e expressões se referem à vida militar ou designam cargos e profissões, muitos dos quais já não existem.

A análise linguístico-textual das cartas oficiais integrantes desta pesquisa leva em consideração as características relacionadas ao contexto de produção, à administração pública. Para tanto, observa-se como se caracterizam em relação ao que os manuais de redação atuais apontam como traços típicos da linguagem burocrática: *a padronização*, *a formalidade*, *a impessoalidade*, *a concisão* e *a clareza*. Observa-se a presença ou ausência dessas características em textos dos séculos XVIII e XIX.

As cartas burocráticas apresentam uma padronização maior do que as de caráter pessoal, verificando-se a repetição de certas expressões e a preocupação em obedecer aos modelos produzidos pela tradição. Em muitos casos, usam-se expressões claramente relacionadas com o momento histórico, como é o caso das referências à Coroa, nas cartas imperiais e coloniais. Essas expressões desaparecem ou se alteram nos séculos seguintes.

(14) [18,2 CO BA] *aRespeito da inemozidade do dito Portabandeira que,| asim chega afaltar oRespeito dos que adeministraõ* ***as Justiças deSua| Sua Magestade***.

(15) [18,2 CO PB] *Estou certo dahonra comq' V. Sa Se emprega no Real/ Serviço*

(16) [19,1 CO RJ] *pelo modo, que me parecer mais conveniente ao bem do/ Real Serviço, ecoherente com avossa legislação.*

Ao longo do tempo, outros termos, expressões de polidez, fórmulas de abertura e de encerramento incorporaram-se à linguagem burocrática, chegando a constituir chavões ou clichês. Muitas expressões, já presentes nas cartas dos séculos XVIII e XIX, são bastante resistentes e podem ser verificadas em ofícios de hoje, com pouca ou nenhuma variação.

(17) [18,2 CAP RJ] *Epor ser verdade passei apresente por mim/feita, eassinada*

(18) [19,2 CO RJ] *Prevalessome da oportunidade para a/prezentar a V.E. os meos* ***protestos de estima e conci/deração***.

(19) [19,2 CO RJ] *auxiliando Vossa Senhoria /esta* ***importante diligencia*** *com todas aquellas providencias*

(20) [19,2 CO RJ] ***Em resposta*** *á vossa judiciosa* ***carta*** *de trez de-/Fevereiro*

(21) [19,2 CO RJ/PB] *Ficando inteirado dessa comuni-/caçaõ, aproveito a opportunidade para renovar a /V. Exca as seguranças de* ***minha perfeita estima e/distincta consideraçaõ***.

Com relação ao vocabulário, observa-se a repetição das mesmas palavras, expressões e, às vezes, de frases inteiras em cartas diferentes. Alguns termos, expressões de cortesia e frases feitas são recorrentes, e o exagero no uso desses termos deixa o texto pomposo. São bastante utilizados os que seguem, mudando apenas o tratamento, conforme a autoridade a quem se dirige:

(22) [19,1 CO RJ] *Vossa Magestade mandará* ***oquefôr servido.***

(23) [19,2 CO BA] *Vossa Excelencia | mandaria* ***oque for servido.***

(24) [19,2 CO PB] *pelo que* ***V. Ex^cia^ resolve-/ra o que julgar*** *conveniente.*

(25) [19,2 CO PB] *V. Exa providenciará da melhor maneira.*

Em se tratando de textos contemporâneos, a impessoalidade e a clareza são qualidades a serem buscadas pelos que redigem textos burocráticos. No tocante às cartas estudadas, há uma grande variedade em relação a esses aspectos. Nos trechos seguintes, é possível verificar que o uso da voz passiva e da nominalização permite a ênfase na ação, o apagamento do agente e o distanciamento entre os interactantes. Vejamos os exemplos:

(26) [18,2 CO PB] *As recrutas que Vossa Senhoria remeteo* ***foraõ entregues*** *menos Antonio/Ferreira de Figueiredo que não veyo*

(27) [18,2 CO BA] *oque asim seexecutou emquanto naõ* ***foi apresen| tado*** *emCamara hum despacho deVossa Excelencia*

(28) [19,1 CO RJ] *Remetto a Vossa Excelência o* ***incluzo*** *officio da Junta da Fazen-/da da Provincia/ daBahia de 3 de Outubro ultimo com/o requerimento do conego Manoel Dendê* B*[ias], em que/pede o* ***pagamento*** *da quantia de 797$210 reis,* ***corres-/pondente*** *ao tempo que servio de Membro doConselho/Interino do Governo* ***installado*** *na Villa*

As comunicações oficiais devem obedecer a certas regras de forma. Com relação às formas convencionais externas, os documentos analisados seguem, no geral, a estrutura tradicional das cartas, com cabeçalho, saudação inicial (vocativo, seguido ou não de fórmula de cortesia), corpo do texto, fecho, assinatura, cargo, local e data, endereçamento. Entretanto, cumpre ressaltar que a pouca habilidade dos autores com a escrita interfere de modo mais evidente nas características das cartas do que o próprio tempo. Isso porque, mesmo havendo uma tendência em imitar os modelos existentes, nem sempre os autores conseguem produzir textos conformes à tradição, o que termina por permitir certa alteração na estrutura de algumas cartas.

Por outro lado, a forma dos atos normativos obedece à disposição constitucional e a certa tradição. Por exemplo: existem normas estabelecidas no período imperial brasileiro que ficaram mantidas no período republicano, como a obrigatoriedade de se colocar, no final dos atos, o número de anos transcorridos desde a Independência.[6] Outras práticas, como formas de tratamento e de cortesia, certas fórmulas protocolares de redação e a estrutura dos expedientes, por exemplo, foram incorporados nas comunicações oficiais ao longo do tempo.[7]

Nas cartas estudadas, do ponto de vista paleográfico, confirma-se a observância à tradição ibérica em relação à utilização da tinta, à caligrafia e ao material da escrita. A escrita, quase em colunas à esquerda do papel, traz regras[8] de diversas larguras. Encontram-se poucas cartas em opistografia – a escrita nos dois lados da folha. Normalmente, quando o assunto se estende em mais de uma página, a última palavra é repetida no início da página seguinte, para evitar que seja adulterada.[9]

(29) [18,2 C 2 CO PB] *p.r Resposta* ***Sobre//Sobre*** *taõ importante*

(30) [18,2 C3 CO PB] *autoridades avista* ***pois //Pois*** *da Onroza quadra*

(31) [19,1 CO RJ] *afluencia, sem attenção a estarem ou/ não//não disponíveis os Cabedaes Régios: elle contava cer-/tamente com toda a despeza*

Em cartas do século XVIII, observou-se que a primeira linha apresenta letra maior que as demais. Também é usual serem redigidas apenas em um parágrafo, mesmo quando são extensas. Nesses casos, o parágrafo separa-se da margem através de um espaço em branco, sem sinal específico para marcá-lo. O afastamento da margem, principalmente em consultas do Conselho Ultramarino, tem a função de deixar espaço para os pareceres dos procuradores da coroa ou pareceres régios. Nos documentos que trazem um parecer da autoridade, esse parecer normalmente é colocado na parte superior esquerda do papel.

Em relação à estrutura tradicional das cartas, os vocativos vêm no início, separados do corpo do texto, abreviados ou não. Os mais frequentes no *corpus* são *Excelentíssimo Senhor*, *Illustríssimo Senhor*, *Ill*^{mo} *Ex*^{mo} *Senhor Govo*^{r}; *Ill*^{mo} *Senr*^{o} *D*^{r} *Dez*^{or}; *Ex*^{mo}, e *D.*^{mo} *Sn*^{r}. O tratamento *Senhor* era exclusivo para o rei. Para as demais autoridades, empregava-se *Vossa Excelência* ou *Vossa Mercê*, ou ainda *Senhor* seguido do cargo (*Governador*, *Desembargador*, *Ouvidor* etc.). O tratamento *Vossa Excelência*, ou *Vossa Senhoria*, é geralmente destinado, segundo Acioli (1994), a administrador cujo cargo era hierarquicamente inferior. Além desses, foram encontrados ainda *Amigo*, *Excelentíssimo Collega Amigo e Senhor*, *Illustríssimo Reverendo Senhor Doutor*, *Senhor Ajudante*.

Modelo 7 – Vocativos

Vocativo	*Abreviatura*
Senhor – exclusivo para o rei.	Sem abreviatura
Ilustríssimo Senhor	Illmo Sn^{r}
Excelentíssimo Senhor	Exmo Sn^{r}
Ilustríssimo e Excelentíssimo Senhor	Illmo Exmo Senhor
Digníssimo Senhor	D.^{mo} Sn^{r}.

O uso de abreviaturas é repetido, mas não há uniformidade: a mesma palavra pode ser abreviada de maneiras diferentes, inclusive alguns nomes próprios: *neSesa*^{ras}. (necessárias), *Mamang.*^{e} (Mamanguape), *Then*$^{te.}$ *Cor*^{el} (tenente-coronel), *Joaq*^{n} *Fran*^{co} (Joaquim Francisco). Bastante recorrente em cartas oficiais, o uso de abreviaturas alfanuméricas: *8bro*, *7bro* também foi verificado em cartas de comércio (Barbosa, 2002).

Na maioria dos documentos analisados, o local e a data encontram-se no término do documento, seguidos do fecho, da assinatura do remetente e, por último, do nome e cargo do destinatário. Há casos em que aparece apenas a rubrica ou o sobrenome de quem assina o documento, muitas vezes de forma abreviada, dificultando a identificação. Nas cartas mais antigas, o endereçamento segue no final da carta, constituído do nome do destinatário e do cargo exercido por ele. As mais recentes trazem o nome do destinatário no início da carta.

Ainda no tocante à formalidade, os cumprimentos de despedida e os fechos apresentam uma estrutura mais ou menos fixa, podendo ser abreviados ou não, e são muitas vezes repetitivos. O fecho mais frequente nessas cartas é *Deos Goarde a Vossa Senhoria*, que pode aparecer de maneira abreviada e com variações: *G A V. S*^{a}; *D. G. a V. Ex*^{a} *m. a.*; *Deos Guarde a V. Ex*^{a} *m*^{t} *an*; *D. G. aV.Ex.p m*^{tos} *|annos; que D. g*^{e} *||m*$^{-}$ *an*$^{-}$. A contrução seguinte, com variações, é muito recorrente: *Sou, em particular estima econsideração, DeVossaExcelên-cial muito attento amigo e criado; Como Sempre DeVossamercê Muito Collega amigo eCriado; Omais humilde Subdito, eReverente Criado*. Essas construções não aparecem numa mesma linha, mas em linhas separadas.

Convém assinalar que as fórmulas *atenciosamente*, *respeitosamente*, recomendadas em manuais de redação atuais, não foram encontradas nos ofícios analisados. Ainda nessa questão da formalidade dos ofícios, há de se evidenciar outras fórmulas de saudação e de encerramento presentes nos ofícios coloniais e imperiais:

(29) [18,2 CO BA] ***Vossa Excelencia*** man-| dará o que fór servido.

(30) [18,2 CO PR] em tudo nos umitimos ao dispor da precioza e Illustríssima Pessoa de ***Vossa Excelência***.

(31) [19,1 CO RJ] Dezejo a ***Vossa Excelência*** perfeita sau-/de e que me de' ocazioens demostrar que sou. De Vossa Excelência/Indigno Capelão, eamigo obrigadíssimo.

(32) [19,2 CO PB] o q'levo ao Conhecimento de/***V. Ex.***^{cia} cujas ordens aguardo.

(33) [19,2 CO PB] pelo que ***V. Ex***^{cia} resolve-/ra o que julgar conveniente.

Modelo 8 – Fechos

Fecho	Abreviatura
Deos Goarde a Vossa Senhoria	*D.G A V. S*^{a}
Deos Guarde a Vossa Excelência muitos anos	*D. G. a V. Ex*^{a} *m. a.*
Que Deus guarde muitos anos	*D. G. aV.Ex.p m*^{tos} */annos*
Oseo respeitador	*...que D. g*^{e} *//m˜ an˜...*

Importa ressaltar que as variações apresentadas na estrutura dessas cartas em geral relacionam-se com o local, a data e o endereçamento, que nos séculos mais distantes poderiam vir no final e, mais recentemente, no início da carta. Para uma visualização da estrutura mais recorrente ao longo dos anos, apresentamos o quadro a seguir.

Modelo 9 – Estrutura formal das cartas

a) Vocativo	Ill*ustríssim*o e Exc*elentíssim*o Senh*or*
	[[Antonina]] [[12-1-8]]
	[[1799]]
	[[24-fevereiro]]
b) Narrativa ou exposição	Tivemos a felicid*ad*e e profunda
	alegria de receber a Copia da Carta que
	Su*a* Mag*estad*e Fidel*íssim*a foi Servida erigir a Vo*ss*a Ex=
	celencia datada de 12 de Outubro de 1798 em que
	nos fás Certo a Culuna de felicid*ad*es que novam*ente*
	fortalese o nosso Reino com o Nacim*en*to do Sere=
	nissimo Infante nosso Senhor q*ue* Deos guarde
	por m*ui*tos annos ficamos dispondo-nos para fa=
	zer-mos os nossos deveres junto com o povo, deste
	termo pelo modo que nos fôr mais possivel, e
	junt*ament*e promptissimos p*ar*a executar tudo o q*ue*
	fôr do agrado de preciosa Pessoa de V*oss*a Excel*en*cia que
c) Fecho	Deos g*uar*d*e* por m*uitos* a*n*os Vila Antonina em Ca*mara*
d) Local e data	de 24 de Fevereiro de 1799
	De V*oss*a Excel*ênci*a
	Os mais Umildes, e atentos Subditos
	Francisco da Costa Pinto
e) Assinatura/cargo	Antonio Roiz Cozta
	Manoel Jose Alvarez
	Domingos Rodriguis de Carv*alho*
	Manoel P*ereir*a da S*ilv*a
[18,2 CO PR]	

As cartas analisadas nesta pesquisa se prestam aos mais variados propósitos comunicativos: solicitar, informar, opinar, encaminhar, notificar, instruir etc. Muitas vezes, atendem à solicitação ou ordem feitas anteriormente. Também podem trazer um propósito maior e outros secundários, que servem de apoio, de argumento. Por exemplo, encontram-se cartas que, para justificar uma solicitação, expõem inicialmente a situação.

Para verificar, no *corpus*, como os autores estruturam seus textos, as cartas foram agrupadas de acordo com os propósitos mais recorrentes e observados como expressam esses propósitos. O grupo mais frequente é o de *solicitação*. Nele estão incluídos os ofícios pedindo informações, préstimos documentos, autorizações. São vários tipos de problemas: de vacinas a prisão de criminosos, de pagamentos de soldos a esclarecimentos. Geralmente, iniciam com uma justificativa ou com um relato dos acontecimentos que justificam o pedido para, em seguida, fazer a solicitação. Interessante verificar que nos documentos deste grupo aparecem as maiores variedades, tanto com relação à estrutura quanto aos níveis de domínio da escrita.

Outro tipo de propósito comunicativo muito frequente é a *informação*. Nesses textos, o autor presta esclarecimentos e informações sobre pessoas, acusa recebimento de documentos, presos, recrutas, mapas, dá aviso sobre os mais diversos acontecimentos. Muitas vezes a informação decorre de um pedido feito através de ofícios ou requerimentos que vêm citados.

Cabe ainda destacar um grupo bastante frequente de cartas que têm o propósito de *comunicar* uma decisão de alguma autoridade, dar uma ordem ou mesmo de dar instruções de diversos tipos. Naturalmente, documentos assim são emitidos por alguém hierarquicamente superior aos destinatários, como os governadores, presidentes da província, comandantes etc.

Também são recorrentes os ofícios de *encaminhamento*, por meio dos quais os mais diferentes documentos são enviados para apreciação, informação ou divulgação, prática tradicional e muito comum ainda hoje nas instituições públicas e privadas. Além de mapas, relações, leis, ofícios, as cartas também servem para notificar o encaminhamento de presos, soldados, recrutas e funcionários públicos diversos.

Linguisticamente, os propósitos comunicativos dos documentos estudados se expressam através de verbos performativos, indicando atos de fala diretos:

Modelo 10 – Propósitos comunicativos

Propósito	Modelo
Solicitar algo (informação, documento, apreciação, entre outros)	*vai ro-/gar a V.Ex^{ca} promptos providencias /[18,2 CO PB]* *He em conseq^{ca} disso, e p^{r} meachar/prezentem^{e} noCargo de Juis Ordin^{o} desta V^{a}, q'* ***vou*** */p meio, desta* ***pedir*** *a V. Exª haja de me conce-/der ter em minha caza duas, ou tres granadr^{as} in/formandome onde as hei de haver, p^{a} as receber [19, 2 CO PB]*
Opinar (dar parecer)	*Emobservançia do Respectavel officio de/Vossas Excellensias [...]* ***respondemos*** *que nesta Villa tem/porçaõ avistada democidade capazes deexer- [19,1 CO PB]* ***Sendo convidado por Ordem de VVSS^{as} para dar o-/meo voto e dizer os meus sentimentos sobre gados e culturas/ [...]He omeo parecer q'*** *seconser-/vem os* ***Gados ocorreme*** *tres motivos q meparese justo... [19,1 CO PB]*
Encaminhar/ remeter (documentos, recrutas, presos etc.)	Passo as maos de V. Ex^{ca} a copia da/planta da ponte do Itapuá feita/ pelo individuo [19,2 CO PB] ***Remetto*** *a Vossa Excelencia os Mappas, e Numeramento | de todos os habitantes comprehendidos nas quatro Fre-| guezias da minha jurisdicção [18,2 CO BA]* ***Remetto*** *lhe uma ambulancia com os me | dicamentos do costume para o tratamen | to dos cholericos da Ilha do Governador [19,2 CO RJ]*
Instruir (ordenar)	*para que* ***com omaior segredo po=/ssivel façaes devassar emforma*** *pelo tocante às verdadeiras cauzas, que tem pro-/duzido o dezarranjo do Arcenal daBahîa, especializando [19,1 CO RJ]*
Relatar (narrar)	***Em hum dia da semana paSsada, tendo/eu sahido*** *de tarde,* ***entrou*** *hum homem* ***nas cazas/da minha rezidencia*** *com a espada dezembainha/da, e com huma faca querendo fallarme, e vocife /rando, que a minha vida ficaria na ponta da=/quellas armas, se eu lhe não mandasse pagar os /seus soldos, [19,1 CO PE/PB]* *Pello Navio Bellizario tive a honra/ de dar conta aVossa Excelência da minha viagem de Ango-/lla, e chegada aeste Porto do Rio de Janeiro [18,2 CAP RJ]*
Informar	**Fazemos prezente** a Vossa Excelênca **que** o Capitam/Mór, Francisco Rodriguez Ferreira, desta Villa, veyo segunda/vez a esta Camara aprezentar os quatro/Mappaz que Vossa Excelenca lhe determinou por Ordem [18,2 CO PR] ...**participo** | á Vossa Excelencia, que ali se achaõ hũa /rande Su-| máca, e algũas outras embarcaçoens defora á carga de | farinha, sem que os Mestres [18,2 CO BA] ***Informo*** *aV.Exª com a Resposta do Es/crivaõ da Ex^{am} do Sup^{e} aquem mandeis/responder V. Exª mandara oqueforser [C 51]* ***Informo*** *aV.Exª com a Resposta do Es/crivaõ da Ex^{am}*

As cartas apresentam grande heterogeneidade de sequências tipológicas, que variam conforme o assunto tratado, o propósito comunicativo: narrativa, argumentações, descrições, pedem e fornecem instruções e listas. Vejamos alguns exemplos:

(34) [18,2 CAP RJ] *No de Cursso desta Viagem a minha /guarnição não logrou amilhor saude sendo atacada dehu=/mas fevres que não sendo fortes nem de muita duração deichou/os que della forão acometidos tam debilitados que amaior/parte inda ao prezente não podem fazer servisso algum*

(35) [19,1 CO PB] ***Esta Villa de Alhandra está situada** emhum terreno/ apreciavel, **hemuito abundante depescarias nos Rios/**que aCirculaõ, eMangues adjacentes, onde os Indios/vaõ diariamente carangueijar, edahitiraõ os seos sus-/tentos*

(36) [19,1 CO PB] ***Desejo saber'** seposso lansar mao/de alguns oficiaes Interiores e/Soldados de Melhicias montada/pa. aorganização domeu Batalhão/principalm.te aquelles q' volunta/*

Em se tratando de textos contemporâneos, a impessoalidade e a clareza são qualidades a serem buscadas pelos que redigem textos burocráticos. No tocante às cartas estudadas, há uma grande variedade em relação a esses aspectos. Nos trechos seguintes, é possível verificar que o uso da voz passiva permite a ênfase na ação, o apagamento do agente e o distanciamento entre os interactantes. Vejamos os exemplos:

(37) [18,2 CO PB] *As recrutas que Vossa Senhoria remeteo **foraõ entregues** menos Antonio/Ferreira de Figueiredo que não veyo*

(38) [18,2 CO BA] *oque asim seexecutou emquanto naõ **foi apresen|tado** emCamara hum despacho deVossa Excelencia*

(39) [19,1 CO RJ] *O methodo, que propuz em Fevereiro deste an-/no, para **se poderem fazer** em dia todos os pagamentos da Despeza Ordinaria do-Estado, he sem duvida efficassissimo, huma vez que se pozesse em pratica com energia e constância /em todas as suas partes.*

Ainda no tocante à impessoalidade, verifica-se o uso de nominalizações, de substantivos abstratos e/ou de significação inespecífica, utilizados para reduzir e até anular traços de autoria, como na passagem a seguir:

(40) [19,1 CO PB] *aquellas* ***providencias*** */q. julgar mais convenientes a conseguir-se hum fim detan/to enteresse para* ***obem publico,***

(41) [19,1 CO PB] *Levo ao conhecimento de V. Exca a sangui-/nolenta* ***scena*** *que se acaba de dar em a Villa/de Teixeira. [...]*

(42) [19,2 CO RJ] *Remetto lhe uma ambulancia com os* ***me | dicamentos*** *do costume para o* ***tratamen | to*** *dos cholericos da Ilha do Governador; | e sendo precisos mais alguns* ***objectos*** *para | essefim,*

Nas cartas oficiais que buscam seguir os modelos da Coroa portuguesa, há uma clara preferência por procedimentos verbais neutros, evitando-se expressões dotadas de carga emocional muito acentuada. Trata-se de um aspecto associado ao uso da linguagem burocrática, caracterizado pela impessoalidade, que é marcada, entre outros meios, pelo uso da voz passiva. A voz passiva focaliza o objeto, mais do que a pessoa e, em consequência desse enfoque no objeto da ação, ocorre o apagamento do agente e o distanciamento entre os interactantes. Esse recurso é bastante utilizado em textos atuais, segundo Mendonça (1985), para impor regulamentos e normas, além de denotar preocupação com a eficiência (decorrente da própria estrutura do sistema burocrático).

Em relação à clareza e à concisão, são frequentemente encontradas estruturas frásicas formadas por períodos cheios de conectivos, inúmeras orações subordinadas umas às outras, resultando muitas vezes numa leitura lenta, cansativa e de difícil interpretação. São frases labirínticas ou centopeicas, usuais nos séculos XVI e XVII, divergindo da tendência geral para a simplificação apontada por Pinto (1988), como característica da língua dos escritores do século XVIII. O excesso de informações torna necessário que se leia e releia o trecho diversas vezes para lhe alcançar o sentido. Também são frequentes os casos de topicalização, apontada como uma construção peculiar ao português brasileiro atual.

Nos *corpora* analisados, é possível perceber que a maioria das cartas busca manifestar uma linguagem cuidada, elaborada, obedecer às tradições textuais da época, seja em sua estrutura, seu estilo ou seu léxico. Tais textos trazem claramente os propósitos comunicativos para que foram escritos e revelam precisão no uso do vocabulário, impessoalidade e neutralidade, linguagem clara, objetiva. São textos que se aproximam, em maior ou menor grau, dos escritos que seguem as tradições discursivas, com relação à fonética, ortografia, morfologia, sintaxe e ao vocabulário dos períodos colonial e imperial brasileiros. No entanto, como nesse período não existe ainda uma norma prescritiva fixa, essa orientação para com a norma é sempre bastante relativa.

Por outro lado, veem-se flutuações e vacilações, também nos textos que correspondem claramente à concepção escrita. Então, mesmo tratando-se de textos burocráticos, formais, e obedecendo a modelos já estabelecidos, é possível encontrar alteração na organização linguístico-textual. Esse distanciamento em relação ao que se espera de um texto formal, seja na padronização, no uso da linguagem e na formalidade em geral, permanece em todo o período investigado, o que parece indicar variação relacionada mais às condições sócio-históricas em que foram produzidas do que propriamente ao período em que foram escritas. É para os textos desses autores *semicultos* e sem prática no ofício de escrever que se chama a atenção agora.

DIVERGÊNCIAS DO MODELO TRADICIONAL

A seguir, serão focalizadas algumas cartas que se distanciam do modelo, do padrão das cartas administrativas coloniais. As divergências apresentadas, muitas vezes, podem comprometer a textualidade e alguns traços aqui destacados constituem elementos que as aproximam em certos aspectos do falado concepcional e podem ser compatíveis com os textos dos soldados cronistas do século XVI estudados por Oesterreicher (1994), a *competência escrita de cunho oral*. Trata-se de pessoas com pouco domínio da escrita que, graças a circunstâncias históricas, tornaram-se produtores de textos.

Considerando-se o limitado acesso à escrita que havia na época, não é de se estranhar que traços de oralidade transpareçam refletidos na pontuação e na preferência por determinadas construções, surjam desvios em relação à textualidade ou ao uso da língua histórica e à estrutura formal dos textos, o que também denuncia a já citada inabilidade de seus autores. O propósito neste item é apresentar aspectos em que tais documentos se distinguem dos textos exemplares.

Na época colonial, os textos de caráter administrativo eram normalmente redigidos por pessoas com certa prática no exercício de escrever. Contudo, essa habilidade nem sempre se comprovava, o que resultava em textos que diferenciam dos exemplares. Em decorrência disso, nem todos os produtores dos textos conseguiam aproveitar as possibilidades da escrita e, por isso, suas produções apresentam divergências da norma escrita culta, o que transparece na pontuação, em passagens repletas de repetições, interferências da língua falada, no registro das palavras escritas como se pronunciavam e na preferência por construções de variedades de menor prestígio. Para demonstrar a variação com relação ao domínio da escrita revelada nessas cartas, apresentam-se trechos de duas delas. No exemplo a seguir, a primeira, é que se configura como de mãos inábeis ou *semicultos*; a segunda insere-se no conceito de *exemplaridade* de Coseriu (1982), por seguir os padrões das cartas oficiais da época:

Modelo 11 – Variação no domínio do código escrito

TEXTO 1 – mãos inábeis	TEXTO 2 – mãos hábeis
Illmo Sr Coronel Bento da Costa hontem pelas 3 oras do dia asacinaraõ o meo mano Delfino e Antonio Tavares e toudos nois fomos preciguidos e jurados q' acabaõ com a familha Bap^{ta} e nos vemos sem socorro. Peço a V. S^{a} pello oSanticimo Sacram^{to} q'nos acuda com gente e mande a touda apreça participol na Vila do Ca- riri do juiz de Direito e ao promotor q'pelo amor de D^{s} nos socorra com amahior Brevidade pocivel q'senão não só seremos vítima como noços familhas, mulher- res e filhos pos eles hontem quirisão matar m^{a} mu- lher e meos filhos q'q^{m} os Defendeo foi o Castro mas o filho e o S^{r} padre Vicente q'puderão a reda-los com os juélhos no xão eu e os filhos maxos estavão __________ no serviço e de lá pusemos os matos e os asacinos foraõ ao roxado me procurar a primeira casa q'eles corerao fo- mos eafamilha setrancarão deoce este confilto p'q' o dele- gado Liberato butou uma tropa nos Gu- abirabas e secou um deste depois em armas atirou na tropa e moreo e os q'vieraõ aqui foi fazerem este estrabu foi o Manoel Rodrigue o João Guabiraba e o Gorvino em fim nos estomios no malhor confiração pocivel Nomos sou De G S. S^{a} Am^{o} antenciozo e m^{to} obrigado Manoel Bap^{ta} dos S^{tos} Villa de Texr^{a}. 23 de Abril de 1862	Illmo e Exmo Senhor Levo ao conhecimento de V. Ex^{ca} a sangui- nolenta scena que se acaba de dar em a Villa de Teixeira. Em o dia 22 do corrente foraõ barbaramente assassinados dentro daquella Villa o Delegado Delfino Baptista de Mello, e Antonio Tavares de Oliveira Cabral, pelos facinorosos Guabirabas, como verá V. Ex^{ca} da carta inclusa hoje por min recebida. Convindo em o caso presente dar as providencias ao meo alcance, nesta data requisito ao Comandante superior desta Comarca na força da Guarda nacio- nal para garantia das restantes au- toridades do Teixeira, até que V. Ex^{ca} dê as pro- videncias, que entender em sua sabedoria. Deos Guarde a V. Ex^{ca} Villa de S. João 28 de Abril de 1862 Illmo e Exmo Senr D^{or} Francisco d'Araujo Lima

As duas cartas foram escritas em 1862, para pedir providências às autoridades pelo assassinato de Delfino Batista de Melo e Antonio Tavares de Oliveira Cabral. No Texto 1, o autor da carta, irmão do delegado assassinado, relata o crime e pede proteção às autoridades. O texto, além de refletir a angústia, a emoção e o envolvimento do autor (uso do diminutivo *-filinhos*; refere-se à vítima como o *meo mano*), denota a inabilidade com a escrita padrão ou *exemplar*, no sentido que emprega Coseriu (1995), e isso se percebe por alguns aspectos: em primeiro lugar, pela falta da concordância verbal (*eafamilha setrancarão*); pela grafia em desacordo com a tradição, que pode revelar como eram pronunciadas (*nois, preciguidos, noços, filinhos/filhinhos*), pelo uso da variante popular (*butou/botou*); em segundo, o relato dos acontecimentos é feito atropeladamente, as frases são simplesmente agregadas umas às outras ou unidas por *e*, ou *que* continuativo, como se estivesse contando oralmente o acontecimento (*que quem defendeo foi o Castro mais o filho*; *e de lá..., eafamilha setrancarão..., e sercou, e moreo e os q'vieraõ...*) e pela circularidade das ideias. Verifica-se distanciamento do padrão de cartas burocráticas, de que se espera "neutralidade", ou "impessoalidade". Nela, a emoção, a revolta e a indignação são perceptíveis nos pedidos de súplica, como na passagem *com os joelhos no chão* no trecho anterior e, no seguinte, através das expressões de forte carga emocional (*pelo Santíssimo Sacramento, pelo amor de Deus*), e da referência à mulher e aos filhos, meios utilizados pelo autor que o impedem de produzir um texto "neutro".

No Texto 2, o autor também trata do citado assassinato e pede providências. Apesar de usar adjetivos e expressões que demonstram indignação (*sanguinolenta, barbaramente assassinados, facinoroso*), predominam expressões mais formais e neutras (*levo ao conhecimento, requisito, garantia das autoridades, dê as providências*). Nessa carta, é possível perceber um menor envolvimento emocional, certo distanciamento, reconhecível pelo uso de termos formais, mais frequentes em textos burocráticos.

De acordo com Schlieben-Lange (1993: 28), os textos originados em meios "semiorais", quando produzidos por pessoas recém-alfabetizadas, ou quando tratam de temas ainda não trabalhados por escrito, manifestam, além de insegurança ortográfica, a confiança desses autores na *continuidade do funcionamento das técnicas do falar, nas quais se esteia a comunicação oral.*[10] Em outras palavras, não há preocupação com a pontuação, a referência empregada de maneira inadequada, informações primordiais e acessórias no mesmo nível, produzindo um emaranhado de fatos e tornando seus comentários contrários ao que pretendia. Vejamos uma dessas cartas:

(43) [C115 CO PB] *Ilmo e Exmo Snr./Oestado infilis/emque deprezente seacha esta Villa eseu/termo pelas mortes ea Suadas que diariamente estão co-/mitidos huma tropa de Omens armados ou para me/espresar de Cabras fascinerozos vindos do Rio do Peixe man-/dados pelos Comdes daquela Villa espesialmente oRe/gente Joze Francisco da Silva Capitão Mor Joze Dantas e Luis/José da Cunha Comandado esta patrulha por. Manu-/el Alves Afonso Omem fasineroso edemuitas culpasque unido Com Alixandre Xavier de Azevedo perten/dem matar aalguns Sidadoens deste termo tendo já/perisido mizeravelmente João de Antonio Barreto eVi -/dal Cristalino nas sanguinolentas* MA*'os de dizaseis/Cabras eSeu xefe Manuel Alves Afonso nestes dizem/publicamente eseus mandatorios que ainda amdema/tar adeis pesoas deste termo ejá foraõ aasacinar ao/Alferes José de Sá em Sua propria Casa oque teria/acontisido seeste nao' estivese com bastante gente em/casa em sua defeza que para isso temerao' e se conservao'/nesta opozisao deste termo para odaVilla de Souza/neste azilados pelo sobredito Alexandre Xavier, ena/queles notridos* PR *aquelas autoridades avista pois//fl 02 Pois da Onrozaquadra que vejome privado de comprir/com asminhas Obrigasoens pois sou a/miasado amorrer eomeu escrivao por aquela Corja/infernal; eomesmo susede com as mais autoridades/desta Vila etermo que malpode defender suapisoas dos/asaltos dos malvados e a rezão epor que á ũm grande partido p parte daquele Azevedo afavor dos malvados/episso é fasil que querendo as autoridades deaqui pu/nirem aestes malfeitores romperá em uma Anar/quia. Emfelismente acabara este Pais nas máos dos orro/rosos omesidios eSeV. Exa não providenciar eproteger/ os sidadoens deste termo, ẽ poder nesta isperansaeqmea/nimei alevar a prezensa de V. Exa pedindo a Jus/tisa do Custume . D. G. a V. Exa m. a. Pombal 9 de/abril de 1826//Francisco Leite da Cruz/Juiz ordinario davila/de Pombal*

A carta é assinada por Francisco Leite da Cruz, juiz ordinário de Pombal, que pede providências contra uma quadrilha de assassinos e ladrões que vive perturbando a ordem pública. Toda a narrativa é feita de um fôlego só, dificultando a leitura: não faz parágrafo e usa apenas um ponto em 30 linhas. Ideias são agregadas umas às outras, orações ficam incompletas (*Oestado infilis...*). O leitor fica na expectativa de que o pensamento será concluído com o acréscimo da oração principal; mas outras ideias e outras informações são acrescidas, desviando o assunto e causando mais problemas para a compreensão (*Omem fasineroso, tendo já perisido, ejá foraõ aasacinar, e se conservao*). É possível deduzir que a carta estava sendo escrita à medida que as ideias fluíam na mente do autor, que as ditava imediatamente. Além disso, pode-se perceber que o autor não consegue aproveitar as vantagens da escrita (Stoll, 1996), entre as quais a possibilidade de corrigir as falhas sem deixar marcas, de planejar e de melhorar o texto: é o que se verifica na passagem, em que transparecem marcas de correções (*ou para me/espresar*). Alguns traços aproximam-se de textos escritos por iniciantes em produção textual, que apresentam dificuldades, por não ter consciência e, ao mesmo tempo, competência para identificar as marcas do processamento do texto escrito no seu produto final (Pessoa, 1997).

A própria estrutura desses textos sofre alteração, com a omissão de seus elementos constitutivos, como destinatário, local, data, vocativo, fecho e autor. Muitos autores escrevem sem considerar os parágrafos, passando bruscamente de um assunto a outro. Com relação à coesão textual, a conexão entre os enunciados se faz por meio de sequenciadores típicos do texto oral. Entre orações ou períodos que dão continuidade ao texto, destaca-se a repetitiva presença da conjunção *e*, que aponta possivelmente para a elaboração do texto sob forma de ditado, em que as ideias são simplesmente agregadas umas às outras. No trecho selecionado, a oração vai recebendo acréscimos através do articulador *e*, com poucas relações lógicas.

Em ocorrências como a seguinte, o autor parece contar com o conhecimento prévio do destinatário a respeito do assunto, omitindo informações, o que deixa o texto obscuro. Neste trecho, o autor usa palavras que pouco esclarecem o assunto tratado:

(44) [C119 CO PB] *A desciperaçaõ emque mevejo, pelos embustes, Sediciosos/ Com que o Senado da Villa Nova deSouza, do Cumando /daminha Capitania Mor manquina/imfluir partidos Contra aminha Authoridade/afavor do per tendente o Capitão José Ferreira da Silva, cu/jos factos Só mepromitem, levar a Presença Au/gusta de Sua.Majestade .Imperial .C(?), o rôbo que semiper tendo fa/zer por Calunias, e Sinistros mêios aqueixar me /do Seguinte?*

Conforme já foi posto anteriormente, o sentido de muitos textos depende do conhecimento prévio do leitor, de outros textos, ou dos entornos (Coseriu, 1987). Tratando-se de textos de épocas passadas, fica mais difícil reconstituir o contexto em que foram produzidos, em virtude de serem os fatos, as pessoas, os lugares, em sua maioria, desconhecidos para outros leitores que não o destinatário. Quando os fatos não são explicitados, o prejuízo para o entendimento se torna muito maior.

As comunidades linguísticas fornecem modelos para produção e recepção discursiva (Coseriu, 1979; Schlieben-Lange, 1993), principalmente com relação à escrita, e que o falante busca expressar-se de modo a ser compreendido pelo outro. Os autores *semicultos* têm conhecimento dessa tradição discursiva (leram ou escutaram) e buscam utilizar os modelos textuais oferecidos por ela, porém não dominam as técnicas, não dominam o "saber" e, por conseguinte, produzem textos *inadequados*. No caso do *corpus* em apreço, muitas autoridades da época conhecem a correspondência vinda da metrópole que serve de modelo para suas cartas e por isso deve ser "imitada", querem produzir textos semelhantes, mas não têm competência textual e linguística (com relação à modalidade escrita *exemplar*) para isso. Observa-se, então, um emprego abusivo de certos clichês, expressões da linguagem burocrática ou mesmo de certas construções sintáticas que terminam por sobrecarregar o texto.

Textos não literários passaram a interessar à Linguística Histórica somente após os anos 1970. Mas exatamente esses constituem o maior interesse para o melhor conhecimento das variedades diafásicas, diastráticas e diatópicas do período considerado como inicial do português brasileiro.

CONSIDERAÇÕES FINAIS

Os documentos selecionados, gerados em sua maioria pela administração pública, revelaram-se bastante adequados para o estudo sociolinguístico numa perspectiva histórica. Os manuscritos relacionados à burocracia administrativa brasileira na época colonial tinham como modelo os textos produzidos em Portugal e os autores procuravam redigir de acordo com a cultura escrita, a fim de obterem aceitação de seus escritos. Os documentos selecionados documentam essa preocupação e, em geral, buscam seguir as tradições discursivas do gênero adotado, preservando certa regularidade no que se refere ao tipo de registro, às convenções, à composição. Os textos refletem relações sociais marcadas pelas conveniências, e a linguagem utilizada como reguladora das relações de trabalho: há uma série de restrições que se refletem na padronização dos textos e na formalidade no uso da língua.

A análise evidenciou como traço mais característico a variação com relação à habilidade com a escrita por parte dos autores e coautores, mesmo considerando-se que foram produzidos por autoridades e profissionais da escrita. Levando-se em conta que o falante utiliza modelos textuais produzidos pela comunidade em que se insere, a abordagem textual voltou-se tanto para a questão da textualidade, quanto para os aspectos formais, possibilitando conhecer como a língua estava sendo usada na época, principalmente no uso de textos relacionados à burocracia administrativa, o que poderia constituir, no futuro, temas de pesquisas mais aprofundadas.

Torna-se possível, então, fornecer elementos para reconstruir a produção escrita do período estudado, através da descrição de um gênero específico de textos, ou para uma visão textual da época, com a reconstituição do português burocrático dos períodos colonial e imperial brasileiros.

NOTAS

1 Por Tradições Discursivas entendem-se as tradições textuais historicamente transmitidas. Segundo Oesterreicher (1999), trata-se de formas que mudam no curso da história: criam-se novas formas, outras perdem a importância e se marginalizam.

2 Embora reconheça que o termo não é satisfatório, Oesterreicher (1994: 158-9) usa essa denominação ao tratar de autores de escassa cultura e sem prática no ofício de escrever.

3 São considerados brasileiros os manuscritos mesmo oriundos de Portugal: cartas da colônia, documentos régios ou consultas do Conselho Ultramarino, desde que envolvam questões relativas ao Brasil (Acioli, 1994).

4 Do Arquivo Histórico Ultramarino, em Lisboa. O autor colaborou com o Projeto Resgate, na revisão dos textos do catálogo dos documentos manuscritos avulsos referentes à capitania da Paraíba, existentes no Arquivo Histórico Ultramarino de Lisboa.

5 Por tipo textual entende-se, como em Marcuschi (2008: 154), uma espécie de construção teórica definida pela natureza linguística de sua composição (aspectos lexicais, sintáticos, tempos verbais, relações lógicas). Abrangem narração, argumentação, exposição, descrição, injunção.

6 Estabelecida por decreto imperial de 10 de dezembro de 1822.

7 Os fechos para comunicações oficiais regulados pela Portaria nº 1 do ministro da Justiça de 1937 só foram revogados pelo Decreto 100.000, em 11 de janeiro de 1991. Brasil, presidência da República (1991).

8 Regra (régua), o que permite traçar em linha reta; espaço entre duas paralelas onde se traça a escrita.

9 Essa técnica, chamadeira ou reclamo, tinha a função de sinalizar a continuação do texto, evitando interpolações, fraudes e extravios do fólio.

10 Embora não se possuam registros da língua falada da época, pode-se hipotetizar que, desconhecendo a escrita prestigiosa da época, os autores se baseassem na tradição oral para produzir o texto escrito.

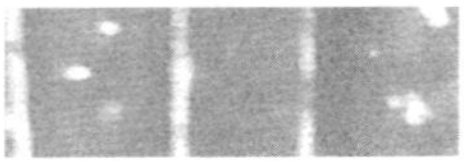

OS LIVROS DE FAMÍLIA PERNAMBUCANOS DO SÉCULO XIX: APORTE DAS ESCRITURAS PESSOAIS DOS AUTORES SEMICULTOS NORDESTINOS PARA A PESQUISA DA HISTÓRIA DO PORTUGUÊS BRASILEIRO

Konstanze Jungbluth

SUMÁRIO

APRESENTAÇÃO

O objetivo principal deste trabalho consiste em investigar manuscritos escritos por semicultos no século XIX (Oesterreicher, 1994; Schmidt-Riese, 2003; Jungbluth, 2011). Esses documentos oferecem a possibilidade de buscar traços da oralidade do português brasileiro (PB) de tempos passados, presentes na escrita. Para isso, analiso dados do português brasileiro a partir da oralidade observada em manuscritos do século XIX, que refletem uma sincronia passada e que representam um passo da mudança anterior à língua falada hoje em dia. O enfoque dessa pesquisa limita-se aos livros de famílias pernambucanas escritos por pais de família, herdeiros de patrimônios agrícolas, ou menestréis.[1]

A Tradição Discursiva (TD) *livros de família*, reconhecida na Europa a partir do século XV, funciona como um padrão para os escritores do século XIX na América Latina e, mais especificamente, no Brasil. Os manuscritos pernambucanos mostram a continuidade dessa TD e, ao mesmo tempo, o papel vanguardista do Nordeste naquele tempo histórico.

Para cumprir o objetivo proposto, a metodologia precisa levar em conta o fato de que os manuscritos têm a inconveniência de não corresponderem a um texto fidedigno. Em que sentido? O texto original manuscrito precisa ser transcrito numa versão escrita eletrônica e esse passo é acompanhado por uma interpretação. A letra do documento original nem sempre é legível e muitas vezes a forma incompleta do manuscrito, marcado por cortes, outros usos e lugares de conservação inadequados, fazem dele um fragmento de texto e não um texto completo. Por outro lado, uma transcrição fidedigna[2] pretende reproduzir o original da melhor forma possível.

O *corpus* desta pesquisa consiste em quatro *livros de famílias* pernambucanas, todos arquivados na Fundação Gilberto Freyre (Recife).[3] O historiador pernambucano coletou os manuscritos de pessoas humildes para chegar à visão mais ampla possível da vida cotidiana de tempos passados. Os autores, muitos sem prática de escrever regularmente, fazem as chamadas *notas* para deixar testemunho de fatos, de dados de nascimento, de casamento, de contratos importantes e outras informações variadas como os métodos do cultivo, os temporais ou acontecimentos extraordinários (como a visita de um bispo) para a memória da família, por exemplo.

Este capítulo está dividido em três partes. Na primeira, insiro os dados linguísticos no seu contexto sociocultural e destaco a importância do estudo das TD para o campo da pragmática da História da Linguagem, além de discutir os procedimentos e limites para se chegar a conclusões gerais. Na segunda parte, coloco os manuscritos no *continuum* entre oralidade e escrita, e falo dos autores e leitores no seu contexto historicossocial, bem como de suas práticas de escrever, copiar e ler, respectivamente. Ainda nessa seção, apresento os quatro livros de família selecionados e faço uma descrição da sua forma nos níveis macro e micro, incluindo aspectos formais, lexicais e gramaticais. Finalmente, na última parte, incluo os dados brasileiros num contexto maior, comparando os traços encontrados na România Nova com os conhecidos livros de família da România Velha (Catalunha, Itália, Espanha).

ORALIDADE E ESCRITA: OS AUTORES SEMICULTOS

Para inserir os manuscritos analisados no seu contexto histórico e sociocultural e fazer entender essa prática de escrever, copiar e ler, apresento aqui os autores e o seu público, o grupo dos destinatários imaginados ou verdadeiros, entre eles os ouvintes e os futuros copiadores.

Semelhante à prática na Europa (Weiand, 1993; Jungbluth, 1996a, 2011), na América Latina os chefes das famílias escreviam as chamadas *notas*, em que aconselhavam aqueles que um dia atuariam como gerentes do patrimônio. Essa finalidade prática da transmissão de saberes e de informações importantes às gerações futuras pode abarcar, por exemplo, dados dos nascimentos, dos falecimentos e dos casamentos, lado a lado com indicações sobre o cultivo, o tratamento dos parasitas, o comportamento em tempo de epidemias e outros perigos sempre ligados à empresa/patrimônio em jogo. Muitas vezes os documentos têm também partes escritas em forma de diário, outra TD. Isso é outro índice que aponta para a forma composta de muitas TD.

Os autores e leitores dos manuscritos analisados têm pouca experiência com o uso da escrita. Mesmo assim, eles são a exceção num mundo de analfabetos. Em uma sociedade oral, o seu papel consiste na mediação e tradução entre práticas faladas e outras práticas letradas, principalmente o ato da leitura em voz alta, muito importante nesse tipo de contextos socioculturais (Schlieben-Lange, 1985, 1990, 1997). O aprendizado da leitura, e mais tarde a aquisição da escrita, bem como os processos de instrução naqueles tempos, não são comparáveis aos processos regulares de instrução na escola de hoje em dia. O aprendizado, ou melhor, os passos para o aprendizado da leitura foram temporalmente mais limitados, descontínuos e sempre precários. Essas circunstâncias historicamente marcadas, em vigor a partir dos primeiros tempos da modernidade, até o frequentar da escola se tornar obrigatório, levaram Oesterreicher (1994) a criar o termo "autor semiculto". Um autor semiculto é aquele que só esporadicamente lê e escreve, em torno de uma ou duas vezes por ano. Assim, ele tem pouca experiência com essa prática cultural, e por isso mesmo seus textos têm como característica apresentar frequentemente traços da oralidade.

Essa característica contribui para o valor extraordinário dessas fontes difíceis de encontrar, de transcrever e de interpretar. Ao pesquisar no campo da pragmática da história da linguagem, Schlieben-Lange (1983) buscou, assim como outros/as linguistas, indícios sobre o uso da língua falada em tempos passados, a partir de transcrições de conversas ou livros de diálogos inventados. No caso do português brasileiro (PB), temos curiosidade em saber desde quando e como a fala brasileira varia em relação à fala portuguesa europeia, e como as divergências entre as duas variedades se manifestaram ao longo do tempo.

O projeto Nurc (Norma Urbana da Fala Culta) nos levou a livros de referência, dicionários e gramáticas da norma própria do PB: Callou (1999), Castilho (1989, 2009). Agora, o projeto PHPB (Para a História do Português Brasileiro) tem o propósito de coletar o saber sobre a história do PB. Julgamos importante que, ao lado das fontes impressas que refletem muitas vezes o uso da norma culta daquele tempo, outras fontes de origem mais popular sejam inseridas para equilibrar o *corpus* compartilhado. Assim, vale a pena explorar as fontes manuscritas que, por causa da sua aparência pouco precisa, muitas vezes só chegaram ao nosso tempo de forma incompleta ou em transcrições impressas. Buscando fontes adequadas, orientei-me nessa pesquisa usando o conceito das TD com a finalidade de compilar um *corpus*, até certo ponto, homogêneo, o que forma uma base para uma comparação posterior.

Pragmática da História da Linguagem: as Tradições Discursivas

Talvez a finalidade comunicativa seja o fator mais forte para definir uma TD, já que ela decide se um texto deverá pertencer ao mesmo grupo ou não. A finalidade compartilhada entre um texto e outros textos favorece a observação de semelhanças entre eles, já que, ao longo do tempo, são certas formas que se revelam a cumprir melhor as finalidades de um discurso em certo contexto sociocultural. O seu uso contínuo leva a mudanças e, só excepcionalmente, a formas novas (Koch, 1997).

Retomo as palavras das colegas editoras deste volume, Valéria Gomes e Maria Lúcia Andrade,

> [n]a seara da Linguística Românica alemã, seguindo a visão tripartida de Coseriu (1987), na qual a linguagem é uma atividade humana universal que se realiza individualmente, mas sempre segundo técnicas historicamente determinadas, Oesterreicher [1997] [...] situa a sua definição de Tradição Discursiva. No nível histórico, o autor distingue dois domínios: as Tradições Discursivas e as línguas históricas [...].

e parto do esquema fundado por Coseriu (1958, 1988b) e ampliado por seus discípulos Schlieben-Lange (1983), Oesterreicher (1997b) e Koch (1997).

Apoiada nos textos, incluindo as transcrições, no caso de língua falada, que representam a base empírica, encaixadas no nível atual, devem ser desdobrados em diferentes passos de abstração em dois níveis distintos. O primeiro nível é o *histórico*, no qual implicam-se, por um lado, a(s) língua(s) particular(es) em foco (em nosso caso o PB), e, por outro lado, as TD, considerando que os dois devem ser entendidos como exemplos da fala em um certo momento histórico. Veja que ambos se revelam como categorias no plural. O segundo nível é o *universal a-histórico* da linguagem (categoria expressa no singular) da fala como expressão humana de todos os tempos.

Tabela 1 – Os quatro níveis de análise da linguagem[4]

Universal	a fala/a linguagem
Histórico	as Tradições Discursivas
Histórico	as línguas particulares, por exemplo o PB
Atual	os dados empíricos: textos ou discursos, exemplos de certas línguas e certas TD

Produzindo generalizações: processos indutivos, dedutivos e abdutivos

Muito brevemente, quero comentar como se pode trabalhar com os níveis de abstração apresentados na Tabela 1. Os passos da abstração podem ser seguidos nas duas direções verticais:

a. De baixo para cima, de forma indutiva, a partir dos dados empíricos, comparando e fazendo generalizações para definir as regras e as normas da língua respectiva ou da TD respectiva até chegar a conclusões que geram a fala em geral.
b. De cima para baixo, de forma dedutiva, buscando exemplos para regras conhecidas da fala de uma certa língua ou de uma TD. Quanto mais exemplos de uma TD se conhecer, se possível em línguas diferentes, mais fácil será saber quais ocorrências características de uma certa TD devemos buscar no texto pesquisado. As necessidades de referenciar e alterar o discurso localizado a nível universal precisam ser expressas numa língua particular qualquer e provocam o uso de certas formas linguísticas (Blühdorn, 1997). Não há fala fora das línguas históricas. Por último, abstrações podem ser feitas e levar a
c. conclusões abdutivas, quando a inexistência de certas formas no discurso pesquisado, que diferencia este discurso dos outros presentes no *corpus*, forma o ponto de partida da interpretação (Peirce, 1932, 1991).

LIVROS DE FAMÍLIA ITALIANOS, CATALÃES, ESPANHÓIS E BRASILEIROS

Comparando exemplos da TD *livros de família* pertencentes a quatro línguas românicas diferentes, pretendo fazer agora uma descrição desse gênero textual de origem europeia. Para isso, levarei em consideração a prática de escrita e de leitura no seu contexto historicossocial e as temáticas tratadas nos manuscritos analisados para poder desdobrar finalmente os traços dos livros de família pernambucanos do século XIX.

O filólogo, especialista em literatura italiana, Christof Weiand (1993) estava buscando as origens da autobiografia, as quais ele encontrou nos *libri di famiglia* do século XIII ao XV, em Florença. Naquela época, as famílias comerciantes italianas faziam notas de dados genealógicos ao lado das listas de compras e vendas apontadas nos seus *libri di conti*. Muitas vezes também narravam acontecimentos familiares extraordinários compilados em cadernos chamados *cronica familiare* para a memória dos seus descendentes. A combinação e posterior convergência[5] dos livros da contabilidade com os livros de crônicas na prática habitual alimentaram a nova TD dos *livros de família*. Como representantes dessa linha, são incluídos os *Ricordi*, de Marcelo Alberini (1511-1580), e a mais antiga *Memoria de Goto Dati* (1362-1435): compare Bakhtin (2000); Bazerman (2003, 2005); Marcuschi (2005).

A divulgação dessa TD fora da Itália manifesta-se pelos manuscritos catalães *Memòries d'un pagès*, de Sebastià Casanovas (1710-1767), e *Notas del tems*, do autor Joan Perpetuo Seriñana (1818-1903). O livro de família mais novo, de Narcís Ciuran, escrito em castelhano, lembra no seu título (em catalão) a dupla raiz dos livros de família de origem italiana: *Libre de comptes i memòries* (1871-1924). Os dois, o livro da contabilidade e o diário, escrevem-se até hoje em dia, enquanto a TD livro de família não se pratica mais.

No momento em que a prática de escrever um *livro de família* na Europa desapareceu, os brasileiros deram continuidade a essa TD, com a finalidade de deixar por escrito dados importantes para os seus descendentes.[6] Por causa das condições climáticas na América do Sul,[7] suspeitamos que a tradição dos manuscritos, nessa região, é ainda mais escassa que na Europa, já que os poucos livros que sobreviveram até agora se mantiveram em forma de fragmento. A descrição dos livros de família pernambucanos de Felix Cavalcanti de Albuquerque

Melo, de José Joaquím Pinto, de João Mauricio Cavalcanti da Rocha Wanderley e de José Fernandes Bastos, que já nos títulos de seus livros fazem lembrar os padrões europeus, continua na seção "Abreviações e convergência morfossintática" A seguir é apresentada uma tabela em que se pode observar os livros de família em PB e seus predecessores europeus.

Tabela 2 – Os livros de família escritos em português brasileiro e alguns de seus precursores europeus

Italianos	Alberini, Marcello (1511-1580), *Ricordi* Dati, Goro (1362-1435), *Memoria* (Weiand, 1993: 23)
Catalães	Casanovas, Sebastià (1710-1767), *Memòries d'un pagès* Seriñana, Joan Perpetuo (1818-1903), *Notas del tems* (Jungbluth, 1996)
Espanhóis	Ciurana, Narcís (1871-1924), *Libre de comptes i memòries* (Figueras e Puigvert, 1998)
Port. Brasileiro	Cavalcanti de Albuquerque Melo, Félix (1821-1901), *Livro de Assentos* (Gilberto Freyre, 1959, 1989) Perpetuo, José Joaquim (*1748/cópia 880: Luiz Antonio Pinto), *Livro de Assentos* Cavalcanti da Rocha Wanderley, João Mauricio (*1819[8]-?), *Livro de família e de contas, 1856-1866* Fernandes Bastos, José (Porto Feliz: 1856-1887), *Livro de contas com cartas copiadas intercaladas e assuntos familiares.*

Tradições da escrita e o uso dos livros de família

Este tópico está divido em três partes. Em (a), enfocam-se os usuários dos livros de família com a finalidade de familiarizar o leitor acerca da prática da comunicação histórica entre o autor e o leitor. O contexto pragmático da atividade de escrever, como o material usado para escrever (papel, tinta, etc.) e a atividade de fazer cópias, por exemplo, encontra-se na parte (b). A partir da base dos dados empíricos, seguem descrições dos temas tratados em (c) e da forma dos livros em (d).

a. Os autores e seus leitores

A prática de escrever era parte das obrigações dos chefes da família, gerentes do patrimônio (no campo) ou de comércio (na cidade). A família, por sua vez, era um núcleo econômico tipo *oikos*, não só a família em sentido estrito, mas toda a gente que tomava parte da casa, incluindo os criados e as suas famílias.[9] Os herdeiros, geralmente os filhos mais velhos, usavam a técnica cultural de escrever para fixar dados importantes para eles e os seus sucessores. Distinto da fala, a modalidade escrita permite desligar a mensagem linguística do tempo e do espaço, prolongando assim o caminho da comunicação ao futuro.

No contexto familiar, os recursos eram repartidos de tal maneira que o filho maior recebia instrução na leitura e na escrita, considerando que os contextos da aquisição eram bem diferentes dos processos de hoje em dia.

b. A prática de escrever

Diferente de hoje, os materiais para escrever no século XIX eram escassos e caros, assim, o papel era usado várias vezes. A prática de escrever consistia, na maior parte das vezes, em uma prática de copiar textos manuscritos, e mais raramente textos impressos, porque o papel não tinha uma durabilidade muito grande, era perecível.[10] Muitos autores denominaram a sua atividade de escrever com o verbo *copiar* (Perpetuo, 1776; Pinto, 1880: 2). Muitos dos livros de família conservados eram copiados, alguns várias vezes. A seguir vê-se a transcrição de um fragmento de um dos livros de família em PB.

(1) [18,1/19,2 LF[11] PE] *Copia dos assentos feitos p[e].lo Licenciado José Joaq[ui].m /Perpetuo à respeito de sua Familia, em um livro/q.[ue] existe em poder da Familia de seu finado neto/o D[e]z[embargad].or João Salomé de Gueiroga.*[12]

As rotinas da vida do campo deixavam pouco espaço para atividades como a leitura ou a escrita. No Brasil, a leitura, nos séculos XVIII e XIX, era entendida como leitura em voz alta, que está próxima à leitura para um público extremamente importante numa sociedade predominante de analfabetos (Schlieben-Lange, 1990; Goetsch, 1994). O tempo era escasso para a aquisição das técnicas de ler e talvez de escrever (Jungbluth, 1996a). Essa instrução formava parte do ensino do catequismo em muitos lugares.

c. Os temas obrigatórios e facultativos

Devido a sua origem dupla,[13] o livro de família abarca dados sobre temas variados. Os dados genealógicos são obrigatórios. Podem incluir também a documentação de atos religiosos importantes para a família. Assim, os autores fazem, por exemplo, listas dos casamentos e batizados. A importância desses registros, entretanto, vai além do mundo religioso, porque os dados eram também juridicamente reconhecidos.

As seções narrativas, pelo contrário, são facultativas. Nessas narrativas, os autores contavam acontecimentos extraordinários como a visita do bispo e atos políticos, fenômenos climáticos ou astrológicos, por exemplo. Alguns faziam recomendações sobre a criação do gado, os cuidados com a agricultura, ou incluíam, ainda, atos jurídicos como contratos de compra e venda.

d. A forma dos livros

A análise do formato desses manuscritos também é importante, já que, ao lado das partes textuais dos manuscritos, há também listas, tabelas, cartas e contas intercaladas.

Alguns manuscritos abarcam papéis de tamanhos diversos.[14] Assim, os livros de família não têm uma forma única, antes combinam formas textuais variadas. O costume de ordenar o texto em colunas aponta para a origem dos livros de contabilidade. Coloca-se ao lado esquerdo o dia e o ano – muito comum nos livros de família europeus – ou uma palavra-chave que faz referência ao texto ao lado, como um índice, com a finalidade de facilitar ao leitor a orientação dentro o texto. Veja-se a seguir um exemplo de organização do texto em um livro de família.

(2) [19,2 LF PE] *Cheia de 1854|Em 23 de Junho de 1854, os rios/produziram cheias tão grandes, que figuravam/um diluvio. As tradicções precedentes/não accusam outra igual, causou as-/sombro, mas não constou que houvessem / desgraças a lamentar.*

América Latina: os livros de família pernambucanos

A TD *livros de família*, provavelmente, estendia-se por toda América Latina, porém, a guarda desses documentos de aparência pouco preciosa não recebeu a atenção necessária no continente. Pouco a pouco reconhecemos o valor desses textos que fazem parte da herança nacional e cultural. Historiadores, linguistas, etnólogos, sociólogos e antropólogos começaram a colecionar sistematicamente essas fontes e interpretá-las com a finalidade de aproximar-se de uma imagem das condições da vida cultural e social dos séculos passados, através do uso da língua que reflete essas condições. No caso desta pesquisa, dentro do contexto brasileiro, esse objetivo é intrinsecamente alimentado pela busca da origem da norma própria do PB diferente da norma do português europeu.

O Nordeste brasileiro, especialmente o estado de Pernambuco, representou a parte geográfica e cultural mais próxima da Europa, não apenas por sua localização geográfica, mas também por ter sido o centro cultural do Brasil. Desde o tempo da colonização portuguesa, a paisagem dessa região está marcada pelo cultivo de cana-de-açúcar. Assim, os engenhos, espalhados por longas distâncias, representavam os centros econômicos das empresas agrícolas. O sociólogo brasileiro Gilberto Freyre (1900-1987), de origem pernambucana, e formado nos Estados Unidos da América, descreve plasticamente, na sua obra *Casa grande e senzala*, as condições históricas, sociais e culturais da vida nesses engenhos típicos da época colonial, onde a família relativamente pequena do proprietário convivia com um número muito maior de escravos de origem africana. O pesquisador, internacionalmente reconhecido,[15] que também trabalhou como perito para o governo alemão,[16] juntou uma coleção importante de livros de família, sobretudo de origem nordestina, que hoje em dia estão disponíveis para a comunidade científica através da Fundação Gilberto Freyre. Ele próprio se inspirou nessas fontes e editou alguns manuscritos (veja o próximo tópico), modificando-os e preparando-os para leitura de um público maior.

AS FONTES HISTÓRICAS: OS MANUSCRITOS

Com a finalidade de buscar traços da oralidade nos documentos, escolhi quatro livros de família (veja Tabela 2).

a. Félix Cavalcanti de Albuquerque e Mello: *Livro de assentos*

Esse livro de família é um documento de valor extraordinário, já que é um dos poucos transmitidos de forma completa, descrevendo as condições de vida, os acontecimentos políticos e climáticos do fim do século XIX.

Como mencionado anteriormente, a edição feita por Gilberto Freyre sob o título *O velho Félix e suas memórias de um Cavalcanti* foi publicada em 1989. Enquanto essa forma textual parece suficiente para os leigos, os pesquisadores precisam de uma forma tipográfica mais próxima do manuscrito, com preferência a uma edição fidedigna[17] chamada de *normatica ecdótica* pela linguista mexicana, especializada em diacronia, Concepción Company (2007: 16-7, tradução minha; Ciapuscio, Jungbluth e Kaiser, 2006, Kabatek, 2006a; Gomes, 2006; Peralta, 2006):

> Fizemos uma transcrição paleográfica estrita, respeitando a sandhis e os erros, uma vez que eles podem nos aproximar da língua falada da época. Mantivemos e indicamos a separação de linhas e destacamos em itálico as abreviações.[18]

Enquanto esse trabalho ainda não está feito, o linguista precisa buscar o manuscrito original. A ideia fundamental é expressa por Company (2007: 11):

> Las líneas generales de búsqueda y selección de materiales [...] siguen los lineamentos [...] para la constitución de corpus de interés lingüístico: espontaneidad, coloquialidad e informalidad son requisitos que imponemos al documento que ha de ser seleccionado, ya que la meta es rescatar documentación que, a través de la lengua escrita, contenga rasgos de oralidad.[19]

b. José Joaquim Perpetuo: *livro de assentos*

O seguinte manuscrito não está guardado em forma original. A cópia arquivada data do ano de 1880 e está assinado por Luiz Antonio Pinto. A cópia é ao mesmo tempo um texto revisado, como se pode provar pela nota reproduzida abaixo:

(3) [18,1-19,2 LF] *Deixo de copiar muitos outros assentos/ curiosos que se encontraõ no livro men-/cionado, p[o].r q.[ue]só estes bastaõ p.a[ra] provarem/o methodo e regularidade q.[ue] o Licenciado/ José Joaq[ui].m Perpetuo seguio em sua vi-/da.*
Não conservei a m[es].ma ordem seguida nos/assentos p[ar].a mais facilitar o meu traba/lho (*Perpetuo/Pinto* 1748/1880: 20).

Luiz Antonio Pinto descreve a sua atividade de copiar, resumir e pôr o livro de família numa nova ordem. Inclui ainda o título *Nota*, que faz referência aos livros da contabilidade e documentos jurídicos.

c. João Mauricio Cavalcanti da Rocha Wanderley: *Livro de família e de contas*

Esse livro, que abarca um período de dez anos (1856-1866), tem um formato muito peculiar: estreito e alto. O autor começa o texto com as palavras "para lembrança". O manuscrito documenta o ano do nascimento do autor, 1816, mas não sabemos a data de seu falecimento. O livro tem 58 páginas, cada página tem entre 27 e 30 linhas. O manuscrito leva a estampa da livraria "*livraria economica No. 2 Rua de Crespo, No. 2 Defronte de arco de Sto. Antonio / Pernambuco*". O caráter de rascunho do original se caracteriza, por um lado, pela falta de uma estruturação do texto e, por outro lado, por apresentar blocos textuais intercalados de receitas e contas que o autor marca por meio de cruzes como eliminadas.

d. José Fernandes Bastos: *Livro de contas e assuntos familiares*

O fragmento do manuscrito de José Fernandes Bastos, redigido em Porto Feliz, tem quatro partes. O *livro de contas* documenta os anos de 1856 até 1867 nas páginas 5 e 24 até 431, enquanto os anos de 1867 até 1877 seguem sem páginas numeradas. Na pasta arquivada na Fundação Gilberto Freyre, há outro livro chamado *livro de cartas copiadas* dos anos 1880-1887, escritas aparentemente pelo mesmo autor, sem páginas marcadas, equivalendo, aproximadamente, a umas 150 páginas, comparáveis às cartas intercaladas em outros livros de família.

ESTRUTURA MACRO

Na subseção anterior, foi apresentada a estrutura gráfica dos textos (veja seção de subtítulo "A forma"). Ao lado da organização do texto em colunas, há, frequentemente, um texto horizontalmente não dividido e verticalmente cortado por títulos, às vezes trabalhados caligraficamente. Muitos autores dos livros de família têm o hábito de assinar os seus apontamentos para testemunhar o conteúdo de sua mensagem comunicativa, fazendo valer os ritos jurídicos: *E para cons_/tar faço este termo que*[20] *assigno* (Félix Cavalcanti, 1.3.1843).

(4) [19,2 LF PE] ***Declaração*** */ Por estar estragado o livro dos meus asuntos/ trasladeios para <u>para</u> o presente, e n'este/ continuar os que forem succedendo. Recife, rua/ Vidal de Negreirso, n.o 115, 20 andar, 2 de Abril/ de 1880.*

O hábito de datar os apontamentos segue a forma dos livros da contabilidade e também é típico dos diários que regularmente formam parte da TD *livro de família*. Eles se desenvolvem em gêneros autobiográficos, os quais se destacam na atualidade, caracterizando boa parte do mundo discursivo literário. O enfeite caligráfico dos títulos já mencionados, bem como as primeiras letras dos textos e dos parágrafos, indicam mais uma vez que os autores conheciam a forma dos textos usados no mundo jurídico, um mundo discursivo que já muito cedo se separou do mundo discursivo cotidiano.

Estrutura micro: aspectos lexicais e gramaticais

No nível linguístico, devem-se diferenciar os aspectos lexicais e gramaticais (Castilho, 1990-2002, 2003, 2006). Como se pode observar nos fragmentos e nos exemplos transcritos anteriormente, a estrutura textual não revela frases simples. A falta da interpunção ainda frequente, no caso da colineação e copaginação, dificulta a leitura.

a. Variação lexical

Ao lado de um vocabulário cotidiano, nomeadamente (1) termos genealógicos, (2) calendários, (3) partes do corpo humano (enfermas), destaca-se o uso de um léxico especializado, referindo-se a (4) dignitários religiosos, (5) atividades agrícolas, e (6) cultivo no campo. A diferenciação em nível lexical, que elucida os vários mundos discursivos, está representada no par (7) *azeite: óleo*, em que o primeiro faz referência ao azeite de oliva como produto agrícola (importado) e alimento, e o segundo ao seu uso no contexto religioso-cristão, muito importante na cerimônia de fé.

Tabela 3 – Exemplos do léxico cotidiano e especializado usado nos livros de família

Vocabulário comum	**Vocabulário de especialidade**	
	Religião	Agricultura
(1) *filho, padrinhos, neto, familia*	(4) *bispo, vigário*	(6) *potassa, semente, adubo*
(2) *fevereiro, abril, outubro, junho, anno, 4.a feira, noite, dia, madrugada*	(5) *baptizei-me*[21]/ *baptisou-se; fabricaçaõ de vélas*	*oliveira, amendõa, palmeira,*
(3) *côr, ventre, (febre)*		
(7) *aceite*	(7) *oleo*[22]	

b. Variação morfossintática

No campo da morfossintaxe, as diferenças entre o uso nos livros de família e o uso do PB atual não são tão grandes como o esperado: o uso do pronome em posição do sujeito segue fiel ao modelo do português europeu; o uso frequente do pronome, primeiro da 1ª e 2ª pessoa[23] e mais tarde o pronome da 3ª pessoa, característico do PB contemporâneo – por exemplo: "*Mercedes 190.* [...] *E **ele** (!) chegou facil aos 200 km/h em nossa pista*" (Elizaincín, 2007: 124; Kato e Negrão, 2000; Reich, 2002), foi, provavelmente, divulgado mais tarde ou tem as suas raízes em outra região brasileira.

Outro aspecto é o uso paratático da conjunção *que*, como pode ser visto em: *E para cons_/tar faço este termo que assigno*. Esse uso é característico da escrita dos autores semicultos em muitas línguas românicas da época dos manuscritos estudados e mesmo de épocas anteriores.[24] As demais variações limitam-se ao uso das preposições e ao uso mais livre da ordem de palavras (aspectos que serão retomados nos próximos parágrafos).

c. Sintagmas preposicionais

Os *desvios* variacionais afetaram as preposições *a* e *em*. Essa última se especializou em introduzir determinações temporais, aparecendo nos manuscritos com uma frequência maior do que os complementos introduzidos por *a* (o PB introduz verbos de movimento regularmente com a preposição *em*, um traço distinto do PE).[25] Curiosamente, a palavra *dia* encontra-se anteposta ao dia de semana, um uso desconhecido no português contemporâneo:

Tabela 4 – O uso das preposições *a* e *em* e a anteposição da palavra *dia*

[nasci]	**a**		19 de março[26]
	em	um **dia**	6ª feira <hoje: na sexta-feira>

*Nasci **á** 19 e baptizei-me **á** 25 de Março, [José] falliceu **á** 16 de Março* (Perpetuo, 1748/ Pinto, 1880, 1ra página) ao lado de *[nasceu] **no dia** 2 de Março* (Cavalcanti, 1828-1901, 1ra página) que revela o uso contemporâneo.

d. Ordem de palavras

Muitas frases são introduzidas por um verbo finito: ***serve** este livro* (Cavalcanti, 1.3.1843). Já os sintagmas preposicionais encontram-se antepostos ou pospostos aos verbos:

Tabela 5 – Exemplos do uso de sintagmas antepostas e pospostas nos livros de família

Honorio Jr. S[27]	nasceu V[28]	***em 24*** SINTAGMA$_{prep}$	***de Abril***	***de 1771***
Em 7 de Julho SINTAGMA$_{prep}$	[...] nasceu V	uma S	menina	morta

ORIGEM EUROPEIA E TRAÇOS AMERICANOS: COMPARANDO A VELHA E A NOVA ROMÂNIA

Com a finalidade de chegar a uma comparação[29] entre a origem europeia e os livros de família brasileiros, parto, nesta seção, dos resultados principais de minha pesquisa sobre os livros de família catalães (Jungbluth, 1996a). Eles representam o fim (!) da prática de escrever livros de família na Europa ao longo de 500 anos (veja o começo da seção "Oralidade e escrita: os autores semicultos"). O esboço comparativo compila traços fonológicos e morfossintáticos.

Traços compartilhados: as sibilantes, as vogais átonas e os hiatos

Tomando em consideração as diferenças ortográficas entre o PB do século XIX e o PB de hoje em dia, e a comparação com as diferenças encontradas nos livros catalães, a homogeneidade nas fontes brasileiras deve ser destacada. Isso põe em questão a tese de que os autores pernambucanos são, de fato, semicultos e têm pouca prática de escrever. No entanto, as representações dos fonemas sibilantes, das vogais átonas e dos hiatos marcam uma exceção:

Tabela 6 – Traços próprios (sibilantes, vogais átonas, hiatos)

Sibilantes			
Catalão:	*me**ss**us* ***sa**lebraran*	'meses' 'celebraren'	Seriñana 1886[30] Seriñana 1886[31]
PB:	*pre**z**ença* *feli**s**m[en]te*	'presença' 'felizmente'	Lins 10.6.1886[32] Lins 10.6.1886
Vogais átonas			
Catalão:	*c**u**mensarem*	'comensarem'	Seriñana 1864[33]
PB:	*Cavalcant**e***[34] *d**e**ferentes*	'Cavalcanti' 'diferentes'	Cavalcanti 1843/1880, 1 Cavalcanti 1819/1880, 1
Hiatos			
Catalão:	*tra**yi**sio*	'traïcio'	Casanovas 1710/1767 §1[35]
PB:	*tra**hi**dos*	'tirados'	Cavalcanti 1843/1880, 1

Abreviações e convergência morfossintática: o uso paratático do juntor *que*

A leitura dos manuscritos torna-se difícil, por um lado, por causa das abreviações, que pertencem ao nível superficial gráfico. Por outro lado, as sequências paratáticas realizadas por meio do juntor *que* (sobre o termo *juntor*, veja Raible, 1992),[36] que se deve à fala e que pertence ao nível estruturalmente mais fundo da morfossintaxe, tornam a leitura ainda mais complicada. No próximo exemplo (Lins, 22.8.1886), o leitor pode observar as dificuldades provocadas pela falta de uma informação hipotática que deveria marcar a hierarquia interna das proposições juntadas na frase:

(5) [18,1-19,2 LF]
João Luis
q[e] *[que] com o f.*[o] *[filho] M.*[el] *[Manuel], o espancado, todos bastante/ alcoolizados durante o tempo*
q. *[que] se conservarão na feira/ da cidade do RRio [sic!] formêzo durante* [o dia] *de hontem, no meio de/ m*[tos] *[muitos]*
q *[que] se dão ao m*[mo] *[mesmo] vicio,* ***devem*** *ter tido contestação,* ***conti-nu/ando****-as*[37] *p*[las] *[pelas] estradas, e* ***dando*** *maior forsa a [...] ao chegar a suas cazas.*

O primeiro *que* paratático tem o valor de *e* comprovado pelo verbo em terceira pessoa plural "*devem*" na penúltima linha. O segundo *que* deve ser interpretado como hipotático, já que inicia uma informação temporal, parafraseável pelo sintagma "*durante o tempo que*" ou semelhante. O terceiro *que* também tem um valor hipotático. A frase introduzida na penúltima linha é equivalente a uma frase subordinada relativa, com a finalidade de determinar mais estreitamente o estado do pai e do filho. Enquanto a fala usa repetidamente sequências, às vezes muito longas, paratáticas, a norma escrita exige outra forma. A escrita paratática caracteriza não só o caráter semiculto de muitos dos autores dos livros de família, mas também representa, ao nível universal da linguagem, um meio que admite juntar proposições lado a lado sem expressar, além da pura sequência, a sua interdependência interna hierarquicamente ou semanticamente. Em resumo, os textos analisados nesta pesquisa caracterizam-se, assim, como semioral, o uso da língua revela em muitos textos os traços da língua falada.

Ao lado do juntor *que*, gostaria de chamar a atenção do leitor para as construções com gerúndio, abundantes nas escrituras (veja no exemplo anterior, *continuando* e *dando*). Eles também admitem juntar informações fracamente integradas. Assim, essas duas características marcam, de uma forma geral, a TD discursiva *livros de família*, como afirma Kabatek (2006a: 165):

> Los esquemas de junción de un texto – junctores que contiene y frecuencia relativa – son síntomas para determinar la tradición discursiva a la que el texto pertenece.

Resumindo, acabo de revelar, com exemplos, os traços lexicais e gramaticais característicos da escritura dos livros de família brasileiros. Destaca-se a grande variação das formas escritas às vezes das mesmas palavras e das suas formas. Não é raro que a sequência das letras seja alternada de um parágrafo ao outro. Essa pouca precisão deve-se, pelo menos parcialmente, à pouca prática de escrever dos autores, à distância temporal entre escrever um parágrafo e escrever o outro. A mesma observação é válida também para os livros de família escritos em outras línguas.

CONSIDERAÇÕES FINAIS

Em síntese, os traços descritos nesta pesquisa podem ser compilados na tabela seguinte:

Tabela 7 – Comparação dos traços dos livros de família da Romênia Velha com aqueles da Romênia Nova

	Romênia Velha	**Romênia Nova**
Estrutura macro	Combinação de crônica familiar e livro de contabilidade Divisão formal pelos anos	Crônica familiar e notas (*assuntos*) Divisão pelo conteúdo
Estrutura micro I: Grafia e fonologia	Variação na grafia e fonologia ainda no mesmo manuscrito	Grafia e fonologia relativamente homogênea dentro do mesmo documento; abundância de abreviações
Estrutura micro II: Morfossintaxe	Majoritariamente parataxe; pouca variação no uso das preposições e conjunções Conjuntor *que* sem função de subordinação	Mais variação e frases mais complexas, a hipotaxe raramente transcende o primeiro grau Conjuntor *que* sem função subordinada

As fontes merecem ser transcritas e interpretadas, porque muitos dos traços revelam características não só da língua em foco, em nosso caso o PB, mas também da România toda. Inicialmente, para as descrições feitas, devem ser verificadas a sua pertença a um texto característico da fala ou da escrita. Ao lado das peças de teatro e das cartas transcritas, essa TD próxima à fala contribui com dados extremamente importantes para o *corpus* PHPB.

Na perspectiva das ciências culturais, de que a Linguística também participa, a pesquisa mostra a necessidade de integrar conhecimentos compilados pela história social, incluindo especialmente aspectos da história das mentalidades com a finalidade de chegar ao sentido transmitido pelos dados linguísticos até nossos dias.

NOTAS

1 Agradeço muito o apoio paciente de Layla C. Iapechino Souto que melhorou idiomaticamente o texto com cuidado. Sem dúvida, qualquer erro restante é da exclusiva responsabilidade da autora.

2 Para acessar a técnica de uma transcrição fidedigna, veja Schmidt-Riese, 2003, e o volume 1 desta série, intitulada *Corpus diacrônico do português brasileiro*.

3 Com a finalidade de estender a base de dados para além de um só autor, a coletânea de diferentes manuscritos para esse trabalho, da mesma época, oferece pontos de partida para a comparação e ajuda a chegar a conclusões mais gerais.

4 Conferir Schlieben-Lange, 1983; Jungbluth, 1996a; Koch, 1997; Oesterreicher, 1997b.

5 Mais uma vez, verifica-se que a forma dando origem a novas TD é a mais difundida (veja Koch, 1997, sobre a TD folheto).

6 Castilho (2015) verificou, em sua pesquisa sobre os cristãos novos, descendentes de judeus, que grande parte dos autores dos documentos escritos em São Paulo eram cristãos novos. Pressionados pela Inquisição portuguesa, esses cristãos novos fugiram e se espalharam pelo país e, mais tarde, uma boa parte deles se concentrou no Recife. A fim de expandir nossos conhecimentos sobre a história do português brasileiro, seria interessante pesquisar se algum ou vários desses autores letrados dos livros de família pernambucanos eram descendentes de judeus. Célia Castilho (2015) afirma que os chamados cristãos novos, trilíngues em ladino, espanhol e português, tiveram uma influência importante em configurar o português brasileiro nos séculos passados. Segundo a autora, um grupo de seiscentos judeus chegaram a fundar, a partir de 1630, "*em Pernambco uma comunidade apreciável*" (Castilho, 2015: 6). Nesse sentido, uma pesquisa mais profunda sobre o contato entre os autores a partir da língua escrita em São Paulo e Pernambuco poderia evidenciar as influências recíprocas ou unidirecionais entre eles e também entre a Europa, o continente de sua descendência, e o Novo Mundo, o Brasil. Para mais informações, ver: Célia Maria Morais de Castilho, "Os judeus na implantação do português em São Paulo", III Congresso Internacional de Linguística Histórica, Santiago de Compostela, 27-30 de julho de 2015.

7 Nas casas particulares não havia condições para assegurar que o clima não afetasse os papéis, e também, como veremos em seção posterior, não houve um cuidado por parte dos arquivos oficiais em arquivar e preservar esses documentos.

8 "*Assento deminha idáde – Nas/no anno de 1819 Aos 23 de Jun/das 8 p.ª da noite*" (Livro de família e de contas, página 3). As letras da margem da página que faltam devem-se à conservação defeituosa da fonte.

9 Cf. Jungbluth, 1996a.

10 Veja Félix Cavalcanti de Albuquerque e Mello (2.4.1880): "*Por estar* ***estragado*** *o livro dos meus assentos,/trasladeios para* [...] *o presente*"

11 LF: livro de família.

12 Agradeço a Marlos Pessoa por suas indicações muito valiosas, como a interpretação da abreviação antes enigmática *Dz.^{or}*.

[13] Cf. Weiand, 1993; Jungbluth, 1996a.

[14] José Fernandes Bastos, 1856-1887, *Livro de contas com cartas copiadas intercaladas e assuntos familiares.*

[15] Formando parte do conselho dos 8 sábios (de Paris), Gilberto Freyre trabalhou para a Unesco (1948). Em 1954, a ONU encomendou-lhe um parecer sobre a situação das raças na África do Sul. Disponível em http://www.destinopernambuco.com.br/personalidades.php, acesso em 30 maio 2008.

[16] No mesmo ano 1954, tempos de Konrad Adenauer, Gilberto Freyre escreveu um parecer para o governo alemão sobre o tema dos filhos dos militares das tropas de ocupação (Görgen, 1990; disponível em http://bvgf.fgf.org.br/portugues/obra/livros/pref_outros/herrenhaus.htm; acesso em 29 maio 2008.

[17] "*Sin duda, los materiales del proyecto Documentos lingüísticos de la Nueva España son de utilidad también para acercarse a la Nueva España desde otras disciplinas, tales como la historia de la vida cotidiana o la sociologia*" (Company, 2007: 11).

[18] "Hemos realizado una transcripción paleográfica estrecha, respetando os sandhis y los errores, ya que ellos nos pueden aproximar a la lengua oral de la época. Mantenemos e indicamos la separación de línea y desatamos en cursivas las abreviaturas".

[19] "As linhas gerais de procura e selecção de materiais [...] seguem os contornos [...] para a constituição de corpus de interesse linguístico: a espontaneidade, o coloquialismo e a informalidade são requisitos que se aplicam ao documento que será selecionado, já que o objetivo é resgatar documentação que, através da linguagem escrita, contenha características da oralidade" (Tradução nossa)

[20] Veja a ligação por meio do juntor que, representando o limite entre a hipotaxe e a parataxe.

[21] O uso do pronome reflexivo da 1ª pessoa em combinação com a 1ª pessoa da forma finita do verbo surpreende em particular porque a ação não pode ter a sua origem nele. Concepción Company (2007, 17) observa no espanhol do século XVIII uma "*proliferación de pronombres posesivos que parecen un tanto superfluos [...] murió a los ochenta y tres años de su[!] edad*".

[22] *pôz-lhe Os Santos Oleos o Reverendo Ignacio Bello de Freitas* (Cavalcanti da Rocha Wanderley, 1856, *Livro de Assuntos*, 1ra página).

[23] Cf. Lopes, 2003, 2005.

[24] Cf. Jungbluth,1998, e suas referências bibliográficas.

[25] Cf. Pedrão, 2002.

[26] Veja "*Nasci á 19 e baptizei-me á 25 de Março, [José] falliceu á 16 de Março*" (Perpetuo, 1748/ Pinto, 1880, 1ª página) ao lado de "*[nasceu] no dia 2 de Março (Cavalcanti 1828-1901, 1ª página)*" a forma de hoje em dia.

[27] S para o sujeito.

[28] V para o verbo em forma finita (= predicado).

[29] Englobamos aqui como România Velha todas as línguas pós-românicas faladas na Europa, ao passo que a România Nova engloba as línguas românicas faladas em outros continentes além da Europa.

[30] Jungbluth, 1996a: 129.

[31] Compare: en dicho **z**itio 'sitio'; a dicha ca**ss**a 'casa'; ne**ss**esario 'necesario': español mexicano siglo XVIII (Company, 2007: 15).

[32] uzado 'usado' Lins 15.8.1886; nauzeas 'náuseas' Lins 22.8.1886; caza 'casa' Lins 10.6.1886; recuza 'recusa' Lins 15.8.1886.

[33] Jungbluth, 1996a: 124.

[34] A variação da escrita dos sobrenomes também presente nos livros de família catalães chama a atenção: Juan Batista Sariñana, Juan Bautista Sariñana, Juan Babtista Sariñana. Ainda mais variações têm os nomes dos países: Francia, Fransa, França, Frannsa, Franse, France; Cataluña, Catalunÿa, Cataluya, Catalulla (Jungbluth, 1996a: 123)

[35] Jungbluth, 1996a: 131.

[36] Wolfgang Raible, *Junktion: eine Dimension der Sprache und ihr Realisierungsformen zwischen Aggrgation und Integration*, Sitzungsberichte der Heidelberger Akademie der Wissenschaften, Philosophisch-Historische Klasse, Bericht 2, Heidelberg, Winter, 1992.

[37] Acho que o pronome posposto determina a contestação, embora o seu número seja plural.

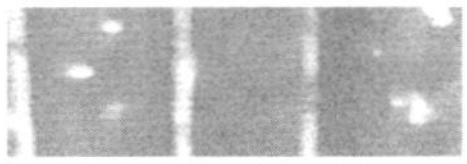

O BENDITO EM MANUSCRITOS RELIGIOSOS POPULARES DA PRIMEIRA METADE DO SÉCULO XX AO INÍCIO DO SÉCULO XXI

Lucrécio Araújo de Sá Júnior

SUMÁRIO

APRESENTAÇÃO

Este capítulo tem como objetivo analisar o gênero *bendito*, que é um tipo de canto que compõe os ritos religiosos populares tais como novenas, procissões e folias. A partir da perspectiva das Tradições Discursivas, buscar-se-á observar as permanências e mudanças ocorridas nas sequências discursivas da estrutura formal dos textos. Para isso, a perspectiva teórica fundamenta-se nas ideias de Coseriu (1979), Oesterreicher (2002), Zumthor (1993, 2000) e Kabatek (2006b).

Para esses teóricos, os traços de mudança e de permanência observados na trajetória de um texto apontam para os traços de mudança e de permanência no funcionamento da língua. Em consonância com essa ideia, é preciso salientar que nos benditos há uma variação nas sequências discursivas do texto e que essa variação é dada pela fusão de outros gêneros da tradição religiosa. Tais transformações ultrapassam os elementos puramente linguísticos e são condicionadas pelo contexto externo. Considerando que o canto popular religioso está ativamente constituindo ou alimentando a memória e o imaginário da sociedade, as relações entre práticas discursivas, entre textos/discursos, são o que denominamos de interdiscurso, o qual aponta para a produtividade dos textos. A variação na sequência discursiva dos benditos revela que os autores desses enunciados se apropriaram de diversas vozes sociais, transformaram textos anteriores reestruturando-os para gerar novos textos.

No conjunto do trabalho, posso parecer reiterativo, ou posso até, num ponto ou noutro, deixar a impressão de redundância. Preferi correr esse risco, contanto que meu texto cumprisse sua função principal: a de ser explicativo, a de possibilitar uma exposição mais acessível do fenômeno do bendito como linguagem, sobretudo para aqueles leitores apenas iniciados nas questões culturais. Quis, afinal, tornar mais claras e mais acessíveis questões, por vezes, complexas e nem sempre bem compreendidas.

Quanto aos exemplos apresentados, o *corpus* utilizado para este estudo se constitui de pesquisa de campo e pesquisa documental realizadas no Brasil e em Portugal. O percurso seguido nas pesquisas foi simultaneamente linguístico-antropológico, descritivo e interpretativo. As recolhas foram realizadas desde o período de outubro de 2005 a março de 2010. A pesquisa de campo foi desenvolvida em caráter exploratório, a partir de um questionário semiestruturado. Nas entrevistas, o objetivo principal foi buscar informações sobre a realização dos ritos nas comunidades pesquisadas. Surgiram, então, depoimentos sobre os ritos desenvolvidos no presente, mas principalmente as lembranças individuais de um passado. Os depoimentos revelaram o processo de nomadismo das vozes, e porque são lembranças de uma memória coletiva, elas foram dadas apoiando-se numa situação de vivência que ocorreu e que ainda ocorre, mesmo ressignificada.

A pesquisa de campo teve início na cidade de Poço de José de Moura, alto sertão da Paraíba (PB) em 2005. Após ter uma quantidade apreciável de informantes desse local, veio o segundo momento do plano de investigação. Em 2006, com o intuito de perceber a *movência* (= movimento geográfico do texto em permanente mudança) e multiplicidade das vozes que fazem uso do canto popular religioso nos entrelugares da religiosidade popular, pude chegar a uma comunidade litúrgica localizada no bairro de Mangabeira na cidade de João Pessoa (PB), composta por pessoas todas oriundas do interior nordestino; esse *locus* foi bastante revelador, pois as origens da referida comunidade estão centradas no sertão da Paraíba e mais dois estados, Ceará e Rio Grande do Norte. Tendo informantes dos mais recônditos sertões, famílias inteiras unidas pelo rito, tive quase que no mesmo instante uma hipótese confirmada, o canto e o rito congregam, unem e instituem laços, relações de sociabilidade. Ainda em João Pessoa, no bairro do Valentina, igualmente encontrei uma família oriunda do Vale do Jequitinhonha, estado de Minas Gerais. Esse contato também me foi revelador, pois na pesquisa documental em bibliotecas já havia encontrado recolhas realizadas exatamente neste lugar. O contato com os nativos da região serviu para confirmar a existência dos cantos descritos nos documentos, e também para perceber a melodia das letras, assim como para registrar o ato de recordar uma lembrança.

Em João Pessoa, muitas outras testemunhas começaram a surgir, e estas testemunhas, no sentido comum do termo, não foram suficientes, mas necessárias, pois reunindo suas lembranças foi possível descrever muito exatamente os fatos ou objetos dos ritos no tempo e em espaços geográficos distintos, assim pude reconstituir na narrativa uma sequência de atos através de palavras dentro de circunstâncias definidas.

No Brasil, pesquisei ainda em Florianópolis, no ano de 2009, na perspectiva de ver o deslocamento do canto popular religioso para uma região tão diversa do Nordeste brasileiro, e lá pude encontrar recolhas e depoimentos reveladores sobre a *movência* e o nomadismo.

Na Europa, em pesquisas de campo realizadas entre 2007 e 2008, entrevistei e recolhi cantos religiosos, em Portugal, na região de Trás-os-Montes, nas cidades de Bragança e Miranda do Douro, respectivamente. Também foram realizadas recolhas nas igrejas lisboetas no período do Natal de 2007. Na Espanha, na Igreja de San Martín em Salamanca, fiz a gravação de um terço. E, na França, a gravação de uma missa cantada na Igreja de Saint Gervais, em Paris.

Em todo o percurso etnográfico, estive acompanhado de muitas impressões e curiosidades que me levaram a crer que em cada lugar que visitava eu poderia encontrar pistas de cantos populares reterritorializados. Assim ocorreu durante as celebrações de Natal, do Ano Novo e da Festa de Reis.

Na pesquisa documental em Portugal, pude encontrar textos de benditos em manuscritos e livros datados do início do século XX. Tal pesquisa foi realizada na Torre do Tombo, na Biblioteca Nacional de Portugal, no Centro de Tradições Populares Portuguesas, na Biblioteca da Universidade de Lisboa e na Biblioteca da Universidade Nova de Lisboa. No Brasil, a pesquisa documental foi realizada nos arquivos da Cúria da Diocese de João Pessoa, no acervo do Núcleo de Pesquisa e Documentação da Cultura Popular (Nuppo) da Universidade Federal da Paraíba, no acervo do Seminário Diocesano de João Pessoa. Vale salientar que fiz consulta a sites na internet e que alguns manuscritos me chegaram às mãos através de colegas pesquisadoras, do Ceará, referente aos benditos do padre Cícero no Juazeiro do Norte, e também do Piauí, principalmente de Teresina e Piripiri Também recebi colaboração de pesquisadores do Mosteiro de São Bento na Bahia e do Mosteiro de São Bento de Olinda.

E é porque aqui se faz uso de uma pesquisa documental que vale observar que alguns cantos citados neste trabalho se configuram no modo de conservação posterior à voz, uma vez que os textos escritos são registro do seu uso na tradição oral. Mas, mesmo distinguindo os modos de registro, composição e reiteração do texto, é possível chegar a um quadro epistêmico sobre as modalidades vocais no seu jogo. A duração de tal memória é então limitada pela força dos eventos, na duração do grupo; subsistem, todavia, testemunhos. Quando esses testemunhos são ausentes, é quase impossível descrever o canto e o sentido que em linguagem ele apresenta.

Considerando os manuscritos datados entre a primeira metade do século XX e o início do século XXI, esses funcionam como um espelho turvo; são documentos que não dizem como o canto se desenvolve em situação de performance. Sobre a performance do canto, a pesquisa conseguiu alguns registros *in loco*. Mas, na sua grande maioria, não foi possível presenciar muitas das situações de performance em que o canto ocorre, tendo em vista que o percurso foi abrangente desde que considerados os diversos espaços geográficos. No caso das *incelenças*, encontrar uma informante que realmente exercesse o canto e pudesse transmitir uma situação de performance foi bastante difícil. Isso não foi surpresa, a leitura de Zumthor já havia alertado:

> Cantoras africanas de lamentação são incapazes de reproduzir seus poemas fora de funerais autênticos. Implicando um tipo singular de conhecimento, a performance poética só é compreensível e analisável do ponto de vista de uma fenomenologia da recepção. (Zumthor, 1997: 155).

Zumthor pontua que convenções, regras e normas regem a poesia oral; abrangem de um lado e de outro o texto, sua circunstância, seu público, a pessoa que o transmite, seu objetivo em curto prazo. Cada um dos membros da sociedade é caracterizado como alguém que ocupa o seu lugar dentro do conjunto dos demais, e, nesse sentido, no imaginário popular os mortos também têm seu espaço de atuação. É assim para todos os casos em que os outros reconstroem para nós os acontecimentos, recriando em si o sentimento do já visto. As testemunhas têm um papel preponderante e complementar neste trabalho. Como afirma Halbwachs (2006), pode até ser que testemunhem mal o passado, e que o elemento ou a parcela de sua lembrança seja uma expressão pessoal exata, algumas talvez até fictícias. Inversamente, pode acontecer que os depoimentos sejam os únicos exatos, e que eles corrijam e orientem a memória coletiva e a incorpore. Para perceber a dinâmica das vozes, confrontei os vários depoimentos. E é porque esses depoimentos concordam no essencial que pude compreender o seu conjunto, reconhecendo o canto como experiência humana: linguagem. Em algum momento, eu mesmo agi como testemunha, já que, como diz Halbwachs (2006), "*a primeira testemunha na qual nos devemos apoiar somos nós próprios*".

Como se vê, a pesquisa realizada privilegia uma quantidade considerável de locais bastante diversificados. Foi por buscar um quadro comparativo para os benditos que me concentrei nessa multiplicidade de lugares. No sertão e no litoral paraibano, simultaneamente, a perspectiva foi perceber o deslocamento do canto de um lugar a outro; devido ao fato de ter obtido recolhas dessas regiões, este estudo possui um *corpus* bastante exemplar para o entendimento da *movência*, do processo de memória coletiva, da intertextualidade do canto, das divergências e reiterações, tanto no nível do texto quanto em se tratando das práticas rituais, das performances.

O bendito é um tipo de texto que se designa para um exercício ritual num espaço religioso; trata-se de conjunto de poesias religiosas cantadas segundo modalidades e regras poéticas muito precisas. Na sua prática, a performance oral condiciona a expressão, pela instauração de uma troca frutuosa entre os intérpretes e os demais participantes do rito. Intervindo forte e essencialmente nas práticas sociais, o quadro epistêmico dos benditos revela em grande parte da linguagem os jogos que adentram o sistema de atuantes sociais. Pelo quadro epistêmico, temos nos benditos um papel estruturante decisivo, quer do uso social desses textos, quer dos atos linguísticos.

Culturalmente, os benditos trazem em si uma dupla memória: (i) memória das formas das modalidades poéticas de uma religião autóctone, porém difícil de mapear, tão antiga quanto a humanidade, que vem conservada e modificada na prática dos ritos populares; (ii) memória das histórias, narrativas que se contavam, contam e cantam nas celebrações oficiais da igreja. Assim, o bendito é concebido numa intertextualidade ligando e reconhecendo enunciações poéticas, formas de dizer e fazer as experiências num mundo material e imaginário, instaurando-se como marcas linguísticas e formas discursivas de uma região (Sá Júnior, 2009a).

A TRADIÇÃO DO BENDITO

O bendito surge numa perspectiva mítica de encontrar respostas satisfatórias para as perguntas fundamentais sobre o processo de existência, vida e morte. Aí está, pois, em jogo a nossa identidade coletiva enquanto humanidade que vive sob uma crença interativa, que privilegia ritos, cultos e deuses de longa duração histórica, e busca articular leituras plurais de um imaginário sobre a maneira de crer, esperar, avaliar, sonhar, entre tantas coisas. É assim que nasce, se mantém, se estrutura e modifica a memória coletiva do bendito popular.

Cada bendito revela, à sua maneira, uma modalidade de sacralidade celeste e de sacralidade histórica da sociedade que o institui, dos valores do rito ou da "figura divina". Configurados no espaço rural ou na "reportação" deste, os benditos revelam hierofanias telúricas, vegetais e agrárias (Eliade, 2002); o interesse de sua linguagem está centrado sobre as manifestações do sagrado nos níveis biocósmicos. E enquanto estrutura político-social incide sobre a projeção da vida, trata de mitos e símbolos que situam o ser humano no tempo e espaço, daí surge uma série de relações que têm a ver com os círculos culturais, com as ideologias, com os fatos, com a família, com a sexualidade, com a morte e a vida. Nas devoções populares são muitas as funções dos benditos, que servem para louvar os santos, para lamentações e penitências, para se velar um defunto, para o dia de finados, para beijar o santo, para as Folias de Reis, para o Natal, para do dia das mães, para a Semana Santa etc. Dessa maneira, cada bendito é um texto socialmente considerado como tendo em si um valor próprio. Esse valor, que o qualifica de literário e poético, é contextualmente e culturalmente designado, assinalado e assimilado na sua utilidade particular. Num primeiro momento, o bendito é útil para se dirigir ao sagrado, num segundo é útil enquanto elemento unificador de vozes, desejos, vontades e pensamentos públicos. É nessa linguagem que se articula o elemento ritual: textos identificados, produtores assim identificados, público iniciado. O rito, neste tecido social, feito de regras que "suplementam" as reproduções, reproduz-se, pois classifica os seus membros – com nomes e identidades –, a divisão social do trabalho, a marcação do calendário.

Neste estudo, focalizam-se as vozes tradicionais das festas litúrgicas cíclicas do catolicismo popular. A abordagem está centrada na observação do canto denominado bendito com o intuito de perceber o conceito, a *forma* e as situações de performance. Nesse contexto, as perguntas que orientaram este estudo são: o que é bendito? Como defini-lo? Existe uma *forma* que caracteriza o canto? Quais são as situações de uso?

Temporalmente marcado na literatura, o primeiro canto denominado *bendito* está na Bíblia elaborado através da profecia de Zacarias feita quando nasceu seu filho João Baptista:

> Bendito seja o Senhor, Deus de Israel, porque visitou e resgatou o seu povo, e suscitou-nos um poderoso Salvador, na casa de David, seu servo (como havia anunciado, desde os primeiros tempos, mediante os seus santos pro-

> fetas), para nos livrar dos nossos inimigos e das mãos de todos os que nos odeiam. Assim exerce a sua misericórdia com nossos pais, e se recorda de sua santa aliança, segundo o juramento que fez a nosso pai Abraão: de nos conceder que, sem temor, libertados de mãos inimigas, possamos servi-lo em santidade e justiça, em sua presença, todos os dias da nossa vida. E tu, menino, serás chamado profeta do Altíssimo, porque precederás o Senhor e lhe prepararás o caminho, para dar ao seu povo a conhecer a salvação, pelo perdão dos pecados. Graças à ternura e misericórdia de nosso Deus, que nos vai trazer do alto a visita do Sol nascente, que há de iluminar os que jazem nas trevas e sombra da morte e dirigir os nossos passos no caminho da paz (Lucas 1, 68-79).

Esse bendito passou a ser cantado e/ou recitado diariamente na *Liturgia das Horas*, em *Vésperas e Laudes*, quando regulamentado o *Ofício* pelos monges beneditinos. Nos benditos populares restam fragmentos de poemas da música cristã oficial, mas também há uma influência muito diversificada, criações próprias do povo. No processo de comunicação humana, o canto sagrado está entrelaçado a questões de linguagem, de vida social do homem. De acordo com Zumthor (2000), a performance do canto é própria de toda comunidade. No caso dos benditos, no entanto, até agora, não se conseguiu definir a natureza precisa dessas relações. Em seu *Dicionário do folclore brasileiro*, Câmara Cascudo (2000: 118) define bendito como "*canto religioso com que são acompanhadas as procissões e, outrora, as visitas do Santíssimo. Denomina o gênero o uso da palavra bendito, iniciando o canto uníssono*". Para esse autor, bendito é um tipo de canto que se define por autorreferenciação, estando no início a *tópica* que tem função de exórdio, como no exemplo a seguir:

(1) [20,1 B PB] LOUVEMOS A SANTA CRUZ

Bendito e louvado seja
No céu a divina luz
E nós também na terra
Louvemos a santa cruz

Os anjos do céu contente
Louvando estão a Jesus
Cantemos também na terra
Louvemos a santa cruz

Aqui bem estamos vendo
Brilhar uma clara luz
E que estão do céu caindo
Reflexos da Santa Cruz

Já santa doutrina termos
Para nossa guia e luz
Como sangue divino escrita
No livro da Santa Cruz.

No mais alto do calvário
Morreu nosso bom Jesus
Dando no último suspiro
Nos braços da Santa Cruz

A arma em qualquer perigo
É raio de eterna luz
Bandeira vitoriosa
O santo sinal da Cruz.

Louvemos cantemos sempre
Em honra da Santa Cruz
Para que do negro inferno
Nos livre amém Jesus.
(Recolha de Lucrécio A. Sá Júnior, em Poço José de Moura (PB), 2005)

Em se considerando o processo de *movência* e manutenção da cultura, essa fórmula não pode ser considerada geral. Atualmente, os benditos envolvem outros cantos religiosos que não conservam a mesma estrutura tópica, e acabam por não seguir uma fórmula bem definida. A afirmação anterior advém, em particular, de uma investigação que serviu para direcionar este estudo. Quando realizando pesquisas na Universidade de Lisboa, recebi da profa. Maria Aliete Dores Galhoz o trabalho de frei Francisco Van der Poel OFM, que tratava de pesquisas realizadas sobre benditos no Brasil. No texto, intitulado "Benditos: uma tradição religiosa oral" (1995), Van der Poel admite que a fórmula do canto com a *tópica de exórdio* não pode ser considerada única. Observe-se a descrição do pesquisador referente ao canto:

> No seu *Dicionário musical* frei Pedro Sinzig OFM define os benditos simplesmente como cantos sacros populares. O saudoso professor Luís da Câmara Cascudo, no *Dicionário do folclore brasileiro*, elabora um pouco mais esta definição [...]. O folclorista Rossini Tavares de Lima no seu *Abecê do folclore*, explica ainda que o bendito é uma oração cantada cujos versos fazem menção à expressão "Bendito louvado seja" ou apenas à palavra "Bendito" [...] Em pesquisas do Vale do Jequitinhonha (MG), entre 1972 e 1989, notei que para alguns entrevistados os benditos são os cantos religiosos em geral, incluídos os mais recentes, por exemplo, as músicas da Campanha da Fraternidade de 1989. No entanto, mais frequente é a definição popular mais estrita que entende por benditos apenas os cantos da tradição oral, cantados em novenas, terços e procissões. Entre estes se destacam os cantos que começam com as palavras "Bendito e louvado seja". Aqui nos limitamos a estes, que provavelmente deram nome "bendito" aos demais. (Van der Poel, 1995: 1).

Encontramos dados significativos sobre a *movência* operada em se tratando do canto. Em uma obra intitulada *Deus vos salve, casa santa! – pesquisa de folc-música-religiosa*, Van der Poel (1977) apresenta cantos fora da estrutura padrão, a saber: "Bendito do Senhor da Boa Vida" (p. 31), "Benditos do Senhor Morto – I, II, III e IV" (p. 40 a 44), "Bendito da Paixão de Nosso Senhor Jesus Cristo" (p. 49 a 51), "Bendito de São Gonçalo" (p. 74), "Bendito da Senhora de Santana" (p. 75), "Bendito de São Benedito" (p. 76), "Bendito de Santa Teresa" (p. 77), "Bendito de Santo Antonio" (p. 78), "Bendito de São Barnabé" (p. 79). Esses benditos fazem parte de recolhas, obtidas através de pesquisas de campo, realizadas pelo pesquisador em Itinga (MG), Araçuaí (MG), Petrolândia (PE), Riachão (PE), Maracanã (MA) e Diamantina (MG). Vejamos o que diz o pesquisador ao descrever a recolha realizada em Itaboim (MG) no ano de 1974:

> A devoção da Nossa Senhora da Conceição veio de Portugal. Este bendito, ficou conhecido no Brasil inteiro em muitas variações de música e texto. É usado como acalanto, canto de teceloas, canto para fazer o cordão de defunto, canto de Semana Santa, e nas festas do divino em Maranhão onde há uma forte influência portuguesa, como canto de alvorada: "Levantei de Madrugada". (Van der Poel, 1977: 67)

Observemos, ainda, o canto a seguir,

(2) [20,2 B MG]
Levantei de madrugada
Pra varrer a conceição (bis)
Encontrei Nossa Senhora
Com seus dois raminhos na mão. (bis)
Eu pedi ela um raminho
Ela me disse que não. (bis)
Eu tornei a lhe pedir
Ela me deu seu cordão. (bis)
O cordão era tão grande
Que rastava no chão. (bis)
Ela dava sete voltas
Em redor do coração. (bis)
(Recolha de Van der Poel em Itaboim (MG), 1974)

Na mesma página da obra, Van der Poel apresenta a variante do canto, com a seguinte notação "OUTRO TEXTO":

(3) [20,2 B MG] *LEVANTEI DE MADRUGADA* II
Sexta-feira da paixão
Sexta-feira de manhã
Encontrei Nossa Senhora, meu Jesus,
Com seu livrinho na mão.
Eu pedi-lhe uma folhinha
Ela me disse que não
Eu tornei a lhe pedir, meu Jesus,
Ela me deu seu coração.
Meu padre são Francisco,
Benzei-me este cordão
Que me deu Nossa Senhora, meu Jesus.
Sexta-feira da Paixão.
Numa ponta tem são Pedro
Na outra senhor são João
No meio tem um cruzeiro, meu Jesus,
Da virgem da Conceição.
Oferecemos este bendito

À Virgem da Conceição
Que nos dê vida e saúde, meu Jesus,
Na morte e salvação.
(Recolha de Van der Poel, em Itaboim (MG), 1974)

O que mais chama atenção na descrição de Van der Poel é a observação feita por ele antes de apresentar o canto. Diz o autor: "*o texto que acompanha a segunda música parece ser mais original que as duas primeiras*". Perceba-se que, embora admita que o canto possui uma estrutura movente, Van der Poel parece hesitar em considerar outros cantos que não constam a fórmula tradicional; ainda no seu pequeno texto "Benditos: uma tradição religiosa oral" (1995), o pesquisador apresenta uma exaustiva compilação de quadras de benditos que apresentam a tópica (bendito); retomando a discussão diz, ainda:

> Os benditos são de preferência os cantos religiosos da tradição popular oral, patrimônio, sobretudo, do povo trabalhador rural. Apresentamos aqui uma série de benditos encontrados no meio desse povo. Convém lembrar que os benditos são cantos de diversas estrofes, Por exemplo o Bendito de Nossa Senhora da Conceição. (Van der Poel, 1995: 3).

Vejamos o canto citado:

(4) [20,2 B MG] BENDITO DE NOSSA SENHORA DA CONCEIÇÃO
Bendita e louvada seja
Senhora da Conceição
"Abasta" o nome dela
Prá nos dar consolação.
O dia lá é vem amanhecendo,
É hora da devoção.
Acordai o seus devotos
Senhora da Conceição.
Jesus Cristo verdadeiro,
Aqui estou em vossas mãos,
Toma conta de minha alma
Senhora da Conceição.

Oferecemos este bendito
Ao senhor que está na cruz
Que nos leve até a glória
Para sempre, amém, Jesus.
(Recolha de Van der Poel em Araçuaí (MG), 1978) (grifo meu)

Para Van der Poel, *o oferecimento no final é uso muito comum*, e, ao buscar benditos em obras impressas, o pesquisador parece insistir na fórmula tradicional do canto.

> Para início de estudo consultei 121 livrinhos e manuais de hinos sacros e cantos para celebrações litúrgicas, editados nos últimos cem anos, e verifiquei que as músicas da tradição oral popular estão praticamente ausentes: nenhuma folia, "incelença", nenhum canto para beijar o santo ou levantar a bandeira. Encontrei só 4 benditos no sentido estrito da palavra em livros brasileiros e outros 4 em manuais religiosos portugueses. No livrinho "Orações e benditos" de frei Eduardo José Herberhold (Bahia, 1939) achamos o canto da Sagrada Paixão de Jesus Cristo:
>
> Bendito e louvado
> Mil vezes a mais
> Louvado e bendito
> Bendito sejais (pag. 51).
>
> Também consta ali o Bendito do Santíssimo Sacramento,
>
> Bendito e louvado seja
> O santíssimo Sacramento
> Os anjos, todos os anjos
> Louvem a Deus para sempre amém. (pag. 84)
>
> Outro bendito da Paixão consta no manual de cantos sacros *Cecilia*, 5ª edição, Petropólis, 1921, de frei Pedro Sinzig e frei Basílio Rower:
>
> Bendita e louvada seja
> A paixão do redentor
> Que por nos livrar das culpas
> Padeceu por nosso amor.
> (Van der Poel, 1995: 5)

Sem considerar a frequência da palavra "bendito" como o único índice de vitalidade da força da memória do canto popular religioso, muitos outros cantos podem, no entanto, representar o processo significativo da transmissão e recriação. Ao buscar "benditos nos livros", a análise de Van der Poel comete um equívoco a partir de uma pressuposição que ele mesmo levantara; já havia admitido que "*para alguns entrevistados os benditos são cantos religiosos em geral, inclusive os mais recentes*".

Trilhando o caminho deixado em aberto por Van der Poel, e buscando entender a circularidade das vozes em processo de nomadismo, é que, tendo por base depoimentos colhidos em minhas pesquisas de campo, encontrei uma variedade de benditos na obra *Cecília* (21ª edição, 1949), citada por Van der Poel, que não segue a estrutura tradicional). É o caso do bendito a seguir:

(5) [20,1 B PB] A NÓS DESCEI
A nós descei, Divina Luz,
A nós descei, Divina Luz
Em nossas almas ascendei;
O amor, o amor de Jesus
O amor, o amor de Jesus.
(Amostra retirada da obra *Cecilia*, 1949)

Esse canto faz parte das recolhas que realizei na cidade de Poço de José de Moura (PB). Nesta comunidade, existem muitas outras composições que não seguem a mesma estrutura tradicional. Algumas são muito antigas. Contrariando Van der Poel, pude constatar que existe um número expressivo de benditos na obra *Cecilia* já referida, e não apenas o "Bendito da Paixão". Há o Canto da Via Sacra, o canto "A nós descei", o "Bendito Sejais", o "Bendito da Santa Cruz", o "Bendito de Nossa das Dores", o "Bendito de Santo Antonio", os "Cantos da Coroação de Nossa Senhora", o "Bendito de São José", e o "Bendito de Nossa Senhora Santana". Além dos benditos em português, na obra *Cecilia* (1949), é possível encontrar benditos em latim, como é o caso do canto a seguir.

(6) [20,1 B PB] A NÓS DESCEI
Veni, Creator Spiritus,
Mentes tuorum vista:

Imple superna gratia
Quae tu creasti pectora
Qui diceris Paraclitus,
Altissimi donum Dei,
Fons vivus, ignis, caritas,
Et spiritalis unctio.
(Amostra retirada da obra *Cecilia*, 1949)

Dada a existência desses cantos na obra, o que faltou à análise de Van der Poel para reconhecê-los? Por que esses cantos passaram despercebidos à análise do pesquisador? Com base na afirmação de Zumthor (1997: 155) de que "*somente a utilização do texto dá realidade à retórica que o funda; somente sua atualização vocal a justifica*", tomemos como hipótese uma resposta ligeira para a questão: em se tratando dos benditos a pesquisa documental não é suficiente. Para o reconhecimento do canto que não conserva a estrutura tópica tradicional se faz necessário observar a sua constituição em situações de performance. Paul Zumthor investiga em sua obra a relação do escrito com o falado a partir de uma noção precisa de performance. Em *A letra e a voz* (1993), utiliza essa noção para compreender o ato performático, isto é, a ação que proporciona à palavra um *corpo*. Diz o medievalista que há uma descontinuidade entre o texto escrito e o texto em situação de performance:

> Deveríamos, na interpretação de um texto particular, levar em conta um elemento de sua movência, ainda que seja quase impossível presumir a amplitude das variações e, mais ainda, medi-las. Da palavra ao escrito, ou vice-versa, há uma descontinuidade: Zumthor. (1993: 220)

A *performance* para Zumthor é "*uma ação oral-auditiva complexa, pela qual uma mensagem poética é simultaneamente transmitida e percebida, aqui e agora*" (1993: 222); ou seja, não é apenas o texto falado de forma espontânea, é um espontâneo construído. Também estão implicados na compreensão de um sistema semiótico (um texto, por exemplo) outros fatores que têm a função, no jogo com os enunciados, de descortinar a configuração dada. Argumenta Zumthor que da relação com um texto deve emergir um acontecimento:

> Por cruzamento de feixes de informações, por deslocamento de perspectiva e de visada, a partir de um ponto de vista intuitivamente escolhido, esforçamo-nos para sugerir um acontecimento: o acontecimento-texto; representar o texto-em-ato, integrar essa representação no prazer que se sente na leitura. Nossos textos só nos oferecem uma forma vazia, e sem dúvida profundamente alterada, do que, em outro contexto sensório-motor, foi palavra viva (1993: 221).

A questão que se coloca desde o começo na pesquisa deste estudo caminha por essa direção: nos benditos, como se manejam os fios do texto? Como descobrir a fissura da *movência* que permite ver a matéria textual do canto? Como reconhecer a poética de um bendito e o que nele contém e está contido: *a intertextualidade, a reiterabilidade*? Como pode ocorrer no texto a ação do nomadismo? Dado o problema – buscar analisar o processo de *movência* e reiteração operados no texto, este estudo visa a entender as relações interativas e reiterativas do nomadismo das vozes que dentro dos rituais acionam o canto. É nesse sentido que aqui se faz uso do método proposto por Stephen Reckert (1982-3). Para esse pesquisador o estudo da sociedade e da linguagem pode começar apenas com os elementos fornecidos pela fala e pelas relações sociais humanas, e *em cada caso se faz necessário observar com coerência as tradições que não estão diretamente abertas à pesquisa*. Essa é a área em que atua a oralidade.

Alguns linguistas admitem explicitamente a necessidade de uma ciência mais abrangente, como, por exemplo, uma nova ciência geral da Semiologia, cuja tarefa seria estudar todos os signos essenciais à vida social, e uma nova Psicologia, que caracterizaria inicialmente vários sistemas do conhecimento e da crença humanos. Para Reckert (1982-3), o signo linguístico afasta-se mais de uma função restritamente conceitual e aproxima-se mais das raízes intuitivas e afetivas do pensar arcaico quando em situação de poesia. Daí que os textos mais apropriados para exemplificarem a transmissão de significados "antropológicos" por significantes verbais sejam, por natureza, textos poéticos.

Uma vez descrevendo a criação de algo, o canto situa e demarca a origem de uma cultura. Cada sociedade, assim, tem nele um modo de assumir uma identidade e um modo de estar no mundo. Logo, a existência de um povo acaba sendo legitimada por algo como uma missão, tantas vezes descrita nas narrativas míticas. A hipótese deste estudo admite que o canto, assim como o mito, assume uma "função social"; dá-se pela necessidade de um povo, de uma cultura e mesmo de uma nação.

Na perspectiva de entender o que seja o *bendito*, sua definição mais explícita só é possível através do conceito de "forma simbólica". Para observar o bendito como canto sagrado deve-se verificar, em primeiro lugar, como socialmente esse é concedido. O canto sagrado é uma forma simbólica como parte integrante da realidade. E o que vem a ser uma forma simbólica? Para responder essa pergunta de forma mais fundamentada é necessário retroceder um pouco à sua constituição na estrutura da sociedade. O canto (assim como o mito) acaba por mapear o espaço e seus elementos e insere o homem num tempo e num horizonte ansioso por realizações. "*Deste modo, impõe uma ética às relações entre homem e divindade e, consequentemente, entre homem e homem*" (Murad, 2005: 1).

Nesse sentido, na linguagem do canto, o mundo mítico-religioso e a arte se apresentam como outras tantas formas simbólicas particulares. Cassirer (1998) defende a tese de que todo conhecimento e toda relação do homem com o mundo se dá no âmbito das diversas "formas simbólicas". A *Energia espiritual* (*Energie des Geistes*), na obra de Cassirer, deve ser compreendida como aquilo que o sujeito efetua espontaneamente, ou seja, não recebe passivamente as sensações exteriores, mas sim as enlaça com signos sensíveis significativos. Daí que toda relação do homem com a "realidade" não é imediata, mas mediada através das várias construções simbólicas. No bendito, através de signos e imagens, pode-se "fixar" determinados pontos do fluxo temporal das experiências.

Na dimensão social, é possível afirmar que os benditos se configuram num discurso de uma determinada comunidade antropológica, é um dos mais importantes dispositivos de reprodução, dispositivo significando o sistema, mais ou menos complexo, das regras que aplicam nos textos dessa comunidade. Considerando o caráter literário dos benditos, seus textos marcam os usos da comunidade, as suas outras regras de reprodução, quer se trate dos mitos e rituais, quer dos saberes e saber-fazer (*know-how*) relativos às várias funções sociais, às suas instituições, etc. Assim como outros textos, em amplo uso social, os benditos fazem-se (dizem-se, escrevem-se) a partir uns dos outros, em intertexto. O que lhes é específico é que vários atuantes da comunidade, dentro dos limites de suas competências e especializações, se entendem entre si de forma suficiente, quer porque sabedores de fato das regras do intertexto, quer porque sabedores dos outros usos sociais: todos dominam os usos sociais da sua língua (Belo, 1993: 21).

Observando as recolhas da pesquisa e as entrevistas de campo por mim realizadas, é possível afirmar que os benditos revelam dentro da sociedade em que tomam parte o caráter mítico poético, no plano do agir coletivamente. Com o canto religioso, se realizam muitas tarefas diferentes, inclusive disciplinares (no plano da significação as narrativas são exemplares).

Em situação de performance, o canto é uma ferramenta linguística, concebida e procurada na medida em que os indivíduos põem em prática seu imaginário social. Enquanto linguagem, o bendito participa ativamente dos atos dos cultos e na promoção de devoções. É linguagem que se manifesta de duas formas: na primeira dimensão se dirige ao sagrado, com objetivo expressivo oracional; na segunda, se dirige ao próprio grupo meio de interação que revela o imaginário social, meio de comunicação e interação, que na narrativa embute valores, ideologia e identidades, processos significantes para a organização político-social. Numa dimensão de prática enunciativa, os benditos se constituem numa mensagem emitida que em situação de performance define suas vias de transmissão com o objetivo de chegar a significar um tipo de discurso tanto para quem o expressa, o intérprete, quanto para quem o ouve. Cantar, em uma performance ritual, e de forma interativa, é, pois, uma atividade contextualizada com o *modus operandi* das relações de sociabilidade.

ANÁLISE DA COMPOSIÇÃO TEXTUAL

No plano do mistério, incontestavelmente o bendito é um discurso que se dirige aos poderes sagrados que regem a vida; também, na mesma dimensão performativa, se configura o discurso poético, caracterizado pelo lúdico do rito. Assim podemos dizer que os objetivos ilocucionários dos benditos assumem duas vertentes que evidenciam diferenças de finalidade e diferenças de destinatários.

Além de ser referência ao sagrado, o bendito é elemento cultural, objeto, produto que constitui de alguma maneira o fundamento da vida em sociedade. É manifestação cultural que fala da existência humana. O bendito também diz respeito ao sentimento e ao afeto, seguindo Pinto-Correia (1993: 65), à confessionalidade ou mesmo a práticas que têm a ver com crenças e superstições, é religioso prático-utilitário. Na composição textual assume característica prático-utilitária, referindo-se:

1. *Às práticas de intenção mágica e religiosa*; é o exemplo do bendito de São José que serve para pedir chuva:

(7) [21,1 B RN] *Meu divino são José/Com seu cajado na mão/Nem de fome nem de cede/Não mate seus filhos não.*

2. *Às práticas de sabedoria*; é o exemplo de o bendito a seguir cujo discurso ideológico visa ativar a harmonia na vida em sociedade:

(8) [21,1 B RN] *Inimigos congraçai-vos/Junto ao berço do Senhor/à guerra suceda a paz/ao ódio suceda o amor.*

3. *Às práticas de intenção meramente utilitária*; é o exemplo do bendito de São Sebastião, que visa assegurar bens básicos para organização do trabalho quotidiano.

(9) [20,1 B PB] *Glorioso Martir São sebastião daí a seus devotos firme proteção/Livrai-nos da peste da fome, da guerra e do mal contagioso.*

No processo de estruturação do texto, é interessante observar as mudanças e variações nas aberturas e fechamentos, termos correlatos ao exórdio e ao epílogo que participam da moldura discursiva. Talvez o maior fator de mudança neste aspecto seja a supressão de algumas dessas partes, na admissão e constituição de um novo canto elaborado a partir de outro anterior.

Em se tratando dos aspectos macroestruturais é possível fazer uso do conceito de *captação da benevolência*, que nesse aspecto pode ser utilizada em um texto cantado no início do rito, sendo considerada desnecessária em cantos seguintes, do meio do rito ao final. Esse processo pode também ser observado pelo conceito de proximidade comunicativa, dessa forma um canto que tem no seu início o oferecimento, tal como: "[21,1 B RN] *Oferecemos esse bendito ao senhor daquela cruz*", pode ter essa parte retirada, a depender de onde este canto está alocado no rito, e a depender também do processo de uso do canto na comunidade, de maneira que essa parte pode ser entendida pelos participantes do rito como um elemento implícito.

A prática poética se situa no prolongamento de um esforço primordial para emancipar a linguagem (estão virtualmente engajados o sujeito e suas relações, emoções, imaginações e comportamentos). Os caracteres discursivos dos benditos não existem apenas na disposição dos textos, mas na intenção dos autores (cantores), na recepção dos ouvintes, espectadores, leitores.

A macroforma na tessitura do canto

Para perceber as ações debeladas pela linguagem que o canto veicula é preciso centrar a abordagem sobre os domínios da semântica argumentativa. Mesmo de estilo despojado, sem requintes formais desnecessários, o texto do canto provoca uma interação social por meio da adesão à mensagem que enuncia, fundamentalmente pela argumentatividade em situação de *performance*. Dessa forma, a linguagem do bendito passa a ser encarada como ação sobre o mundo, dotada de intencionalidade, veiculadora de ideologia. E, nesse sentido, faz-se necessário observar como se constitui esse sistema de interação social através de textos verbais. Ao contrário da neutralidade argumentativa que o canto em latim possui, o canto em português permite o relacionamento dos indivíduos que dele fazem uso numa representação mediada por um tipo de "retórica" (Sá Júnior, 2009b).

Alguns benditos são narrativos, outros prescritivos em maior ou menor grau. E nesse sentido, seu discurso constitui, na unidade pragmática da linguagem, uma atividade capaz de produzir efeitos, reações, ou conceber exercícios assumidos pelo indivíduo. Ao produzir o canto, intérpretes e ouvintes se apropriam dos símbolos, não só com o fim de veicular uma mensagem, mas, principalmente, com o objetivo de atuar, de interagir socialmente.

Portador de discurso estruturado, o bendito contém implícitos e explícitos, elementos necessários à sua compreensão que obedecem à ordem do progresso e da experiência. A função textual e as modalidades de competência linguística estão nos intérpretes do canto na sua capacidade de produzir e reproduzir textos de modo pertinente ao contexto, contendo na sua estrutura elementos capazes de justificar essa adequação. Fazendo uso das observações de Koch (2004) sobre o uso da linguagem, é possível afirmar que a principal estrutura que fornece ao intérprete a possibilidade de construção do texto e a temática informacional.

Do ponto de vista da enunciação, seguindo Koch (2004), podem-se detectar, entre os enunciados que se encadeiam para formar o texto, dois grandes tipos de relações: a) as que se costumam chamar lógicas ou semânticas, em sentido estrito; b) as que se podem denominar de paralógicas, discursivas e pragmáticas.

As primeiras se estabelecem entre as proposições que constituem o enunciado, ou entre os enunciados que formam o texto, sendo de caráter predominantemente objetivo. No nível do texto, as relações que se podem detectar são das mais variadas espécies e apresentam graus diversos de complexidade. Nos benditos, pode-se falar de (i) relações morfossintáticas entre os interenunciados, como é o caso do uso verbal das formas no futuro do pretérito, os *realis* factuais; (ii) relações fonológicas ou suprassegmentais, como a entonação, estritamente relacionada com os níveis sintático-semântico e pragmático; (iii) relações entre proposições, que exprimem causa/consequência, meio/fim, condicionalidade ou hipótese, oposição e contraste. Mas – e principalmente – há as relações discursivas que se estabelecem entre enunciado e enunciação, as que podem ser denominadas de ideológicas e argumentativas. Entram aqui todos os aspectos relacionados à intencionalidade dos participantes da performance, à sua atitude perante o discurso que produzem, os pressupostos, os jogos dos símbolos e as imagens recíprocas do tema tratado no canto, enfim todos os fatores implícitos que deixam, no texto, marcas linguísticas relativas ao modo como é produzido e que constituem as diversas modalidades de enunciação do canto.

O bendito se dá em certas situações de performances através de marcas convencionalizadas. Assim, em cada texto, de acordo com a intencionalidade dos participantes do rito, estabelece-se um tipo de relações: relações com o tempo e com o espaço. O canto de encomendação das almas em um velório, as antigas *incelenças* e, atualmente, os novos cantos, como "Segura na mão de Deus", são textos sagrados, mas também um enunciado coordenado que faz com que os parentes do morto se sintam confortados, percebam na realização do canto que vizinhos e demais participantes do rito fúnebre estão lhe apresentando condolências. Nas relações que se estabelecem entre o texto e o evento que constitui a sua enunciação, podem-se destacar os seguintes aspectos:

a. As marcas das intenções, explícitas ou veladas, que o texto veicula

O canto assume uma intencionalidade rogativa e ao mesmo tempo busca uma *força ilocucionária* para aliviar a tristeza e trazer conforto, como se pode ver em:

(10) [20,1 B PB] *Dia de tanta alegria/Nossa Senhora chamou ela.*
Mãe de Deus, oh mãe de Deus/Oh Mãe de Deus, rogai por ela.

b. Os operadores argumentativos anafóricos

São responsáveis pelo encadeamento dos enunciados, estruturando-os e determinando a sua orientação discursiva, como em:

(11) [21,1 B PB] *Uma incelência* ***é pra ela****/Nossa Senhora* ***chamou ela***

c. Metáforas das imagens recíprocas

Estabelecem-se entre os interlocutores e as máscaras por eles assumidas no jogo de representações nas pequenas *cenas dramáticas* que constituem os atos de linguagem:

(12) [21,1 B RN] *Para a sua companhia/Já vem a Virgem Maria/Oh meu Deus quando será/ Dia de tanta alegria/De* ***eu viver ajoelhado****/Nos pés da Virgem Maria*

Nos benditos, as marcas linguísticas fazem com que o texto se apresente como um verdadeiro "retrato dramático" de sua enunciação (Koch, 2004). Observe-se outro exemplo:

(13) [21,1 B PB] BENDITO DE SANTO ANTONIO
Ó meu padre Santo Antonio
Santo de grande louvor
Na hora da minha morte, meu Jesus
Vós sois meu confessor

Ó meu padre Santo Antonio
Santo de grande valia
Leva minha alma na glória, meu Jesus
Onde está a virgem Maria

Naquela tremenda hora
Que Jesus padeceu
Quando ele temeu a morte, meu Jesus
Como não temerei eu?

Como não temerei eu
Sendo um grande pecador
Consolai a minha alma, meu Jesus
Quando deste mundo for

Quando deste mundo for,
Os anjos irão também
Levar na eterna glória, meu Jesus
Para todo o sempre, amém!
(Recolha de Sá Júnior em João Pessoa (PB), 2009)

Vale dizer que na estruturação da enunciação dos benditos existem certas relações de modalidades, das quais se depreende a importância pragmática. As modalidades da enunciação se definem por valores e por sistemas epistêmicos e deônticos. As modalidades epistêmicas referem-se ao eixo da crença, reportando-se ao conhecimento que os indivíduos que fazem uso do canto têm sobre um estado de coisas no mundo. As modalidades deônticas referem-se ao eixo da conduta, isto é, à linguagem das normas, àquilo que se deve fazer, apresentando uma distribuição bem definida. Considerando as dimensões do imaginário as modalidades epistêmicas, as mensagens veiculadas no canto se distribuem sobre o certo, o estabelecido, o decidido, o recomendado, o desejável.

(14) [21,1 B PB] JOSÉ GLORIOSÍSSIMO
Oh José gloriossimo
Bem vedes minha fraqueza
Alcançai-me do
Senhor nos combate fortaleza.

Oh José gloriosissimo
Santo de grande poder
Fazei-vos com vossa esposa
Que no céu a chegue a vê

Oh José gloriossimo
Em vos vivo confiado
Que me haveis de dar esforço
Quando for atribulado.

Oh Jose gloriosissimo
O meu Santo protetor
Desejo ver-los na glória
Alcançai-me do senhor.
(Recolha de Lucrécio A. Sá Júnior em Poço de José de Moura (PB), 2007)

As modalidades deônticas se estruturam pelo obrigatório, pelo ordenamento:

(15) [21,1 B PB] BENDITO DA SANTA CRUZ II
Já santa doutrina termos
Para nossa guia e luz
Como sangue divino escrita
No livro da Santa Cruz.

No mais alto do calvario
Morreu nosso bom Jesus
Dando no último suspiro
Nos braços da Santa Cruz
A arma em qualquer perigo
É raio de eterna luz
Bandeira vitoriosa
O santo sinal da Cruz.

Louvemos cantemos sempre
Em honra da Santa Cruz
Para que do negro inferno
Nos livre amém Jesus.
(Recolha de Lucrécio A. Sá Júnior em Poço de José de Moura (PB), 2007)

Segundo Zumthor (1993, 2000), quando o índice da oralidade depende de algum caráter próprio do texto, colocam-se alguns problemas de interpretação. O interesse aqui em observar a tessitura do texto é perceber como essas modalidades são distribuídas em um campo lexical. No campo epistêmico, há um conjunto de palavras empregadas para designar, caracterizar, qualificar justificar e significar a crença, um santo.

A esquematização discursiva recorrente

Os valores ligados à existência social se realizam simultaneamente na consciência linguística e na consciência mítica e religiosa, a ponto de ser difícil distinguir isso nas duas ordens. Os benditos são caracterizados numa esquematização substantivada que funcionam numa interpretação de exemplaridade. Os atributos dos santos na veiculação da mensagem mitológica apresentam uma estética na iconologia dos símbolos, elementos recorrentes na narrativa que constituem a *schematologie* (*schèmes*). O *schème* é anterior à imagem, corresponde a uma tendência geral que leva em conta as emoções e as afeições. Faz a junção entre os gestos inconscientes e as representações. Vejamos.

a. A subserviência do homem e o poder dos santos

(16) [21,1 B RN] *Entre os varões mais celebres/Tu só foste escolhido*

b. A exemplaridade (para a harmonia da vida em família)

(17) [21,1 B RN] *José feliz esposo/Por guarda fidelíssimo*
Santo de grande poder/Fazei-vos com vossa esposa/Que no céu a chegue a vê
Mãe puríssima/Mãe castíssima/Mãe Fiel/Mãe de bondade

c. A exaltação de si mesmo

(18) [21,1 B RN] *Exaltemos a nossa alma/Com Jesus e com Maria*

d. Da exemplaridade para enfrentar os problemas da vida

(19) [21,1 B RN] *Glorioso marte São Sebastião/Daí a seus devotos/Firme proteção*
Soldado fiel/Guerreiro valente/Focado da graça/Do onipotente

e. Crítica social da própria condição humana, econômica e política

(20) [21,1 B RN] *Meu Bom Jesus da Pobreza/de mim tende compaixão,/Me dá um cantinho no céu,/que riqueza não quero não.*
As riquezas desse mundo/é uma água que vai passando./Os ricos vão morrendo/e a riqueza vai ficando.

f. Do temor em busca do conforto e consolação espirituais na hora da morte

(21) [21,1 B RN] Ó meu padre Santo Antonio,/Santo de grande louvor/ na Hora da minha morte,/meu Jesus, vós sereis meu confessor.

Os *schèmes* (Durand, 1997) do canto são, assim, definíveis, em termos de relação, de articulação entre a vida humana e a vida dos santos, entre Um e Outro; a voz permanece inobjetável, enigmática, não especular. Ela interpela o sujeito, o constitui e nele imprime a cifra de uma alteridade. Para aquele que produz a enunciação do canto, ela rompe uma clausura; libera de um limite que por aí revela, instauradora de uma ordem própria: desde que é vocalizado, todo objeto dos *schèmes* ganha para um sujeito, ao menos parcialmente, estatuto de símbolo.

Vanderveken (1988) identifica, no quadro teórico da Semântica Formal, as condições de verdade de uma proposição como a função que associa o verdadeiro a um contexto, se e somente se essa proposição é verdadeira nesse contexto. De acordo com esse ponto de vista, a natureza da mensagem veiculada no bendito é unicamente determinada pela identidade dos seus constituintes proposicionais e pela maneira como eles se ligam a uma situação espaço-temporal determinada para possuir sentido e significados determinados.

A enunciação do bendito interioriza, assim, a memória, do mesmo modo que a especializa: a voz se estende num espaço, cujas dimensões se medem pelo seu alcance acústico, aumentada ou não por meios mecânicos, que ela não pode ultrapassar. Há nos benditos uma estrutura formada por verbos performativos, capaz de responder às inquietações, unificando a lógica dos sentidos e das denotações, de maneira a caracterizar adequadamente as principais relações lógicas que existem entre forças ilocucionárias, proposições e atos de discurso. Em se tratando dos usos da linguagem para pensar e agir, os benditos populares fazem uso de todas, sejam essas constituídas por atos assertivos, atos declarativos, atos expressivos, atos diretivos e atos compromissivos. Vejamos.

i. O **uso assertivo** da linguagem veiculada no canto consiste em exprimir uma mensagem com o objetivo ilocucionário de representar um estado de coisas como atuais e significativas no mundo. Neste aspecto o conceito de *belo* é exemplar, canta-se para louvar sobretudo pela admiração que se tem aos papéis místicos e exemplares que os santos oferecem

(22) [20,2 B PB]
Na beleza do que vemos
Deus nos fala ao coração
tudo canta: Deus é grande
Deus é bom e Deus é pai
é seu Filho Jesus Cristo
que nos une pelo amor
Louvemos ao senhor.

O uso assertivo do canto caracteriza-se basicamente por expressar o compromisso dos intérpretes com o rito. Sua condição de existência é a repetição, geralmente em situação de hesitação. Fazem-se geralmente conjecturas sobre as condições preparatórias do rito. Na observação do *corpus*, é possível identificar os usos dos seguintes verbos e respectivas locuções do tipo assertivo:

- *admoestar*, *queixar-se*, *reclamar*, *lamenta*, *confessar*, *conceder*, *advertir*: [20,1/20,2]
- *louvar*, *revelar*, *testemunhar*, *jurar*, [20,1/20,2 /21,1]
- *reconhecer*, *admitir*, *orgulhar-se*, *vangloriar-se* [21,1]

ii. Já o **uso declarativo** consiste em exprimir uma mensagem com o objetivo ilocucionário de realizar uma ação representada pelo simples fato de que quem faz uso dessa ação se autorrepresenta como realizando aquela ação. Neste caso, as ações são autorreferenciadas:

(23) [20,2 B RN]
De amor emblema,
estes louros,
que aqui vos ofertamos,
Do coração com os tesouros,
Ó Mãe, vos coroamos.

(24) [20,2 B RN]
Aceitei esta coroa, Virgem santa,
Mãe querida: que nos seja,
ó Rainha,
Um penhor de eterna vida.

A maior parte dos cantos de conteúdo declarativa designa que existe uma posição de autoridade dos intérpretes no contexto do rito. Em geral o modo de realização destes cantos consiste na invocação dos santos, o que determina a condição preparatória segundo a qual os intérpretes ocupam efetivamente a sua posição instituída no espaço ritual. Assim, para que o canto da coroação se realize é necessário que o rito esteja apropriado para a expressão do canto, assim são os cantos de beijar o santo, e da via sacra por exemplo. Na observação do *corpus*, é possível identificar os usos dos seguintes verbos e respectivas locuções do tipo declarativo:

- *amaldiçoar, condenar, inocentar, excomungar, absolver* [20,1/20,2]
- *terminar, abreviar, abençoar, consagrar, perdoar* [20,1/20,2/21,1]
- *crismar, concluir, encerrar* [21,1]

iii. Por sua vez, o **uso expressivo** consiste em exprimir uma mensagem com o objetivo ilocucionário de manifestar um estado mental de um determinado modo, como expressar emoções e sentimentos. Neste caso, a marca discursiva presente como tradicionalidade no canto está expressa pela recorrência de expressões como *graça, prazer, alegria.*

(25) [20,2 B RN]
Sinal de gratidão profunda,
*Por **graças** ser-humanas,*
Que o peito filial inunda,
São estas flores lhanas.

(26) [20,2 B RN]
*Oh que **alegria***
*Oh que **prazer***
De ver Santo Antonio
Resplandecer

Estes cantos designam um modo de realização cujo objetivo é expressar, isto é, tornar perceptíveis e manifestos os estados metais e emocionais dos intérpretes, como a alegria ou a tristeza, a aprovação ou o descontentamento. Na observação do *corpus*, é possível identificar os usos dos seguintes verbos e respectivas locuções do tipo expressivo:

- *desculpar-se, regozijar, condoer, queixar, clamar, aclamar, lastimar* [20,1/20,2]
- *suplicar, entristecer, alegrar, agradecer, saudar* [20,1/20,2/21,1]
- *adorar, aplaudir* [21,1]

iv. Sobre o **uso compromissivo** é possível afirmar que consiste em exprimir uma mensagem com o objetivo ilocucionário de comprometer o locutor a realizar uma ação futura. Aqui estão as promessas, as juras, os acordos estabelecidos com a entidade religiosa

(27) [20,2 B PB]
Com minha mãe estarei
Na santa glória um dia,
Junto à virgem Maria
No céu triunfarei
No céu, no céu, com minha mãe estarei
No céu, no céu, com minha mãe estarei

(28) [20,2 B PB]
Vamos fazer penitência p'ra nossas almas salvar.
Pecador agora é tempo de contrição e de amor.
Deixa o mundo e ama a Deus que não sejas pecador.

O uso marcado está coordenado através dos atos dos intérpretes em comprometer-se pessoalmente ou coletivamente por algo, o que leva a um compromisso ou obrigação. Responsabiliza-se por alguém ou algo, no sentido de "assumir a responsabilidade" é aceitar ser responsável por alguém ou algo junto a terceiros, comprometendo-se a verificar quais condutas sob objeto de responsabilidade recebem algum tipo de tratamento específico. Na observação do *corpus*, é possível identificar os usos dos seguintes verbos e respectivas locuções do tipo compromissivo:

- *ser, estar, fazer* [20,1/20,2]
- *renunciar* [20,1/20,2/21,1]
- *consagrar* [21,1]

v. Por fim, o **uso diretivo** consiste em exprimir uma mensagem com o objetivo ilocucionário de tentar com que o ouvinte realize uma ação através do comando de quem faz uso da linguagem. Nos textos há a recorrência da ordenação através do uso dos verbos *ser* e *fazer*:

(29) [20,2 B PB]
Quem quiser ter Santo Antonio
Dentro do seu coração
***Seja devoto** da Virgem*
Senhora da Conceição

(30) [20,2 B MG]
Ajoelha povo todo
p'ra Jesus abençoar/
***Vamos fazer** penitência*
p'ra nossas almas salvar.

Os usos diretivos tem uma significação intencionalmente assegurada no sentido de guiar, orientar, dar uma direção aos sujeitos envolvidos no espaço ritual. Aqui estão as suplicas, pedidos, ordens, comandos e interdições. Na observação do *corpus*, é possível identificar os usos dos seguintes verbos e respectivas locuções do tipo diretivo:

- *esmolar, implorar, esconjurar, conjurar, exortar* [20,1/20,2]
- *suplicar, recorrer, pedir, perguntar, indagar, apelar, aviar, orar* [20,1/20,2/21,1]
- *adverti, ordenar, recomendar, consentir, receitar, permitir, autorizar* [21,1]

O verbo estabelece e sinaliza os laços do canto com outros traços implicitamente existentes. Esses laços deixam o texto coeso dentro do rito e possibilitam que se reconheçam as suas partes, que não estão soltas, fragmentadas, mas ligadas e unidas entre si. Daí que a presença do verbo, em função de coesão, é exatamente a de promover continuidade no texto, a sequência interligada de suas partes, para que não se perca o fio de unidade que garante a sua interpretabilidade enquanto bendito.

A linguística empírica já confirmou que essas são as cinco maneiras fundamentais de usar a linguagem. No caso dos benditos elas justificam a enunciação da mensagem enquanto discurso, assim temos os atos compromissivos e diretivos como atos de ajuste perlocucionário. Uma vez que leva os enunciadores a mudar um estado de coisas no mundo. De um ponto de vista filosófico, a mensagem do canto tem valores de verdade porque elas representam estados de coisas que existem ou não no mundo. Ao expressar uma mensagem, numa enunciação, o intérprete do canto, de fato, se refere a objetos, e predica propriedades e relações desses objetos. Desse modo, ele concebe um estado de coisas que existe no mundo, se e somente se certos objetos têm certas propriedades ou se encontram em certas relações (num dado momento do tempo).

Elementos contextualizadores

A seguir, vejamos algumas características importantes que permanecem em cantos cuja estrutura é tradicional. As marcas textuais apresentadas definem na *movência* a coesão do canto, que, fazendo uso da expressão de Halliday e Hasan (1976), apelo para a metáfora de "laço", no intuito de mostrar que, no texto, cada segmento precisa estar atado, preso, pelo menos, a outro.

Nos benditos tradicionais, prevalece uma estrutura que oferece ao canto uma continuidade da qual vimos falando, esta é providenciada no percurso do texto, fundamentalmente, pelas relações semânticas que se vão estabelecendo entre os vários seguimentos. Não é, portanto, uma questão apenas de superfície. Os termos se vão ligando em sequência exatamente porque se vão relacionando conceitualmente. É importante, pois, ressaltar que a continuidade que se instaura se dá por elementos que ocasionam a coesão de um canto ligado a outro, fundamentalmente uma continuidade de sentido, uma continuidade semântica, que se expressa, no geral, pelas relações de reiteração, associação e conexão.

Com base na pesquisa realizada, elencamos as seguintes características dos benditos:

a. **O uso de marcas que definem o espaço da performance:** esse movimento assegura ao texto a definição de um espaço.

(31) [20,2 B PB] *Aceitai Aceitai? esta coroa, Virgem santa, Mãe querida: que nos seja, ó Rainha, Um penhor de eterna vida.*
(32) [20,2 B RN] *Somos romeiros de longe, a fé é que nos conduz/vamos todos para a Lapa visitar o bom Jesus.*
(33) [20,2 B CE] *Oh Deus abençoai o grande dia/salve o povo, salve esta romaria.*
(34) [20,2 B PI] *Chega pecador/vem beijar esta cruz/que lá do céu vem o coração do Jesus.*

Esses são alguns traços constitutivos de cantos que se estruturam através de marcas que contextualizam participantes, local e tempo da interação, objetivo da mensagem veiculada no canto, sua propagação. Os componentes que evidenciam o espaço da performance esquematizam o texto e condicionam o discurso. É por isso que o texto do bendito se desenvolve também num movimento para trás, de volta, de dependência do que foi dito antes, de modo que nada fica solto. Esse movimento, visto sob outra perspectiva, indica ainda que tudo o que vai sendo posto no texto é virtualmente objeto de futuras retomadas. Cada elemento vai dando acesso a outros. Na verdade, cada segmento do texto está sempre ligado a outro, isso se revela na presença dos seguintes elementos:

(35) [20,2 B PB] *Ao povo* ***aqui*** *reunido/daí graça, perdão e luz:/salvai-nos, ó Deus clemente,/em nome da santa cruz!*
(36) [20,2 B PB] *Bendito e louvado seja/No céu a divina luz/E nós* ***aqui*** *na terra/Louvemos a santa cruz*
(37) [20,2 B PB] *De amor emblema, estes louros, que* ***aqui*** *vos ofertamos, Do coração com os tesouros, Ó Mãe, vos* ***coroamos****.*
(38) [20,2 B PB] *h! Salve, Mãe, nós, jubilantes, Coós anjos à porfia,* ***Aqui coroas ofertantes****, Louvamo-nos Maria.*

A coesão pela relação de associação é um tipo de relação que se cria no texto graças à ligação de sentido entre diversas palavras presentes. Palavras de um mesmo campo semântico ou de campos semânticos afins criam e sinalizam esse tipo de relação. Por ela é que, mais amplamente, nenhuma palavra fica solta no texto. Nos benditos, existe sempre, por mais tênue que seja, alguma ligação semântica entre as palavras de um texto. Não podia ser diferente, uma vez que todo texto do canto é necessariamente marcado por uma unidade temática, isto é, pela concentração em um único tema, embora desenvolvido, às vezes, em subtemas diversos. Vejamos outros elementos.

b. **dêiticos que marcam o tempo e a relação da vida cotidiana:**

(39) [20,2 B PB] ***O dia*** *lá vem amanhecendo – é hora da devoção/acordai os seus devotos – senhora da conceição.*

(40) [20,2 B RN] ***Pela manhã*** *quando eu acordo/Digo teu nome Oh sim Maria/A Bela prece então recordo/ Oh! Nome santo de Maria.*

(41) [20,2 B PB] ***Três horas da tarde*** *– quando o sol pendeu,/Cravaram na cruz – o filho de Deus/Três horas da tarde – quando a terra tremeu,/esse duro povo – não se arrependeu.*

Nesse sentido, o bendito é uma tradição discursiva, para além das funções que engendra, pois este se instaura entre recepção e performance. Considerando a ideia pela qual o bendito ocorre como canto ritual particular de uma comunidade determinada, Zumthor (2000: 61) reforça que a recepção se produz em circunstância psíquica privilegiada: performance ou leitura. "*É então e tão-somente que o sujeito, ouvinte leitor, encontra a obra; e a encontra de maneira indizivelmente pessoal*". É o povo que confere ao bendito estatuto estético e funcional a partir das suas relações de sociabilidade.

Assim temos no discurso do bendito a fragilidade de sua condição espaço-temporal. Mas, mesmo com toda a operação da *movência*, considerando tempo e espaço todos os benditos possuem ainda um mesmo *elã*. Neste sentido, tendem por meios comparáveis para um mesmo fim. É isto que funda, segundo Zumthor, a tradição oral. Há entre todos os benditos, inclusive naqueles fora do ambiente católico, um encontro saboroso que os constituiu enquanto linguagem sagrada. Os benditos resultam de semelhanças lexicais, o que num primeiro olhar pode dar à tradição discursiva o crédito de ser movente; mas, não apenas isso, os benditos se constituem pelo seu caráter atemporal que anima a humanidade no seu modo de crer e se dirigir ao sagrado, provavelmente desde a constituição primeva dos rituais.

c. **dêiticos que marcam a ciclicidade do calendário litúrgico:**

(42) [20,2 B PB] *Galo cantou meia noite/falando: Cristo nasceu! O boi perguntou:* ***aonde****? Carneio disse: em Belém.*

(43) [20,2 B PB] *Vinte e cindo de dezembro/Meia noite deu sinal/Que nasceu Jesus em palha/* ***Hoje*** *é noite de Natal.*

(44) [20,2 B PB] *Bendita e louvada seja /Sagrada morte e paixão/Paixão de Jesus Cristo/E seja pelo amor de Deus/Seja. Alembrai-vos meus irmãos/ Das benditas almas que* ***lá*** *estão no purgatório/Ajudai a tirar um padri nosso cu'a Ave Maria/E seja pelo amor di Deus.*

(45) [20,2 B PB] *Deus te dê a boa-noite, alegre me deixe cantando/que são as* ***vésperas*** *da festa, entrada do novo ano.*

(46) [20,2 B PB] *Os três reis* ***do oriente****/Melquior, Gaspar e Baltezar/Vieran muito contentes/Deus menino visitar.*

(47) [20,2 B PB] *Os devotos do divino/vão abrir* ***sua morada****/P'ra a bandeira do menino/ser bem-vinda, ser louvada.*

A unidade presente condiciona a proximidade e a contiguidade semântica entre os textos. A coesão entre diversos tipos de benditos se dá pela conexão que corresponde, no esquema aqui apresentado, ao tipo de relação semântica que acontece especificamente entre as orações e, por vezes, entre períodos ou blocos supraparagráficos. Realizam-se por meio de unidades que preenchem essa função – mais especificamente, as conjunções, as pressuposições e respectivas locuções – ou por meio de expressões de valor circunstancial.

O caso das ladainhas é mais simples. Esses textos mantêm uma estrutura linear de repetição de jaculatória que fazem menção às marcas iconográficas dos santos. São comuns as referenciações, como ilustram os exemplos que seguem.

(48) [20,2 B PB] *Rogai por nós, orai por nós, tende piedade de nós, tende misericórdia de nós.*

As ladainhas possuem características valorativas e atributivas; a estrutura textual se dá através da substantivação:

(49) [20,2 B PB]
Virgem pura
Santa Virgem das Virgens
Mãe castíssima (intacta, admirável)

Mãe do criador (mãe do salvador)
Rainha dos céus
Deus pai dos céus
Sede de sabedoria
Estrela da manhã
Rainha dos mártires
Rainha da Paz

(50) [20,2 B PB]
Varão Fiel
Santo glorioso
Filho redentor
Socorro dos fracos
Mestre das virtudes
Doutor do evangelho
Auxilio dos pecadores

São, portanto, esses os procedimentos com os quais se promovem as relações de reiteração, de associação e de conexão dos benditos. É importante observar que, em geral, os textos apresentam esses procedimentos, sobretudo, quando se trata de textos mais longos. No entanto, nem sempre as mesmas marcas estão presentes em todos os textos.

CONSIDERAÇÕES FINAIS

Na configuração dos benditos, o sujeito, com seus atributos de responsabilidade de liberdade de escolha e decisão, aparece como o centro da produção do discurso, que são os papéis linguísticos e sua determinação social que realmente possibilitam a realização dos atos rituais. Desta forma, os benditos se configuram através:

a. das intenções comunicativas dos sujeitos sociais;
b. da justificação dos atos em questão, ou seja, as convenções e práticas que pressupõem;
c. da explicação do conteúdo do que é dito, o que as jaculatórias do canto significam exatamente;
d. da validade do conteúdo que se refere a um ritual específico, o que justifica o ato de cantar em contexto determinado.

Em termos da teoria dos atos de fala – na medida em que entendemos a linguagem como ação e a comunicação como um ato social concreto que é parte de um contexto estratégico, realizando-se a partir de um conjunto de regras e convenções pragmáticas com origem nas crenças, valores e interesses da comunidade –, a questão que se coloca é: como esses elementos atuam no uso da linguagem e qual sua função? Os atos de fala exercidos nos benditos podem ser definidos como *atos instrumentais*, pois a linguagem discursiva do canto é um instrumento que se utiliza para obter determinados fins.

Neste sentido, é importante ter em mente que a noção de significado dá lugar à ideia de força ilocucionária, e, consequentemente, a teoria da linguagem dá lugar à teoria da ação, na qual se incluem os atos de fala. A garantia de entender os benditos está na possibilidade da definição de linguagem em termos de sua função comunicativa. É precisamente por ser o meio expressivo de interação de uma comunidade que a linguagem dos benditos se encontra aberta a esta retomada crítica, e que através deste exame pode-se chegar ao exame crítico da sociedade da qual é expressão.

Na linguagem discursiva dos benditos, a determinação social do sujeito efetuada pelos papéis linguísticos através dos quais ele fala e age encontra-se também nos atributos de sua autonomia e responsabilidade social, relações ideológicas. "Ideologia" se define classicamente de acordo com dois elementos: uma função valorativa, normativa, diretiva que corresponde aos interesses de um grupo ou classe dominante numa sociedade; e o ocultamento desta função e de sua origem, produzindo-se uma ilusão de objetividade que de resto é indispensável para que a ideologia exerça sua função diretiva.

Sobre os benditos podemos identificar, em uma primeira abordagem, a ideologia em dois níveis: primeiramente, temos os cantos institucionais, que se incluem em rituais e cerimônias oficiais do catolicismo, cuja força ilocucionária tem origem na instituição que os constitui, representada por determinadas fórmulas convencionais, é o caso dos benditos em latim. Em segundo lugar, existem benditos não essencialmente institucionais, estabelecidos e criados pelos próprios sujeitos, sendo que a maior parte desses cantos têm, na intenção dos falantes, papel preponderante na constituição da força ilocucionária. É nesse segundo ponto que se centra a análise deste estudo, pois mesmo como canto não institucional as convenções referentes ao contexto e aos papéis dos indivíduos que tomam parte dos benditos são essenciais para a possibilidade de ações que se realizam, e pressupõe necessariamente a existência de outras instituições e práticas sociais relacionadas a valores e interesses do grupo.

Na dimensão popular, é apenas num contexto institucional, em maior ou menor grau, que determinado canto pode vir a se constituir ato. Trata-se, portanto, da presença implícita de instituições e convenções sociais, numa novena, numa procissão, numa festa, pois esses atos se apresentam como "intencionais" e até mesmo como "naturais", o que constitui para sua consolidação e reprodução. Para os benditos, as instituições e convenções são autônomas, não são as mesmas para cada comunidade, o sentido do canto e a intenção são elaborados pelo povo. É sempre indispensável à referência e aos padrões e convenções socioculturais para se compreender e interpretar a possibilidade e o sentido da realização destes atos.

Um primeiro elemento para a caracterização da ideologia na linguagem pode ser identificado no fato de que a linguagem dos benditos se apresenta como transparente, como produzida pelo sujeito e estando sob seu controle. Num olhar diacrônico dos ritos, vemos que este caráter não é ilusório, uma vez que verdadeiramente as instituições religiosas estabeleceram muitas convenções rituais em práticas cujas origens estão baseadas em remotas manifestações populares. Mesmo considerando a calendarização cíclica, sincronicamente, são os sujeitos, que se engajam no canto, que regulam os contextos de uso, determinando a intencionalidade e a força ilocucionária destes atos de fala, condicionando a possibilidade de todos se constituírem como sujeitos linguísticos autônomos.

Num segundo momento, é importante indicar três estágios ou níveis em que se pode analisar este elemento ideológico nos usos linguísticos dos benditos populares: num sentido mais geral, pode-se dizer que, talvez no nível da "linguagem", há paradigmas e estruturas conceituais formando a "cosmovisão" da sociedade ou cultura em determinado período, e constituindo a possibilidade de expressão linguística. Essa cosmovisão é pressuposta na formação dos diferentes modos de uso e funções dos benditos encontrados em uma comunidade. Há, então, por exemplo, a maneira de se referir ao sobrenatural, as *incelências* para encomendação das almas, os benditos para pedir chuva etc.

Em segundo lugar, o nível do enunciado, há o papel das convenções na constituição da força ilocucionária dos benditos como atos de fala e de sua função contextual, a qual discutimos e ilustramos alguns parágrafos anteriores: por exemplo, aquilo que faz com que determinada oração tenha o valor de uma promessa.

Em terceiro lugar, internamente à oração, há o caráter ambivalente de certos termos, ou seja, o caráter duplamente descritivo e valorativo de certas expressões. Há, ainda, e sobretudo, o fato de que esses valores e descrições se combinam estando o aspecto valorativo frequentemente oculto – uma expressão (advérbio, adjetivo, substantivo) que traduz um julgamento de valor se oculta, portanto, sob a forma de um enunciado descritivo; expressões que possuem caráter prescritivo, valorativo, isto é, força de norma, aparecem como neutras. Podem servir de exemplos: as virtudes, o caráter ideológico dos pronomes e fórmulas de tratamento, a adjetivação, os substantivos que revelam respeito à hierarquia, sexo, procedência etc.

Para entender a linguagem comunicativa dos benditos, a teoria dos atos de fala pode dar conta da análise destes três níveis através do exame da constituição da força ilocucionária dos atos de fala neles expressos, indicando a importância das instituições criadas e das convenções e práticas por elas estabelecidas na formação dos contextos de uso como condição de possibilidade destes atos. Vemos assim, ao investigar o contexto em que determinado bendito possui determinada força ilocucionária, que esse contexto pressupõe determinados paradigmas e esquemas conceituais. É a partir destas convenções que podemos investigar então a função de determinados benditos no seu contexto de uso, isto é, a força ilocucionária e a intencionalidade.

Vemos, ainda, ao examinarmos os benditos, que seus componentes linguísticos que constituem sua força ilocucionária não se restringem a verbos performativos, tradicionalmente o indicador da ação, mas devem incluir substantivos, adjetivos, advérbios, pronomes etc., cujos significados envolvem valores e padrões relativos à comunidade. É óbvio que a análise desses três níveis se complementa e que um remete sempre e necessariamente ao outro.

A linguagem dos benditos pode significar mais do que expressa explicitamente, ou seja, a função dos enunciados não esgota o significado aparente do rito no nível do que expressa imediatamente; mas o significado é expresso por um efeito de convenções, práticas sociais, elementos retóricos de sociabilidade e características contextuais. Os enunciados podem ter uma função, ou seja, uma força ilocucionária, mais ampla ou até mesmo oposta ao que aparente manifesta. Existem no campo dos benditos certos princípios pragmáticos que regulamentam os atos, o que mostra como a compreensão do canto não se limita ao que é expresso no enunciado, mas inclui sempre uma compreensão implícita da situação de discurso, de determinadas práticas, hábitos e valores, de toda uma comunidade.

É da possibilidade de gerar diferentes tipos de relação interpessoal que situamos os benditos no campo da pragmática. É preciso, para isso, considerar os atos linguísticos como efetuando sua função comunicativa no interior de um contexto de interação, contexto esse constituído e regulado por normas e convenções sociais. Além disso, é preciso também considerar os atos de fala dos benditos como ações estratégicas visando a determinados resultados, tendo determinados efeitos e consequências convencionais e relacionando-se com determinados valores e interesses.

É a análise desses elementos que permitirá revelar a diferença nos modos de crer do povo em relação ao peso dos ditames institucionalizados; o povo tem suas próprias estratégias na determinação dos resultados para a sua vida, sua cosmovisão é diferenciada, sobretudo, contrastando com o caráter institucional da Igreja. Assim, como sujeito de ação, o indivíduo detém o controle e a formulação de certas convenções, sem delas abrir mão, daí a constituição de ritos religiosos multiformes, distanciando-se do artificialismo da ideologia institucionalizada da Igreja.

Enquanto ação, o bendito realiza-se num contexto de valores e normas, papéis, regras e convenções estabelecidos e modificados pelo povo. Esses elementos não são invariáveis, mas mudam constantemente conforme as condições históricas da sociedade que os produz, o tempo e o espaço, pois resultam desses processos sociais. A análise dos benditos na dimensão cultural volta-se para a articulação entre a linguagem e a sociedade da qual é linguagem, em seu redimensionamento dos problemas e cosmovisões. Deste modo, pode-se dizer que os benditos e sociedade encontram-se numa relação de interdependência. Diferentes estruturas de relações sociais determinam a formação de diferentes contextos de interação e de diferentes formas de uso linguístico dos benditos. Por outro lado, a linguagem simbólica do canto forma o horizonte que condiciona a experiência que os indivíduos têm da realidade, e, neste sentido, é constitutiva de realidade.

Os benditos devem ser entendidos, sobretudo, como prática social concreta, como um sistema de atos simbólicos realizados em determinado contexto social com objetivo preciso e produzindo certos efeitos e consequências. Rompem com a tradição institucionalizada da Igreja, pois apresentam diferentes modos de se dirigir e relacionar com o sagrado; predominam cosmovisões através das quais se descreve o mundo ou se interpreta a realidade. A linguagem deve ser vista como o modo, por excelência, de se agir no mundo, isto é, de interação social de uma determinada comunidade. Ela é constitutiva, tanto da realidade, enquanto estabelece o horizonte da possibilidade de nossa atuação no real, quanto de nossa compreensão dos contextos sociais de que participamos.

Para além da forma tradicional do texto existem outros cantos que ressoam, em ondas próximas e longínquas. Socialmente, os benditos se realizam com efeito em três instâncias: uma fundada na experiência imediata de uma determinada comunidade antropológica, com textos recebidos pela tradição; outra, sobre a produção mediatizada, pelo menos em parte, por canções desenvolvidas por compositores da Igreja; e uma terceira, dada pela dupla polarização entre a primeira e a segunda, criada e recriada por intérpretes, compositores anônimos, poetas populares que não reivindicam autoria.

Em relação ao aspecto formal, há uma convenção muito usual do canto em novenas, procissões, festas várias, cujas funções específicas são difíceis de mapear com precisão, dada a *movência*. O caráter laudatório conserva-se na maior parte dos cantos, independentemente de cultura ou sociedade. Dessa forma, por exemplo, quanto ao uso do bendito em ritos de morte, a situação permanece relacionada à ritualística fúnebre. Na evocação discursiva, há dois fatores definidores: situação e texto. Ora, uma *tradição discursiva* é mais que um simples enunciado; é um ato linguístico que relaciona um texto a uma situação, mas também relaciona esse texto com outros textos da mesma tradição.

Os benditos permitem sistematizar áreas fundamentais para a investigação linguística porque o discurso, como lugar de aplicação do sabre linguístico possibilita a reprodução dos vários saberes. É aquilo que Coseriu (1979) chama "saber expressivo", resultado de atividade em níveis diversos como o processo histórico, o estado atual/individual; e os domínios múltiplos da memória e do imaginário social. A voz no canto é história particular, tradição discursiva com regras de elocução.

REFERÊNCIAS BIBLIOGRÁFICAS

Critérios de indexação:

(1) As entradas vêm pelo sobrenome, em sequência alfabética e cronológica, do texto mais antigo para o texto mais recente.
(2) Em caso de mais de um autor, um ponto e vírgula separa os nomes.
(3) A data de publicação aparece no final do verbete. Sempre que possível, indica-se entre colchetes a data da primeira edição.
(4) Nos textos publicados em coletâneas, remete-se apenas aos organizadores, data e páginas, entre parênteses. Para a obtenção dos dados bibliográficos completos, procure pelo sobrenome do organizador e data da publicação.

Abaurre, M. B. M.; Rodrigues, Ângela C. S. (Orgs.). *Gramática do português falado*. Novos estudos descritivos. v. 7. Campinas: Editora da Universidade Estadual de Campinas/Fapesp, 2002.

Abreu, Alzira Alves de. *A modernização da imprensa (1970-2000)*. Rio de Janeiro: Jorge Zahar, 2002.

Acioli, Vera Lúcia Costa. *A escrita no Brasil Colônia*: um guia para leitura de documentos manuscritos. Recife: Ed. Massangana/Universidade Federal de Pernambuco/Ed. Universitária, 1994.

Aguilera, Vanderci de Andrade (Org.). *Para a história do português brasileiro* – vozes, veredas, voragens. v. 7. t. 2. Londrina: Editora da Universidade Estadual de Londrina, 2009.

Aguilera, Vanderci de Andrade; Vasconcelos, Celciane Alves (Orgs.). *Scripturae nas vilas de São Luiz de Goaratatuba e Antonina*: manuscritos setecentistas e oitocentistas. Londrina: Universidade Estadual de Londrina, 2007.

Albrecht, Jörn; Thun, Harald; Lüdtke, Jens. (Hrgg.). *Energeia und Ergon*. Tübingen: Narr, 1988.

Alkmin, Tânia Maria (Org.). *Para a história do português brasileiro*. São Paulo: Humanitas/Universidade de São Paulo, 2002.

Alves, Ieda Maria; Rodrigues, Ângela C. S. (Orgs.). *Gramática do português culto falado no Brasil*. Construção morfológica das palavras. v. 6. São Paulo: Editora Contexto, 2014.

Alves, Rosilda Moreira. *Sujeito, autoria e estratégias discursivas nas cartas de leitor*: interfaces da comunicação e linguagem. João Pessoa: Universidade Federal da Paraíba, 2004.

Amaral, Luiz. *Jornalismo*: matéria de primeira página. 5. ed. Rio de Janeiro: Tempo Brasileiro, 1997.

Ammon, Ulrich; Dittmar, Norbert; Mattheier, Klaus J.; Trudgill, Peter (Hrgs.). *Soziolinguistik*. v.1. Berlin: de Gruyter, 2004.

Andrade, Maria Lúcia C. V. O. Marcas de interação na correspondência publicada em jornais paulistas do século xix. In: Guiomar Ciaspucio et al. (Orgs. 2006: 17-134).

ANTOS, Gerd. Os textos como formas constitutivas do saber. Sobre algumas hipóteses para uma fundamentação da linguística de texto à base de uma teoria evolucionária. In: Gerd Antos; Tietz Heike (Eds. 1997: 43-65).

ANTOS, Gerd; HEIKE, Tietz (Eds.). *O futuro da linguística de texto*: tradições, transformações, tendências. Trad. Hans Peter Wieser. Tübingen: Niemeyer, 1997.

ASCHENBERG, Heidi. *Historiche Textsortenlinguistik*. Beobachtungen und Gedanken. Linguística histórica de gêneros textuais, observações e reflexões. Tradução de Hans Peter Weiser. In: Martina Drescher (Hrgg. 2002: 153-170).

ASCHENBERG, Heidi; WILHELM, Raymund. *Romanische Sprachgeschichtsschreibung und Diskurstraditionen*. Tübingen: Narr, 2003.

ATAÍDE, Cleber. *O comportamento sintático-semântico da categoria sujeito em títulos jornalísticos*: uma abordagem funcionalista. João Pessoa, Dissertação de Mestrado, Universidade Federal da Paraíba, 2008.

AUSTIN, J. L. *Quando dizer é fazer*: palavras e ação. Trad. Danilo M. de Souza Filho. Porto Alegre: Artes Médicas, 1990.

AZEVEDO, Ana Celia M. Marinho de. *Onda negra, medo branco*: o negro no imaginário das elites – século XIX. Rio de Janeiro: Paz e Terra, 1987.

BAHIA, Juarez. *Jornal, história e técnica*: história da imprensa brasileira. 4. ed. revista e aumentada. São Paulo: Ática, 1990.

BAKHTIN, Mikhail. *Questões de literatura e de estética*: a teoria do romance. 5. ed. São Paulo: Hucitec/Annablume, 2002.

BAKHTIN, Mikhail. *Estética da criação verbal*. Trad. Paulo Bezerra. São Paulo: Martins Fontes, eds. 1992, 2000, 2003 [1. ed. 1979].

BAKHTIN, Mikhail (Volochínov). *Marxismo e filosofia da linguagem*. Trad. do francês Michel Lahud e Yara Frateschi Vieira. 11. ed. São Paulo: Hucitec, 2004.

BAKHTIN, Mikhail. *Problemas da poética de Dostoiévski*. Trad. Paulo Bezerra. Rio de Janeiro: Forense Universitária, eds. 1981, 2005.

BARBOSA, Afrânio Gonçalves. O contexto dos textos coloniais. In: Tânia M. Alkmim (Org. 2002: 421-431).

BARBOSA, Afrânio; LOPES, Célia Regina et al. *Corpus diacrônico do Rio de Janeiro*: cartas pessoais – séculos XVIII-XIX. Rio de Janeiro: Universidade Federal do Rio de Janeiro/CNPq, *Labor-Histórico*, versão eletrônica, 2003.

BARNICOAT, John. *Los carteles*: sua historia y linguaje, 2. ed. Barcelona: Gustavo Gili, 1976.

BAZERMAN, Charles. Formas sociais como habitats para ação. *Investigações*: *Linguística e Teoria Literária*, 16.2: 123-141, 2003.

BAZERMAN, Charles. Gêneros textuais, tipificação e interação. In: Charles Bazerman, Angela Paiva Dionisio e Judith Chambliss Hoffnagel (Orgs. 2005).

BAZERMAN, Charles; DIONISIO, Angela Paiva; HOFFNAGEL, Judith Chambliss (Orgs.). *Gêneros textuais, tipificação e interação*. Trad./adaptação Judith Chambliss Hoffnagel. São Paulo: Cortez, 2005.

BECK, Ulrich et al. (Orgs.). *Modernização reflexiva*: política, tradição e estética na ordem social moderna. São Paulo: Editora da Universidade Estadual Paulista, 1997.

BECKER, Marc. In Search of Tinterillos. *LARR*, 47: 95-114, Spring, 2012.

BELO, Fernando. *Filosofia e ciências da linguagem*. Lisboa: Edições Colibri, 1993.

BELTRÃO, Luiz. *Jornalismo opinativo*. Porto Alegre: Sulina, 1980.

BELTRÃO, Luiz. *Teoria e prática do jornalismo*. Adamantina: FAI/Cátedra Unesco Metodista de Comunicação para o Desenvolvimento Regional/Omnia, 2006.

BESSA MENDES, Janete dos Santos. *Estudo semântico-enunciativo da modalidade em artigos de opinião*. Rio de Janeiro, Tese de Doutorado, Pontifícia Universidade Católica do Rio de Janeiro, 2006.

BEZERRA, Maria Auxiliadora. *Por que cartas de leitor na sala de aula*. In: Ângela P. Dionísio, Ana R. Machado e Maria Auxiliadora Bezerra (Orgs. 2005: 208-216).

BLÜHDORN, Hardarik. A relação entre pragmática, semântica e gramática. *Rev. Est. Ling.*, Belo Horizonte, 6.2: 5-43, 1997.

BRANDÃO, Helena Hathsue Nagamine. Escravos em anúncios de jornais brasileiros do século XIX: discurso de ideologia. Estudos Linguísticos XXXIII – Trabalhos apresentados no 51º Seminário do GEL – Unitau, Taubaté, 2004.

BRANDÃO, Helena H. Nagamine. *Discurso e tradição em anúncios da imprensa brasileira*: da informação à sedução – imagens do cotidiano. In: Guiomar Ciaspucio et al. (Eds. 2006: 135-147).

BRANDÃO, Helena H. N.; ANDRADE, Maria Lúcia C.V.O.; AQUINO, Zilda G. O. de. Cartas da administração privada e cartas particulares: estudo da organização discursiva. In: Vanderci Aguilera et al. (Orgs. 2009, t. 2: 699-737).

BRINKER, Klaus. *Textlinguistik*. Heidelberg: Groos, 1992.

BRONCKART, Jean-Paul. *Atividade de linguagem, textos e discursos*: por um interacionismo sociodiscursivo. Trad. Anna Rachel Machado e Péricles Cunha. São Paulo: Editora da Universidade Católica, 1999.

BUSTOS TOVAR, José Jesús; CANO AGUILAR, Rafael; MÉNDEZ GARCÍA DE PAREDES, Elena; LÓPES SERENA, Araceli (Eds.). *Sintaxis y análisis del discurso hablado em español*. Homenaje a Antonio Narbona. v. 2. Sevilla: Universidad de Sevilla, 2011.

CALLOU, Dinah I. Projeto Nurc no Brasil: décadas de 70 a 90. *Revista Linguística*, 11: 231-250 (Associação de Linguística e Filologia da América Latina), 1999.

CÂMARA CASCUDO, Luís. *Dicionário do folclore brasileiro*. 8. ed. São Paulo: Global, 2000.

CASEY, James et al. (Eds.). *La familia en la España mediterránea (siglos XV-XIX)*. Barcelona: Crítica, 1987.

CASSIRER, Ernst. *Filosofía de las Formas Simbólicas I*: el lenguaje. Trad. Armando Morones. México: Fondo de Cultura Económica, 1998.

CASTILHO, Ataliba T. de (Org.). *Português culto falado no Brasil*. Campinas: Editora da Universidade Estadual de Campinas, 1989.

CASTILHO, Ataliba T. de. *O português culto falado no Brasil*: História do Projeto Nurc. In: Dino Preti e Hudinilson Urbano (Eds. 1990: 141-202).

CASTILHO, Ataliba T. de (Org.). *Para a história do português brasileiro*. Primeiras ideias. v. 1. São Paulo: Humanitas/ Fapesp, 1998a.

CASTILHO, Ataliba T. de. Projeto de história do português de São Paulo. In: Ataliba T. de (Org. 1998: 61-76), 1998b.

CASTILHO, Ataliba T. de. *Corpus diacrônico do português brasileiro*. Lisboa, Encontro do AILP, 2001. Disponível em: <http://www.fl.ul.pt/pessoais/ailp/encontro/ataliba.htm>. Acesso em: 08 nov. 2008.

CASTILHO, Ataliba T. de (Org.). *Gramática do português falado*. A ordem. v. 1. 4. ed. Campinas: Editora da Unicamp/Fapesp: 2002.

CASTILHO, Ataliba T. de (Org.). *Historiando o português brasileiro*. História das línguas: variedades, gramaticalização, discursos. Relatório apresentado ao Seminário "Aspectos sincrônicos e diacrônicos do Português Brasileiro". Blaubeuren: Tuebingen Universitaet, 2003. Disponível em: <www.mundoalfal.org/projetodehistoriadoportuguesbrasileiro>. Acesso em: 2 out. 2017.

CASTILHO, Ataliba T. de. Proposta funcionalista de mudança linguística: os processos de lexicalização, semanticização, discursivização e gramaticalização na constituição das línguas. In: Tânia Lobo et al. (Orgs. 2006: 223-296).

CASTILHO, Ataliba T. As letras no ensino e na pesquisa. *Veredas online, Ensino 2*, Juiz de Fora, Universidade Federal de Juiz de Fora, 5-21, 2007. Disponível em: http://www.revistaveredas.ufjf.br/volumes/veredas_ensino/artigo01.pdf>. Acesso em: 08 nov. 2008.

CASTILHO, Ataliba T. de (Org.). *História do português paulista*. Campinas: Setor de Publicações do Instituto de Estudos da Linguagem, Universidade Estadual de Campinas, 2009.

CASTILHO, Célia Maria Moraes de. Os judeus na implantação do português em São Paulo. Dos guetos portugueses para as planícies de Piratininga. III Congresso Internacional de Linguística Histórica. Santiago de Compostela, 27-30 de julho de 2015.

CAVALCANTE, Mônica Magalhães. Anáforas encapsuladoras – traços peculiares aos rótulos. Comunicação apresentada por ocasião do XX Encontro Nacional da Anpoll. São Paulo: Pontifícia Universidade Católica de São Paulo, 2006.

CAVALCANTE, Mônica Magalhães et al. (Orgs.). *Texto e discurso sob múltiplos olhares*: gêneros e sequências textuais. v. 1. Rio de Janeiro: Lucerna, 2007.

CAVALCANTE, Silvia Regina de Oliveira. Formas de indeterminação na imprensa carioca dos séculos XIX e XX. In: Tânia M. Alkmin (Org. 2002: 197-219).

CHALHOUB, Sidney. *Trabalho, lar e botequim*: o cotidiano dos trabalhadores no Rio de Janeiro da Belle Époque. 2. ed. Campinas: Editora da Universidade Estadual de Campinas 2001.

CHARAUDEAU, Patrick. *O discurso das mídias*. São Paulo: Contexto, 2007.

CIAPUSCIO, Guiomar; JUNGBLUTH, Konstanze; KEISER, Dorothee (Eds.). *Sincronía y diacronia de tradiciones discursivas em Latinoamérica*. Madrid: Iberoamericana/Frankfurt am Main: Vervuert, 2006.

COMPANY, Concepción. El siglo XVIII en los fondos documentales de México. Contribución a la dialectología histórica del español. *Lingüística*, 19: 7-29, 2007.

COSERIU, Eugenio. *Sincronía, diacronía e historia*: el problema del cambio lingüístico. 2. ed. Montevideo/Madrid: Gredos, 1973 [1. ed. 1958].

Coseriu, Eugenio. *Sincronia, diacronia e história*: o problema da mudança linguística. Trad. Carlos Alberto da Fonseca e Mário Ferreira. Rio de Janeiro: Presença/Universidade de São Paulo, 1979.

Coseriu, Eugenio. *Lições de linguística geral*. Rio de Janeiro: Ao Livro Técnico, 1980.

Coseriu, Eugenio. *O homem e a sua linguagem*: estudos de teoria e metodologia linguística. Trad. Carlos Alberto da Fonseca e Mário Ferreira. Rio de Janeiro/São Paulo: Presença/Universidade de São Paulo, 1982.

Coseriu, Eugenio. *Gramática, semántica, universales*: estudios de linguística funcional. Madrid: Editorial Gredos, 1987.

Coseriu, Eugenio. *Sprachkompetenz*. Elemente einer Theorie des Sprechens. Tübingen: Narr, 1988a.

Coseriu, Eugenio. Linguistic Change Doesn't Exist. In: Jörn Albrecht, Harold Thun e Jens Luedtke (Eds. 1988: 147-157), 1988b.

Coseriu, Eugenio. *Competência linguística*: elementos de la teoría del hablar. Madrid: Gredos, 1992.

Coseriu, Eugenio. Do sentido do ensino da língua literária. *Confluência*, Rio de Janeiro, 5: 29-47, 1993.

Coseriu, Eugenio. A língua literária. *Agália*, 41: 57-60, 1995.

Coseriu, Eugenio. *Linguística del texto*: introducción a la hermenéutica del sentido. Madrid: Arco/Libros, 2007.

Coseriu, Eugenio; Lamas, Óscar Loureda. *Linguagem e discurso*. Trad. Cecília Ines Erthal. Curitiba: Editora da Universidade Federal do Paraná, 2010.

Costa, Alessandra Castilho Ferreira da. Transformações de gêneros discursivos em uma perspectiva diacrônica: o exemplo da notícia. In: Ataliba T. de Castilho (Org. 2009: 637-664), 2009a.

Costa, Alessandra Castilho Ferreira da. *Tradições discursivas no gênero textual "anúncio publicitário" em jornais paulistas do século xix*. In: Maria Aparecida Torres de Morais e Maria Lúcia da Cunha Victório de Oliveira Andrade (Orgs. 2009: 325-347), 2009b.

Costa, Alessandra Castilho Ferreira da. *Tradições discursivas em jornais paulistas de 1854 a 1901*: Gêneros entre a história da língua e a história dos textos. Munich: Grin, 2010.

Costa, Emília Viotti da. *A abolição*. 8. ed. São Paulo: Fundação Editora da Universidade Estadual Paulista, 2008.

Costa, Sergio Roberto. A construção de "títulos" em gêneros diversos: um processo discursivo polifônico e plurissêmico. In: Roxane Rojo (Org. 2000: 67-90).

Cruz, Heloísa de Faria. *São Paulo em papel e tinta*: periodismo e vida urbana – 1890-1915. São Paulo: Editora da Universidade Católica/Fundação de Amparo à pesquisa do Estado de São Paulo/Imprensa Oficial do Estado de São Paulo, 2000.

Cunha, Celso Ferreira da. *Gramática da língua portuguesa*. Brasília: fae, 1994.

Damasceno, Caetana Maria. Em casa de enforcado não se fala em corda: notas sobre a construção social da "boa" aparência no Brasil. In: Antonio Sérgio Alfredo Guimarães e Lyn Huntley (Orgs. 2000: 165-199).

Derrida, Jacques. *A farmácia de Platão*. Trad. Rogério da Costa. São Paulo: Iluminuras, 2005.

Dionisio, Angela Paiva. Gêneros multimodais e multiletramento. In: Alcir Mário Karwoski, Beatriz Gaydeczla e Karim Siebeneicher Brito (Orgs. 2005: 159-173).

Dionísio, Angela Paiva; Machado, Anna Rachel; Bezerra, Maria Auxiliadora. *Gêneros textuais & ensino*. 4. ed. Rio de Janeiro: Lucerna, 2005.

Dionísio, Angela Paiva; Beserra, Normanda da Silva. *Tecendo textos, construindo experiências*. 2. ed. Rio de Janeiro: Lucerna, 2007.

Drescher, Martina (Hrg.). *Textsorten im romanischer Sprachevergleich*. Tübigen: Stauffenburg Verlag, 2002.

Duarte, Maria Eugênia Lamoglia; Callou, Dinah (Orgs.). *Para a história do português brasileiro*: notícias de corpora e outros estudos. v. 4. Rio de Janeiro: Universidade Federal do Rio de Janeiro/Fundação de Amparo à Pesquisa do Estado do Rio de Janeiro, 2002.

Durand, Gilbert. *As estruturas antropológicas do imaginário*. São Paulo: Martins Fontes, 1997.

Eckkrammer, Eva Martha. Aspectos e perspectivas da comparação interlingual e intermidiática de gêneros textuais. In: Hans P. Wieser e Ingedore G. V. Koch (Eds. 2009: 89-315).

Eliade, Mircea. *O sagrado e o profano*: a essência das religiões. Trad. Rogério Fernandes. Lisboa: Livros do Brasil, 2002.

Elizaincín, Adolfo. Ocho precisiones sobre el contacto lingüístico. *Lingüística*, 19: 117-132, 2007.

Erbolato, Mario. *Técnicas de redação em jornalismo*: redação, captação e edição no jornal diário. São Paulo: Ática, 2006.

Ernst, Gerhard; Glessen, Martin-Dietrich; Schmitt, Christian; Schweickard, Wolfgang (Hrgs.). *Romanische Sprachgeschichte*. Handbuch zur Sprach- und Kommunikationswissenschaft. Berlin/New York: De Gruyter, 2006.

Fairclough, Norman. *Critical Discourse Analysis*: Papers in the Critical Study of Language. London/New York: Longman, 1997.

Fairclough, Norman. *Discurso e mudança social.* Brasília: Editora da Universidade de Brasília, 2001.

Fairclough, Norman. *Analysing Discourse*: Textual Analysis for Social Research. London: Routledge, 2003.

Faraco, Carlos Alberto. *Linguística histórica*: uma introdução ao estudo da história das línguas. São Paulo: Parábola, 2005.

Fernandes, Cristina. *Devoção e teatralidade*: as vésperas de João de Sousa Vasconcelos e a prática litúrgico-musical no Portugal pombalino. Lisboa: Edições Colibri, 2005.

Figueiredo, Lisette Fernandes; Bonini, Adair. Um estudo do gênero "nota jornalística" a partir de exemplares publicados no Jornal do Brasil. In: Mônica Magalhães Cavalcante et al. (Orgs. 2007: 82-112).

Figueras, Narcís; Puigvert, Joaquim M. (Eds.). *Tribulacions d'un masover fadristern*, Estudis i Textos. v. 5. Girona: Centre d'Estudis Selvatans, 1998.

Fiorin, José Luiz. *Introdução ao pensamento de Bakhtin.* São Paulo: Ática, 2006.

Fonseca, Maria Cristina de Assis Pinto. *Caracterização linguística de cartas oficiais da Parahiba dos séculos xviii e xix.* Recife, Tese de Doutorado, Universidade Federal de Pernambuco, 2003.

Fonseca, Maria Cristina de Assis Pinto. *A escrita oficial*: manuscritos paraibanos dos séculos xviii e xix. Recife: Programa de Pós-Graduação em Letras da Universidade Federal de Pernambuco (Coleção Teses), 2005.

Foucault, Michel. *A arqueologia do saber.* Trad. Luiz Felipe Baeta Neves. 7. ed. Rio de Janeiro: Forense Universitária, 2008.

Fraga, Rose Mary. O envolvimento na Linguagem Jornalística do século xix – cartas de leitores. In: Marlos de Barros Pessoa (Org. 2005: 63-86).

Frank, Bárbara; Hartmann, Jörg. L'Inventaire systematique dês premiers documents des langues romanes. In: Maria Selig, Barbara Frank e Jörg Hartmann (Eds. 1993: 31-37).

Frank, Barbara; Haye, Thomas; Tophinke, Doris (Hrgs.). *Gattungen mittelalterlicher Schriftlichkeit.* Trad. Alessandra Castilho Ferreira da Costa. Tubingen: Narr–Script Oralia, 1997.

Freedman, Aviva; Medway, Peter (Eds.). *Genre and the New Rhetoric.* London: Taylor & Francis, 1984.

Freyre, Gilberto. *O velho Félix e suas memórias de um Cavalcanti.* Recife: Massangana, 1989.

Freyre, Gilberto (Hrgg.). *Herrenhaus und Sklavenhütte.* Stuttgart: dtv/Klett-Cotta, 1990.

Freyre, Gilberto. *Sobrados e mucambos.* 12. ed. Rio de Janeiro: Record, 2000.

Gebara, Ademir. *O mercado de trabalho livre no Brasil (1871-1888).* São Paulo: Brasiliense, 1986.

Giddens, Anthony. A vida em uma sociedade pós-tradicional. In: Ulrich Beck et al. (Orgs. 1997: 73-133).

Giddens, Anthony. *A constituição da sociedade.* 3. ed. São Paulo: Martins Fontes, 2009.

Gloy, Klaus. Was ist das Normhafte einer Norm? Zur Fundierung der Normenforschung. In: Katharina Rosenberg e Rita Vallentin (Hrgg. 2012: 8-23).

Glusberg, Jorge. *A arte da performance.* Trad. Renato Cohen. São Paulo: Perspectiva, 2005.

Goetsch, Paul. *Lesen und Schreiben im 17. und 18. Jahrhundert*: Studien zu ihrer Bewertung in Deutschland, England, Frankreich. Tübingen: Narr, 1994.

Gomes, Neusa Demartini. *Publicidade*: comunicação persuasiva. Porto Alegre: Sulina, 2003.

Gomes, Valéria Severina. História do editorial jornalístico em Pernambuco: o que mudou e o que permaneceu no curso desta tradição discursiva? In: Marlos de Barros Pessoa (Org. 2005: 87-107).

Gomes, Valéria Severina. História do editorial jornalístico em Pernambuco: aspectos formais e linguísticos desta tradição discursiva. In: Guiomar Ciapuscio et al. (Eds. 2006: 83-100).

Gomes, Valéria Severina. *Traços de mudanças e de permanência em editoriais de jornais pernambucanos*: da forma ao sentido. Recife, Tese de Doutorado, Universidade Federal de Pernambuco, 2007.

Gomes, Valéria Severina. *Traços de mudança e de permanência em editoriais de jornais pernambucanos*: da forma ao sentido. Berlin: De Gruyter, 2010.

Gomes, Valéria Severina. Variações, mudanças e permanências: a identificação do editorial em sincronias passadas. *Revista do Grupo de Estudos Linguísticos do Nordeste*, 15.1: 321-344, 2013.

Gonçalves Segundo, Paulo Roberto. Negociação interpessoal e dinamismo acional em tradições discursivas pós-modernas: um estudo dos editoriais laudatórios da imprensa paulistana de bairro. In: Maria Célia Lima-Hernandes e Manoel Santiago-Almeida (Orgs. 2010: 313-329).

Gonçalves Segundo, Paulo Roberto. *Tradição, dinamicidade e estabilidade nas práticas discursivas*: um estudo da negociação intersubjetiva na imprensa paulista. São Paulo, Tese de Doutorado, Universidade de São Paulo, 2011.

Gonçalves, Maria Filomena Candeias. A Ortografia Nacional (1904) de Gonçalves Viana e as ideias ortográficas dos reformistas sul-americanos. *Eutomia*, 2, ano 3, Dezembro de 2010. Disponível em: <http://www.revistaeutomia.com.br/volumes/Ano3-Volume2/especial-destaques/destaqueslinguistica/destaque_a_ortografia_nacional_goncalves_viana.pdf. Acesso em: jan. 2012.

González Reyna, Susana. *Gêneros periodísticos 1*: periodismo de opinión y discurso. México: Trilhas, 1991.
Görgen, Hermann Matthias. Vorwort. In: Gilberto Freyre (Hrgg. 1990: 7-18).
Gregolin, Maria do Rosário Valencise (Org.). *Discurso e mídia*: a cultura do espetáculo. São Carlos: Claraluz, 2003.
Guedes, Marymarcia; Berlinck, Rosane de Andrade (Orgs.). *E os preços eram commodos...*: anúncios de jornais brasileiros do século xix. São Paulo: Humanitas/Universidade de São Paulo, 2000.
Guimarães, Antonio Sérgio Alfredo; Huntley, Lyn (Orgs.). *Tirando a máscara* – ensaios sobre o racismo no Brasil. São Paulo: Paz e Terra, 2000.
Habermas, Jürgen. *Theory of Communicative Action*. v. 1. London: Heinemann, 1984.
Halbwachs, Maurice. *A memória coletiva*. Trad. Beatriz Sidou. São Paulo: Centauro, 2006.
Halliday, Michael. *Language as Social Semiotic*. London: Edward Arnold, 1978.
Halliday Michael A. K.; Hasan, Ruqaiya. *Cohesion in English*. London: Longman, 1976.
Halliday, Michael; Matthiessen, Christian. *Introduction to Functional Grammar*. 3. ed. London: Hodder Arnold, 2004.
Halliday, Michael; Webster, Jonathan (Eds.). *Continuum Companion to Systemic Functional Linguistics*. London: Continuum, 2009.
Hora, Dermeval; Silva, Camilo Rosa. (Orgs.). *Para a história do português brasileiro*: abordagens e perspectivas. v. 8. João Pessoa: Ideia/Editora Universitária, 2010.
Houaiss, Antônio; Villar, Mauro de Salles. *Dicionário Houaiss da língua portuguesa*. Rio de Janeiro: Objetiva. 2001.
Hrbek, Anja. *Vierjahrhunderte Zeitungsgeschichte in Oberitalien*. Text-, sprach- und allgemeingeschichtliche Entwicklungen in der "Gazzeta di Mantova" und vergleichbaren Zeitungen. Tübingen: Niemeyer, 1995.
Ilari, Rodolfo. *Gramática do português culto falado no Brasil*. Palavras de classe aberta. v. 3. São Paulo: Contexto, 2014.
Ilari, Rodolfo. *Gramática do português culto falado no Brasil*. Palavras de classe fechada. v. 4. São Paulo: Contexto, 2015.
Jacob, Daniel. Mujeres, vasallos, y perífrasis verbales: discurso ideológico, estructura textual y gramática en El Poema de Mío Cid. In: José Jesús Bustos Tovar et al. (Eds. 2011: 587-606).
Jacob, Daniel; Kabatek, Johannes (Eds.). *Lengua medieval y tradiciones discursivas en la Península Ibérica*. Frankfurt am Main: Vervuert: Iberoamericana, 2001.
Jambo, Arnoldo. *Diário de Pernambuco*: história e jornal de quinze décadas. Edição comemorativa do sesquicentenário. Recife: Diário de Pernambuco S.A., 1975.
Jubran, Clélia Cândida Spinardi (Org.). *Gramática do português culto falado no Brasil*. A construção do texto falado. v. 1. São Paulo: Contexto, 2015.
Jubran, Clélia Cândida Spinardi; Koch, Ingedore Grunfeld Villaça (Orgs.). *Gramática do português culto falado no Brasil*. Construção do texto falado. v. 1. Campinas: Editora da Unicamp, 2006.
Jucker, Andreas H. *History of English and English Historical Linguistics*. Stuttgart: Ernst Klett Verlag, 2000.
Jungbluth, Konstanze. *Die Tradition der Familienbücher*. Tübingen: Niemeyer/Berlin: De Gruyter, 1996a.
Jungbluth, Konstanze. *Tradition der Familienbücher*: das Katalanische wahrend der Decadència. Tūbigen: Niemeyer, 1996b.
Jungbluth, Konstanze. El carácter de los textos semiorales y el junctor que. In: Wulf Oesterreicher (Ed. 1998: 339-358).
Jungbluth, Konstanze. Variação do sistema dêictico nas línguas românicas. *Cadernos de Linguagem e Sociedade*, 7: 83-105, 2005.
Jungbluth, Konstanze. Zur Rekonstruktion gesprochener Sprache: Familienbücher des 19. Jh. aus Pernambuco. In: Otto Winckelmann et al. (Hrgg. 2011: 279-304).
Jungbluth, Konstanze; Schlieben-Lange, Brigitte. Text. In: Ulrich Ammon et al. (Eds. 2004: 614-633).
Kabatek, J. Cómo investigar las tradiciones discursivas medievales? El ejemplo de los textos jurídicos castellanos. In: Daniel Jacob e Johannes Kabatek (Eds. 2001).
Kabatek, J. Tradiciones discursivas y cambio linguístico. Seminario de historia de la lengua española *El cambio linguístico en la historia española*: nuevas perspectivas. Soria, de 7 a 11 de Julio de 2003, 2003a.
Kabatek, J. *La Linguística Románica histórica*: tradición e innovación en una disciplina viva. *La Corónica*, 31: 35-40, 2003b.
Kabatek, J. Sobre a historicidade de textos. Trad. José da Silva Simões. *Linha d'Água*, 17, São Paulo, Universidade de São Paulo/apll, 160-167, 2004.
Kabatek, J. Tradiciones discursivas y cambio lingüístico. *Lexis*: *Revista de Lingüística y Literatura*. 29.1: 151-177, 2005.
Kabatek, J. Tradiciones discursivas y cambio linguistico. In: Guiomar Ciapuscio et al. (Eds. 2006: 151-172), 2006a.
Kabatek, J. Tradições discursivas e mudança linguística. In: Tânia Lobo, Ilza Ribeiro, Zenaide Carneiro e Norma Almeida (Orgs. 2006, t. 2: 505-530), 2006b.

KABATEK, J. *Sintaxis histórica del español y cambio linguístico*: nuevas perspectiva desde las tradiciones discursivas. Madrid: Iberoamericana, 2008.

KARWOSKI, Acir Mário; GAYDECZKA, Beatriz; BRITO, Karim Siebeneicher (Orgs.). *Gêneros textuais*: reflexões e ensino. União da Vitória: Kaygangue, 2005.

KATO, Mary A.; NASCIMENTO, Mílton (Orgs.). *Gramática do português culto falado no Brasil.* A construção da sentença. v. 2. Campinas: Editora da Universidade Estadual de Campinas, 2009.

KATO, Mary A.; NASCIMENTO, Mílton (Orgs.). *Gramática do português culto falado no Brasil.* A construção da sentença. v. 2. São Paulo: Contexto, 2015.

KATO, Mary A.; NEGRÃO, Esmeralda (Eds.). *Brazilian Portuguese and the Null Subject Parameter.* Frankfurt am Main: Vervuert, 2000.

KOCH, Ingedore G. Villaça. *A inter-ação pela linguagem.* 2. ed. São Paulo: Contexto, 1995.

KOCH, Ingedore G. Villaça. *Introdução à linguística textual.* São Paulo: Martins Fontes, 2004.

KOCH, Peter. Pour une typologie conceptionnelle et médiale des plus anciens documents/monuments des langues romanes. In: Maria Selig et al. (Ed. 1993: 39-81).

KOCH, Peter. Diskurstraditionen: zu ihrem sprachtheoretischen Status und ihrer Dynamik. In: Barbara Frank, Thomas Haye e Doris Tophinke (Eds. 1997: 43-79).

KOCH, Peter. Tradiciones Discursivas y cambio linguístico: el ejemplo del tratamiento "vuestra merced" en español. In: Johannes Kabatek (Org. 2008: 53-89).

KOCH, Peter; OESTERREICHER, Wulf. Langage parlé et langage écrit. *Lexikon der romanistischen Linguistik.* Tübingen/ Berlin: Niemeyer/De Gruyter, v .1, 2: 584-627, 2001.

KOCH, Peter; OESTERREICHER, Wulf. *Lengua hablada en La Romania*: español, francés, italiano. Madrid: Editorial Gredos, 2007a.

KOCH, Peter; OESTERREICHER, Wulf. Oralidade y escrituralidad a luz de la Teoria del Lenguage. In: Peter Koch e Wulf Oesterreicher (Orgs. 2007: 20-47), 2007b.

KOTSCHI, Thomas; OESTERREICHER, Wulf; ZIMMERMANN, Klaus (Eds.). *El Español hablado y la cultura oral en España y Hispanoamérica.* Frankfurt am Main: Vervuert/Madrid: Iberoamericana, 1996.

LEBSANFT, Franz. Kommunikationsprinzipien, Texttraditionen, Geschichte. In: Angela Schrott e Harald Völker (Hrgg 2003: 25-43).

LEMKE, Jay. *Textual Politics*: Discourse and Social Dynamics. London: Taylor & Francis, 2005.

LIMA, Oliveira. *D. João VI no Brasil.* 3. ed. Rio de Janeiro: Topbooks, 1996.

LIMA-HERNANDES, Maria Célia; SANTIAGO-ALMEIDA, Manoel (Orgs.). *História do português paulista.* v. III. Campinas: Setor de Publicações do Instituto de Estudos da Linguagem, Universidade Estadual de Campinas, 2012.

LOBO, Tânia (Org.); FERREIRA, Permínio Souza; GONÇALVES, Uílton; OLIVEIRA, Klebson (Colaboradores). *Cartas baianas setecentistas.* Série Diachonica: fontes para a história da língua portuguesa, 3. São Paulo: Humanitas/ Universidade de São Paulo, 2001.

LOBO, Tânia; RIBEIRO, Ilza; CARNEIRO, Zenaide; ALMEIDA, Norma (Orgs.). *Para a história do português brasileiro.* Novos dados, novas análises. v. 6. 2 t. Salvador: Editora da Universidade Federal da Bahia, 2006.

LONGACRE, R. The Discourse Strategy of an Appeals Letter. In: William C. Mann e Sandra A. Thompson (Eds. 1992: 109-130).

LONGHIN, Sanderléia. *Tradições discursivas*: conceito, história e aquisição. São Paulo: Cortez, 2014.

LOPE BLANCH, Juan M. *Estudios sobre el español hablado en las principales ciudades de América.* México: Universidad Nacional Autónoma de México, 1977.

LOPES, Célia Regina dos Santos. *A inserção de "a gente" no quadro pronominal do português.* Frankfurt am Main/ Madrid: Vervuert, 2003.

LOPES, Célia Regina dos Santos. *A norma brasileira em construção*: fatos linguísticos em cartas pessoais do século XIX. Rio de Janeiro: Fundação de Amparo à Pesquisa do Rio de Janeiro, 2005.

LOPES, Célia Regina dos Santos; MACHADO, Ana Carolina Morito (Eds.). *Cartas da família Ottoni aos netos 1879-1889*: corpora diacrônicos PB. Rio de Janeiro: Universidade Federal do Rio de Janeiro, 2003.

LÜDTKE, Jens (Ed.). *El español de América en el siglo XVI.* Frankfurt am Main/Madrid: Vervuert, 1994.

MAIA, Clarinda de Azevedo. Dos textos escritos à história da língua. *História da língua e história da gramática.* Atas do Encontro. Braga: Universidade do Minho, 2002: 231-249.

MAINGUENEAU, Dominique. *Novas tendências em análise do discurso.* 3. ed. São Paulo: Pontes, 1997.

MANN, William C.; THOMPSON, Sandra A. (Eds.). *Discourse Description*: Diverse Linguistic Analysis of a Fund-Raising Text. Amsterdam/Philadelphia: John Benjamins, 1992.

MARCUSCHI, Luiz Antônio. O texto no ensino de língua: sugestões teóricas e práticas. Recife: Universidade Federal de Pernambuco, 1986. Digitado.

MARCUSCHI, Luiz Antônio. *Por uma proposta para a classificação dos gêneros textuais*, 1997. Texto mimeo e rev.

MARCUSCHI, Luiz Antônio. Gêneros textuais: definição e funcionalidade. In: Ângela P. Dionísio, Ana R. Machado e Maria Auxiliadora Bezerra (Orgs. 2005: 19-36).

MARCUSCHI, Luiz Antônio. *Produção textual, análise de gêneros e compreensão*. 3. ed. São Paulo: Parábola, 2008.

MARCUSCHI, Luiz Antônio. *Linguística de texto*: o que é e como se faz? Recife: Editora Universitária da Universidade Federal de Pernambuco, 2009.

MARIZ, Celso. *Apanhados históricos da Paraíba*. 2. ed. João Pessoa: Editora Universitária, 1980.

MARTIN, James; WHITE, Peter. *The Language of Evaluation*: Appraisal in English. New York/Hampshire: Palgrave Macmillan, 2005.

MARTINHEIRA, José J. Sintra. *Tipologias documentais da administração central no Antigo Regime*. Lisboa, Monografia de curso de Pós-Graduação em Arquivística e Documentação, Torre do Tombo, 1997.

MARTINHO, Lenira Menezes; GORENSTEIN, Riva. *Negociantes e caixeiros na sociedade da Independência*. Rio de Janeiro: Secretaria Municipal de Cultura, Turismo e Esportes, 1993.

MARTINS, Marco Antonio; TAVARES, Maria Alice (Orgs.). *História do português brasileiro no Rio Grande do Norte*: análise linguística e textual da correspondência de Luís da Câmara Cascudo a Mario de Andrade – 1924-1944. Natal: Editora da Universidade Federal do Rio Grande do Norte, 2012

MATOS, Maria Izilda Santos. *Cotidiano e cultura*: história, cidade e trabalho. Bauru: Editora da Universidade do Sagrado Coração, 2002.

MATOS E SILVA, Rosa Virginia. *Caminhos da linguística histórica*: ouvir o inaudível. São Paulo: Parábola, 2008.

MATTHIESSEN, Christian. Ideas and New Directions. In: Michael Halliday e Jonathan Webster (Orgs. 2009: 12-58).

MATTOS, Ilmar Rohloff de. *O tempo Saquarema*: a formação do estado imperial. 2. ed. São Paulo: Hucitec, 1990.

MELO, Cristina Teixeira Vieira de. *Cartas à redação*: uma abordagem discursiva. Campinas, Tese de Doutorado, Universidade Estadual de Campinas, 1999.

MELO, José M. de. *Jornalismo opinativo*: gêneros opinativos no jornalismo brasileiro. 3. ed. revista e ampliada. Campos do Jordão: Mantiqueira, 2003.

MELLO, Eliana de. A cultura de dominação. *Revista Humanidades*, 21.1: 93-97, 2006.

MELLO, Zélia Maria Cardoso de. *Metamorfose da riqueza, São Paulo, 1845-1895*: contribuição ao estudo da passagem da economia mercantil-escravista à economia exportadora capitalista. São Paulo: Hucitec, 1985.

MENDONÇA, Neide R. de Sousa. *Um estudo da prosa institucional* – subsídios para a desburocratização linguística. Recife, Dissertação de Mestrado, Universidade Federal de Pernambuco, 1985.

MENEGASSI, Renilson José; CHAVES, Maria Isabel Afonso. O título e a sua função estratégia na articulação do texto. *Linguagem e Ensino*, 3.1: 27-44, 2000.

MEYER, Philip. *Os jornais podem desaparecer?* Como salvar o jornalismo na era da informação. Trad. Patricia de Cia. São Paulo: Contexto, 2007.

MILLER, Carolyn R. Genre as Social Action. In: Aviva Freedman e Peter Medway (Eds. 1984: 23-42).

MORAIS, Maria Aparecida Torres de; ANDRADE, Maria Lúcia da Cunha Victório de Oliveira (Orgs.). *História do português paulista*. v. 2. Campinas: Publicações do Instituto de Estudos da Linguagem da Universidade Estadual de Campinas, 2009.

MOREL, Marco; BARROS, Marina Monteiro de. *Palavra, imagem e poder*: o surgimento da imprensa no Brasil do séc. XIX. Rio de Janeiro: DP&A Editora, 2003.

MOTTA, Luiz Gonzaga. *Imprensa e poder*. Brasília/São Paulo: Universidade de Brasília/Imprensa Oficial do Estado, 2002.

MOUILLAUD, Maurice. Le Monde e Libération em perspectiva: uma tendência. In: Sérgio Dayrrel Porto (Org. 2002: 203-213).

MURAD, Pedro Carvalho. O mito e as narrativas contemporâneas. *Revista GHREBH*, 1.7: 186-197, 2005.

NASCIMENTO, Luiz do. *História da imprensa de Pernambuco (1821-1954)*: Diário de Pernambuco. v. 1. 2. ed. Recife: Universidade Federal de Pernambuco, 1968.

NEVES, Maria Helena de Moura. *Gramática de usos do português*. São Paulo: Universidade Estadual Paulista, 2000.

NEVES, Maria Helena de Moura (Org.). *Gramática do português culto falado no Brasil*. A construção de orações complexas. v. 5. São Paulo: Contexto, 2015.

NICOLAU, Roseane B. F; ALDRIGUE Ana Cristina de S. *Quem o pretender comprar dirija-se a...*: coletânea de anúncios paraibanos do século XIX. João Pessoa: Editora Universitária da UFPB, 2009.

NININ, Maria Otília Guimarães; BARBARA, Leila. Engajamento na perspectiva linguística sistêmico-funcional em trabalhos de conclusão de curso de Letras. *Trabalhos de Linguística Aplicada*. v. 52, n. 1: 127-146, 2013.

Nobre, Geral da S. *Introdução à história do jornalismo cearense.* Fortaleza: Gráfica Editorial Cearense (edição fac-similar), 1974.

Oesterreicher, Wulf. El español en textos escritos por semicultos. Competencia escrita de impronta en la historiografia indiana. In: J. Ludtke (Comp. 1994: 155-190).

Oesterreicher, Wulf. Lo hablado en lo escrito. Reflexiones metodológicas y aproximación a una tipología. In: Thomas Kotschi, Wulf Oesterreicher e Klaus Zimmermann (Eds. 1997: 317-340), 1997a.

Oesterreicher, Wulf. Zur Fundierung von Diskurstraditionen. In: Barbara Frank, Thomas Haye e Doris Tophinke (Hrsg. 1997), 1997b.

Oesterreicher, Wulf (Ed.). *Competencia escrita, tradicíon discursiva y variedades lingüísticas.* El español en los siglos xvi y xvii. Tübingen: Narr, 1998a.

Oesterreicher, Wulf. et al. (Eds.). *Competencia escrita, tradiciones discursivas variedades lingüísticas*: aspectos del español europeo y americano en los siglos xvi y xvii. Tübinguen: Günter narr verlag Tübingen, 1998b.

Oesterreicher, Wulf. La "recontextualización" de los géneros medievales como tarea hermenéutica. In: Daniel Jacob e Johannes Kabatek, (Eds. 2001: 199-231), 2001a.

Oesterreicher, Wulf. Langage parlé et langage écrit: lexicón der romanistischen Linguistik. *Gesprochene Sprache und Geschriebene Sprache,* 1.2.62: 584-627, 2001b.

Oesterreicher, Wulf. Autonomización del texto y recontextualización. Dos problemas fundamentales en las ciencias del texto. In: Eduardo Hopkins Rodríguez (Ed. 2002: 343-387).

Oliveira, Kelly Cristina. *Jornal Correio Paulistano*: constituição e mudança do gênero anúncio de emprego (1854 a 1900) sob a perspectiva crítico-discursiva. São Paulo, Tese de Doutorado, Universidade de São Paulo, 2012.

Paixão, Luiz. *A sociedade de consumo no Brasil*: uma interpretação da economia brasileira a partir do fenômeno do consumo. Belo Horizonte, Monografia de Conclusão de Curso, Universidade Federal de Minas Gerais, 2002.

Patriota, Luciene Maria. As tradições discursivas: gênese e definição. *Revista Encontros de Vista,* 6: 21-29, 2011.

Pedrão, Carmen Rodrigues Froés. *O que se esconde por trás do uso das preposições A e Em.* Londrina, Dissertação de Mestrado, Universidade Estadual de Londrina, 2002.

Peirce, Charles Sanders. *Schriften zum Pragmatismus und Pragmatizismus.* Frankfurt am Main: Suhrkamp, 1991.

Peirce, Charles Sanders; Hartshorne, Charles; Weiss, Paul (Eds.). *Collected Papers.* Cambridge: Berknap Press, 1932.

Peralta, Dante. La divulgación de la ciencia en un diario argentino a comienzos del siglo xx: género discursivo y representación. In: Guiomar Ciapuscio et al. (Eds. 2006: 71-82).

Perelman, Chaim; Olbrechts-Tyteca, Lucie. *O tratado da argumentação*: a nova retórica. Trad. Maria Ermantina Galvão. São Paulo: Martins Fontes, 1996.

Peres, Marcos Augusto de Castro. As estratégias empresariais e a exclusão por idade. *Revista Gerenciais,* 2: 15-21, 2003. Disponível em: <http://revistaiberoamericana.org/index.php/ibero/article/view/22/1363>. Acesso em: 15 fev. 2012.

Peruzzo, Cicilia M. Krohling. Mídia regional e local: aspectos conceituais e tendências. *Comunicação & Sociedade,* ano 26, 43: 67-84, 2005.

Pessanha, Andréa Santos. Em nome do progresso. *Nossa História,* ano 2, 24: 2005.

Pessoa, Marlos de Barros. Formação de uma variedade urbana e semioralidade na primeira metade do século xix. O caso do Recife, Brasil. *Philosophische Dissertation der Neuphilologischen Fakultät Tübingen,* 1997.

Pessoa, Marlos de Barros. *Formação de uma variedade urbana e semi-oralidade.* Tübingen: Niemeyer/Berlin: De Gruyter, 2001.

Pessoa, Marlos de Barros. Da carta a outros gêneros textuais. In: Maria Eugênia L. Duarte e Dinah Callou (Orgs. 2002: 197-205).

Pessoa, Marlos de Barros (Org.). *Língua, textos e história*: Manuscritos e impressos na história do português brasileiro. Recife: Universidade Federal de Pernambuco, 2005.

Pessoa, Marlos de Barros. O primeiro número do Diário de Pernambuco: tradições discursivas e gramática. In: Guiomar Ciaspuscio et al. (Eds, 2006: 101-115).

Pessoa, Marlos de Barros. Telegrama em jornais. In: Dermeval da Hora e Camilo Rosa Silva (Orgs. 2010).

Pinto, Rolando Morel. *História da língua portuguesa* – século xviii São Paulo: Ática, 1988.

Pinto-Correia. João David. Os gêneros da literatura oral tradicional: contributo para a sua classificação. *Revista Internacional de Língua Portuguesa,* 9: 63-69, 1993.

Piovezani Filho, Carlos Félix. Política midiatizada e mídia politizada: fronteiras mitigadas na pós-modernidade. In: Maria do Rosário Valencise Gregolin (Org. 2003: 49-64).

Poblet, Montse. *El país de Lula.* Barcelona: Escuela Superior de Cine y Audiovisuales de Cataluña, 2003.

Porto, Sérgio Dayrell (Org.). *O jornal*: da forma ao sentido. 2. ed. Brasília: Editora Universidade de Brasília, 2002.

Preti, Dino; Urbano, Hudinilson (Orgs.). *A linguagem falada culta na cidade de São Paulo*. v. 4. São Paulo: Fundação de Amparo à Pesquisa do Estado de São Paulo, 1990.

Raible, Wolfgang. *Junktion*: eine Dimension der Sprache und ihr Realisierungsformen zwischen Aggregation und Integration. Sitzungsberichte der Heidelberger Akademie der Wissenschaften. Philosophisch-Historische Klasse, Bericht 2. Heidelberg: Winter, 1992.

Ramalho, Viviane; Resende, Viviane. *Análise de discurso crítica*. São Paulo: Contexto, 2006.

Reckert, Stephen. Semiótica da cantiga. Cantigas medievais como significantes poéticos de significados antropológicos. *Revista Lusitana*, 4, Lisboa, Instituto Nacional de Investigação Científica, 1982-3.

Reich, Ulrich. *Freie Pronomina, Verbalklitika und Nullobjekte im Spielraum diskursiver Variation des Portugiesischen in São Paulo*. Serie Romanica Monacensia. v. 62. Tübingen: Narr, 2002.

Rizzini, Carlos. *O jornalismo antes da tipografia*. São Paulo: Nacional, 1968.

Rizzini, Carlos. *O livro, o jornal e a tipografia no Brasil (1500-1822)*. São Paulo: Imprensa Oficial do Estado de São Paulo, 1988.

Rodríguez, Eduardo Hopkins (Ed.). *Homenaje Luis Jaime Cisneros*. v. 1. Lima: Pontificia Universidad Católica del Perú, 2002.

Rojo, Roxane (Org.). *A prática de linguagem em sala de aula*: praticando os pcns. São Paulo/Campinas: Editora da Universidade Católica/Mercado das Letras. 67-90, 2000.

Rosenberg, Katharina; Vallentin, Rita (Hrgs.). *Norm und Normalität*. Berlin: Logos, 2012.

Rumeu, Márcia Cristina de Brito. *Para uma história do português no Brasil*: formas pronominais e nominais de tratamento em cartas setecentistas e oitocentistas. Rio de Janeiro, Dissertação de Mestrado, Universidade Federal do Rio de Janeiro, 2004.

Sá Júnior, Lucrécio Araújo de. *Vozes benditas*: entre o nomadismo e a performance estão os atos. João Pessoa, Tese de Doutorado, Universidade Federal da Paraíba, 2009a.

Sá Júnior, Lucrécio Araújo de. Imaginário e representação na memória coletiva das vozes em latim dos benditos populares. *Gragoatá*, Niterói, 27: 219-234, 2009b.

Sanches, Edmilson. O papel do jornal na sociedade. *Observatório da Imprensa*. São Paulo, jul. 2006. Disponível em: <http://www.observatoriodaimprensa.com.br/news/view/o-papel-do-jornal-na-sociedade>. Acesso em: 27 set. 2011.

Sant'anna, Lourival. *O destino do jornal*: a Folha de S.Paulo, O Globo e o Estado de S. Paulo na sociedade da informação. Rio de Janeiro: Record, 2008.

Schiffrin, Deborah; Tannen, Deborah; Hamilton, Heidi E. *The Handbook of Discourse Analysis*. Oxford: Blackwell Publishers, 2001.

Schlieben-Lange, Brigitte. *Traditionen des Sprechens*. Stuttgart: Kohlhammer, 1983.

Schlieben-Lange, Brigitte. Lesen – historisch. *Zeitschrift für Literaturwissenschaft und Linguistik*, 57/58, 1985.

Schlieben-Lange, Brigitte. Zu einer Geschichte des Lesens (und Schreibens). Ein Forschungsgebiet zwischen Sprachwissenschaft und Literaturwissenschaft. *Romanische Zeitschrift für Literaturgeschichte*, 3/4: 251-267, 1990.

Schlieben-Lange, Brigitte. *História do falar e história da linguística*. Trad. Fernando Tarallo et al. Campinas: Editora da Universidade Estadual de Campinas, 1993 [1. ed. 1983].

Schlieben-Lange, Brigitte. *Zeitschrift für Literaturwissenschaft und Linguistik* 108: Thema Verschriftlichung, 1997.

Schmidt-Riese, Roland. Glosando las confesiones de los hermanos Ávila. Discurso e identidad en la Nueva España a finales del siglo xvi. *Lexis*, xxvi (1): 3-78, 2002.

Schmidt-Riese, Roland. *Relatando México*: cinco textos del período fundacional de la colonia en Tierra Firme. Madrid: Iberoamericana/Vervuert, 2003.

Schrott, Angela; Völker, Harald (Hrgg. 2003). *Historische Pragmatik und historische Varietätenlinguistik in den romanischen Sprachen*. Göttingen: Universitaet Verlag, 2003.

Schwarcz, Lilia Moritz. *Retrato em branco e preto*: jornais, escravos e cidadãos em São Paulo no final do século xix. São Paulo: Círculo do livro, 1987.

Schwartz, Stuart B. *Burocracia e sociedade no Brasil colonial.* Coleção Estudos. São Paulo: Editora Perspectiva, 1979.

Selig, Maria. Le passage a l'écrit dês langues romanes – état de la question. In: Maria Selig, Barbara Frank e Jörg Hartmann (Éds. 1993: 9-29).

Selig, Maria; Frank, Barbara; Hartmann, Jörg (Éds.). *Le passage à l'écrit des langues romanes*. Tübingen: Gunter Narr Verlag, 1993.

Silva, Rafael Souza. *Diagramação*: o planejamento visual gráfico na comunicação impressa. São Paulo: Summus, 1985.

SILVEIRA, Maria Inez Matoso. *Análise de gênero textual concepção sócio-retórica.* Alagoas: Editora da Universidade Federal de Alagoas, 2005.

SILVEIRA, Maria Inez Matoso. O burocratês: análise à luz de uma gramática retórica. *Revista da Abralin,* 7.1: 215-258, 2008. Disponível em: <http://www.abralin.org/site/data/uploads/revistas/2008-vol-7-n-1/10-maria-inez.pdf>. Acesso em: 04 mar. 2015.

SIMÕES, José da Silva. *Sintaticização, discursivização e semanticização das orações de gerúndio no português-brasileiro.* São Paulo, Tese de Doutoramento, Universidade de São Paulo, 2007.

SIMÕES, José da Silva. A importância da história dos gêneros para a constituição de corpora diacrônicos. In: Marco Antonio Martins e Maria Alice Tavares (Orgs. 2012: 55-94).

SIMÕES, José da Silva; KEWITZ, Verena. Tradições discursivas e organização de *corpora.* In: Vanderci Aguilera (Org. 2009: 467-530).

SIMÕES, José da Silva; KEWITZ, Verena. *Recortes temáticos e mapeamento de Tradições Discursivas no* corpus *PHPB.* In: Dermeval da Hora e Camilo Rosa e Silva (Orgs. 2010: 21-28).

SIMONI TARRÉS, Antoni. La familia catalana en el Antiguo Régimen. In: James Casey et al. (Ed. 1987: 65-93).

SODRÉ, Nelson Werneck. *História da imprensa no Brasil.* 3. ed. São Paulo: Martins Fontes, 1999.

STEIN, Dieter. *Natürlicher syntaktischer Sprachwandel.* München: Tuduv, 1985.

STEMMER, Peter. *Normativität.* Eine ontologische Untersuchung. Berlin: De Gruyter, 2008.

STOLL, Eva. Competência escrita de impronta oral en la crónica soldadesca de Pedro Pizarro. In: Thomas Kotschi et al. (Ed. 1996: 427-446).

STOLL, Eva. *Konquistadoren als Historiographen* – Diskurstraditionelle und textpragmatische Aspekte in Texten von Francisco Jerez, Diego de Trujillo, Pedro Pizarro und Alonso Borregán. ScriptOralia 91, Tübingen: Narr, 1997.

TAUNAY, Alfredo d'Escragnolle. *Memórias de Visconde de Taunay.* São Paulo: Iluminuras, 2004.

TERZI, Sylvia Bueno. Processos de relevância no texto jornalístico: títulos enviesados e tangenciais. *Trabalhos de Linguística Aplicada,* Campinas, 1992, 20: 119-131.

TRAVASSOS, Tarcísia. Títulos, para que os quero? In: Angela Paiva Dionísio e Normanda da Silva Beserra (Orgs. 2007: 55-79).

TRAVASSOS, Tarcísia. *A transformação histórica do gênero capa de jornal.* Recife, Tese de Doutorado, Universidade Federal de Pernambuco, 2010.

VAN DER POEL. *Deus vos salve, casa santa!* – pesquisa de folc-música-religiosa. São Paulo: Edições Paulinas, 1977.

VAN DER POEL, Frei Francisco. "Benditos": uma tradição religiosa oral. 1995. Manuscrito.

VAN DIJK, Teun Adrianus. *Cognição, discurso e interação.* São Paulo: Contexto, eds. 1992, 1996.

VAN DJIK, Teun Adrianus. *Discurso e poder.* São Paulo: Contexto, 2008.

VANDERVEKEN, Daniel. *Les Actes de discours.* Éssai de philosophie du langage e de l'esprit sur la signification des énonciations. Bruxelles: Mardaga, 1988.

VOLOSHINOV/BAKHTIN, M. *Discurso na vida e discurso na arte.* Sobre a poética sociológica. Trad. Carlos Faraco e Cristivão Tezza, a partir da tradução inglesa de I. R. Titunik "Discourse in Life and, Discourse in Art – Concerning Sociologial Poetics", Freudism. New York: Academic Press, 1976.

WEIAND, Christof. *"Libri di famiglia" und Autobiographie in Italien zwischen Tre- und Cinquecento.* Tübingen: Stauffenburg, 1993.

WEIDENBUSCH, Waltraud. Historische Textsortenlinguistik: exemplarische Fallstudien. In: Gerhard Ernst et al. (Hrgg. 2006: 2283-2292).

WIESER, Hans P.; KOCH, Ingedore G. V. (Orgs.). *Linguística textual*: perspectivas alemãs. Rio de Janeiro: Nova Fronteira, 2009.

WINCKELMANN, Otto et al. (Hrgg.). *Romanistik und Angewandte Linguistik.* Tübingen: Narr, 2011.

WITTGENSTEIN, Ludwig. *Da certeza.* Tradução de M. E. Costa. Lisboa: Edições 70, 1998.

WODAK, Ruth; REISIGL, Martin. Discourse and Racism. In: Deborah Schiffrin, Deborah Tannen e Heidi E. Hamilton (Eds. 2001: 373-397).

ZAVAM, Aurea S. *Por uma abordagem diacrônica dos gêneros do discurso à luz da concepção de tradição discursiva*: um estudo com editoriais de jornais. Fortaleza, Tese de Doutorado, Universidade Federal do Ceará, 2009.

ZUMTHOR, Paul. *A letra e a voz.* Trad. Amálio Pinheiro e Jerusa Pires Ferreira. São Paulo: Companhia das Letras, 1993.

ZUMTHOR, Paul. *Performance, recepção e leitura.* Trad. Jerusa Pires Ferreira e Suely Fenerich. São Paulo: Educ, 2000.

ZUMTHOR, Paul. *Introdução à poesia oral.* Trad. Jerusa Pires Ferreira et al. Belo Horizonte: Editora da Universidade Federal de Minas Gerais, 2010.

OS AUTORES

Maria Lúcia C. V. O. Andrade é professora de Língua Portuguesa, na Universidade de São Paulo (USP) desde 1992. Doutorou-se em Semiótica e Linguística pela USP. Desenvolve trabalhos na área de Análise da Conversação, Linguística Textual e Teorias do Texto. De 2006 a 2011 foi coordenadora do Projeto Temático de Equipe – Projeto Caipira, no subgrupo "Tradições discursivas: constituição e mudança dos gêneros discursivos numa perspectiva diacrônica". Desde 2012 é coordenadora do Projeto Temático de Equipe – Projeto Caipira II, no subgrupo "Gêneros jornalísticos impressos: historicidade, constituição e mudança em uma perspectiva crítico-discursiva". É coautora do livro *Gramática do português culto falado no Brasil – vol. I: a construção do texto falado*, também publicado pela Contexto.

Valéria Severina Gomes graduou-se em Letras pela Universidade Federal de Pernambuco (UFPE), mestrado e doutorado em Linguística pela mesma universidade (2007). Atualmente é professora da Universidade Federal Rural de Pernambuco (UFRPE). Tem experiência na área de Linguística, com ênfase em Linguística de Texto, Linguística Aplicada e Linguística Sócio-Histórica, atuando principalmente com pesquisas sobre temas relacionados ao ensino da língua(gem), às tradições discursivas e aos gêneros textuais; membro do grupo de pesquisa Tradições Discursivas do Ceará (Tradice); membro do grupo de pesquisa Laboratório de Edição e Documentação Linguística de Pernambuco (Ledoc) e coordenadora regional, em Pernambuco, do Projeto para a História do Português Brasileiro (PHPB); presidente do Grupo de Estudos Linguísticos e Literários do Nordeste (Gelne), no biênio 2014-2016; professora colaboradora do Profletras da Universidade de Pernambuco (UPE).

Ana Cristina de S. Aldrigue é doutora em Linguística e Língua Portuguesa pela Universidade Estadual Paulista Júlio de Mesquita Filho (Unesp) de Araraquara. Atualmente é professora titular da UFPB. Atua, principalmente, com os seguintes temas de pesquisa: discurso, heterogeneidade, ensino, texto e gênero, e tradições discursivas. Participa do Projeto para a História do Português do Brasil, como pesquisadora e colaboradora.

Aurea Zavam é graduada em Letras pela Universidade do Estado do Rio de Janeiro (UERJ), especialista em Leitura e Escrita, mestre e doutora em Linguística pela Universidade Federal do Ceará (UFC). Professora da UFC, trabalha com temas relacionados à Linguística Aplicada, em interface com a Linguística Histórica e a Linguística de Texto, atuando também na formação de professores.

Cleber Ataíde é professor do Departamento de Letras da Universidade Federal Rural de Pernambuco (Unidade Acadêmica de Serra Talhada – UAST); pesquisador da equipe de Pernambuco do Projeto Para a História do Português Brasileiro (PHPB); coordenador do Laboratório de Edição e Documentação Linguística de Pernambuco (Ledoc) e presidente, no biênio 2016-2018, do Grupo de Estudos Linguísticos do Nordeste (Gelne). É doutor em Linguística pela Universidade Federal da Paraíba (UFPB) e desenvolve trabalho no âmbito da história e descrição do português, tradição discursiva, variação e mudança linguística, construções verbo-sujeito e aspectos semântico-pragmáticos do ensino de língua.

Fábio Fernando Lima possui graduação em Letras pela Universidade de São Paulo, mestrado em Estudos Linguísticos pela Universidade Estadual Paulista Júlio de Mesquita Filho (Unesp) de São José do Rio Preto, doutorado e em Letras pela USP. Trabalha com temas relacionados à Análise Crítica do Discurso, Teoria da Argumentação e Linguística Textual.

Kelly C. Oliveira possui doutorado em Filologia e Língua Portuguesa pela USP, com bolsa-sanduíche da Capes na University of Birmingham; mestrado em Filologia e Língua Portuguesa pela USP. Faz parte Projeto de História do Português Paulista (Projeto Caipira), financiado pela Fapesp, como membro do subgrupo "Gêneros Jornalísticos Impressos: historicidade, constituição e mudança em uma perspectiva crítico-discursiva".

Konstanze Jungbluth é decana da Faculdade de Estudos Culturais da Europa-Universität Viadrina (Frankfurt-Oder); professora de Pragmática e de Linguística Comparada, com pesquisas de abordagens diacrônica e sincrônica, de temáticas acerca da dêixis e das tradições discursivas; das descrições linguísticas comparativas entre línguas da Europa do Leste e Ocidental; de variedades linguísticas; e dos contatos linguísticos de línguas europeias e outras línguas fora da Europa, notadamente na América Latina, como o espanhol e o português do Brasil. Foi coordenadora do ProBral (Capes/DAAD: Para a História do Português Brasileiro: tradições discursivas e mudança linguística) de 2000 a 2003 e é, desde 2015, coordenadora do programa PhD cotutela (ProBral II: EUV & UFF), juntamente com a profa. dra. Mônica Savedra) pesquisando o tema "Etnicidade em movimento" (Capes/DAAD: Ethnicity in Motion – Transculturalidade entre as minorias de imigrantes europeus no Brasil).

Lucrécio Araújo de Sá Júnior é doutor em Linguística pelo Programa de Pós-Graduação em Linguística (Proling) da UFPB com bolsa-sanduíche no Centro de Tradições Populares Portuguesas da Faculdade de Letras da Universidade de Lisboa, pelo Programa de Doutoramento no Exterior (PDEE/Capes). É professor e pesquisador no Programa de Pós-Graduação em Estudos da Linguagem da Universidade Federal do Rio Grande do Norte (UFRN), desenvolvendo pesquisa sobre tradições culturais e discursivas a partir de textos orais e manuscritos da cultura popular. Atuou como membro da Diretoria do Grupo de Estudos Linguísticos do Nordeste (Gelne) – nos biênios 2010 a 2012 e 2012 a 2014; e como membro da Diretoria da Associação Brasileira de Linguística (Abralin) – no biênio 2011 a 2013. É professor do Departamento de Práticas Educacionais e Currículo do Centro de Educação da Universidade Federal do Rio Grande do Norte, onde também atua no Programa de Pós-Graduação em Educação.

Maria Cristina de Assis graduou-se em Letras, fez mestrado em Letras pela UFPB e doutorado em Linguística Histórica pela UFPE. É docente do Departamento de Letras Vernáculas da UFPB, desenvolvendo atividades de ensino, pesquisa e extensão. Atua na graduação em Letras presencial e Letras Libras a distância e tem experiência nas áreas de Linguística Histórica, história do português, estudos linguísticos, linguagem e ensino, formação de professores. Integra a equipe paraibana do Projeto para a História do Português Brasileiro e participa como coordenadora no subprojeto Letras Português, no Programa Institucional de Bolsa de Iniciação à Docência Programa PIBID/UFPB.

Paulo Roberto Gonçalves-Segundo é doutor em Letras pela USP. Tem experiência na área de Linguística, com ênfase em Teorias do Texto e do Discurso, atuando principalmente em Análise Crítica do Discurso, Linguística Sistêmico-Funcional e Análise da Conversação, e na interface entre linguagem e cognição, com destaque aos estudos em Semântica Cognitiva. Atualmente, participa como pesquisador dos projetos temáticos História do Português Paulista e História do Português Brasileiro, é o primeiro líder do Núcleo de Estudos em Análise Crítica do Discurso da USP (NEAC-USP), além de ser um dos editores da Revista Eletrônica de Estudos Integrados em Discurso e Argumentação (EID&A). É, desde 2013, professor-doutor adjunto, na área de Filologia e Língua Portuguesa, com dedicação exclusiva, na Faculdade de Filosofia, Letras e Ciências Humanas da USP.

Roseane B. Feitosa Nicolau é doutora em Linguística, pela UFPB, onde atua como professora na graduação (*campus* IV) e na pós-graduação no Profletras e no Mestrado Profissional em Linguística e Ensino (MPLE). Participa do Projeto para a História do Português Brasileiro, como pesquisadora e coordenadora regional. Tem experiência na área de Letras, com ênfase em Língua Portuguesa, atuando principalmente nos seguintes temas: tradição discursiva, variação, gramática e ensino.

Tarcísia Travassos é graduada em Letras pela Universidade Católica de Pernambuco, cursou o mestrado e o doutorado em Linguística, ambos na Universidade Federal de Pernambuco. Foi professora de Língua Portuguesa na rede estadual de ensino e há treze anos atua como professora universitária na rede privada.

Thiago Trindade Matias possui graduação em Letras pela UPE. Especialista em Linguística Aplicada ao Ensino de Língua Portuguesa pela Faculdade Franssinetti do Recife (Fafire). Mestrado e doutorado em Linguística pelo Programa de Pós-Graduação em Linguística da Universidade Federal da Paraíba (UFPB). Doutorado-sanduíche pela Universitad de Alcalá - Espanha. Atualmente é professor do Departamento de Letras da Universidade Federal de Alagoas (Ufal), *campus* do sertão. Tem experiência na área de Linguística, com ênfase nas seguintes áreas: Linguística Histórica e História social da cultura escrita. É pesquisador líder do Grupo de Estudos em História da Cultura Escrita, do CNPq.

Leia também

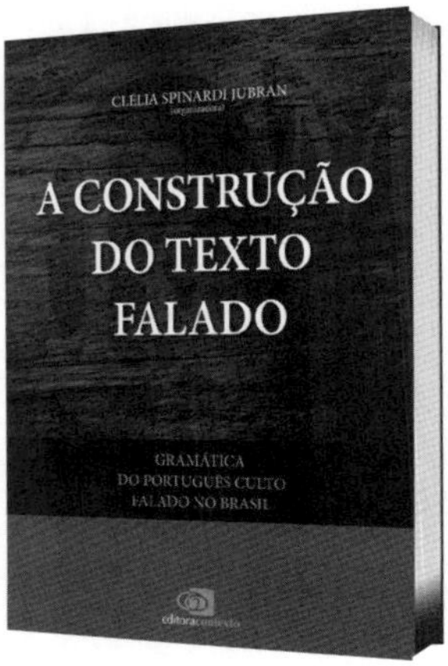

GRAMÁTICA DO PORTUGUÊS CULTO FALADO NO BRASIL
VOL. I A CONSTRUÇÃO DO TEXTO FALADO

Clélia Spinardi Jubran (org.)

Neste livro, um grande time de especialistas de diversas universidades do nosso país se reúne para mostrar o resultado de anos de pesquisa sobre a organização do texto falado. Por tratar de modo diverso o que as gramáticas produzidas no Brasil até então ofereciam sobre o tema, o grupo enfrentou o desafio de elaborar uma proposta teórica própria, que ficou conhecida como perspectiva textual-interativa. Em suas análises pioneiras, constatou-se que, na fala, o fluxo de informação pode desenrolar-se de modo contínuo, materializando-se por meio de estruturas linguísticas próximas às do texto escrito, mas pode também ser permeado de descontinuidades, como interrupções, inserções, repetições, correções. Nesta obra, os autores focam o estudo dessas descontinuidades, evidenciando seu papel na interação, e mostram que, na oralidade, elas funcionam com o objetivo de tornar a comunicação mais eficaz.

GRÁFICA PAYM
Tel. [11] 4392-3344
paym@graficapaym.com.br